윤주국어

단원별 핵심
400제

공무원 국어 합격 Only One

윤주국어 단원별 핵심 400제

PREFACE

"난 자네가 한 가지 결심을 했으면 좋겠네.
스스로 할 수 있는 모든 것을 했다고 느껴질 때 목표를 향해 한번 더 깊게 파고들겠다는 결심 말이야.
완전히 전념했다는 생각이 들었을 때가 바로 조금 더 전념해야 할 때라는 걸 명심하게."

– 빈스 포센트 〈코끼리를 들어올린 개미〉 중에서

지금 이 시간에도 수험생 여러분의 시간은 2024년의 공무원 시험에 맞추어 흘러가고 있으리라 생각합니다. 저 또한 여러분의 곁을 지키면서 묵묵히 맡은 강의와 해야 할 집필을 하고 있습니다.

기본서와 기출서 학습이 끝날 즈음, 다음의 또 한 걸음을 위하여 〈2024 윤주국어 단원별 핵심 400제〉를 출간하게 되었습니다. 본서는 테마별로 출제될 가능성이 높은 최대한 많은 유형의 문제를 수록하여 어떤 유형의 문제가 나오더라도 실수 없이 문제를 풀 수 있도록 연습하는 교재입니다.

〈2024 윤주국어 단원별 핵심 400제〉 특징은 아래와 같습니다.

I 단원별, 테마별로 핵심 출제 유형을 정리하고, 그 분류를 바탕으로 충분한 분량의 예상문제를 수록하였습니다.
II 각 테마별로 문제 해결의 포인트가 되는 내용을 제시하여 출제 의도를 빨리 파악하는 훈련을 할 수 있도록 하였습니다.
III 각 테마별로 대표 기출 문제를 수록하여 기출 경향을 파악할 수 있도록 하였습니다.

공무원 시험을 준비하며 각고의 노력을 하는 여러분의 자리에서 본서가 함께하며 합격을 향한 길에 길잡이가 되었으면 하는 바람으로 집필하였습니다. 메가공무원에서 강의와 함께 학습한다면 학습 효과가 배가될 것입니다.

학습에 어려움이 있거나 궁금한 점이 있다면 "합격하는 윤주국어 카페(cafe.naver.com/yj1004)"에서 도움을 드릴 수 있습니다. 언제든 답해 줄 준비가 되어 있으니 언제든지 와서 물어 보시고, 합격 선배 멘토의 조언 또한 적극적으로 활용해 보길 바랍니다.

윤주국어가 여러분의 꿈을 응원합니다.

2023년 11월, 노량진 연구실에서

이윤주 드림

STRUCTURE

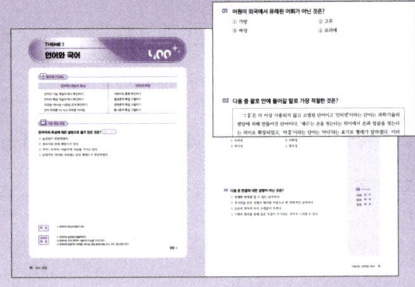

테마별 주요 유형 문제 수록

단원별, 테마별로 주요 출제 유형, 특히 수험생들이 약점을 보이는 유형을 분석하여 문제를 구성하였습니다. 기출에 기반한 문제이므로 반복해서 학습하면 약점 보완에 도움을 받을 수 있을 것입니다.

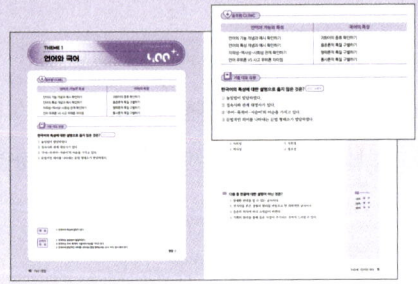

윤주쌤 CLNIC

테마별로 문제 해결의 포인트가 되는 내용을 수록하였습니다. 이는 해당 테마에서 출제되는 문제 유형을 파악하고 문제 풀이의 실마리를 잡는데 도움을 줄것입니다.

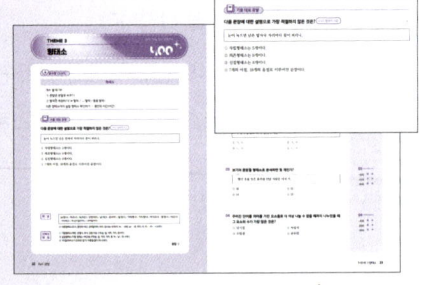

기출 대표 유형

테마별로 실제 기출 되었던 최신 기출 문제를 상세한 해설과 함께 수록하여 최신 기출 경향을 파악할 수 있도록 하였습니다. 예상 문제를 풀기전 기출 문제로 출제 유형의 감을 익힐 수 있습니다.

합격! Only One 윤주국어 400

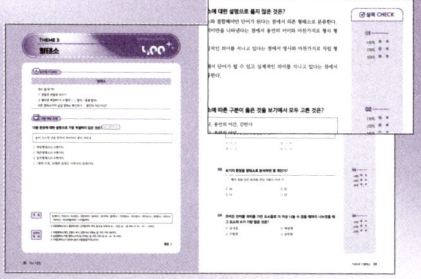

실력 CHECK
해당 문제를 3회독하는 동안의 정오답을 체크할 수 있는 란을 두었습니다. 3회독을 하며 문제를 확실히 본인의 것으로 만드는 동안 문제를 확실하게 이해했는지 체크할 수 있습니다.

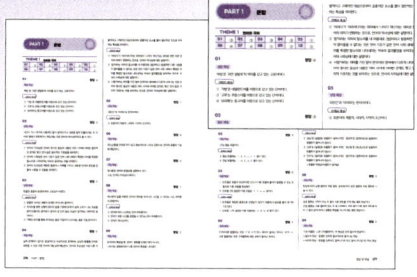

자세하고 명쾌한 해설
정답 풀이에 필요한 모든 선택지의 해설을 수록 하였습니다. 문제의 핵심을 관통하는 명쾌한 설명과 함께 왜 정답이 되지 않는지를 상세하게 풀어놓았습니다.

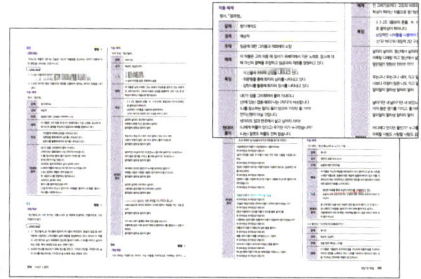

친절한 작품 해제
문제게 포함된 문학 작품의 개괄적인 작품해제를 수록하였습니다. 문제를 풀 때 작품에 대한 전반적인 이해가 문제의 정확한 풀이 및 풀이시간 단축에 도움을 줄 것입니다.

CONTENTS

PART 1 문법

THEME 1 언어와 국어   10
THEME 2 음운 체계와 음운의 변동   15
THEME 3 형태소   22
THEME 4 품사   27
THEME 5 용언의 활용   37
THEME 6 단어의 형성(파생어·합성어)   43
THEME 7 문장 성분   51
THEME 8 문장의 종류   55
THEME 9 고전 문법   61

PART 2 어문 규정

THEME 1 한글 맞춤법   72
THEME 2 표준어   82
THEME 3 띄어쓰기   87
THEME 4 표준 발음법   93
THEME 5 외래어 표기법   99
THEME 6 로마자 표기법   104

PART 3 바른 문장 쓰기

THEME 1 문장의 호응, 중복, 중의성, 번역투   110
THEME 2 높임 표현   116
THEME 3 사동·피동 표현   122
THEME 4 부정 표현·시제   127

합격! Only One 윤주국어

400

PART 4 문학

THEME 1 운문 문학
      1. 고전 시가   134
      2. 현대시   147

THEME 2 산문 문학
      1. 고전 산문   162
      2. 현대 소설 / 극 / 수필   188

PART 5 비문학

THEME 1 일치, 불일치 / 미루어 추리   212
THEME 2 주제, 주장(견해)   219
THEME 3 논지 전개 방식   222
THEME 4 논리적 순서   227
THEME 5 반론, 비판 / 오류   232
THEME 6 문맥적 의미   236

PART 6 쓰기, 말하기

THEME 1 쓰기   242
THEME 2 말하기   246

PART 7 어휘

THEME 1 한자성어 / 한자어   254
THEME 2 고유어 / 관용표현 / 속담   263
THEME 3 단어들의 의미 관계   268

정답 및 해설   276

운주국어 단원별 핵심 400제

문법

THEME 1 언어와 국어
THEME 2 음운 체계와 음운의 변동
THEME 3 형태소
THEME 4 품사
THEME 5 용언의 활용
THEME 6 단어의 형성(파생어 합성어)
THEME 7 문장 성분
THEME 8 문장의 종류
THEME 9 고전 문법

PART 1

THEME 1
언어와 국어

언어의 기능과 특성	국어의 특징
· 언어의 기능 개념과 예시 확인하기	· 귀화어의 종류 확인하기
· 언어의 특성 개념과 예시 확인하기	· 음운론적 특질 구별하기
· 자의성-역사성-사회성 관계 확인하기	· 형태론적 특질 구별하기
· 언어 우위론 VS 사고 우위론 차이점	· 통사론적 특질 구별하기

한국어의 특성에 대한 설명으로 옳지 않은 것은? 2022 소방직

① 높임법이 발달하였다.
② 접속사와 관계 대명사가 있다.
③ '주어-목적어-서술어'의 어순을 가지고 있다.
④ 문법적인 의미를 나타내는 문법 형태소가 발달하였다.

해 설   ② 한국어의 특성에 알맞지 않다.

선택지 ① 한국어는 높임법이 발달하였다.
해 설   ③ 한국어는 주어·목적어·서술어의 어순을 가지고 있다.
        ④ 한국어에 문법적인 의미를 나타내는 문법 형태소에는 조사, 어미, 접사 등이 있다.

정답 ②

01 어원이 외국에서 유래된 어휘가 아닌 것은?
① 가방
② 고무
③ 짜장
④ 보라매

02 다음 중 괄호 안에 들어갈 말로 가장 적절한 것은?

> 'ᄀ름'은 더 이상 사용되지 않고 소멸된 단어이고 '인터넷'이라는 단어는 과학기술의 발달에 의해 만들어진 단어이다. '세수'는 손을 씻는다는 의미에서 손과 얼굴을 씻는다는 의미로 확장되었고, '바룰'이라는 단어는 '바다'라는 표기로 형태가 달라졌다. 이러한 예에서 알 수 있는 언어의 특성은 언어의 (   )이라고 한다.

① 자의성
② 사회성
③ 역사성
④ 창조성

03 다음 중 한글에 대한 설명이 아닌 것은?
① 창제한 연대를 알 수 있는 글자이다.
② 천지인을 본뜬 상형의 원리를 바탕으로 한 과학적인 글자이다.
③ 음운의 위치에 따라 소릿값이 바뀐다.
④ 가획의 원리를 통해 음운 자질이 추가되는 것까지 드러낼 수 있다.

04 보기1의 사례와 보기2의 언어 특성이 잘못 짝지어진 것은?

┌─ 보기 1 ─────────────────────────────────────┐
(가) '어리다'는 '어리석다(愚)'라는 의미에서 '나이가 적다(幼)'라는 의미로 변하였다.
(나) '법(法)'이라는 의미의 말소리 [법]을 내 마음대로 [범]으로 바꾸면 다른 사람들은 '범'이라는 의미로 이해할 수 없다.
(다) '용', '봉황새', '해태' 등과 같이 실제 존재하지 않지만 관념적이고 추상적으로 존재하는 상상의 동물을 언어로 표현할 수 있다.
(라) '사랑'이라는 의미를 가진 말을 한국어에서는 '사랑[사랑]', 영어에서는 'love(러브)'라고 한다.

┌─ 보기 2 ─────────────────────────────────────┐
㉠ 사회성   ㉡ 자의성
㉢ 역사성   ㉣ 추상성

① (가) - ㉢   ② (나) - ㉠
③ (다) - ㉣   ④ (라) - ㉡

05 다음 설명 중 옳지 않은 것은?
① '구름', '어머니', '조만간', '어차피'와 같은 단어들은 한자로 적을 수 없는 고유어이다.
② 연령, 성별, 사회 집단 등에 따라 분화된 언어는 사회 방언이다.
③ 표준어는 교양있는 사람들이 두루 쓰는 현대 서울말로 정함을 원칙으로 한다.
④ 특정 집단에서 비밀성 유지를 목적으로 사용하는 언어는 은어이다.

06 다음의 예에서 알 수 있는 언어의 기능으로 적절한 것은?

- 에구머니나!
- 어머나! 깜짝이야.

① 표현의 기능   ② 친교적 기능
③ 관어적 기능   ④ 표출의 기능

07 다음에서 알 수 있는 언어 기호의 특성으로 적절하지 않은 것은?

- 언어는 문장, 단어, 형태소, 음운으로 쪼개어 나눌 수 있다.
- 언어는 외부 세계를 반영할 때 있는 그대로 반영하지 않고 연속적으로 이루어져 있는 세계를 불연속적인 것으로 끊어서 표현한다. 실제로 무지개 색깔 사이의 경계를 찾아볼 수 없는데도 우리는 무지개 색깔이 일곱 가지라고 말한다.

① 무지개의 색깔을 일곱 가지로 분류하여 표현한다.
② 얼굴을 뺨, 턱, 이마로 나누어 부른다.
③ '송구영신(送舊迎新)'이라 하며 묵은해를 보내고 새해를 맞이한다.
④ 동일한 사물을 두고 영국에서는 [tri:], 한국에서는 [namu]라 표현한다.

08 밑줄 친 부분의 예로 가장 적절한 것은?

생각은 큰 그릇이고 말은 생각 속에 들어가는 작은 그릇이어서 생각에는 말 외에도 다른 것이 더 있다. 그러나 아무리 생각이 말보다 범위가 넓고 큰 것이라 하여도 그것을 말로 바꾸어 놓지 않으면 그 생각의 위대함이나 오묘함이 다른 사람에게 전달되지 않는다. 그 때문에 생각이 형님이요, 말이 동생이라 할지라도 생각은 동생의 신세를 지지 않을 수가 없게 되어 있다.

① 산과 바다를 모두 '푸르다'고 표현해도 산의 색깔과 바다의 색깔을 구분하지 못하는 것은 아니다.
② 우리는 모래의 이름을 구분하여 쓰지 않기 때문에 경포대 해수욕장의 모래들은 같은 종류라고 생각한다.
③ 언어로 표현하지 못할 감정은 없이.
④ 시간의 지나면 모든 것은 변해. 언어의 뜻과 소리도 마찬가지야.

09 다음 중 '언어가 문화를 반영한다.'라는 주장의 근거가 될 수 없는 것은?

① 에스키모인의 말에는 눈에 관한 단어가 많다.
② 국어의 어순은 '주어 – 목적어 – 서술어' 순이다.
③ 우리말은 영어에 비해 친족어가 세분화되어 있다.
④ 영어에서 'rice' 한 단어로 지시되는 것이 우리말에는 '쌀, 벼…' 등 여러 단어로 지시된다.

10 다음 중 국어의 '형태적' 특징은?

① 수식어는 반드시 피수식어 앞에 온다.
② 합성법과 파생법이 발달해 있다.
③ 문장 성분의 순서를 비교적 자유롭게 바꿀 수 있다.
④ 언어 유형 중 '주어 – 목적어 – 동사'의 어순을 갖는 SOV형 언어이다.

THEME 2
음운 체계와 음운의 변동

음운 체계	음운 변동
· 음운의 개념 확인하기 · 자음 체계, 모음 체계 완벽하게 암기하기 · 음운의 개수 세는 방법(음운변동 전 VS 음운변동 후)	· 교체(대치) / 탈락 / 축약 / 첨가 범주 확인하기 · 음운 변동의 개념 · 음절의 끝소리 현상 VS 자음군 단순화의 구별 · 유음화 역현상 · 동화의 방향 · 탈락 VS 축약

<보기>의 ㉠~㉣에 대한 설명으로 가장 적절하지 않은 것은? 2022 법원직 9급

― 보기 ―
음운의 변동은 한 음운이 다른 음운으로 바뀌는 교체, 한 음운이 없어지는 탈락, 새로운 음운이 생기는 첨가, 두 음운이 하나의 음운으로 합쳐지는 축약으로 구분된다. 한 단어가 발음될 때 이 네 가지 변동 중 둘 이상이 나타나는 경우도 있고 하나의 음운이 두 번 이상의 음운 변동을 겪기도 한다.

㉠ 꽃잎[꼰닙]　　　　　　　　㉡ 맏며느리[만며느리]
㉢ 닫혔다[다쳗따]　　　　　　㉣ 넓죽하다[넙쭈카다]

① ㉠~㉣은 모두 음운이 교체되는 현상이 일어난다.
② ㉠과 ㉡에서는 공통적으로 음운의 첨가가 일어난다.
③ ㉢에서는 두 개의 음운이 하나로 축약되는 현상이 일어난다.
④ ㉣에서는 음운의 탈락과 축약이 일어난다.

해설
㉠ 꽃잎[꼳닙>꼰닙] → 음절의 끝소리 규칙(교체), ㄴ첨가(첨가)
㉡ 맏며느리[만며느리] → 비음화(교체)
㉢ 닫혔다[다텼다>다쳗따] → 자음축약(축약), 음절의 끝소리규칙(교체), 구개음화(교체), 된소리되기(교체)
㉣ 넓죽하다[넙쭈카다] → 자음군 단순화(탈락), 된소리되기(교체), 자음축약(축약)
② ㉠은 첨가가 있지만 ㉡은 첨가가 없다.

정답 ②

01 현대 한국어의 조음 방법에 대한 설명으로 옳지 않은 것은?

① 파열음: 공기의 흐름을 막았다가 그 자리를 터뜨리면서 내는 소리
② 비음: 입 안의 통로를 막고 코로 공기를 내보내는 소리
③ 파찰음: 입 안이나 목청 사이의 통로를 좁히고 공기를 그 좁은 틈 사이로 내보내는 소리
④ 유음: 혀끝을 잇몸에 가볍게 대었다가 떼거나, 혀끝을 잇몸에 댄 채 공기를 양옆으로 흘려 보내면서 내는 소리

02 다음 설명이 옳지 않은 것은?

① 'ㅈ, ㅉ, ㅊ'은 파찰음이다.
② 'ㅁ, ㄴ, ㅇ'은 비음이다.
③ 'ㅣ, ㅚ, ㅓ'는 평순 모음이다.
④ 'ㅟ, ㅔ, ㅐ'는 전설 모음이다.

03 현대 한국어의 반모음에 대한 설명으로 옳은 것을 보기에서 모두 고른 것은?

— 보기 —
ㄱ. 독립된 음운으로 인정받은 음운이다.
ㄴ. 음성의 성질은 모음과 비슷하지만 반드시 다른 모음에 붙어야 발음될 수 있다.
ㄷ. 반모음 'w'와 결합된 이중 모음에는 'ㅘ, ㅙ, ㅝ, ㅞ, ㅢ' 등이 있다.
ㄹ. 반모음 'j'와 결합된 이중 모음에는 'ㅑ, ㅕ, ㅛ, ㅠ' 등이 있다.

① ㄱ, ㄴ
② ㄱ, ㄷ
③ ㄴ, ㄹ
④ ㄷ, ㄹ

04 다음에 나타난 음운 현상을 바르게 묶은 것은?

닫히다 → [다티다] → [다치다]

① 축약, 첨가
② 축약, 교체
③ 탈락, 교체
④ 탈락, 축약

05 밑줄 친 부분에 해당하는 음운 현상으로 옳은 것은?

> 음운 변동은 크게 다섯 가지로 분류된다. 한 음운이 다른 음운으로 바뀌는 현상, 한 음운이 없어지는 현상, 새로운 음운이 추가되는 현상, 두 음운이 합쳐져 다른 음운으로 바뀌는 현상, 두 음운의 위치가 바뀌는 현상 등이다.

① 신라 [실라] ② 국물 [궁물]
③ 안방 [안빵] ④ 많다 [만타]

06 다음 제시된 단어들에서 공통으로 나타나는 음운 현상으로 옳은 것은?

> 해돋이, 밥물, 먹다, 한라산

① 교체 ② 축약
③ 첨가 ④ 탈락

07 다음 제시된 음운 현상이 일어나는 것끼리 짝지어진 것은?

> 유음화란, 'ㄴ'이 'ㄹ'의 앞이나 뒤에서 유음인 'ㄹ'로 발음되는 현상을 의미한다.

① 칼날, 대관령 ② 설날, 공권력
③ 난로, 생산량 ④ 진리, 결단력

08 괄호 안에 들어갈 말이 순서대로 짝지어진 것은?

> 동화 현상은 방향에 따라 순행 동화와 (   )로, 동화의 정도에 따라 (   )와 부분 동화로 나눌 수 있다.

① 역행 동화, 간접 동화 ② 간접 동화, 완전 동화
③ 역행 동화, 완전 동화 ④ 상호 동화, 간접 동화

09 다음 두 음운 현상에 대한 설명으로 적절하지 않은 것은?

> ㉠ 종로 [종노], 담력 [담녁]
> ㉡ 미닫이 [미다지], 같이 [가치]

① ㉠은 비음화, ㉡은 구개음화로 볼 수 있다.
② ㉠은 필수적 현상이고, ㉡은 수의적 현상이다.
③ ㉠과 ㉡은 모두 자음이 변동되는 현상이다.
④ ㉠과 ㉡은 모두 하나의 음운이 다른 음운으로 바뀌는 현상이다.

10 음운 변동에 대한 설명으로 적절하지 않은 것은?
① '쌓이다[싸이다]'의 음운 변동은 탈락 현상이다.
② '차가워'에 나타나는 현상은 불규칙 현상이다.
③ '피어'가 [피여]로 발음되는 것은 'ㅣ' 모음 순행동화이다.
④ '폐염'이 '폐렴'으로 표기되는 것은 발음을 쉽고 매끄럽게 하기 위해 음운이 변화된 현상이다.

11 국어의 음운에 대한 설명으로 적절하지 않은 것은?
① 비분절 음운에는 억양, 고저, 강약 등이 있다.
② 분절 음운 중 울림소리는 모음과 'ㄴ, ㄹ, ㅁ, ㅇ'이다.
③ 음운은 소리를 구별하는 뜻의 최소 단위이다.
④ 음운은 분절 음운과 비분절 음운으로 나눌 수 있다.

12 다음 중 국어의 음운에 해당하지 않는 것은?
① 국어의 자음이 음절 끝 위치에서 발음될 때에는 대표음으로 발음된다.
② '좋 + 은'이 [조은]과 같이 소리 나는 것은 자음 탈락 때문이다.
③ '종로'가 [종노]로 발음되는 것은 소리를 좀 더 쉽게 내기 위한 편의성 때문이다.
④ '꽃'은 '자음 + 자음 + 모음 + 자음'으로 음절이 형성된 경우이다.

13 다음 중 ㉠, ㉡에 쓰인 우리말 음운의 수를 바르게 지적한 것은?

> 2024 새해 ㉠ 첫날에 ㉡ 해돋이를 보았다.

	㉠	㉡			㉠	㉡
①	5	6		②	5	6
③	6	6		④	7	7

14 다음 단어를 사전에 등재하는 순서로 올바른 것은?

> ㉠ 삶   ㉡ 삼촌   ㉢ 새우   ㉣ 소리

① ㉠ - ㉡ - ㉣ - ㉢
② ㉡ - ㉠ - ㉣ - ㉢
③ ㉠ - ㉡ - ㉢ - ㉣
④ ㉡ - ㉠ - ㉢ - ㉣

15 <표>를 참고할 때, <조건>에서 설명하고 있는 단어로 가장 적절한 것은?

분류	전설 모음		후설 모음	
	평순 모음	원순 모음	평순 모음	원순 모음
고모음	ㅣ	ㅟ	ㅡ	ㅜ
중모음	ㅔ	ㅚ	ㅓ	ㅗ
저모음	ㅐ		ㅏ	

― 조건 ―
- 이 단어에는 후설 모음만 포함되어 있다.
- 이 단어에는 평순 모음과 원순 모음이 포함되어 있다.

① 오이
② 수박
③ 멜론
④ 딸기

16 다음 표를 참고할 때, 보기의 조건을 모두 만족하는 단어로 가장 적절한 것은?

조음 방법 \ 조음 위치	두 입술	윗 잇몸, 혀끝	센 입천장, 혓바닥	여린 입천장, 혀 뒤	목청 사이
파열음					
파찰음					
마찰음		㉠			
비음				㉡	
유음		㉢			

보기
- 이 단어에는 ㉠ 중 하나가 포함되어 있다.
- 이 단어에는 ㉡이 포함되어 있다.
- 이 단어에는 ㉢이 포함되어 있다.

① 하늘 ② 엄마
③ 부산 ④ 사랑

17 다음 중 음운 변동 전과 음운 변동 후에 음운의 수가 달라지는 단어가 아닌 것은?

① 불여우 ② 반창고
③ 낙화   ④ 책값

18 국어의 음운 현상에는 아래의 네 가지 유형이 있다. 보기의 (가) ~ (다)에 해당하는 음운 현상의 유형을 순서대로 고르면?

| ㉠ 교체 | ㉡ 탈락 |
| ㉢ 첨가 | ㉣ 축약 |

─ 보기 ─
밭일 ⇨ [받일] ⇨ [받닐] ⇨ [반닐]
         (가)   (나)   (다)

   (가) (나) (다)
① ㉠ ㉢ ㉠
② ㉡ ㉠ ㉣
③ ㉢ ㉣ ㉡
④ ㉠ ㉡ ㉢

19 다음 보기에 나타나는 음운변동을 바르게 나열한 것은?

─ 보기 ─
핥는 - 할는 - 할른

① 교체, 비음화
② 교체, 유음화
③ 탈락, 비음화
④ 탈락, 유음화

20 '음운의 축약'으로 볼 수 없는 것은?
① 되 + 어 → 돼
② 두 + 었다 → 뒀다
③ 가 + 아서 → 가서
④ 쓰 + 이어 → 씌어

THEME 3
형태소

형태소

- 개수 셀 때 TIP
  ① 준말은 본말로 바꾸기
  ② 탈락은 복원하기('ㄹ'탈락 / 'ㅡ'탈락 / 동음 탈락)
- 의존 형태소이자 실질 형태소 확인하기 - 용언의 어간(어근)

다음 문장에 대한 설명으로 가장 적절하지 않은 것은? `2022 법원직 9급`

> 눈이 녹으면 남은 발자국 자리마다 꽃이 피리니.

① 자립형태소는 5개이다.
② 의존형태소는 9개이다.
③ 실질형태소는 8개이다.
④ 7개의 어절, 19개의 음절로 이루어진 문장이다.

해 설

눈(명사) / 이(조사) / 녹(어간) / 으면(어미) / 남(어간) / 은(어미) / 발(명사) / 자국(명사) / 자리(명사) / 마다(조사) / 꽃(명사) / 이(조사) / 피(어간) / 리(선어말어미) / 니(어말어미)

② 의존형태소(조사, 용언의 어간, 선어말어미, 어미, 접사)는 10개(이, 녹-, -으면, 남-, -은, 마다, 이, 피-, -리-, -니)이다.

선택지 해 설

① 자립형태소(체언, 관형사, 부사, 감탄사)는 5개(눈, 발, 자국, 자리, 꽃)이다.
③ 실질형태소(자립 형태소+어간)는 8개(눈, 발, 자국, 자리, 꽃, 녹-, 남-, 피-)이다.
④ 7어절(띄어쓰기 단위와 일치) 19음절(글자 하나)이다.

정답 ②

01 **현대 한국어의 형태소에 대한 설명으로 옳지 않은 것은?**
① 접사는 다른 형태소와 결합해야만 단어가 된다는 점에서 의존 형태소로 분류한다.
② 조사는 문법적인 의미만을 나타낸다는 점에서 용언의 어미와 마찬가지로 형식 형태소로 분류한다.
③ 용언의 어간은 실질적인 의미를 지니고 있다는 점에서 명사와 마찬가지로 자립 형태소로 분류한다.
④ 명사는 홀로 자립해서 단어가 될 수 있고 실제적인 의미를 지니고 있다는 점에서 실질 형태소로 분류한다.

02 **현대 한국어의 형태소에 따른 구분이 옳은 것을 보기에서 모두 고른 것은?**

― 보기 ―
ㄱ. 자립 형태소: 명사, 용언의 어간, 감탄사
ㄴ. 의존 형태소: 조사, 용언의 어미
ㄷ. 실질 형태소: 수사, 관형사
ㄹ. 형식 형태소: 조사, 용언의 어간

① ㄱ, ㄴ
② ㄱ, ㄹ
③ ㄴ, ㄷ
④ ㄴ, ㄹ

03 **보기의 문장을 형태소로 분석하면 몇 개인가?**

― 보기 ―
빨간 옷을 입은 윤주를 만날 사람은 어서 가.

① 16
② 15
③ 14
④ 13

04 **주어진 단어를 의미를 가진 요소들로 더 이상 나눌 수 없을 때까지 나누었을 때 그 요소의 수가 가장 많은 것은?**
① 낚시질
② 짜임새
③ 수험생
④ 공무원

05 다음 중 형태소의 개수가 가장 많은 것은?

① 이 고기는 기름지다.
② 떠나갔던 그녀가 돌아왔다.
③ 단팥죽이라도 먹고 가.
④ 합격을 위해서 최선을 다하자.

06 보기의 ㉠ ~ ㉤에 대한 설명으로 적절한 것은?

― 보기 ―
㉠ 촛불이 바람에 꺼졌다.
㉡ 형은 어제 나와 공부를 하였다.
㉢ 나는 고기를 잡아서 구워 먹었다.
㉣ 요새는 잠이 드는 데 오래 걸린다.
㉤ 그는 자전거를 번쩍 들어서 차에 실었다.

① ㉠의 '바람'과 ㉣의 '잠'은 모두, 형식 형태소 '-ㅁ'이 실질 형태소와 결합하여 만들어진 단어에 해당한다.
② ㉡의 '하였다'의 '-였-'과 ㉢의 '먹었다'의 '-었-'의 비교를 통해, 음운론적 이형태의 사례를 확인할 수 있다.
③ ㉢의 '잡아서'와 ㉤의 '들어서'의 '-아서/-어서'는, 선행하는 모음이 양성인지 음성인지에 따라 그 형태를 달리하고 있다.
④ ㉣의 '데'와 ㉡의 '어제'는 모두 실질 형태소이지만, '데'는 의존 형태소이고 '어제'는 자립 형태소라는 차이가 있다.

07 보기를 참고할 때, 다음 중 형태소의 교체에 관한 설명으로 가장 옳은 것은?

> **보기**
> 형태소의 교체는 자동적 교체와 비자동적 교체로 나눌 수 있다. 자동적 교체는 필수적으로 일어나야 하는 교체를 말하며, 비자동적 교체는 반드시 일어나야 할 필연적 이유가 없는 교체를 말한다.
>
> (가) 알- : 알 + 는 → [아ː는]
> (나) 안- : 안 + 고 → [안ː꼬]
> (다) 아름답- : 아름답 + 은 → [아름다운]
> (라) 먹- : 먹 + 는 → [멍는]

① (가)는 국어에 'ㄹ'과 'ㄴ'이 연속될 때 'ㄹㄴ'이 함께 발음될 수 없다는 제약으로 인해 예외 없이 용언 어간의 종성 'ㄹ'이 탈락하는 자동적 교체의 예이다.
② (나)는 국어에 'ㄴ'과 'ㄱ'이 연속될 때 'ㄱ'이 경음으로 발음된다는 제약으로 인해 예외 없이 어미 '-고'는 [꼬]로 발음되는 자동적 교체의 예이다.
③ (다)는 국어에 'ㅂ'과 '은'이 연속될 때 '븐'이 아니라 [운]으로 발음된다는 제약으로 인해 어미 '-은'이 [운]으로 발음되는 자동적 교체의 예이다.
④ (라)는 국어에 'ㄱ'과 'ㄴ'이 연속될 때 'ㄱ'이 비음 'ㅇ'으로 발음되는 것은 반드시 일어나야 하는 규칙은 아니므로 비자동적 교체의 예이다.

08 밑줄 친 말이 보기의 ㉠에 해당하지 않는 것은?

> **보기**
> 형태소는 의미를 가진 최소 단위이다. 하나의 형태소가 실제로 쓰일 때에는 그 앞뒤에 어떤 말이 있느냐에 따라 둘 이상의 모습으로 나타나기도 하는데, 그 모습들을 이형태(異形態)라고 한다. 예컨대 주격 조사는 앞말이 자음으로 끝날 때 '이'로 나타나고 모음으로 끝날 때 '가'로 나타난다. 따라서 '이'와 '가'는 ㉠ <u>이형태</u> 관계에 있는 것이다.

① 연극을 보러 우리는 서울<u>에</u> 왔다.
　나를 만나러 친구들이 서울<u>에서</u> 왔다.
② 연수는 물감<u>으로</u> 인물화를 그렸다.
　윤주는 크레파스<u>로</u> 그림을 그렸다.
③ 미끄러지지 않<u>도록</u> 단단히 잡아라.
　체하지 않도록 천천히 씹어 먹어<u>라</u>.
④ 진심이 담긴 선물을 받<u>으면</u> 기쁩니다.
　진심을 담은 선물을 주<u>면</u> 자신도 기쁩니다.

09 다음 설명에 따라 보기 ㉠과 ㉡의 형태소를 분석한 것으로 적절하지 않은 것은?

> 보기
> ㉠ 너를 보러 우리는 서울에 왔다.
> ㉡ 산에는 밤꽃이 가득 피었다.

① ㉠의 자립 형태소는 '너, 우리, 서울' 3개로 ㉡의 자립 형태소 개수보다 1개 적다.
② ㉠의 의존 형태소는 '를, 보-, -러, 는, 에, 오-, -았-, -다'의 8개로 ㉡의 의존 형태소가 많다.
③ ㉠의 형식 형태소는 '를, -러, 는, 에, -았-, -다' 6개이다.
④ ㉠과 ㉡의 실질 형태소 개수는 동일하다.

10 보기에 대한 분석으로 적절하지 않은 것은?

> 보기
> 첫눈이 내리자 사람들은 한낮에 언덕으로 갔다.

① 자립 형태소는 '첫눈', '사람', '낮', '언덕' 4개이다.
② 의존 형태소인 어미는 '-자', '-았-', '-다' 3개로 단독으로 쓰일 수 없다.
③ 의존 형태소인 접사는 '-들', '한-' 2개로 단독으로 쓰일 수 없다.
④ 실질 형태소이면서 의존 형태소는 '내리-', '가-'이다.

THEME 4
품사

 윤주쌤 CLINIC

품사

- 단어의 개수 세기
- 품사의 개념과 기능 확인하기
- 품사의 통용
  - 동사 VS 형용사
  - 의존명사 VS 조사
  - 관형사 VS 수사 / 관형사 VS 대명사 / 관형사 VS 형용사
  - 격조사 VS 보조사
  - 용언의 명사형 VS 명사

기출 대표 유형

㉠, ㉡의 밑줄 친 단어의 품사가 동일한 것은? [2022 소방직]

① ㉠ 집에 가 <u>있어라</u>.
　㉡ 나에게는 꿈이 <u>있다</u>.
② ㉠ 해가 <u>내일</u>은 뜰 것이다.
　㉡ <u>내일</u>의 희망이 나를 부른다.
③ ㉠ <u>합리적</u> 판단이 중요하다.
　㉡ 인간은 <u>합리적</u>인 이성을 가지고 있다.
④ ㉠ 물이 <u>맑고</u> 깨끗하다.
　㉡ <u>맑은</u> 하늘에 해가 떴다.

해설

④의 ㉠ 물이 <u>맑고</u> 깨끗하다. → ㄴ다(맑는다)가 되지 않으므로 형용사이다.
　　㉡ <u>맑은</u> 하늘에 해가 떴다. → ㄴ다(맑는다)가 되지 않으므로 형용사이다.

선택지 해설

① ㉠ 집에 가 <u>있어라</u>. → ㄴ다(있는다)가 되므로 동사이다.
　㉡ 나에게는 꿈이 <u>있다</u>. → ㄴ다(있는다)가 되지 않으므로 형용사이다.
　* ㉠의 '있다'는 '머물다'라는 뜻의 동사, ㉡의 '있다'는 '존재하다'는 뜻의 형용사이다.
② ㉠ 해가 <u>내일</u>은 뜰 것이다. → 보조사 '은(는)'은 체언과 부사 뒤에 모두 붙을 수 있다. ㉠의 내일은 뜰이라는 용언을 수식하기 때문에 부사이다.
　㉡ <u>내일</u>의 희망이 나를 부른다. → '~의'는 관형격 조사로, 격조사는 체언 뒤에만 붙기 때문에 내일은 명사가 된다.
③ ㉠ <u>합리적</u> 판단이 중요하다. → 조사가 붙지 않았고, 판단을 수식하기 때문에 관형사이다.

정답 ④

01 보기의 밑줄 친 단어들에 대한 설명으로 가장 적절한 것은?

> 보기
> - 그들은 행복을 추구하고 있는 것이다.
> - 이곳에 온 지가 벌써 십 년이 되어 간다.
> - 나는 그 장소를 걸어서 지나갔을 뿐이다.
> - 교실 안에는 학생들이 대략 열 명이 있었다.

① 가리키는 범위의 넓고 좁음에 따라 고유 명사와 보통 명사로 나뉜다.
② 자립 명사처럼 실질적인 의미를 나타내지만 단독으로 쓰이지는 못한다.
③ 명사의 성격을 띠고 있지만 그 의미가 형식적이어서 관형어의 수식이 필요하다.
④ 사물을 대신 가리키는 사물 대명사와 방향을 대신 가리키는 처소 대명사로 나뉜다.

02 보기의 밑줄 친 단어에 대한 설명으로 옳지 않은 것은?

> 보기
> 그의 성적은 반에서 첫째다.

① 조사가 붙어서 다양한 문장 성분이 될 수 있다.
② 무엇보다도 앞서는 것을 나타내는 경우이다.
③ 사물의 순서를 나타내는 서수사와 수량을 나타내는 양수사로 나뉜다.
④ 복수 접미사를 통해 복수의 표현이 불가능하다는 점이 명사와 다르다.

03 밑줄 친 보조사의 의미를 설명한 것으로 옳지 않은 것은?

① 산은 좋지만, 바다는 좋아하지 않는다.
　→ 어떤 대상이 다른 것과 대조됨을 나타냄.
② 학교에서 있었던 일을 나만 모르고 있었다.
　→ 어떤 대상을 한정하고 있음을 나타냄.
③ 많이 긴장되겠지만 그야 무사히 통과하겠지.
　→ 어떤 대상을 강조하고 있음을 나타냄.
④ 가는 거리마다 다양한 빛깔의 풍선을 볼 수 있다.
　→ 따로따로 구별됨을 나타냄.

04 현대 한국어의 품사에 대한 설명으로 옳은 것을 보기에서 모두 고른 것은?

> ─ 보기 ─
> ㄱ. 단어의 형태 변화에 따라 9개의 품사로 분류한다.
> ㄴ. 문장 내에서 단어가 하는 역할에 따라 체언, 관계언, 용언, 수식언, 독립언 등으로 분류한다.
> ㄷ. 관형사는 체언과 용언 앞에서 둘을 꾸미거나 의미를 한정시키는 기능을 한다.
> ㄹ. 관계언은 조사만 포함되고, 체언의 문법적 관계를 표시하거나 뜻을 더해 준다.

① ㄱ, ㄴ
② ㄱ, ㄷ
③ ㄴ, ㄹ
④ ㄷ, ㄹ

05 밑줄 친 단어의 품사가 다른 것은?

① 그녀는 스물에 다른 지역으로 이사를 했다.
② 사람들이 하나의 사건을 두고 의견이 대립했다.
③ 나는 지난 번 축제 무대에 첫 번째로 등장하였다.
④ 사과 두 개 중 하나 먹어라.

06 밑줄 친 단어의 품사가 다른 것은?

① 모든 교실에 책상이 있다.
② 차가 되는 시간에 특히 밀리다.
③ 틀림없이 저 아이가 가져갔을 것이다.
④ 온갖 소문이 사람들 사이에 떠돌았다.

07 밑줄 친 단어의 품사를 같은 것끼리 묶은 것은?

> 〈보기〉
> ㄱ. 밥이 다 되었나 <u>보다</u>.
> ㄴ. 그는 나<u>보다</u> 빨리 먹는다.
> ㄷ. 그녀는 정원에서 꽃을 <u>보았다</u>.
> ㄹ. 책이 무겁다 <u>보니</u> 들지 못했다.
> ㅁ. 나는 <u>보다</u> 크게 생각해야 했다.

① ㄱ, ㄷ ② ㄱ, ㄹ
③ ㄴ, ㄹ ④ ㄷ, ㅁ

08 밑줄 친 부분의 품사가 다른 것은?

① 아직도 차가 오지 <u>않는다</u>.
② 꽃이 핀 모습이 예쁘지 <u>않다</u>.
③ 여기까지 그의 힘이 닿지 <u>않는다</u>.
④ 그는 나보다 공부를 잘하지 <u>않았다</u>.

09 밑줄 친 말의 품사가 다른 하나는?

① 그녀와 만난 <u>지</u> 벌써 일 년이 되었다.
② 그는 잘 모르겠다는 <u>듯</u> 고개를 숙였다.
③ 말이 <u>채</u> 끝나기도 전에 소리를 질렀다.
④ 네가 약속한 것인 <u>만큼</u> 잘 지켜야 한다.

10 밑줄 친 단어의 품사를 같은 것끼리 묶은 것은?

- 나는 신이 ㉠ 있다고 믿는다.
- 너 ㉡ 커서 무엇이 되고 싶니?
- ㉢ 아니, 그가 오늘 돌아왔다고?
- 오늘 내가 입은 옷은 ㉣ 새 옷이다.
- 내 볼펜은 그의 것과 ㉤ 다르다.

① ㉠, ㉡
② ㉠, ㉤
③ ㉡, ㉢
④ ㉣, ㉤

11 밑줄 친 단어의 품사가 같은 것은?

① 식당에는 음식이 먹을 만큼 있다.
　나도 이곳 지리는 너만큼 알고 있다.
② 첫째는 회사원이고, 둘째는 공무원이다.
　그는 달리기 실력이 반에서 첫째다.
③ 이 책상은 오래 전 구입한 것이다.
　노력이 중요하다는 이 점을 명심해라.
④ 아직 아무도 오지 않았다.
　그는 아무 말도 하지 않았다.

12 명사의 개수가 가장 많은 것은?

① 그와 나는 함께 운동장에서 야구를 했을 뿐이다.
② 어제 그의 책상은 아주 깔끔하게 정리되어 있었다.
③ 차에 담긴 것들은 운동을 할 때 필요한 것들이었다.
④ 저쪽에서 첫 번째로 달려오는 사람은 바로 그녀였다.

13 밑줄 친 조사의 성격이 다른 하나는?

① 아이들이 마당에서 뛰어논다.
② 동생의 키가 형의 키와 똑같았다.
③ 이것은 내가 가장 좋아하는 연필이다.
④ 힘을 내려면 밥이나 빵을 먹어야 한다.

14 ㉠ ~ ㉢에 대한 설명으로 적절하지 않은 것은?

- 그는 할 말을 끝냈는지 ㉠ 제 갈 길을 갔다.
- ㉡ 저와 함께 이번 일을 마무리하셔야 합니다.
- 그녀는 ㉢ 자기가 그 일을 해야 한다고 생각했다.

① ㉠과 ㉡은 가리키는 대상이 다르다.
② ㉡은 1인칭이고 ㉢은 재귀 대명사이다.
③ ㉠은 ㉢과 달리 문장 안에서 앞에 나온 주어를 도로 가리킨다.
④ ㉢은 ㉠보다 높임 표현이다.

15 '순(純)'을 다음 절차에 따라 분류할 때, 최종 목적지로 옳은 것은?

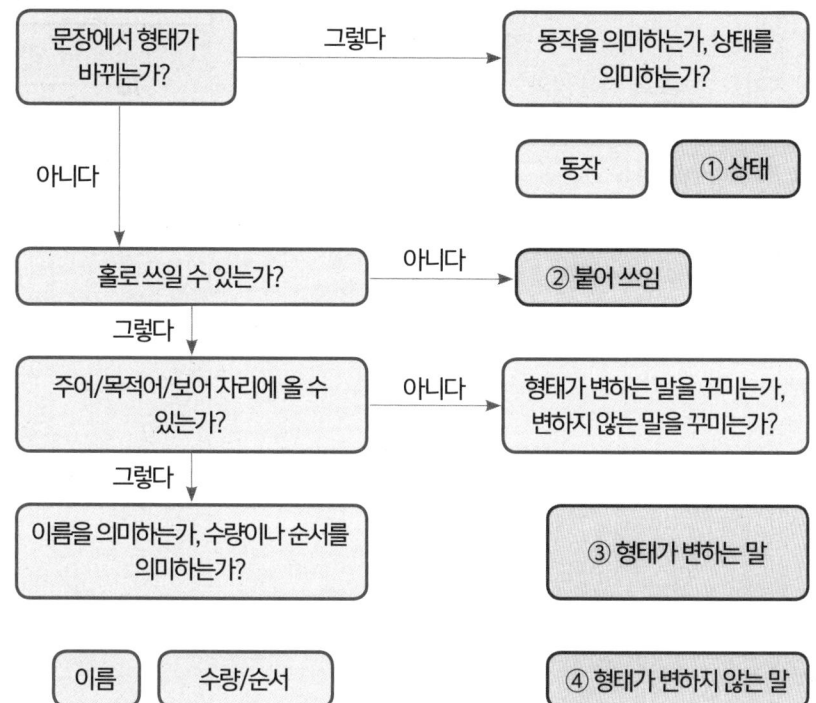

16 보기의 ㉠ ~ ㉢에 따라 ⓐ ~ ⓔ를 분류한 것으로 가장 적절한 것은?

> 보기
> 조사는
> ㉠ 앞말이 다른 말에 대하여 어떠한 자격을 가지도록 하는 것과
> ㉡ 두 가지 이상의 단어를 같은 자격으로 이어주는 역할을 하는 것,
> ㉢ 앞 말에 특별한 의미를 더해 주는 것으로 구분된다.
>
> • 개는 늑대ⓐ와 비슷하게 생겼다.
> • 어머니ⓑ하고 언니하고 다 직장에 갔어요.
> • 윤주ⓒ야! 어머니께서 오라셔.
> • 사과ⓓ는 먹어도 배는 먹지 마라.
> • 우리 모두 승리ⓔ의 환호성을 지르자.

	㉠	㉡	㉢
①	ⓐ, ⓑ	ⓒ, ⓓ	ⓔ
②	ⓑ, ⓓ	ⓒ	ⓐ, ⓔ
③	ⓐ, ⓒ, ⓔ	ⓑ	ⓓ
④	ⓑ, ⓒ, ⓓ	ⓐ	ⓔ

17 다음 글을 읽고 밑줄 친 단어의 품사의 종류가 다른 것은?

> 동사는 주체의 움직임이나 작용, 변화를 나타내는 반면 형용사는 주체의 성질이나 상태를 표시한다.

① 되지도 <u>않는</u> 소리 하지 말아라.
② 사람은 꿈이 사라지면 갑자기 <u>늙는다</u>.
③ 그녀는 답답해서 <u>미치는</u> 줄 알았을 것이다.
④ 때와 장소에 <u>알맞은</u> 옷차림을 해야 한다.

18 밑줄 친 단어 중 관형사를 모두 고른 것은?

> - ㉠ <u>다른</u> 사람들은 어디 있지?
> - ㉡ <u>웬</u> 까닭인지 몰라 어리둥절하다.
> - 동생네는 ㉢ <u>첫째</u>가 초등학생이다.
> - 우리 동네 목욕탕은 매월 ㉣ <u>첫째</u> 주 화요일에 쉰다.

① ㉠, ㉡
② ㉡, ㉢, ㉣
③ ㉠, ㉡, ㉣
④ ㉡, ㉣

19 다음에서 밑줄 친 격조사의 종류가 나머지와 다른 것은?

① 은행<u>에서</u> 돈을 빌렸다.
② 이번에는 충청남도<u>에서</u> 우승을 했다.
③ 그 사실을 들은 이<u>가</u> 매우 드물다.
④ 아버지께서 사 오신 밤<u>이</u> 고소하다.

20 다음 중 품사가 다른 하나는?

① 다리가 저리다. <u>아니</u>, 아프다.
② 이 산간 지방은 <u>비교적</u> 교통이 발달했다.
③ 그 집은 <u>어렵사리</u> 다시 일어섰다.
④ <u>아니</u>, 이럴 수가 있다니!

21 ㉠ ~ ㉤을 품사가 같은 것끼리 바르게 묶은 것은?

> ㉠ 그는 힘껏 <u>뛰기</u> 위해 준비 운동을 했다.
> ㉡ 피오는 어제 동생과 자전거 빨리 <u>타기</u> 내기에서 졌다.
> ㉢ 윤주가 학교에서 하는 <u>달리기</u> 시합에 출전했다.
> ㉣ 그는 계속 <u>먹기</u>만 했다.
> ㉤ 선생님께서 일기나 기행문, 독후감 등의 <u>쓰기</u> 숙제를 내 주셨다.

① ㉠, ㉡, ㉣
② ㉠, ㉢, ㉤
③ ㉡, ㉣, ㉤
④ ㉢, ㉣, ㉤

22 밑줄 친 단어의 쓰임이 다른 것은?

① 윤주야, 이번에는 <u>우리</u>끼리 다녀올게.
② 우리 회사는 <u>우리</u> 손으로 지켜야 합니다.
③ 부장님, <u>우리</u> 야유회는 안 가나요?
④ <u>우리</u> 모두 힘을 합칩시다.

23 밑줄 친 부분의 품사가 다른 하나는?

① 그는 예의가 <u>밝은</u> 사람이다.
② 그는 사람됨이 <u>굳다</u>.
③ 집이 아주 <u>낡았다</u>.
④ 쌍둥이도 성격이 <u>다른</u> 법이다.

THEME 5
용언의 활용

용언의 활용

· 본용언, 보조 용언의 구별	· 어간, 어미가 변하는 불규칙
· 선어말 어미, 어말 어미의 종류	· '르'불규칙 VS '러'불규칙
· 어간이 변하는 불규칙	· 'ㄹ' 탈락, 'ㅡ' 탈락
· 어미가 변하는 불규칙	

밑줄 친 용언의 활용이 옳은 것은? 2022 국회직 8급

① 벼가 익으니 들판이 <u>누래</u>.
② 그는 시장에 <u>드르지</u> 않고 집에 왔다.
③ 아이들은 <u>기단</u> 작대기 끝에 헝겊을 매달았다.
④ 추위에 손이 <u>고와서</u> 글씨를 제대로 쓸 수가 없다.
⑤ 그가 내 옆구리를 냅다 <u>질르는</u> 바람에 눈을 떴다.

해 설
'기다랗다'의 준말인 '기닿다'에 '-ㄴ'이 결합한 경우에는 '기단'이라고 적는다.
기다랗(어간) + 은(관형사형 전성어미) = 기단 ('ㅎ'불규칙)

선택지 해 설
① '누렇다'의 어간 '누렇-'에 '-어'가 결합한 경우에는 '누레'라고 적는다.
 누렇 + 어 = 누레 (ㅎ불규칙)
② '들르다'에 '-지'가 결합한 경우에는 '들르지'로 적는다.
 들르+지 = 들르지
④ '손가락이나 발가락이 얼어서 감각이 없고 놀리기가 어렵다'를 의미하는 '곱다'의 어간 '곱-'에 어미 '-아서'가 결합한 경우 '곱아서'라고 적는다.
 곱+아서 = 곱아서 (규칙 활용)
⑤ '팔다리나 막대기 따위를 내뻗치어 대상물을 힘껏 건드리다.'라는 뜻의 '지르다'에 '-는'이 결합한 경우에는 '지르는'이라고 적는다.
 지르+는 = 지르는

정답 ③

01 '본용언 + 보조 용언'의 구성이 아닌 것은?

① 나도 너를 따라가고 싶다.
② 아침을 든든하게 먹어 두었다.
③ 그녀는 슬픈 마음에 울었나 보다.
④ 그는 식탁에서 사과를 깎아 담았다.

02 밑줄 친 연결 어미를 설명한 것으로 옳지 않은 것은?

① 배가 고파서 식당에 간다.
　→ 어떤 사건이 발생할 수 있는 조건을 드러낸다.
② 공부를 하러 도서관에 갔다.
　→ 주체의 목적을 드러낸다.
③ 비가 왔으므로 가뭄이 해소될 것이다.
　→ 어떤 일의 원인이 될 수 있음을 드러낸다.
④ 영희는 집에 갔지만, 철수는 남아 있다.
　→ 앞에 일어난 사건과 뒤에 일어난 사건이 상반됨을 드러낸다.

03 밑줄 친 부분이 보기에 해당하는 것은?

> 보기
> '-(으)ㅁ'은 어간에 결합하여 활용되는 어미인데, 용언을 체언과 같은 성분으로 쓰이게 한다.

① 그녀는 큰 웃음을 웃었다.
② 그는 수줍음이 많은 사람이다.
③ 멀리 던짐으로써 경기를 이겼다.
④ 깊은 잠을 자고 나니 피로가 풀렸다.

04 밑줄 친 어미의 종류가 다른 것은?

① 그녀는 과거에 왔던 손님이다.
② 지금 오는 사람이 내 친구이다.
③ 그는 정원을 아름답게 가꾸었다.
④ 기억에 남는 젊은 시절의 사진이다.

05 밑줄 친 말의 기본형이 옳지 않은 것은?

① 그는 돈을 많이 써서 형편이 어려웠다. (→ 쓰다)
② 수영을 오래한 탓인지 손과 발이 불었다. (→ 붇다)
③ 이곳은 강이 흘러서 바다를 만나는 곳이다. (→ 흘르다)
④ 표를 사기 위해 사람들이 줄을 이어 서 있었다. (→ 잇다)

06 밑줄 친 부분에 해당하는 것은?

> 어간이 '르'로 끝나는 일부 용언은 불규칙 활용이 나타나는데, '으'가 탈락하는 경우와, '으'가 탈락하지 않는 경우로 나뉜다.

① 밀린 외상값을 치러 마음이 편안하다.
② 자정에 이르러 하던 공부를 마무리했다.
③ 그녀는 나에게 그의 소식을 일러 주지 않았다.
④ 나는 하늘을 우러러 한 점의 부끄러움도 없다.

07 '본용언 + 보조 용언'의 구성이 아닌 것은?

① 그는 밥을 <u>먹기는 한다</u>.
② 친구들이 모두 <u>가 버렸다</u>.
③ 아직도 꽃이 <u>피지 않는다</u>.
④ 그녀는 고기를 <u>잡아 드린다</u>.

08 국어의 불규칙 활용에 대한 보기의 설명과 그 예를 바르게 짝지은 것이 아닌 것은?

> ─ 보기 ─
> ㉠ 어간의 일부가 탈락하는 경우
> ㉡ 어간의 일부가 교체되는 경우
> ㉢ 어미가 다른 것으로 바뀌는 경우
> ㉣ 어간과 어미가 모두 바뀌는 경우

① ㉠ - 짓다, 듣다
② ㉡ - 줍다, 싣다
③ ㉢ - 일하다, 푸르다
④ ㉣ - 하얗다, 동그랗다

09 밑줄 친 단어의 불규칙 활용 유형이 같은 것은?

① 하늘이 <u>푸르니</u> 가을이 왔다.
　지금은 날씨가 <u>따뜻하니</u> 좋다.
② 내가 잘못을 <u>깨닫고</u> 사과했다.
　그는 <u>놀다가</u> 학교에 지각했다.
③ 이 물은 내가 이미 <u>먹은</u> 물이다.
　그는 달리기가 빠르고 <u>날쌔다</u>.
④ 침대에 <u>눕다가</u> 허리를 다쳤다.
　동생은 많은 책들을 <u>얻어</u> 왔다.

10 밑줄 친 말이 '아프다[痛]'가 활용되는 것과 같은 일반적 음운 규칙에 따르는 것은?

① 하늘이 <u>도와서</u> 제가 합격한 것 같습니다.
② 이렇게 신나게 <u>노는</u> 것은 정말 오랜만이다.
③ 여기에 선을 <u>그어</u> 보아라.
④ 윤주는 산 정상에 <u>이르러서</u> 소리를 질렀다.

11 선어말 어미가 쓰이지 않은 것은?

① 도둑이 순경에게 <u>잡혔다</u>.
② 선생님께서 편지를 <u>쓰신다</u>.
③ 어머니가 아이에게 젖을 <u>먹였다</u>.
④ 철수는 소를 <u>먹이고</u>, 하늘을 본다.

12 용언을 나눈 것 중 적절하지 않은 것은?

① 왔다 - 오(어간) + 았(선어말 어미) + 다(어말 어미)
② 오셨다 - 오시(어간) + 었(선어말 어미) + 다(어말 어미)
③ 먹는다 - 먹(어간) + 는(선어말 어미) + 다(어말 어미)
④ 고요하다 - 고요하(어간) + 다(어미)

13 다음 밑줄 친 용언의 구성이 다른 것은?

① 모르는 사람이 나를 <u>아는 척한다</u>.
② 윤주는 새 옷을 <u>입고 간다</u>.
③ 날이 <u>밝아 온다</u>.
④ 이곳에서 <u>수영하지 마시오</u>.

14 보기의 내용을 참고하였을 때, ㉮에 해당되는 것만을 ⓐ ~ ⓓ에서 골라 바르게 묶은 것은?

> 보기
> 불규칙 활용은 ㉮ <u>어간이 바뀌는 경우</u>, 어미가 바뀌는 경우, 어간과 어미가 모두 바뀌는 경우로 나뉜다. 불규칙 활용과 규칙 활용의 사례로는 다음과 같은 것들이 있다.

불규칙 활용의 예	규칙 활용의 예
ⓐ 잇 + 어 → 이어 젓 + 어 → 저어	벗 + 어 → 벗어 빗 + 어 → 빗어
ⓑ 이르 + 어 → 이르러 푸르 + 어 → 푸르러	들르 + 어 → 들러
ⓒ 부르 + 어 → 불러 오르 + 아 → 올라	따르 + 아 → 따라 치르 + 어 → 치러
ⓓ 파랗 + 아 → 파래 누렇 + 어 → 누러	좋 + 아 → 좋아 놓 + 아 → 놓아

① ⓐ, ⓑ
② ⓐ, ⓒ
③ ⓑ, ⓒ
④ ⓑ, ⓓ

THEME 6
단어의 형성(파생어 · 합성어)

단어의 형성(파생어·합성어)

- 파생어 VS 합성어
- 접두사의 뜻 구별하기
- 품사를 바꾸는 접미사의 종류 확인하기
- 대등, 종속, 융합 합성어의 구별
- 통사적 합성어(조사 생략, 어간 탈락) VS 비통사적 합성어(어미 생략)

단어에 대한 설명으로 적절하지 않은 것은? 2022 지방직 9급

① 가난: 한자어 '간난'에서 'ㄴ'이 탈락하면서 된 말이다.
② 어리다: '어리석다'는 뜻에서 '나이가 적다'는 뜻으로 바뀐 말이다.
③ 수탉: 'ㅎ'을 종성으로 갖고 있던 '숳'에 '닭'이 합쳐져 이루어진 말이다.
④ 점잖다: '의젓함'을 나타내는 '점잖이'에 '하다'가 붙어 형성된 말이다.

① '가난'은 원말이 '간난(艱어려울 간 難어려울 난)'으로, 같은 음(받침 ㄴ)의 충돌을 피하기 위해 둘 중 하나를 다른 음운이나 비슷한 음운으로 바꾸려는 경향에 따라 ㄴ이 탈락되었다.
② '어리다'는 15세기 국어에서 '어리석다'는 의미로 사용되다가 16세기 국어에서는 '나이가 적다'는 의미로 바뀌기 시작하였다.
③ '수탉'은 수컷을 의미하는 접두사 '수'의 옛말인 ㅎ종성체언 '숳'에 닭의 옛말인 '둙'이 합쳐져 이루어진 복합어이다(수툵 ← 숳 + 둙). 두 말이 어울릴 적에 'ㅂ' 소리나 'ㅎ' 소리가 덧나는 것은 소리대로 적는다. 수탉은 'ㅎ'소리가 덧나는 것으로 수탉으로 적는다.

정답 ④

01 다음 중 밑줄 친 부분이 접두사가 아닌 것은?

① 우리에게 불가능이란 있을 수 없다.
② 올해는 유난히 늦더위가 심한 편이다.
③ 나는 돈 한 푼 없이 빈주먹으로 시작했다.
④ 그는 겉치레 말로 주변 사람들에게 인사를 했다.

02 단어 형성 원리에 대한 설명으로 가장 옳은 것은?

① 형용사 '깨끗하다' 어근에 부사 파생 접미사 '- 이'가 붙으면 부사 '깨끗이'가 생성된다.
② '멋지다'와 '못나다'는 접미 파생 형용사들이다.
③ '휘날리다'와 '마주서다'는 합성 동사들이다.
④ '잎사귀'는 단일 명사이다.

03 보기의 ㉠ ~ ㉣에 대한 설명으로 적절하지 않은 것은?

―보기―
• 병이 ㉠ 마개로 닫혀 있어서 물을 먹지 못했다.
• 날씨가 추워져 ㉡ 군밤이 생각났다.
• 서둘러 떠나야 했던 적이 ㉢ 한두 번이 아니었다.
• 지금의 아내는 나의 ㉣ 첫사랑이었다.

① ㉠은 어근과 접미사의 결합으로 동사가 명사로 품사가 바뀐 파생어이다.
② ㉡은 접두사와 어근의 결합으로 명사의 품사가 바뀌지 않은 파생어이다.
③ ㉢은 어근과 어근이 결합하여 '관형사 + 관형사'의 형태를 띤 통사적 합성어이다.
④ ㉣은 어근과 어근이 결합하여 '관형사 + 명사'의 형태를 띤 통사적 합성어이다.

04 '검푸르다'와 합성어의 구성 방식이 같은 것은?

① 오가다
② 들어가다
③ 돌아가다
④ 뛰어가다

05 ㉠과 ㉡에 해당하는 예로 적절한 것은?

> 파생어는 어근의 앞이나 뒤에 접사가 붙어서 만들어진 단어이다. 이때 접사는 ㉠ <u>어근과 결합하여 그 뜻을 한정함으로써 뜻만 첨가해 주는 접사</u>와, ㉡ <u>어근과 결합하여 품사를 바꾸는 접사</u>로 나뉜다.

	㉠	㉡
①	무덤	진실로
②	높이	짓누르다
③	비행기	인사치레
④	한겨울	정직하다

06 ㉠과 ㉡에 해당하는 예로 적절한 것은?

> 합성어는 두 어근의 결합 방식에 따라 그 종류가 달라진다. 두 어근의 결합 방식이 우리말의 일반적인 단어 배열 방법과 일치하는 경우를 ㉠ <u>통사적 합성어</u>로, 두 어근의 결합 방식이 우리말의 일반적인 단어 배열 방법과 일치하지 않는 경우를 ㉡ <u>비통사적 합성어</u>로 나눌 수 있다.

	㉠	㉡
①	손등	힘들다
②	어린이	독서
③	덮밥	끽쇠
④	부슬비	전진

07 다음 중 단어의 짜임이 보기와 같은 것은?

보기
> 울리 + ㅡ ㅁ(파생)
> ↓
> 산 + 울림 (합성)
> ↓
> 산울림

① 노름꾼
② 헛웃음
③ 손놀림
④ 돌다리

08 ( ) 안에 들어갈 말로 적절한 것은?

> '새빨갛다', '게으름뱅이', '슬픔' 등은 실질 형태소인 '빨갛다', '게으름', '슬프ㅡ'에 '새ㅡ', 'ㅡ뱅이', 'ㅡㅁ'과 같은 접사가 결합되어 파생된 단어들이다. 이러한 단어를 '파생어'라고 한다. 반면, ( ) 등은 각각 실질 형태소가 결합하여 한 단어가 된 경우인데, 이를 '합성어'라고 한다.

① 모름지기, 애벌레, 국밥
② 드넓다, 혼잣말, 온종일
③ 느릿느릿, 철들다, 마주서다
④ 장난꾸러기, 마침내, 낯설다

09 밑줄 친 접미사가 한자에서 온 말이 아닌 것은?

① 본보<u>기</u>
② 청년<u>기</u>
③ 주사<u>기</u>
④ 기름<u>기</u>

10 다음 국어사전의 정보를 참고할 때, 접두사 '개-'의 의미가 다른 것은?

> **개-** [접사] ((일부 명사 앞에 붙어)) ① '야생 상태의' 또는 '질이 떨어지는', '흡사하지만 다른'의 뜻을 더하는 접두사. ② '헛된', '쓸데없는'의 뜻을 더하는 접두사.

① 그 친구 개나발 불고 다니더니 크게 혼났군
② 무고한 백성들이 난리 통에 개죽음을 당하였다.
③ 그는 어디서 말도 안 되는 개수작을 부리고 있는지 모르겠다.
④ 아무리 좋은 제도도 시행되지 않으면 빛 좋은 개살구일 뿐이다.

11 밑줄 친 부분에 해당하는 것은?

> '-ㅁ/-음'은 용언의 어간이나 어미 뒤에 붙어 그 말이 명사의 역할을 하게 하는 명사형 전성 어미로 쓰이는 경우와, 용언 어근 뒤에 붙어 명사를 만드는 접미사로 쓰이는 경우가 있다.

① 그녀는 잠을 깊이 자기 위해 방에 불을 껐다.
② 저 언덕이 다른 언덕보다 낮음을 알지 못했다.
③ 물이 얼음으로써 겨울이 되었다는 것을 알았다.
④ 그는 동작을 크게 함으로써 의미를 전달하고자 했다.

12 밑줄 친 부분에 해당하는 것은?

> 합성어는 두 어근의 결합 방식에 따라 통사적 합성어와 비통사적 합성어로 분류된다. 이때 용언과 체언이 결합될 때 관형사형 전성 어미가 생략되는 경우, 용언과 용언이 결합할 때 연결 어미가 생략되는 경우, 부사와 체언이 결합되는 경우 등으로 분류된다.

① 곶감
② 함박눈
③ 고무신
④ 굳은살

13 보기의 ㉠ ~ ㉢에 해당하는 합성어의 예로 가장 적절한 것은?

> 보기
> ㉠ 융합 관계는 두 형태소가 완전히 하나로 융합되어 새로운 의미를 창출하게 된 관계를 말한다. 다음은 ㉡ 종속 관계이다. 두 형태소가 결합하여 원래의 뜻은 유지하나 어느 한 쪽이 어느 한쪽을 수식하는 관계에 있는 합성법이다. 세 번째로는 ㉢ 대등 관계를 들 수 있다. 두 형태소가 각기 본래의 뜻을 유지하며 대등한 관계를 가지는 합성법을 말한다.

	㉠	㉡	㉢
①	손금	마소	오늘내일
②	춘추	손수건	이곳저곳
③	공부방	눈사람	밤나무
④	밤낮	책가방	돌다리

14 ㉠ ~ ㉣의 예로 적절하지 않은 것은?

| ㉠ 단일어 | ㉡ 파생어 |
| ㉢ 통사적 합성어 | ㉣ 비통사적 합성어 |

① ㉠: 시나브로, 먹었다
② ㉡: 참기름, 먹이다
③ ㉢: 디딤돌, 첫사랑
④ ㉣: 날짐승, 열쇠

15 보기를 참고할 때, ㉠에 해당하는 것끼리 묶은 것은?

> ─ 보기 ─
> 접사는 어근이나 단어와 결합하여 새로운 단어를 구성하는 부분으로, 특정한 의미를 더하거나 ㉠ 어근의 품사를 바꾸기도 한다.

① 덮개, 햅쌀
② 날짐승, 들장미
③ 사랑스럽다, 치솟다
④ 새롭다, 틈틈이

16 ㉠의 '한-'과 의미가 가장 가까운 것은?

> 많은 사람들이 민주주의와 시장 경제를 ㉠ 한가지인 것처럼 이해한다.

① 방 한가운데에는 화로가 놓여 있었다.
② 한여름에는 시원한 수박 생각이 간절해진다.
③ 그들은 승리의 기쁨을 한가득 안고 돌아왔다.
④ 추석을 맞아 모처럼 온 가족이 한자리에 모였다.

17 다음 파생어와 합성어로 바르게 구분하지 못한 것은?

	파생어	합성어
①	헛고생, 치솟다	흔들바위, 새해
②	톱질, 날짐승	덮밥, 들쥐
③	군말, 구경꾼	굶주리다, 뛰놀다
④	애호박, 새빨갛다	힘쓰다, 건너오다

18 품사를 바꾸지 않은 접사는?

① 건어물 ② 마개
③ 낮추다 ④ 오뚝하다

19 보기와 같이, 밑줄 친 파생어의 의미를 적절하게 풀어서 표현한 것은?

> ─ 보기 ─
> 밤중에 발을 헛디디지 않도록 조심해야 한다.
>   (→ 잘못 디디지)

① 그녀는 눈을 치뜨고 정면을 응시하였다. (→ 가늘게 뜨고)
② 간호사가 환자의 다리에 붕대를 되감았다. (→ 친친 감았다)
③ 당시에 그 나라에는 전염병이 들끓었다. (→ 안에서 끓었다)
④ 창문이 망가져 널빤지를 덧대어 수리했다. (→ 겹쳐 대어)

20 보기를 바탕으로 '접사'에 대해 탐구한 내용으로 적절하지 않은 것은?

> ─ 보기 ─
> 어근의 앞이나 뒤에 접사가 붙어서 만들어진 단어를 파생어라고 하는데, 어근의 앞에 붙는 접사를 접두사, 뒤에 붙는 것을 접미사라고 한다.
> ㉠ 군−: 군말, 군침
> ㉡ 헛−: 헛고생, 헛돌다
> ㉢ −이: 뚱뚱이, 딸랑이
> ㉣ −하다: 공부하다, 반짝반짝하다

① ㉠, ㉡로 보아, 접두사는 특정한 뜻을 더하는 역할을 할 수도 있구나.
② ㉡, ㉣로 보아, 어근에 해당하는 말의 품사가 달라도 같은 접두사나 접미사가 붙을 수가 있구나.
③ ㉢, ㉣로 보아, 접미사는 어근에 해당하는 말의 품사에 영향을 주지 못하는구나.
④ ㉢으로 보아, 접미사는 의성어나 의태어 뒤에서 '사람'이나 '사물'의 뜻을 더할 수도 있구나.

THEME 7
문장 성분

 윤주쌤 CLINIC

문장 성분

- 품사와 문장성분의 구별
- 문장 부사어와 성분 부사어의 구별
- 한 자리, 두 자리, 세 자리 서술어의 구별

 기출 대표 유형

<보기>를 바탕으로 아래 ㉠~㉢을 분석한 내용으로 가장 적절하지 않은 것은? [2022 법원직 9급]

― 보기 ―
문장 성분은 문장의 주된 골격을 이루는 주성분, 주로 주성분의 내용을 수식하는 부속 성분, 다른 문장 성분과 관계를 맺지 않는 독립 성분으로 나누어진다. 주성분에는 주어, 서술어, 목적어, 보어가 있고, 부속 성분에는 부사어, 관형어가 있으며, 독립 성분에는 독립어가 있다.

㉠ 아이가 작은 침대에서 예쁘게 잔다.
㉡ 그는 친구의 딸을 며느리로 삼았다.
㉢ 앗, 영희가 뜨거운 물을 엎질렀구나!

① ㉠~㉢은 모두 관형어가 존재한다.
② ㉠~㉢의 주성분의 개수가 일치한다.
③ ㉠의 부속성분의 개수는 ㉡, ㉢보다 많다.
④ ㉡은 ㉠과 달리 필수적 부사어가 존재한다.

 해 설

㉠ 아이가(주어) 작은(관형어) 침대에서(부사어) 예쁘게(부사어) 잔다.(서술어)
㉡ 그는(주어) 친구의(관형어) 딸을(목적어) 며느리로(필수 부사어) 삼았다.(서술어)
㉢ 앗(독립어), 영희가(주어) 뜨거운(관형어) 물을(목적어) 엎질렀구나!(서술어)
② ㉠의 주성분은 주어, 서술어 2개이고, ㉡과 ㉢은 주어, 목적어, 서술어 3개이다.

선택지 해 설

① ㉠은 '작은', ㉡은 '친구의', ㉢은 '뜨거운'이 관형어이다.
③ ㉠의 부속성분은 '작은(관형어)' '침대에서(부사어)' '예쁘게(부사어)' 3개이고, ㉡은 '친구의(관형어)' '며느리로(부사어)' 2개, ㉢은 '뜨거운(관형어)' 1개이다.
④ ㉡의 서술어 '삼다'는 앞에 필수 부사어(여기서는 '며느리로')가 와야 한다.

정답 ②

01 밑줄 친 부분의 문장 성분이 다른 하나는?

① 그녀는 그녀의 어머니와 많이 닮았다.
② 즐거울 때 자중해야 한다.
③ 자는 사람은 깨우지 말고 그냥 두어라.
④ 나의 소원은 하루빨리 시험에 합격하는 것이다.

02 밑줄 친 부분의 문장 성분이 다른 하나는?

① 그녀는 집으로 갔다.
② 그는 그림도 잘 그렸다.
③ 그는 돈을 많이도 벌었다.
④ 학교에서 얌전하게 있어라.

03 밑줄 친 부분 중에서 목적어가 아닌 것은?

① 그녀는 비가 오기를 기다렸다.
② 그가 학교에 가지를 않아 걱정이다.
③ 나는 그녀가 꼭 합격하기를 바란다.
④ 나는 그의 제안이 타당한지를 고려하고 있다.

04 다음 중 서술어 자릿수가 다른 하나는?

① 그는 커서 경찰관이 되었다.
② 그녀의 아이는 그녀와 닮았다.
③ 나는 착한 그를 친구로 삼았다.
④ 그녀는 도서관에서 많은 책을 읽었다.

05 다음 밑줄 친 서술어의 자릿수가 두 자리가 아닌 것은?

① 정원에 꽃이 아름답게 <u>피었다</u>.
② 그녀는 식탁에 앉아 밥을 <u>먹는다</u>.
③ 나는 여러 가지 면에서 너와 <u>다르다</u>.
④ 그는 궁지에 몰리자 비굴하게 <u>굴었다</u>.

06 다음 밑줄 친 성분에 대한 설명 중 가장 적절한 것은?

> ㉠ 발이 <u>너무</u> 아프다.
> ㉡ 그녀는 <u>엄마와</u> 다르다.
> ㉢ <u>하지만</u> 그는 울지 않았다.
> ㉣ <u>확실히</u> 키가 컸다.

① ㉠과 ㉡의 밑줄 친 부분은 문장 전체를 수식하는 문장 부사어이다.
② ㉡과 ㉢의 밑줄 친 부분은 앞뒤를 연결해 주는 접속 부사어이다.
③ ㉢과 ㉣의 밑줄 친 부분은 문장 내의 다른 성분을 수식하는 성분 부사어이다.
④ ㉠부터 ㉣까지 밑줄 친 부분은 모두 부사어이다.

07 다음 밑줄 친 부분의 문장 성분 중 종류가 다른 하나는?

> 이른 아침 작은 새들 노랫소리 들려오면
> 언제나 그랬듯 ㉠ <u>아쉽게</u> 잠을 깬다
> 창문 하나 햇살 ㉡ <u>가득</u> 눈부시게 비쳐오고
> ㉢ <u>서늘한</u> 냉기에 재채기할까 말까
> 눈 비비며 ㉣ <u>빼꼼히</u> 창밖을 내다보니
> 삼삼오오 아이들은 재잘대며 학교 가고
>
>   - 아이유, '가을 아침' 중에서

① ㉠   ② ㉡
③ ㉢   ④ ㉣

08 밑줄 친 부분의 문장 성분이 다른 하나는?

① 지금도 나는 선생님의 말씀이 기억난다.
② 그가 아주 새 사람이 되었더라.
③ 저 학원에 윤주 선생님이 계신다.
④ 다음에 따뜻한 곳으로 여행가자.

09 문장 성분이 나머지와 다른 하나는?

① 아이쿠 이게 웬 날벼락이냐!
② 애들아! 너희들도 함께 갈래?
③ 사랑, 세상에 이것처럼 위대한 것이 있을까?
④ 다행스럽게 철우의 상처는 그리 깊지 않았다.

10 다음 중 밑줄 친 부분이 주성분이 아닌 것은?

① 윤주는 과일만은 좋아한다.
② 신이시여, 우리들은 보호하소서.
③ 한솔이는 이제 고등학생이 되었다.
④ 정부에서 실시한 조사 결과가 발표되었다.

THEME 8
문장의 종류

문장의 종류

- 홑문장 VS 겹문장
- 이어진문장 VS 안긴문장
- 대등적으로 이어진문장 VS 종속적으로 이어진문장
  (구별: 앞 절과 뒤 절의 순서 바꾸기)

- 안긴문장의 구별 tip
  - 명사절(음(ㅁ), 기)
  - 서술절(주어 + 주어 + 서술어)
  - 관형절(는(ㄴ), 을(ㄹ) 던)
  - 부사절(게, 도록)
  - 인용절(라고, 고)
- 관계 관형절 VS 동격 관형절

<보기>의 문장에 대한 설명으로 가장 적절하지 않은 것은? [2022 국회직 8급]

> 보기
> - 나는 ㉠동생이 산 사탕을 먹었다.
> - ㉡철수가 산책했던 공원은 부산에 있다.
> - 민경이는 ㉢숙소로 돌아가기를 원한다.
> - 지금은 ㉣학교에 가기에 늦은 시간이다.

① ㉠은 안은 문장의 목적어를 수식하는 관형절이다.
② ㉡은 안은 문장의 주어를 수식하는 부사절이다.
③ ㉢은 조사 '를'과 결합하여 안은 문장의 목적어로 쓰이고 있다.
④ ㉣은 조사 '에'와 결합하여 안은 문장의 부사어로 쓰이고 있다.

㉡ '철수가 산책했던'은 안은문장의 명사 '공원'을 수식해 주는 관형절이다. 목적어 '공원을'이 생략된 관계관형절이다.

선택지 해설
① ㉠ '사탕'을 수식하는 관형절이다.
③, ④ ㉢, ㉣은 명사절이다.

정답 ②

01 밑줄 친 절에 대한 설명으로 적절하지 않은 것은?

> <u>내가 산</u> 가방이 가장 예쁘고 컸다.

① 관계 관형절이다.
② 목적어가 '가방을'이다.
③ 생략된 성분이 없다.
④ 생략되어도 문장이 성립된다.

02 다음 중 대등하게 이어진문장으로 볼 수 없는 것은?

① 비가 내렸지만 길이 미끄럽지 않다.
② 누가 무엇을 하든지 신경을 쓰지 않는다.
③ 형은 집에 가고, 동생은 운동장에서 논다.
④ 밥을 먹든지 빵을 먹든지 어서 결정합시다.

03 다음 중 종속적으로 이어진문장으로 볼 수 없는 것은?

① 책을 사려고 서점에 갔다.
② 시간이 다 되어서 나는 일어났다.
③ 벼는 익었지만 추수할 수가 없다.
④ 아무리 시험이 어렵더라도 문제없다.

04 다음 중 문장의 종류가 다른 것은?

① 내 동생은 밥과 반찬을 먹는다.
② 나는 그녀가 그린 그림이 좋다.
③ 그 건물은 옥상이 특별하게 꾸며졌다.
④ 그들이 정말 그 일을 해냈음이 밝혀졌다.

05 다음 중 문장의 종류가 다른 하나는?

① 끼니는 반드시 챙겨서 먹어라.
② 너도 이 음식을 먹어 보려무나.
③ 정부는 재난 대책을 당장 세우라.
④ 그 약속은 꼭 지키겠다고 약속하마.

06 다음 밑줄 친 부분에 해당하는 의문문으로 적절한 것은?

> 의문문에는 어떤 사실에 대한 일정한 설명을 요구하는 의문문, 단순한 긍정이나 부정의 대답을 요구하는 의문문, <u>굳이 대답을 요구하지 않고 서술의 효과나 명령의 효과를 내는 의문문</u> 등으로 나뉜다.

① (점심 시간에 만난 후배에게) 점심밥 뭐 먹을래?
② (어떤 꽃을 살지 고민하는 손님에게) 장미꽃을 좋아하시나요?
③ (가방을 사달라는 아들에게) 내가 너한테 가방 하나 못 사줄까?
④ (좋아하는 친구 때문에 고민하는 딸에게) 그 친구를 얼마나 좋아하니?

07 다음 ㉠ ~ ㉢의 문장 성분과 문장 구조에 대한 설명으로 적절한 것은?

> ㉠ 할아버지께 길을 안내해 준 친구들은 참 친절했다.
> ㉡ 우리는 그가 합격했다는 소식을 듣고 매우 기뻐했다.
> ㉢ 그녀는 내가 따뜻한 차를 마시기를 자꾸 권했다.

① ㉠에는 부사어가 있지만 ㉢에는 부사어가 없다.
② ㉠에는 서술절이 안겨 있지만 ㉡에는 인용절이 안겨 있다.
③ ㉠, ㉡, ㉢ 모두 관형절이 있다.
④ ㉠의 안긴문장에는 목적어가 없지만 ㉢의 안긴문장에는 목적어가 있다.

08 보기에 대한 설명으로 적절하지 않은 것은?

> 보기
> ㉠ 피오는 가방을 예쁘게 만들었다.
> ㉡ 윤주가 그린 그림이 최우수상을 수상했다.
> ㉢ 철수는 도전을 하기를 두려워한다.
> ㉣ 여자는 사랑을 중시하지만, 두려워 하기도 한다.

① ㉠: 안은문장의 목적어와 안긴문장의 목적어가 공통되기 때문에 안긴문장의 목적어를 생략하였다.
② ㉡: 안긴문장의 목적어와 안은문장의 주어가 공통되기 때문에 안긴문장의 목적어를 생략하였다.
③ ㉢: 안긴문장의 주어와 안은문장의 주어가 공통되기 때문에 안긴문장의 주어를 생략하였다.
④ ㉣: 앞 절의 주어, 목적어가 뒤 절의 주어, 목적어와 공통되기 때문에 뒤 절의 주어, 목적어를 모두 생략하였다.

09 다음 예문 중 문장 구조가 다른 하나는?

① 밥을 먹기에는 배가 부르다.
② 그는 갔지만, 나는 그를 보내지 않았다.
③ 나는 그가 진범이 아니라는 사실을 안다.
④ 언니가 동생에게 가만히 있으라고 말했다.

10 다음 문장 중 그 성격이 가장 이질적인 것은?

① 어제 파란 우산을 샀다.
② 가을이 오니 낙엽이 지는구나.
③ 우리 집 앞마당에 드디어 매화가 피었다.
④ 남긴 만큼 버려지고, 버린 만큼 오염된다.

11 ㉠ ~ ㉣의 문장 성분과 문장 구조에 대한 설명으로 적절하지 않은 것은?

> ㉠ 그가 "날씨가 좋죠?"라고 말했다.
> ㉡ 큰 새가 냇가에 우두커니 앉아 있다.
> ㉢ 아들은 노래를 부르고 딸은 춤을 추었다.
> ㉣ 그가 기부자임이 밝혀지자 기자들이 그쪽으로 달려갔다.

① ㉠의 안긴문장은 주어가 나타나지만, ㉡의 안긴문장은 주어가 생략되어 있다.
② ㉢은 대등하게 이어진 문장이고, ㉣은 종속적으로 이어진 문장이다.
③ ㉡과 ㉢은 각각 두 개의 홑문장으로 나눌 수 있다.
④ ㉢에는 부사어가 나타나지만, ㉣에는 부사어가 나타나지 않는다.

12 다음 중 홑문장인 것은?
① 봄이 오니, 새가 운다.
② 코끼리는 코가 길다.
③ 비가 소리도 없이 내린다.
④ 상훈이는 사회의 일원으로 훌륭히 생활하고 있다.

13 다음 중 서술어의 자릿수가 가장 많은 것은?
① 영희는 빵을 맛있게 먹었다.
② 나는 이제 더 이상 소녀가 아니에요.
③ 어머니께서 동생에게 약을 먹이셨다.
④ 윤주는 오늘 아침에 친구와 재미있는 영화를 보았다.

14 보기의 밑줄 친 절과 문법적 특징이 다른 것은?

> 보기
> 이 일은 <u>누가 하더라도</u> 이보다 더 잘할 수는 없다.

① 형은 학교에 가고 동생은 집에서 논다.
② 학생은 인사를 하고 선생님은 인사를 받는다.
③ 철수는 어제 라면을 먹고 배탈이 났다.
④ 혹시 길이 미끄럽거든 지하철을 이용해라.

15 보기는 이어진문장과 안은문장에 대해 정리한 것이다. 탐구의 결과로 적절하지 않은 것은?

> 보기
> • 이어진문장: 둘 이상의 홑문장이 대등하거나 종속적으로 이어진 문장
>   ㄱ. 동생은 과일은 좋아하지만, 야채는 싫어한다.
>   동생은 야채는 싫어하지만, 과일은 좋아한다.
>   (동생은 과일을 좋아하다. / 동생은 야채를 싫어하다.)
>   ㄴ. 철수가 오면 그들은 출발할 것이다.
>   그들이 출발하면 철수가 올 것이다.
>   (철수가 오다. / 그들이 출발하다.)
>
> • 안은문장: 홑문장을 전체 문장의 한 성분으로 안고 있는 문장
>   ㄷ. 언니는 [그 아이가 학생임]을 알았다.
>   (언니는 그것을 알다. / 그 아이가 학생이다.)
>   ㄹ. [책을 읽던] 영수가 수지에게 다가왔다.
>   (영수가 책을 읽다. / 영수가 수지에게 다가오다.)
>   *[   ]: 안긴문장임.

① ㄱ과 ㄴ으로 볼 때, 이어진문장은 두 문장이 '대조'나 '조건'의 의미 관계로 연결되기도 하는군.
② ㄱ과 ㄴ으로 볼 때, 이어진문장은 앞뒤 문장의 순서가 바뀌어도 동일한 의미를 나타내는군.
③ ㄱ과 ㄹ로 볼 때, 이어진문장과 안은문장 모두 중복된 내용을 생략할 수 있군.
④ ㄷ과 ㄹ로 볼 때, 안긴문장은 안은문장에서 명사처럼 쓰이거나 명사를 꾸미는 등 다양한 역할을 하는군.

THEME 9
고전 문법

윤주쌤 CLINIC

고전 문법	
· 훈민정음 창제 원리와 초성 체계, 중성 체계 · 연서법 · 병서법(합용 병서 / 각자 병서) · 연철 표기 VS 분철 표기	· 주격조사의 종류 · 의문형 종결어미의 구별 · 중세 국어의 문법적 특징

기출 대표 유형

A, B, C에 들어갈 중세국어의 형태를 가장 올바르게 짝지은 것은? [2022 법원직]

─ 보기 ─
현대국어 관형격조사 '의'에 해당하는 중세국어 관형격조사는 '익/의', 'ㅅ'가 있다. 선행체언이 무정물일 때는 'ㅅ'이 쓰이고, 유정물일 때는 모음조화에 따라 '익/의'가 쓰인다. 다만 유정물이라도 종교적으로 높은 대상 등 존칭의 대상일 때는 'ㅅ'가 쓰인다.

- [A] 말쓰미 中國에 달아
  (나라의 말이 중국과 달라)
- [B] 뜨들 거스디 아니ᄒ노니
  (사람의 뜻을 거스르지 않는데)
- 世尊 [C] 神力으로 두외의 ᄒ샨 사ᄅᆞ미라
  (* 세존의 신통력으로 되게 하신 사람이다.)

* 세존: 석가모니의 다른 이름. 세상에서 가장 존귀한 존재라는 뜻이다.

	A	B	C
①	나라익	사ᄅᆞ미	의
②	나라의	사ᄅᆞ미	ㅅ
③	나랏	사ᄅᆞ미	ㅅ
④	나랏	사ᄅᆞ믜	ㅅ

해 설 무정물은 단체나 식물을 의미하고, 유정물은 사람이나 동물을 의미한다.
A는 '나라'(무정물)에 'ㅅ'이 붙고, B는 '사ᄅᆞᆷ'(유정물+양성모음)에 양성 조사('익')가 결합되어 이어적기를 하면 '사ᄅᆞ미'가 된다. C의 경우는 유정물(존칭)이므로 'ㅅ'이 붙는다. 따라서 정답은 ③이다.

정답 ③

01 근대 국어에 대한 설명으로 적절하지 않은 것은?
① 'ㆁ'과 'ㅿ'이 근대 국어 시기에는 완전히 사라졌다.
② 성조를 표기하는 방점이 계속 표기되면서 장음으로 길게 발음하였다.
③ 모음조화가 문란해졌다.
④ 'ㆍ'는 18세기 이후의 문헌에도 나타난다.

02 훈민정음의 28 자모 체계에 해당하지 않는 것은?
① ㆆ
② ㆁ
③ ㅿ
④ ㅸ

03 다음 중 중세 국어에 대한 설명으로 적절하지 않은 것은?
① '어리다'는 '어리석다'라는 뜻으로 사용되었다.
② 주격 조사 '가'가 '이'와 함께 빈번하게 사용되었다.
③ '암탉'과 '수탉'은 중세 국어 'ㅎ' 종성 체언의 흔적이 이어져 내려온 것이다.
④ '좁살'은 '쌀'을 뜻하던 단어 '뿔'의 어두 자음군의 흔적이 이어져 내려온 것이다.

04 밑줄 친 부분에 대한 설명으로 적절하지 않은 것은?

> ㉠孔·공子·ᄌᆡ ㉡曾증子·ᄌᆞ드려 닐·러 글ᄋᆞ·샤·ᄃᆡ ·몸·이며 ㉢얼굴·이며 머·리털·이·며 ·ᄉᆞᆯ·흔 父·부母:모ᄭᅴ 받ᄌᆞ·온 거·시·라 敢:감·히 헐·워 샹히·오·디 아·니:홈·이 :효·도·이 비르·소미·오 ·몸·을 셰·워 道:도·를 行힝·ᄒᆞ·야 일:홈·을 後:후世:셰·예 :베퍼·뻐 父·부母:모ᄅᆞᆯ :현·뎌케 :홈·이 ㉣:효·도·이 ᄆᆞ·ᄎᆞᆷ·이니·라
>
> —『소학언해』—

① ㉠: 주격 조사로 '가'가 아닌 'ㅣ'가 쓰였다.
② ㉡: 현대 국어에는 없는 'ᄃᆞ려'가 부사격 조사로 쓰였다.
③ ㉢: 시간이 지나며 의미가 점차 확대된 단어가 쓰였다.
④ ㉣: 양성 모음 뒤에서 관형격 조사 '이'가 쓰였다.

05 다음에서 알 수 있는 중세 국어의 특징으로 적절하지 않은 것은?

> 불휘 기픈 남ᄀᆞᆫ ᄇᆞᄅᆞ매 아니 뮐씨
> 곶 됴코 여름 하ᄂᆞ니.
> ᄉᆡ미 기픈 므른 ᄀᆞᄆᆞ래 아니 그츨씨
> 내히 이러 바ᄅᆞ래 가ᄂᆞ니.
>
> —「용비어천가」 제2장

① 주로 이어 적기 방식을 따랐다.
② 주격 조사가 따로 존재하지 않았다.
③ 모음조화가 잘 지켜졌다.
④ 현대 국어에서 쓰이지 않는 'ㆍ'가 존재하였다.

06 다음에서 설명하는 훈민정음 제자 원리에 해당하는 것은?

> 초성자 두 개를 밑으로 이어 쓰는 규정으로, 순음 'ㅁ, ㅂ, ㅍ, ㅃ' 아래에 'ㅇ'을 이어 쓰는 것이다.

① 連書 ② 連綴
③ 竝書 ④ 附書

07 보기는 중세 국어의 음운 현상에 대한 설명이다. 이에 따른 표기로 옳지 않은 것은?

> 보기
>
> 중세 국어의 모음 조화는 매우 체계적이고 규칙적인 모습을 보여 준다. 한 단어 내부에서는 물론이고, 두 단어 이상이 연결될 때도 용언 어간과 어미의 결합뿐만 아니라 체언과 조사의 결합에서도 양성 모음을 가진 것은 양성 모음을 가진 것끼리, 음성 모음을 가진 것은 음성 모음을 가진 것끼리 어울렸다. 다만 중성 모음 'ㅣ'는 어느 것과도 연결될 수 있었다.

① 사ᄅᆞ미 ᄠᅳ들 ② ᄭᅮ므로 알외시니
③ ᄯᅳ를 나하 길오니 ④ 견추로 어린 빅셩이

08 훈민정음에 대한 설명으로 적절하지 않은 것은?

① 훈민정음 해례본은 훈민정음에 대한 해설서의 역할을 한다.
② 차자 표기법을 보완하여 병행하여 사용하기 위해 만든 것이다.
③ 자주, 애민, 실용 정신을 기본으로 국어를 전면적으로 표기하기 위해 창제하였다.
④ 중성은 하늘, 땅, 사람의 삼재를 본떠 만들고, 거기에 초출자와 재출자를 만들었다.

09 '훈민정음'의 '解例' 부분과 거리가 먼 사항은?

① 한글 자·모의 체계를 설명하였다.
② 실제 글자가 사용되는 방법을 90여 개의 낱말을 예로 들어 설명하고 있다.
③ 동국정운의 23자모 체계와 일치하게 초성 23자를 설명하고 있다.
④ 자음자와 모음자의 창제에 관해 해설하고 있다.

10 다음과 같은 의의를 지니고 있는 저서는 무엇인가?

> • 한글 자모의 이름과 순서를 정하였다. 그러나 그 순서는 오늘과 다르다.
>   ㅣ ㄱ(基役)
> • '훈민정음'을 '反切'이라는 명칭으로 일컫고 있다.

① 훈몽자회　　　　　　② 동국정운
③ 국문정리　　　　　　④ 신정국문

11 '善化公主主隱 他密只嫁良置古'에서 훈으로 읽어야 하는 부분은?
　　　ⓐⓑ　ⓒⓓⓔⓕⓖⓗⓘ

① ⓐ, ⓒ, ⓓ, ⓕ, ⓗ　　　　② ⓐ, ⓒ, ⓔ, ⓖ, ⓘ
③ ⓐ, ⓑ, ⓒ, ⓓ, ⓗ　　　　④ ⓑ, ⓔ, ⓖ, ⓗ, ⓘ

12 다음 글의 (　) 안에 들어갈 문헌은?

> 세종 당시에 한글의 창제와 사용은 한자와 한문의 지위에 별다른 영향을 끼치지 않았다. 세종 또한 한 번도 한자와 한문의 권위를 부정한 적이 없었다. 세종은 도리어 중국 운서의 체계에 맞지 않는 조선 한자음을 바로잡으려는 의도 아래 (　　　)을(를) 편찬하도록 명하였다.

① 東國正韻
② 洪武正韻
③ 訓蒙字會
④ 四聲通解

13 훈민정음 28자에는 들어가지만 실제 국어 표기에 독립 음운으로 쓰이지 않았던 글자와, 28자에는 들어가지 않지만 실제 국어 표기에 독립 음운으로 사용됐던 글자를 순서대로 바르게 나열한 것은?

① ㆁ − ㅿ
② ㅿ − ㆁ
③ ㆁ − ㆆ
④ ㆆ − ㅸ

14 다음 자료를 토대로 중세 국어의 문법적 특징을 설명한 것으로 가장 적절한 것은?

> [125장]
> 千世(천세) 우희 미리 定(정)ᄒᆞ샨 漢水(한수) 北(북)에 累仁開國(누인개국)ᄒᆞ샤 卜年(복년)이 ᄀᆞ업스시니.
> 聖神(성신)이 니ᅀᆞ샤도 敬天勤民(경천근민)ᄒᆞ샤ᅀᅡ 더욱 구드시리이다.
> 님금하 아ᄅᆞ쇼셔 落水(낙수)예 山行(산행) 가 이셔 하나빌 미드니잇가.

① 분철 표기가 정착되었다.
② 설명 의문문을 만드는 의문형 어미 '− 니잇가'와 판정 의문문을 만드는 의문형 어미 '− 니잇고'가 있었다.
③ 높임의 호격 조사 '아'는 ㅎ종성 체언 다음에 쓰였다.
④ 주격 조사 '이'는 '이'뿐만 아니라 'ㅣ'로 나타나거나 생략되기도 하였고 부사격 조사 '애'는 '에, 예' 등 다양한 형태로 쓰였다.

15 <세종어제 훈민정음 어제 서문>의 일부이다. 이에 대한 설명으로 적절하지 않은 것은?

> 내 · 이 · 를 爲 · 윙 · ㅎ · 야:어엿 · 비너 · 겨 · 새 · 로 · 스 · 믈여 · 듧字 · 쫑 · 를
> 밍 · ㄱ노 · 니:사름:마 · 다:히 · 예:수 · 비니 · 겨 · 날 · 로 · 뿌 · 메便뼌安한 · 킈
> ㅎ · 고 · 져 홇ᄯᆞ · ᄅᆞ미니 · 라.

① 글자 왼쪽에 점을 찍어 성조를 표시하였다.
② 한자음은 초성 – 중성 – 종성을 갖추어 적었다.
③ 음절 첫머리에 둘 이상의 자음이 올 수 없었다.
④ 현재는 원순 모음이지만 예전에는 평순 모음인 어휘가 있다.

16 훈민정음에 대한 설명 중 틀린 것을 모두 고른 것은?

> 가. 1443년에 창제하고 1446년에 반포하였다.
> 나. 초성자의 기본자는 'ㄱ, ㄴ, ㄷ, ㅁ, ㅅ, ㅇ'이다.
> 다. 중성자의 기본자는 조음 기관을 상형하여 창제하였다.
> 라. 종성자는 따로 창제하지 않고 초성자를 다시 사용하게 하였다.
> 마. 'ㄲ', 'ㄸ', 'ㅃ'처럼 글자를 나란히 쓰는 방식을 합용병서라고 한다.

① 가, 다
② 가, 나, 라
③ 나, 라
④ 나, 다, 마

17 보기를 참고하여 ㉠ ~ ㉢에 들어갈 격조사로 적절한 것은?

> ─ 보기 ─
> 중세 국어의 주격 조사는 '이'가 사용되었는데, 환경에 따라 다음과 같이 세 가지 경우로 나타난다. 자음 아래에서는 '이', 모음 아래에서는 'ㅣ', 그리고 'ㅣ'모음 아래에서는 생략되었다.

> 孟밍子ᄌᆞ(㉠) ᄀᆞᄅᆞ샤ᄃᆡ, 사ᄅᆞᆷ(㉡) 道도(㉢) 이시매
> 먹기를 비브르 ᄒᆞ며 오ᄉᆞᆯ 덥게 ᄒᆞ야 편안히 잇고, ᄀᆞᄅᆞ치미 업스면 곧 즘승에 갓가오릴ᄉᆡ,…

	㉠	㉡	㉢
①	이	ㅣ	생략
②	이	이	생략
③	ㅣ	ㅣ	이
④	ㅣ	이	ㅣ

18 다음 밑줄 친 부분에 부합하는 훈민정음의 창제 원리로 가장 적절한 것은?

> 중세 국어에 존재했다가 사라진 글자에 'ㆆ'이 있다. 이 글자는 목구멍에서 나는 소리를 적은 글자이다. 'ㆆ'을 흔히 '여린히읗'이라고 부르는데 이것은 'ㅎ'에 비해 여리다는 의미를 지닌다.

① 초성자는 발음 기관의 모양을 형상화하여 만든다.
② 초성자는 획을 더하여 글자를 만든다.
③ 종성자는 따로 만들지 않고 초성자를 다시 사용한다.
④ 중성자는 하늘, 땅, 사람을 본떠서 만든다.

운주국어 단원별 핵심 400제

어문 규정

THEME 1 한글 맞춤법
THEME 2 표준어
THEME 3 띄어쓰기
THEME 4 표준 발음법
THEME 5 외래어 표기법
THEME 6 로마자 표기법

PART 2

THEME 1
한글 맞춤법

합격! Only One 윤주국어

한글 맞춤법	
· 제57항 구별해야 할 말	· 제19, 20, 21항 접사가 붙은 말
· 제30항 사이시옷 표기	· 제5항 된소리 표기
· 제39, 40항 준말 표기	· 제51항 부사화 접미사
· 제10, 11, 12항 두음법칙	· 제28항 'ㄹ' 탈락 / 제29항 'ㄹ' → 'ㄷ' / 31항 'ㅎ', 'ㅂ' 첨가
· 제18항 용언의 활용	· 제15항 종결 어미 '-오' VS 연결 어미 '-요'

기출 대표 유형

맞춤법에 맞는 것만으로 묶은 것은? `2021 국가직 9급`

① 돌나물, 꼭지점, 페트병, 낚시꾼
② 흡입량, 구름양, 정답란, 칼럼난
③ 오뚝이, 싸라기, 법석, 딱다구리
④ 찻간(車間), 홧병(火病), 셋방(貰房), 곳간(庫間)

 한글 맞춤법 제10항과 제11항과 제12항의 두음법칙 붙임 규정에 따라 한자단어의 첫머리가 아닌 경우에는 두음 법칙이 적용되지 않는다. '흡입(吸入)+량(量)'과 '정답(正答)+란(欄)'은 한자어와 한자어의 결합이므로, '량'과 '란'을 단어의 첫머리로 보지 않아 두음 법칙을 적용하지 않는다. '구름+양(量)'은 고유어 뒤에 한자어가 결합한 경우이므로 뒤의 한자어 형태소가 하나의 단어로 인식되어 두음 법칙을 적용한다. '칼럼+난(欄)'은 외래어와 한자어의 결합이므로 뒤의 한자어 형태소가 하나의 단어로 인식되어 두음 법칙을 적용한다.

 ① 꼭지점 → 꼭짓점
한글 맞춤법 제30항에 따라 한자어로만 구성된 합성어나 외래어가 결합된 합성어인 경우에는 사이시옷을 적지 않는다. '꼭짓점'에서 '꼭지'는 고유어, '점(點)'은 한자어이므로 사이시옷을 적어야 한다.
③ 딱다구리 → 딱따구리
한글 맞춤법 제23항 붙임 규정에 따라 '-하다'나 '-거리다'가 붙을 수 없는 어근에 '-이'나 또는 다른 모음으로 시작되는 접미사가 붙어서 명사가 된 것은 그 원형을 밝히어 적지 않으므로, '딱다구리'가 아니라 '딱따구리'로 적어야 한다.
④ 홧병 → 화병
한글 맞춤법 제30항에 따르면 한자어와 한자어가 결합한 합성어 중 사이시옷을 적는 것은 '곳간(庫間), 셋방(貰房), 숫자(數字), 찻간(車間), 툇간(退間), 횟수(數回)'뿐이다. 따라서 '화병(火病)'에는 사이시옷을 적지 않는다.

정답 ②

01 다음 중 사이시옷 표기가 옳지 않은 것은?

① 최댓값, 선짓국
② 전셋집, 셋방
③ 예삿일, 등굣길
④ 인삿말, 예삿말

02 다음 한글 맞춤법 규정에 해당하는 예로 묶인 것은?

> 한글 맞춤법
> 제30항 사이시옷은 다음과 같은 경우에 받치어 적는다.
>   1. 순우리말로 된 합성어로서 앞말이 모음으로 끝난 경우

① 아랫니, 잇몸
② 방앗간, 대푯값
③ 숫자, 뒷일
④ 나뭇잎, 찻잔

03 밑줄 친 말의 사용이 바르지 않은 것은?

① 이 컴퓨터는 <u>간편케</u> 사용이 가능하다.
② 이 일은 <u>생각건대</u> 꽤 복잡하다.
③ 그는 <u>서슴치</u> 않고 밧줄을 잘랐다.
④ 우리 회사에서 <u>섭섭지</u> 않게 보상하겠습니다.

04 밑줄 친 단어의 쓰임이 적절하지 않은 것은?

① 이제 그만 <u>닦달해</u>.
② 점점 <u>가까워</u> 온다.
③ <u>거칠은</u> 벌판으로 달려가자.
④ 기가 막혀 <u>까무러칠</u> 뻔했다.

05 밑줄 친 부분이 바르게 쓰인 것은?

① 선배<u>로써</u> 하는 말이니 흘려듣지 마라.
② 신념과 용기<u>로써</u> 시련을 이겨 낼 수 있다.
③ 우리 연구소는 기술개발의 산실<u>로써</u> 부족함이 없다.
④ 남쪽<u>으로써</u> 햇빛이 들어온다.

06 밑줄 친 단어의 표기가 바르지 않은 것은?

① 친구가 그러는데 아들이 정말 <u>잘생겼대</u>.
② 고향 가보니 하나도 변하지 <u>않았대</u>.
③ 내가 듣기로는 선생님 실력이 <u>좋대</u>.
④ 아까 시도해 보는 <u>거였는데</u> 아쉽다.

07 밑줄 친 단어의 쓰임이 바르지 않은 것은?

① 선생님, 다음에 <u>봬요</u>.
② 지금은 예약이 안 <u>되요</u>.
③ 나는 쌀통에서 쌀을 <u>펐다</u>.
④ 오른쪽 책상 다리를 책으로 <u>괬다</u>.

08 밑줄 친 부분의 표기가 올바른 것은?

① 하늘이 <u>깨끗히</u> 개었다.
② 내 방을 <u>말끔히</u> 청소했다.
③ 시간이 있을 때 <u>틈틈히</u> 공부했다.
④ 그는 <u>번번히</u> 내 일에 간섭했다.

09 밑줄 친 부분이 맞춤법에 맞는 것은?

① 우리 저 고기집에 가서 식사를 하자.
② 이 음악의 선률이 참 아름답다.
③ 과일은 껍질째로 먹는 것이 좋다.
④ 그는 곰곰히 생각에 빠지게 되었다.

10 밑줄 친 부분이 맞춤법에 맞는 것은?

① 그는 안절부절하며 합격 소식을 기다렸다.
② 그녀는 늦게 일어나 부리나게 회사로 출근했다.
③ 그렇게 가탈스럽게 굴지 마라.
④ 나는 선생님과 오랜동안 알고 지냈다.

11 밑줄 친 단어의 사용이 옳지 않은 것은?

① 우리 조금만 있다가 가자.
② 부쳐 먹을 내 땅 한 평 없다.
③ 어머니의 옷을 줄여 동생을 입혔다.
④ 그의 모습이 내 호기심에 불을 당겼다.

12 밑줄 친 어휘의 쓰임이 틀린 것만을 모두 고른 것은?

> ㉠ 바짓단을 한 뼘만큼 늘리다.
> ㉡ 학생 수를 100명으로 늘이다.
> ㉢ 더위가 철로를 엿가락처럼 늘려 놓았다.
> ㉣ 적군은 세력을 늘린 후 다시 침범하였다.

① ㉡, ㉢
② ㉠, ㉢
③ ㉠, ㉢, ㉣
④ ㉠, ㉡, ㉢, ㉣

13 '뻗히다'와 '뻗치다' 두 어휘 중에서 밑줄 친 부분에 들어갈 만한 어휘가 다른 하나는?

① 물줄기가 시원하게 위로 _____ 분수대가 있다.
② 급진 사상이 젊은이들에게 _____ 추세에 있다.
③ 팔이 저려서 잘 _____ 않는다.
④ 남북으로 길게 _____ 산맥은 태백산맥이다.

14 밑줄 친 부분이 <한글 맞춤법>에 맞는 것은?

① 눈두덩과 광대뼈 얼음에 시커먼 멍이 들었다.
② 널판지로 된 문을 닫자 창고 안은 캄캄해졌다.
③ 알기는 아는데 나도 상판대기는 아직 못 봤다.
④ 산양의 커다란 뿔은 양쪽으로 넓다랗게 뻗어 있었다.

15 밑줄 친 부분이 어법에 맞지 않는 것은?

① 엄마는 잠든 아기를 자리에 누였다.
② 옛날부터 동짓날이 되면 팥죽을 쒔다.
③ 책상의 간격을 띠여 놓는 것이 좋겠다.
④ 오른쪽 책상 다리가 짧아 책으로 괬다.

16 밑줄 친 말의 표기가 잘못된 것은?

① 그녀는 머리를 가위로 싹뚝 잘랐다.
② 우리 모임을 위해 다달이 돈을 거두자.
③ 똑딱이는 망치 소리가 귀에 거슬린다.
④ 짭짤하게 끓인 된장국은 입맛을 돋운다.

17 밑줄 친 말의 쓰임이 적절한 것은?

① 멸치와 고추를 간장에 졸였다.
② 진정하고 자리에 앉아서 분을 삭히고 있다.
③ 민속주는 곡식을 삭혀서 만드는 경우가 많다.
④ 가스레인지 위에 찌개를 올려놓고 국물을 조렸다.

18 다음 중 맞춤법에 어긋난 것은?

① 절뚝발이 ② 굽돌이
③ 무녀리   ④ 끄트머리

19 밑줄 친 말의 표기가 올바르지 않은 것은?

① 그는 벌써 이마와 눈가에 잗다랗게 주름이 잡혔다.
② 안팎으로 힘든 일이 많은 시기다.
③ 어머니는 헝겊 조각까지도 반짇고리에 담아 놓으셨다.
④ 설날 아침, 우리 가족들은 해쌀로 지은 밥을 먹었다.

20 다음 중 표기가 올바르지 않은 것은?

① 반짇고리 ② 푼소
③ 불삽   ④ 살코기

21 다음 설명 중 국어의 어문 규범에 맞지 않는 것은?

① '결산'과 '연도'가 결합된 합성어는 '결산연도'로 표기해야 한다.
② 六은 본음이 '륙'이므로 '육천륙백륙십륙'처럼 표기한다.
③ '年年生'은 '연연생'이 아니라 '연년생'이라 표기한다.
④ 같은 '廉恥'도 '파렴치', '몰염치'처럼 다르게 표기한다.

22 밑줄 친 부분의 맞춤법이 바르지 않은 것은?

① 그는 늘그막에 아들을 얻었다.
② 불을 때지 않아 방바닥이 냉냉하다.
③ 하얀 눈 위에 난 구두 발자국
④ 투기 방지법, 되레 투기 부추겨

23 ㉠ ~ ㉢에 알맞은 표기로만 짝지어진 것은?

- 음악을 (㉠) 기분을 전환한다.
- 그 소문이 (㉡)?
- 이것은 (㉢), 저것은 은이다.

	㉠	㉡	㉢
①	들음으로써	사실이데	백금이오
②	들음으로서	사실이데	백금이요
③	들음으로써	사실이대	백금이오
④	들음으로써	사실이대	백금이요

24 밑줄 친 말 중에서 맞춤법에 어긋남이 없는 것은?

① 나는 이제 그 일에 첫발을 내딛었다.
② 아닙니다. 아니예요. 그것은 아닙니다.
③ 이것은 국어책이예요.
④ 이제 보니 가영이가 무척 똑똑하데.

25 밑줄 친 말의 쓰임이 잘못이 없는 것은?

① 비로 인해 땅이 깊이 패였다.
② 활짝 개인 날씨다 보니 기분이 상쾌하다.
③ 나는 그 사람을 본따서 그 일을 시작했다.
④ 빨리 나와서 바람을 좀 쐐.

26 '부치다'의 쓰임이 적절하지 않은 것은?

① 당분간만 밥은 주인 집에다 부쳐 먹기로 교섭했다.
② 사상에 떠도는 얘기 같은 것은 불문에 부치겠다 그러던가요?
③ 이번에 서울 올라가면 그 돈은 즉시 우편으로 부쳐 드리리다.
④ 우리는 다 늙었으니 커 가는 아이들에게 희망을 부치고 사는 것이 큰 낙이다.

27 다음의 접미사(-이/-음)가 붙은 파생어의 표기에 대한 원칙이다. 예로 바르지 않은 것은?

> 제19항 어간이 '-이'나 '-음/-ㅁ'이 붙어서 명사로 된 것과 '-이'나 '-히'가 붙어서 부사로 된 것은 그 어간의 원형을 밝혀 적는다.
> 붙임
> 어간이 '-이'나 '-음' 이외의 모음으로 시작된 접미사가 붙어서 다른 품사로 바뀐 것은 그 어간의 원형을 밝히어 적지 아니한다.

① 실없이
② 벼훑이
③ 뜯어귀
④ 너머

28 두 한자어가 모두 한글 맞춤법에 맞는 것은?

① 合格率 – 합격률, 雙龍 – 쌍용
② 視聽率 – 시청률, 高冷地 – 고랭지
③ 百分率 – 백분률, 東丘陵 – 동구능
④ 學習欄 – 학습란, 年利率 – 연리율

29 다음은 접미사가 결합하는 파생어의 표기에 대한 <한글 맞춤법>의 원칙이다. 예로 바르지 않은 것은?

> 제20항 모음으로 시작하는 접미사가 결합된 파생어의 표기
> ㉠ 명사 뒤에 '-이'가 붙어서 된 말은 그 명사의 원형을 밝히어 적는다.
> • 곳곳이   몫몫이   바둑이   삼발이
> ㉡ '-이' 이외의 모음으로 시작된 접미사가 붙어서 된 말은 그 명사의 원형을 밝히어 적지 아니한다.
> • 끄트머리   바가지   지붕   지푸라기
> 제21항 자음으로 시작하는 접미사가 결합된 파생어의 표기
> ㉢ 명사나 혹은 용언의 어간 뒤에 자음으로 시작된 접미사가 붙어서 된 말은 그 명사나 어간의 원형을 밝히어 적는다.
> • 넋두리   빛깔   뜯적뜯적하다   굵직하다
> ㉣ 다만, 겹받침의 끝소리가 드러나지 아니하는 것은 소리대로 적는다.
> • 널따랗다   말쑥하다   짤따랗다   짤막하다

① ㉠ '샅샅이'
② ㉡ '이파리'
③ ㉢ '잎사귀'
④ ㉣ '널찍하다', '널쩍하다'

30 다음에서 밑줄 친 부분의 표기가 옳은 것은 모두 몇 개인가?

> ⊙ 아닙니다. <u>아니예요</u>. 저는 당사자가 아닙니다.
> ⓒ 누구나 <u>깃들일</u> 집은 있게 마련이다.
> ⓒ 물의 압력으로 인해 그 건물은 완전히 <u>부숴지고</u> 말았다.
> ⓔ 이소연 씨는 한국인 최초로 우주에 발을 <u>내딛은</u> 사람이다.
> ⓜ 나도 <u>하노라고</u> 했는데 그 결과가 신통치 않다.
> ⓑ 부부도 오래 살다보면 상대방의 좋지 못한 버릇이 <u>비어져</u> 나오게 마련이다.

① 2개   ② 3개
③ 4개   ④ 5개

31 용언의 활용형이 바르지 않은 것은?

① 라면이 <u>붇기</u> 전에 어서 먹어라.
② 김치를 <u>담가</u> 먹자.
③ 밥이 <u>눋지</u> 않게 조심해라.
④ 나누어 <u>갖어</u> 가자.

32 다음에서 밑줄 친 부분의 표기가 바르지 않은 것은?

① 그곳에 삼일 동안 <u>머물렀다</u>.
② 그는 일에 <u>서툴어</u> 쫓겨났다.
③ 그 집에는 <u>널따란</u> 거실이 있다.
④ 코로나로 살이 쪄서 얼굴이 <u>넓적</u>해졌다.

THEME 2
표준어

합격! Only One 윤주국어

 윤주쌤 CLINIC

표준어

- 접두사 수 / 숫 구별하기
- 위 / 윗 / 웃 구별하기
- 거센소리 표준어
- 음성모음으로 바뀐 표준어
- 복수 표준어 정리하기
- 추가 표준어 확인하기

 기출 대표 유형

밑줄 친 단어의 쓰임이 옳은 것은? `2020 지방직 9급`

① 하노라고 한 것이 이 모양이다.
② 물품 대금은 나중에 예치금에서 자동으로 결재된다.
③ 예산을 대충 걷잡아서 말하지 말고 잘 뽑아 보세요.
④ 행운이 가득하기를 기원하는 것으로 치사를 가름합니다.

해 설
'-노라고'는 '한다고 했는데'의 뜻을 나타내는 연결 어미로 예문에 적절하다.

선택지 해 설
② 결재된다 → 결제된다: '결재(決裁)'는 '상사가 부하가 제출한 안건을 승인함'의 의미이다. 주로 경제 활동과 관련된 '매매 당사자 사이의 거래 관계를 끝맺는 일'을 뜻하는 경우는 '결제(決濟)'로 쓰는 것이 적절하다.
③ 걷잡아서 → 겉잡아서: '걷잡다'는 '형세 따위를 붙들어 잡다 / 마음을 진정하거나 억제하다'의 의미이다. '겉으로 보고 대강 짐작하여 헤아리다'의 경우는 '겉잡다'로 쓰는 것이 적절하다.
④ 가름합니다 → 갈음합니다: '가름하다'는 '나누어 따로따로 되게 하다'의 의미이다. '다른 것으로 바꾸어 대신하다'의 경우는 '갈음하다'로 쓰는 것이 적절하다

정답 ①

01 다음 중 표준어로 옳지 않은 것은?
① 끄나풀
② 사글세
③ 숫놈
④ 깡충깡충

02 다음 중 표준어로만 묶인 것은?
① 숫쥐 – 발가숭이 – 오뚝이
② 수탉 – 허드래 – 소금쟁이
③ 점쟁이 – 지리하다 – 허우대
④ 웃도리 – 궁상떨다 – 망태기

03 다음 중 표준어인 것은?
① 개다리밥상
② 우렁쉥이
③ 애닯다
④ 봉숭화

04 다음 중 복수 표준어가 아닌 것은?
① 남우세스럽다 – 남사스럽다
② 간지럽히다 – 간질이다
③ 세간 – 세간살이
④ 여직껏 – 입때껏

05 다음 중 복수 표준어가 아닌 것은?

① 두루뭉술하다 – 두리뭉실하다
② 주책이다 – 주책스럽다
③ 치켜세우다 – 추켜세우다
④ 께름직하다 – 께림칙하다

06 다음 중 표준어가 아닌 것이 섞여 있는 것은?

① 아기 토끼는 깡충, 엄마 토끼는 껑충
② 나는 우리 반에서 키가 열두째이다.
③ 그는 가문의 재산을 다 떨어먹었다.
④ 윤주는 오늘도 삐졌어?

07 다음 중 복수 표준어가 아닌 것은?

① 애순 – 어린순
② 놀이감 – 장난감
③ 딴지 – 딴죽
④ 개기다 – 개개다

08 다음 중 표준어가 아닌 것은?

① 윗간, 위층, 웃어른
② 수벌, 수펑, 숫쥐,
③ 삼촌, 사돈, 부조
④ 아등바둥, 아둥바둥

09 밑줄 친 부분의 표기가 적절하지 않은 것은?

① 그녀는 딸을 시집을 보내고 애닯어서 울었다.
② 그는 항상 리더십 타령이다.
③ 별 시답지 않은 소리를 다 한다.
④ 도넛 만드는 솜씨가 서툴러서 혼났다.

10 밑줄 친 부분의 맞춤법이 바른 것은?

① 은행, 부자엔 후하고 빈자엔 쩨쩨해.
② 니가 우리집에 다 오고 왠일이니?
③ 다시 붉어진 북핵 문제의 해법은?
④ 훈민정음은 한자를 빌어 쓴 차자 문자와는 다른 글자이다.

11 다음 중 <한글 맞춤법> 및 <표준어 규정>에 모두 맞는 것은?

① 웃돈, 객적다, 숙맥
② 눈곱, 께름하다, 흉측하다
③ 눈꺼풀, 치닥꺼리, 눈살
④ 마늘쫑, 짜깁기, 뽀두라지

12 밑줄 친 말의 표기가 바른 것은?

① 텃밭에서 키운 <u>상치</u>에 고기를 싸 먹었다.
② 점심에는 <u>설농탕</u>이나 한 그릇 먹어야겠다.
③ <u>김치찌게</u> 끓이는 냄새가 골목에 가득하다.
④ 수정과에 <u>곶감</u>을 넣어 먹으면 맛이 그만이다.

13 밑줄 친 말 중 비표준어가 포함된 것은?

① 얼굴에 (<u>뾰두라지/뾰루지</u>)가 났어.
② 밤을 까서 보니 (<u>쌍동밤/쪽밤</u>)이야.
③ (<u>꼬리별/살별</u>)이 지구의 궤도를 지나갔다.
④ (<u>댓돌/툇돌</u>)에 신발을 벗고 마루에 올랐다.

14 밑줄 친 말 중 쓰임이 바르지 않은 것은?

① 할머니는 저녁마다 <u>마을</u>을 다니신다.
② 아버지는 <u>좀체</u>로 담배를 줄이지 않으신다.
③ 이장은 잔칫상을 <u>거방지게</u> 차렸다.
④ <u>푸르른</u> 하늘 아래 가슴을 펴자.

THEME 3
띄어쓰기

합격! Only One 윤주국어

띄어 쓰는 원칙과 붙여 쓰는 원칙의 구별

① 의존명사 VS 조사 (만큼, 대로, 뿐 / 만) ⑤ 본용언과 보조용언의 띄어쓰기
② 의존명사 VS 어미 (데, 바 / 지 / 듯) ⑥ '안, 못'의 띄어쓰기
③ 의존명사 VS 접사 (들 / 내 / 간 / 차) ⑦ 성, 이름, 호
④ 수를 나타내는 단위어의 띄어쓰기

띄어쓰기가 올바른 것은? 〔2022 소방직〕

① 그∨보다 좋은∨방법은∨없는∨것∨같다.
② 집에서∨부터∨학교까지∨한참을∨달렸다.
③ 이∨곳은∨내가∨방문한지∨일주일이∨되었다.
④ 고민을∨하면∨할수록∨답이∨나오지∨않았다.

 할수록 → ~ㄹ수록은 어미로 앞말에 붙여쓴다.
나오지∨않았다. → 본용언, 보조용언은 원칙대로 띄어 쓴다.

 ① 그∨보다 좋은∨방법은∨없는∨것∨같다.(×): '그(=그것)'은 (대명사)이고 '보다'는 조사이다.
 → 그보다∨좋은∨방법은∨없는∨것∨같다.(○)
② 집에서∨부터∨학교까지∨한참을∨달렸다.(×): 에서(조사), 부터(조사)이고 조사끼리 붙여 쓴다.
 → 집에서부터∨학교까지∨한참을∨달렸다.(○)
③ 이∨곳은∨내가∨방문한지∨일주일이∨되었다.(×): 이곳, 저곳, 그곳(한단어)이다. / 시간의 경과를 나타내는 '지'(의존 명사)는 띄어 쓴다.
 → 이곳은∨내가∨방문한∨지∨일주일이∨되었다.(○)

정답 ④

01 다음 중 띄어쓰기가 적절하지 않은 것은?

① 가진 것이 옷 한 벌입니다.
② 집에서 만큼은 쉬고 싶다.
③ 그는 아이가 하는 대로 두었다.
④ 난 그렇게 할 수밖에 없었다.

02 다음 중 띄어쓰기가 바르지 않은 것은?

① 꽃잎이 한잎 두잎 떨어진다.
② 여기서부터 논의했던 안건이다.
③ 그가 떠난지는 한참 되었다.
④ 고마워하기는커녕 오히려 화를 낸다.

03 밑줄 친 부분의 띄어쓰기가 올바른 것은?

① 나는 <u>약속한대로</u> 이행한다.
② 떠난 지 <u>사흘 만에</u> 돌아왔다.
③ <u>부부 간</u>에는 서로 신뢰가 필요하다.
④ <u>한밤 중</u>에 졸음이 쏟아졌다.

04 다음 띄어쓰기 규정의 '원칙'에 맞게 쓴 것 중 가장 적절한 것은?

① 희망의∨불씨가∨꺼져간다.
② 한국대학교∨사범대학∨최치원∨교수
③ 이천이십∨년∨삼∨월∨이십팔∨일∨제일∨차∨공무원∨시험
④ 제발∨여기에서만이라도∨집에서∨처럼∨못∨되게∨굴지∨않았으면∨좋겠다.

05 밑줄 친 부분의 띄어쓰기가 맞지 않는 것은?

① 홍수에 차들이 <u>떠내려 가버렸다</u>.
② 그때 <u>그곳에서</u> 만나자.
③ 저분은 <u>국장 겸 과장</u>이다.
④ <u>아는 것이</u> 힘이다.

06 다음 중 띄어쓰기가 옳게 된 것은?

① 여행할 때 옷을 한 벌만 가져가거라.
② 우리는 그렇게 할 수 밖에 없었다.
③ 그는 이성적이라기 보다는 감성적이다.
④ 그 곳에 가려면 한 시간내지 두 시간이 걸린다.

07 다음 중 밑줄 친 말을 앞말에 붙여야 하는 문장만으로 짝지은 것은?

> ㉠ 여기에서 <u>부터</u>가 서울이다.
> ㉡ 모든 일은 너 <u>때문</u>이야.
> ㉢ 윤주와 삼 년 <u>만</u>에 만났다.
> ㉣ 한 번 엎지른 물은 다시 주워 담지 못한다.
> ㉤ 그가 언제 도착할 <u>지</u>를 알려 다오.

① ㉠, ㉡, ㉢
② ㉠, ㉣, ㉤
③ ㉡, ㉢, ㉣
④ ㉢, ㉣, ㉤

08 밑줄 친 부분의 띄어쓰기가 바르지 않은 것은?

① 우리 집에는 남자<u>뿐</u>이다.
② 나는 아는 <u>대로</u> 말한다.
③ 나도 볼<u>만큼</u> 보았다.
④ 하나<u>만</u> 알고, 둘은 모른다.

09 밑줄 친 부분은 띄어 써야 원칙이지만 붙여 쓰기를 허용할 수 있는 예들이다. 이에 해당하지 않는 것은?

① '신과 함께'는 <u>제일 편</u>이 가장 재미있다.
② 재성이는 초등학교 <u>일 학년</u>이다.
③ <u>일천구백십구 년 삼 월 일 일</u>에 무슨 일이 일어났지?
④ <u>삼 개년 육 개월 이십 일간</u> 체류하였다.

10 밑줄 친 부분의 띄어쓰기가 바르게 된 것은?

① 그 강아지가 <u>송아지만하다</u>.
② 비가 <u>올듯하다</u>.
③ <u>위원장및 위원들</u>은 입장하십시오.
④ 사과, 배, <u>복숭아등속</u>을 사 왔다.

11 밑줄 친 것 중 띄어쓰기가 올바른 것은?

① 지금은 <u>회의 중이다</u>.
② 변덕이 죽 <u>끓 듯하는구나</u>!
③ <u>민호씨</u>는 김씨니 박씨니?
④ <u>대문밖에</u> 누가 왔더라.

12 다음 중 띄어쓰기가 올바르게 된 것은?

① 재은이는 샛별같은 눈을 지녔다.
② 그는 항상 잘 아는척한다.
③ 현주는 춤은 잘 추는데 노래는 못 한다.
④ 열심히 공부했으니 만큼 좋은 결과가 기대된다.

13 띄어쓰기가 모두 바른 것은?

① 우리부의 책임자는 부장이다.
② 재석이는 오늘 첫월급을 받았다.
③ 내 호주머니엔 9천 원밖에 없다.
④ 오늘자 신문에 뭐 특별한 거라도 났어?

14 다음 중 띄어쓰기가 옳은 것은?

① 이윤주씨, 이리로 오세요.
② 남궁 억 선생은 독립을 위해 힘썼다.
③ 백제의 계백장군은 황산벌의 영웅으로 불린다.
④ 이 충무공은 우리나라의 영웅이다.

15 밑줄 친 부분의 띄어쓰기가 옳지 않은 것은?

① 모두가 떠나라면 <u>떠날밖에</u>.
② 파도가 <u>높을뿐더러</u> 날도 궂어.
③ 다들 <u>할 만큼</u> 했으니 기다려 보자.
④ 이 생활을 <u>한지도</u> 어느새 십 년이야.

16 밑줄 친 부분의 띄어쓰기가 잘못된 것은?

① 시간이 많이 <u>지났는데</u> 그가 오지 않는다.
② 시간이 <u>흘러가는 대로</u> 기다리도록 합시다.
③ 어찌 <u>되었든 간에</u> 이번 일은 여기서 끝났다.
④ 그는 밥을 <u>먹는둥 마는둥</u> 수저를 내려놓았다.

17 밑줄 친 부분의 띄어쓰기가 잘못된 것은?

① 밥은커녕 죽도 못 먹는다.
② 무엇을 먹었는∨지 생각나지 않는다.
③ 큰 것은 큰 것대로 따로 모아 둬야 한다.
④ 자네 오늘은 기분이 좋아 보이는구먼그래.

18 밑줄 친 말의 띄어쓰기가 모두 올바른 것은?

① ┌ 소문으로만 들었을뿐이네.
   └ 믿을 것은 오직 실력∨뿐이다.
② ┌ 잠이 막 들려던차에 전화가 왔다.
   └ 나는 사업∨차 부산에 가야 한다.
③ ┌ 은연∨중에 긴장이 되었다.
   └ 선생님은 부재∨중이십니다.
④ ┌ 부모님에게만큼은 잘해 드리고 싶었다.
   └ 방 안은 숨소리가 들릴∨만큼 조용했다.

19 밑줄 친 부분의 띄어쓰기가 잘못된 것은?

① 이제 우리는 폭력의 지배하에서 벗어나야 한다.
② 실제로는 삼 년여였지만 오 년도 넘은 것 같다.
③ 최근 경찰은 인터넷상에서의 감시를 강화하였다.
④ 적어도 실력면에서는 남들에게 뒤처지지 않는다.

20 보기의 밑줄 친 부분을 띄어쓰기의 원칙과 허용을 바르게 구분한 것은?

> 보기
> • 오층에 사는 박경수 교수는 상산 대학교에서 20 년 넘게 재직하셨다.
> • 꽃이 한잎 두잎 떨어지면 그만 저를 잊어 주세요.
> • 시점에서 책 한 권을 사서 오다가 하마터면 버스를 놓칠뻔하였다.

	원칙	허용		원칙	허용
①	상산 대학교	20 년	②	오층	두잎
③	책 한 권	놓칠뻔하였다.	④	놓칠뻔하였다	잊어 주세요.

THEME 4
표준 발음법

표준 발음법

- 모음 'ㅔ' / 'ㅢ' 발음
- 겹받침 'ㄼ' / 'ㄺ'의 발음
- 유음화 역현상
- 'ㄴ' 첨가의 발음
- 된소리 VS 사잇소리
- 'ㅎ'의 발음
- 밭을 / 밭이 / 밭이랑 / 티읕을, 티읕이
- 복수 발음 정리

단어의 발음이 옳은 것은? 2021 소방직

① 굵다[굴따]
② 넓다[넙따]
③ 맑다[막따]
④ 얇다[얍따]

해 설

자음군 단순화가 일어나는 겹받침의 발음을 묻는 문제이다.
겹받침 'ㄺ'은 [ㄱ]으로 발음하는 것이 원칙이고, 겹받침 'ㄼ'은 [ㄹ]로 발음하는 것이 원칙이다. 따라서 '맑다'는 원칙대로 [막]으로 발음하고 뒤에 오는 'ㄷ'이 된소리로 발음 나서 [막따]로 발음해야 한다.
참고) 'ㄱ'으로 시작하는 어미가 올 때에는 [ㄹ]로 발음한다.
맑게[말께], 늙고[늘꼬]

선택지 해 설

① 'ㄺ'은 원칙대로 [ㄱ]으로 발음하고 뒤에 오는 'ㄷ'이 된소리로 발음 나서 [국따]로 발음해야 한다.
② 'ㄼ'은 원칙대로 [ㄹ]로 발음하므로 [널따]로 발음해야 한다.
④ 'ㄼ'은 원칙대로 [ㄹ]로 발음하므로 [얄따]로 발음해야 한다.

정답 ③

01 다음 중 표준 발음법에 따른 소리의 길이가 잘못된 것은?

① 멀리 [멀 : 리] ② 밤나무 [밤 : 나무]
③ 참말 [참말] ④ 눈멀다 [눈 : 멀다]

02 다음 중 음운 현상이 다른 것은?

① 법리 ② 석류
③ 협력 ④ 줄넘기

03 밑줄 친 부분의 발음이 잘못된 것은?

① 하늘이 참 맑다[막따].
② 그는 참 늙지[늘찌]도 않는다.
③ 강을 맑게[말께] 하려는 노력이 필요하다.
④ 여기는 흙과[흑꽈] 물이 가득한 곳이다.

04 다음 중 발음이 틀린 것은?

① 관건 → [관건]과 [관껀]이 모두 인정된다.
② 인기척 → [인끼척]만 표준 발음으로 인정된다.
③ 안간힘 → [안간힘]과 [안깐힘]이 모두 인정된다.
④ 산바람 → [산빠람]이 표준 발음으로 인정된다.

05 제시된 단어의 표준 발음이 바르게 짝지어진 것은?

> 감기, 입원료, 넓죽하다

① [감ː기], [입원뇨], [널쭈카다]
② [강ː기], [이붠뇨], [넙쭈카다]
③ [감ː기], [이붠뇨], [넙쭈카다]
④ [강ː기], [입원뇨], [넙쭈카다]

06 한글 자모에 대한 표준 발음으로 옳은 것은?

① 디귿을 [디그들]
② 지읒을 [지으들]
③ 히읗을 [히응을]
④ 피읖을 [피으블]

07 밑줄 친 부분의 발음이 옳은 것은?

① 재산을 <u>몫몫이</u>[목목씨] 나누어 주었다.
② 언덕의 꽃들이 <u>꽃망울</u>[꼰망울]을 맺었다.
③ 이번에 <u>물난리</u>[물날리]가 난 지역이 많다.
④ 정부의 <u>공권력</u>[공꿜력]이 필요한 시기이다.

08 밑줄 친 부분의 발음이 옳지 않은 것은?

① 날이 더워 <u>홑이불</u>[혼니불]만 덮었다.
② 책 표지의 <u>끝이</u>[끄치] 많이 날카롭다.
③ 아버지께서 <u>밭을</u>[바츨] 갈러 논에 가셨다.
④ 할아버지께서는 <u>벼훑이</u>[벼훌치]를 사용하셨다.

09 다음 중 발음이 틀린 것은?

① 냇가 → 원칙[내ː까], 허용[낻ː까]

② 깃발 → 원칙[기빨], 허용[긷빨]

③ 아랫니 → 원칙[아랟니], 허용[아랜니]

④ 빨랫돌 → 원칙[빨래똘], 허용[빨랟똘]

10 보기에 대한 이해로 적절하지 않은 것은?

> 보기
> ㉠ 부엌일   ㉡ 콧날   ㉢ 뚫네

① ㉠에는 음절 끝에 올 수 있는 자음이 제한되어 있기 때문에 일어난 음운 변동이 있다.

② ㉢에는 음절 끝에 둘 이상의 자음이 오지 못하기 때문에 일어난 음운 변동이 있다.

③ ㉠, ㉡, ㉢에는 인접하는 자음과 조음 방법이 같아진 음운 변동이 있다.

④ ㉢에는 자음이 축약된 음운 변동이 있다.

11 밑줄 친 ㉠을 고려할 때 표준 발음으로 옳지 않은 것은?

> <표준어 규정> 제2부 표준 발음법
> **제12항** 받침 ㅎ의 발음은 다음과 같다.
> 4. ㉠ ㅎ(ㄶ, ㅀ) 뒤에 모음으로 시작된 어미나 접미사가 결합되는 경우에는, ㅎ을 발음하지 않는다.
>
> 낳은[나은], 쌓이다[싸이다], 많아[마ː나], 싫어도[시러도]……

① 옷이 다 닳아서[다라서] 못 입게 되었다.

② 려원이가 국을 끓이고[끄리고] 있다.

③ 보낼 편지는 책상 위에 놓아[노아] 두렴.

④ 노력을 게을리 하지 않은[안는]

12 보기의 음운 현상에 대한 설명으로 적절하지 않은 것은?

> ─ 보기 ─
> ㉠ 밖[박], 옷[온]
> ㉡ 놓는[논는], 앞마당[암마당]
> ㉢ 솜이불[솜 : 니불], 식용유[시굥뉴]
> ㉣ 좋고[조코], 가지 + 어 → 가져

① ㉠과 ㉡의 변동이 모두 일어난 예로 '홑이불[혼니불]'을 들 수 있다.
② ㉡은 음운의 교체와 동화가 모두 일어난 예로 볼 수 있다.
③ ㉣의 '좋고[조코]'는 자음 축약이, '가지 + 어 → 가져'는 모음 축약이 일어났다.
④ ㉣의 '가져'와 같은 예로 '자 + 아라 → 자라'를 들 수 있다.

13 다음 중 표준 발음으로 옳지 않은 것은?

① 가져[가져]
② 지혜[지혜]
③ 띄어쓰기[띠여 쓰기]
④ 우리의[우리에]

14 보기를 바탕으로 음운 현상에 대해 추론한 내용으로 옳은 것은?

― 보기 ―
㉠ 음절의 끝소리에는 'ㄱ, ㄴ, ㄷ, ㄹ, ㅁ, ㅂ, ㅇ'이 온다.
㉡ 용언 어간의 받침 'ㄹ'이 특정 어미 'ㄴ, ㅂ, ㅅ, -오, -ㄹ' 등과 결합할 때 탈락한다.
㉢ 앉다 → [안따], 얇다 → [얄ː따], 곬 → [골]
㉣ 쓰 + 어 → 써, 따르 + 아 → 따라, 건너 + 어서 → 건너서

① ㉠에 따르면 '있고'는 [읻꼬]로, '밖'은 [박]으로 발음될 것으로 보여.
② ㉡을 보면 '하늘을 날으는', '라면이 불으면'과 같은 표현은 잘못된 표현 같아.
③ ㉢은 겹받침 중 뒤 자음이 탈락하는 예들로, 읊다 → [을따], 밝다 → [발따] 등을 더 들 수 있지.
④ ㉣은 두 개의 음운이 합쳐져서 하나의 음운으로 줄어드는 현상을 보여 주고 있어.

15 ㉠ ~ ㉣에 해당하는 예를 바르게 연결하지 않은 것은?

경음화는 장애음 중 평음이 일정한 환경에서 경음으로 바뀌는 현상이다.
㉠ ㄱ, ㄷ, ㅂ 뒤 평음은 경음으로 발음된다.
㉡ 비음으로 끝나는 용언 어간 뒤 어미 첫소리는 경음으로 발음된다.
㉢ 관형사형 어미 '(으)ㄹ' 뒤 연결되는 평음은 경음으로 발음된다.
㉣ 한자어에서 'ㄹ' 뒤 연결되는 'ㄷ, ㅅ, ㅈ'은 경음으로 발음된다.

① ㉠ 잡고 ② ㉡ 껴안다
③ ㉢ 어찌할 바 ④ ㉣ 열 군데

THEME 5
외래어 표기법

윤주쌤 CLINIC

외래어 표기법

- 빈출 예들을 암기하기
- 외래어 받침 7개 ㄱ ㄴ ㄹ ㅁ ㅂ ㅅ ㅇ
- 된소리 쓰지 않는다(예외 확인)
- 'ㅈ' 뒤에 오는 모음은 반드시 단모음을 쓴다.
- 외래어 복수 표준어 암기하기
- 관용 표현 외우기

기출 대표 유형

㉠~㉢의 외래어 표기법 규정 중 <보기>의 내용과 관련성이 높은 것은? [2022 국회직 8급]

> 제1장 표기의 기본 원칙
>   제2항 ㉠외래어의 1 음운은 원칙적으로 1 기호로 적는다.
>   제4항 ㉡파열음 표기에는 된소리를 쓰지 않는 것을 원칙으로 한다.
>
> 제2장 표기 일람표
>
> 제3장 표기 세칙
>
> 제4장 인명, 지명 표기의 원칙
>   제1절 표기 원칙
>   제2항 ㉢제3장에 포함되어 있지 않은 언어권의 인명, 지명은 원지음을 따르는 것을 원칙으로 한다.
>   제3항 ㉣원지음이 아닌 제3국의 발음으로 통용되고 있는 것은 관용을 따른다.
>   제4항 ㉤고유 명사의 번역명이 통용되는 경우 관용을 따른다.

― 보기 ―
안녕하십니까? 12시 뉴스입니다. 오늘부터는 우크라이나 지명을 러시아어가 아닌 우크라이나어를 기준으로 전해 드립니다. 대표적으로 수도인 키예프는 '키이우'로, 제2의 도시 하리코프는 '하르키우'로, 서부의 리비프는 '르비우'로 바꿔 부릅니다.

① ㉠ ② ㉡ ③ ㉢ ④ ㉣ ⑤ ㉤

해설 본 문제와 같은 유형은 반드시 <보기>의 내용을 먼저 확인하는 것이 좋다.
<보기>의 내용은 우크라이나 지명을 러시아어가 아닌 우크라이나어의 기준으로 바꿔 부른다는 것이다. 이와 관련된 외래어 표기법 규정은
'㉢ 제3장에 포함되어 있지 않은 언어권의 인명, 지명은 지음을 따르는 것을 원칙으로 한다.' 이다.

정답 ③

01 외래어 표기가 올바른 것은?
① workshop – 워크샵　　② chocolate – 초컬릿
③ supermarket – 슈퍼마켙　④ alcohol – 알코올

02 외래어 표기가 바른 것끼리 짝지어진 것은?
① 쇼파, 콤비네이션　　② 데스크탑, 링거
③ 나레이션, 퓨즈　　　④ 레벨, 케첩

03 외래어 표기의 원칙에 대한 설명으로 바르지 않은 것은?
① 외래어는 국어의 현용 24 자모만으로 적는다.
② 받침에는 'ㄱ, ㄴ, ㄷ, ㄹ, ㅁ, ㅂ, ㅇ'만 사용한다.
③ 파열음 표기에는 된소리를 쓰지 않는 것이 원칙이다.
④ 이미 굳어진 외래어는 관용을 존중하되, 범위와 용례는 따로 정한다.

04 다음 표기에 적용된 내용으로 적절한 것은?

> route[ruːt]는 '루트'로 표기한다.

① 'r'은 자음 앞에서 'ㄹ'로 표기한다.
② 장모음의 장음은 따로 표기하지 않는다.
③ 중모음은 각 단모음의 음가를 살려서 적는다.
④ 어말에 오는 유성 파열음은 '으'를 붙여서 적는다.

05 외래어의 표기가 옳은 것은?
① rental - 렌탈
② flute - 플룻
③ control - 콘트롤
④ concept - 콘셉트

06 외래어의 표기가 옳은 것만 묶인 것은?
① 플래쉬(flash), 쉬림프(shrimp), 태그(tag)
② 글래스(glass), 아울렛(outlet), 스릴(thrill)
③ 코메디(comedy), 배터리(battery), 스낵(snack)
④ 카디건(cardigan), 팸플릿(pamphlet), 메시지(message)

07 외래어 표기법에 대한 설명으로 옳은 것은?
① 중국 인명은 모두 중국어 표기법에 따라 표기한다.
② 중국 역사 지명은 모두 중국어 표기법에 따라 표기한다.
③ 일본의 인명은 모두 일본어 표기법에 따라 표기한다.
④ 중국 및 일본의 지명 가운데 한자음으로 읽는 관용은 인정되지 않는다.

08 다음 제시된 원칙이 적용된 표기로 옳지 않은 것은?

> 어말의 [ʃ]는 '시'로 적고, 자음 앞의 [ʃ]는 '슈'로, 모음 앞의 [ʃ]는 뒤따르는 모음에 따라 '샤', '섀', '셰', '쇼', '슈', '시'로 적는다.

① shark[ʃɑk] - 샤크
② flash[flæʃ] - 플래시
③ switch[switʃ] - 스위치
④ shoe[ʃuː] - 슈

09 다음에서 외래어 표기가 옳지 않은 것은?

> 이번 영화제의 ㉠ <u>아나운서</u>를 맡은 김○○입니다. 다양한 ㉡ <u>장르</u>가 어우러진 축제인 만큼 영화 상영 ㉢ <u>스케쥴</u>을 꼭 확인하셔서 원하는 영화를 관람하시면 됩니다. 특히 ㉣ <u>애니메이션</u>으로 제작된 영화도 편성되어 있으니 참고해주시기 바라겠습니다.

① ㉠
② ㉡
③ ㉢
④ ㉣

10 밑줄 친 단어 중 외래어 표기가 잘못된 것은?

① 이번에 <u>컨설팅</u>을 받을 회사는 우리 회사이다.
② 마지막 경기인 만큼 <u>화이팅</u>을 외치자.
③ 다음에는 <u>블라인드</u> 채용을 실시할 예정이다.
④ 피아노 <u>레슨</u>을 받을 시간이 다 되었다.

11 다음 중 외래어 표기가 옳은 것만을 모두 고른 것은?

㉠ 홍해	㉡ 몽블랑 산
㉢ 주장강	㉣ 코르시카섬

① ㉠, ㉢
② ㉡, ㉣
③ ㉠, ㉢, ㉣
④ ㉡, ㉢, ㉣

12 다음 외래어 표기가 잘못된 것은?
① 마오쩌둥
② 말레시아
③ 싱가포르
④ 칭기즈칸

13 외래어 표기가 모두 맞는 것은?
① 슈퍼맨, 티샤쓰
② 앰뷸런스, 텔레비젼
③ 커튼, 스트로우
④ 스노보드, 해드라이트

14 외래어 표기 용례로 올바른 것은?
① dot – 다트
② rent-a-car – 렌트카
③ Oxford – 옥스포드
④ sprinkler – 스프링클러

THEME 6
로마자 표기법

윤주쌤 CLINIC

로마자 표기법

- g, d, b, r / k, t, p, l 구별
- 이름, 붙임표 바로 앞 뒤의 자음동화는 적용하지 않는다.
- 체언의 축약은 적용하지 않는다.
- 된소리 되기는 적용하지 않는다.

기출 대표 유형

<보기>를 참고하여 로마자 표기법을 적용할 때 가장 옳지 않은 것은? 2021 법원직

보기

(1) 로마자 표기법의 주요내용
 ㉮ 'ㄱ, ㄷ, ㅂ'은 모음 앞에서는 'g, d, b'로, 자음 앞이나 어말에서는 'k, t, p'로 적는다.
 ㉯ 'ㄹ'은 모음 앞에서는 'r'로, 자음 앞이나 어말에서는 'l'로 적는다. 단, 'ㄹㄹ'은 'll'로 적는다.
  예 알약[알략] allyak
 ㉰ 자음동화, 구개음화, 거센소리되기는 변화가 일어난 대로 표기함.
  예 왕십리 [왕심니] Wangsimni
    놓다 [노타] nota
  − 다만, 체언에서 'ㄱ, ㄷ, ㅂ' 뒤에 'ㅎ'이 따를 때에는 'ㅎ'을 밝혀 적는다.
  예 묵호 Mukho
 ㉱ 된소리되기는 표기에 반영하지 않는다.
 ㉲ 고유 명사는 첫 글자를 대문자로 적는다.

(2) 표기 일람

ㅏ	ㅓ	ㅗ	ㅜ	ㅡ	ㅣ	ㅐ	ㅔ	ㅚ	ㅟ	ㅑ	ㅕ	ㅛ	ㅠ	ㅒ	ㅖ	ㅘ	ㅙ	ㅝ	ㅞ	ㅢ
a	eo	o	u	eu	i	ae	e	oe	wi	ya	yeo	yo	yu	yae	ye	wa	wae	wo	we	ui

ㄱ	ㄲ	ㅋ	ㄷ	ㄸ	ㅌ	ㅂ	ㅃ	ㅍ	ㅈ	ㅉ	ㅊ	ㅅ	ㅆ	ㅎ	ㄴ	ㅁ	ㅇ	ㄹ
g,k	kk	k	d,t	tt	t	b,p	pp	p	j	jj	ch	s	ss	h	n	m	ng	r,l

① '해돋이'는 [해도지]로 구개음화가 되므로 그 발음대로 haedoji로 적어야 해.
② '속리산'은 [송니산]으로 발음되지만 고유명사이므로 Sokrisan으로 적어야 해.
③ '울산'은 [울싼]으로 된소리로 발음되지만 표기에는 반영하지 않고 Ulsan으로 적어야 해.
④ '집현전'은 [지편전]으로 거센소리로 발음되지만 체언이므로 'ㅂ'과 'ㅎ'을 구분하여 Jiphyeonjeon으로 적어야 해.

해 설	'속리산'은 상호 동화 현상이 일어나 [송니산]으로 발음된다. 자음 사이에서 동화 작용이 일어나는 경우 변화의 결과에 따라 적는다는 로마자 표기법 규정과 고유 명사의 첫 글자는 대문자로 적는다는 규정에 따라 '속리산[송니산]'은 'Songnisan'으로 적는다. '속리산'이 고유 명사인 것과 로마자 표기법상 자음 동화를 반영하는 것은 관련이 없으므로 적절하지 않은 설명이다.
선택지 해 설	① '해돋이'는 구개음화 현상이 일어나 [해도지]로 발음된다. 로마자 표기는 'haedoji' ③ '울산'은 된소리되기 현상이 일어나 [울싼]으로 발음된다. 된소리되기는 로마자 표기에 반영하지 않으므로 'Ulsan' ④ '집현전'은 거센소리되기 현상이 일어나 [지편전]으로 발음된다. <보기>의 (1) ㉠의 '다만'을 참고하면 체언에서 일어나는 거센소리되기는 로마자 표기에 반영하지 않고 'ㅎ'을 밝혀 적으므로 '집현전[지편전]'은 'Jiphyeonjeon'으로 적는다.

정답 ②

01 로마자 표기 규정에 맞지 않는 것은?

① 백마 – Baengma
② 알약 – allyak
③ 묵호 – Muko
④ 같이 – gachi

02 로마자 표기 규정에 맞지 않는 것은?

① 샛별 – saetbyeol
② 부산 – Busan
③ 학여울 – Hankyeoul
④ 해돋이 – haedoji

03 다음 중 로마자 표기가 옳은 것끼리 짝지어진 것은?

㉠ 제주도: Jeju-do
㉡ 독립문: Dokripmun
㉢ 경복궁: Gyeongbok-gung
㉣ 퇴계로 3가: Toegyero 3-ga

① ㉠, ㉡
② ㉠, ㉣
③ ㉡, ㉢
④ ㉢, ㉣

04 <로마자 표기법>과 <외래어 표기법>에 모두 바른 것은?

	로마자 표기	외래어 표기
①	독도(Dokdo)	알콜
②	묵호(Muko)	데쌩
③	속리산(Songrisan)	커피숍
④	울릉도(Ulleungdo)	레터르(letter)

05 로마자 표기법에 대한 다음 규정이 적용된 것은?

> 발음상 혼동의 우려가 있을 때에는 음절 사이에 붙임표(-)를 쓸 수 있다.

① 인왕리: Inwang-ri
② 반구대: Ban-gudae
③ 삼죽면: Samjuk-myeon
④ 의정부시: Uijeongbu-si

06 다음 중 음운변화가 반영된 표기는?

① 한복남 Han Boknam
② 집현전 Jiphyeonjeon
③ 극락전 Geungnakjeon
④ 낙동강 Nakdonggang

윤주국어 단원별 핵심 400제

PART 3

바른 문장 쓰기

THEME 1 문장의 호응, 중복, 중의성, 번역투
THEME 2 높임 표현
THEME 3 사동 · 피동 표현
THEME 4 부정 표현 · 시제

THEME 1
문장의 호응, 중복, 중의성, 번역투

문장의 호응	중복, 중의성
· 주어와 서술어의 호응 · 목적어와 서술어의 호응 · 부사어와 서술어의 호응	· 관형어의 중의성 · 비교 대상의 중의성 · 부정어의 중의성 · 어휘적 중의성 · 중복 표현의 예 확인하기

가장 자연스러운 문장은? 2022 간호직 8급

① 내가 가고 싶은 곳은 내 친구가 그곳을 방문했다.
② 이 시는 토속적인 시어의 사용과 현장감을 높이고 있다.
③ 사고 운전자가 구호 조치를 하지 않고 도주하면 가중 처벌을 받습니다.
④ 그 일이 설령 실패했지만 실패도 성공의 과정이므로 절대 실망할 필요가 없다.

① 주술 호응이 부적절하다. → 내가 가고 싶은 곳은 내 친구가 방문한 곳이다.
② 목적어와 서술어의 호응이 부적절하다. → 이 시는 토속적인 시어의 사용을 통해 현장감을 높이고 있다.
④ 부사어와 서술어의 호응이 부적절하다. → 그 일이 설령 실패했더라도 실패도 성공의 과정이므로 절대 실망할 필요가 없다.

정답 ③

01 다음 문장 중 중의성을 갖지 않는 문장은?

① 나는 배를 보았다.
② 나는 엄마와 이모를 만났다.
③ 그는 어제 돌아온 내 동생을 만났다.
④ 그와는 누구나 함께 일하고 싶어 한다.

02 다음 밑줄 친 부분에 해당하는 문장으로 옳은 것은?

> 하나의 형식이나 언어 표현이 둘 이상의 의미를 지시하는 속성을 중의성이라고 한다. 중의성은 어휘적 중의성, 은유적 중의성, <u>구조적 중의성</u> 등으로 나눌 수 있다.

① 말이 빠르다.
② 그는 능구렁이다.
③ 나는 그에게 사과를 받았다.
④ 나는 민수와 그녀를 배웅했다.

03 다음 밑줄 친 부분에 해당하는 문장으로 옳은 것은?

> 하나의 형식이나 언어 표현이 둘 이상의 의미를 지시하는 속성을 중의성이라고 한다. 중의성에는 <u>수식의 중의성</u>, 비교 구문의 중의성, 부정 표현에 의한 중의성 등이 있다.

① 일이 나 마치지 않았다.
② 이것은 아름다운 그녀의 목걸이이다.
③ 나는 택시를 타지 않았다.
④ 나는 그녀보다 자동차를 더 좋아한다.

04 문장을 자연스럽게 고친 것으로 옳지 않은 것은?

① 생선의 신선도는 눈보다 아가미를 살펴보고 고르는 것이 요령이다.
　　→ 신선한 생선을 고르는 요령은 눈보다 아가미를 살펴보는 것이다.
② 청정 청양 산골에서 재배한 고사리가 첫 수확의 기쁨을 맛보았다.
　　→ 청정 청양 산골에서 재배한 고사리를 처음으로 수확하는 기쁨을 맛보았다.
③ 대규모로 신도시를 건설하려면 많은 비용과 노력, 그리고 긴 시간이 걸린다.
　　→ 대규모로 신도시를 건설하려면 비용이 많이 들고, 노력과 시간도 많이 걸린다.
④ 그 나라는 외부 세력과 외교적 교섭이나 전쟁을 치르면서 평화의 길로 나아갔다.
　　→ 그 나라는 외부 세력과 외교적으로 교섭하거나 전쟁을 치르면서 평화의 길로 나아갔다.

05 보기의 문장과 같은 오류를 범하고 있는 것은?

> 보기
> 기재 사항의 정정 또는 금융 기관의 수납인 및 취급자인이 없으면 무효입니다.

① 지상에 주차할 때 전면주차 시켜 주시기 바랍니다.
② 국을 밥에 말아 먹었다.
③ 이 시에는 시인의 가치관이 밖으로 표출되어 있다.
④ 이 기차는 짐이나 사람을 태우고 하루에 3번씩 운행한다.

06 문장의 중의성을 해소하지 못한 것은?

① 이것은 내 친구 사진이 아니다.
　→ 이것은 내 친구의 사진이 아니다.
② 철수는 용감한 지혁이의 형을 좋아한다.
　→ 철수는 지혁이의 용감한 형을 좋아한다.
③ 간식으로 사과와 배 두 개를 싸 왔다.
　→ 간식으로 사과 한 개와 배 한 개를 싸 왔다.
④ 소영이가 울면서 뛰어오는 윤서를 쳐다봤다.
　→ 울면서 뛰어오는 윤서를 소영이가 쳐다봤다.

07 보기의 밑줄 친 부분과 같은 오류가 드러나 있지 않은 것은?

―보기―
한 사장: (웃더니) 돌아가신 강 회장님께서 유언장에 명시하신 것처럼 과반수 이상의 주식을 자네가 쥐고 있고, 내가 자네를 잘 보필할 테니 맘 놓고 경영 수업에 열중해.

― '못된 사랑' 중에서

① 우리는 오랜 숙원 사업을 이루기 위해 열심히 노력하였다.
② 이 일은 나의 앞날이 편치 않을 것임을 미리 예고하고 있다.
③ 학교 부적응으로 학업을 포기한 사례는 주위에 허다하게 있다.
④ 한국어능력시험 응시자가 지난해에 비해 대강 약 37% 증가했다.

08 밑줄 친 외국어 번역투의 표현을 잘못 고친 것은?

① 10년간 조사를 행한 끝에 진실이 드러났다. → 조사를 한 끝에
② 지난 7월, 시리아는 터키 정찰기를 격추시킨 바 있다. → 격추한
③ 그는 거짓말을 할 최후의 사람이다. → 절대로 거짓말을 할 사람이 아니다.
④ 11월에도 관련 행사를 가질 예정으로 있습니다. → 주선할 예정으로 있습니다.

09 보기와 같은 유형의 잘못된 표현을 하고 있는 문장은?

> 보기
> 새해 첫날에는 동해 바다에 가서 떠오르는 해를 볼 것이다.

① 이번에 새로 나온 음반은 그다지 좋은 편이다.
② 나는 그에게 영어로 씌여진 글을 읽어 달라고 부탁했다.
③ 그는 정계에서 은퇴한 후, 남은 여생을 전원에서 보냈다.
④ 짐승은 다른 동물에게 잡아먹히기도 하고, 잡아먹기도 한다.

10 보기의 ㉠에 비추어 볼 때 적절하지 않은 설명은?

> ─ 보기 ─
> 동의 중복 표현이란 동일하거나 유사한 뜻의 두 말이 함께 쓰인 것을 가리킨다. 주로 한자어와 고유어 간에서 나타나는데, 대개는 동의 중복된 두 말 중 하나를 생략하여 우리말을 효율적으로 사용하는 것이 바람직하다. 그러나 화자의 표현 의도나 약간의 어감 차이를 강조하기 위해 두 말을 모두 사용할 때가 있다. 그런데 ㉠ 동의 중복 표현처럼 보이지만 동의 중복 표현이 아닌 경우도 있다. 두 말 중 하나를 생략하면 전혀 다른 뜻이 되어 버려 생략할 수 없는 경우가 그러하다.

① '야구공'은 '야구(野球)'의 '구(球)'가 '공'이라는 뜻이므로 동의 중복 표현이다.
② '실내 안'은 '실내(室內)'의 '내(內)'가 '안'이라는 뜻이므로 동의 중복 표현이다.
③ '초가집'은 '초가(草家)'의 '가(家)'가 '집'이라는 뜻이므로 동의 중복 표현이다.
④ '서로 상의하다'는 '상의(相議)'의 '상(相)'이 '서로'라는 뜻이므로 동의 중복 표현이다.

11 번역투의 표현이 아닌 문장으로만 짝지은 것은?

① ㉠: 나는 할머니에 의해 예의 바르고 친절한 아이로 자랐다.
   ㉡: 그에게 있어서 가정이란 자고 나가는 곳 외에 아무 의미가 없다.
② ㉠: 이번 방학에 독도를 방문할 계획을 가지고 있다.
   ㉡: 문제를 일으킨 학생들에게는 자숙하는 시간을 필요로 한다.
③ ㉠: 내 고향에는 아직도 많은 친구들이 살고 있다.
   ㉡: 이런 짓은 사회 질서를 깨뜨리는 일이므로 절대로 해서는 안된다.
④ ㉠: 이런 사실은 아무리 강조해도 지나치지 않는다.
   ㉡: 네 입장도 이해가 간다.

THEME 2
높임 표현

윤주쌤 CLINIC

높임 표현
· 주체 높임과 간접 높임 '시'의 사용 · 상대 높임과 격식체와 비격식체
· '계시다'의 사용 · 객체 높임과 높임 어휘
· 주체 높임의 제약(압존법)

기출 대표 유형

㉠ ~ ㉢ 중 객체 높임에 해당하는 것은? [2022 소방직]

> 민수 : 저기 영선이가 선생님을 ㉠ <u>모시고</u> 온다.
> 정희 : 정말 선생님께서 ㉡ <u>오시네</u>.
> 민수 : 선생님, 어서 ㉢ <u>오세요</u>.
> 영선아, 너도 어서 와.

① ㉠
② ㉡
③ ㉢
④ ㉠, ㉡

해 설 객체 높임은 목적어와 부사어를 높이는 표현이다. ㉠은 '선생님을'이라는 목적어를 '모시고'라는 용언으로 높이고 있는 객체 높임법이다.

선택지 해설 ㉡ 오시네. → 주체 높임 선어말 어미이다. '~께서'와 결합이 된다.
㉢ 오세요. → '오시어요'의 준말은 '오셔요/오세요'이다. '-시-'는 주체 높임이고, '어요'는 상대 높임법의 해요체이다.

정답 ①

01 다음 밑줄 친 부분에 해당하는 문장으로 옳은 것은?

> 높임법은 높임의 대상이 누구냐에 따라 주체 높임법, 객체 높임법, 상대 높임법 등으로 분류된다.

① 아버지께서 운동을 하신다.
② 그분은 아직 귀가 밝으시다.
③ 세종대왕은 훌륭한 임금이다.
④ 나는 선생님께 과일을 드렸다.

02 다음 밑줄 친 부분에 해당하는 문장으로 옳은 것은?

> 주체 높임법은 서술어의 주체를 높이는 방법이다. 주체 높임 선어말 어미 '-(으)시-', 주격 조사 '께서', 특수 어휘 등을 통해 실현되는 것이 일반적이다.

① 어머니께서 물을 마신다.
② 할머니께서 지금 주무신다.
③ 아버지께서 책을 읽으신다.
④ 나는 할머니를 모시고 갔다.

03 다음 중 상대 높임법의 연결이 잘못된 것은?

① 이제 그만 두고 학교에 가라. – 두루낮춤
② 벌써 세월이 많이 지나갔구려. – 예사높임
③ 지금 너무 소란스러운 것 같네. – 예사낮춤
④ 어제 혹시 회사에 방문하셨습니까? – 아주높임

04 다음 중 높임법이 바르게 사용된 것은?

① 남은 음식은 포장이세요?
② 아버지께서는 회사에 계신다.
③ 주문하신 커피 나오셨습니다.
④ 어머니께서는 집에 있으신다.

05 다음 설명에 해당하지 않는 문장은?

> 주어와 관련된 대상을 통해 주어를 간접적으로 높이는 방식은 높여야 할 대상의 신체 부분, 생활의 필수적 조건, 개인적 소유물 등이 활용된다.

① 과장님은 시계가 없으셨다.
② 선생님께서 고민이 있으시다.
③ 할아버지께서 진지를 드신다.
④ 할머님의 다리는 아직 정정하시다.

06 높임법에 대한 설명으로 옳지 않은 것은?

> ㄱ. 할머니께서 시골에 내려가셨습니다.
> ㄴ. 나는 할아버지를 모시고 역에 다녀왔다.
> ㄷ. 누나는 어머니께 꽃을 사다 드렸다.
> ㄹ. 아버지께서 진지를 드시고 일어나셨다.

① ㄱ, ㄹ: 문장의 주체를 높이고 있다.
② ㄴ, ㄹ: 특수 어휘를 사용하여 높임을 표현하고 있다.
③ ㄴ, ㄷ: 목적어를 높이고 있으므로 서술의 객체를 높이는 표현이다.
④ ㄷ, ㄹ: 조사를 사용하여 높임을 표현하고 있다.

07 밑줄 친 부분에 해당하는 문장으로 적절한 것은?

> 국어의 높임법에는 듣는 이에 대해 높이거나 낮추는 상대 높임법, 서술어의 주체를 높이는 주체 높임법, 서술어의 객체를 높이는 객체 높임법 등이 있다. <u>이러한 높임 표현은 한 문장에서 복합적으로 실현되기도 한다.</u>

① 어머니께서 할아버지를 모시고 병원에 가셨다.
② 제가 선생님께 드릴 말씀이 있는데 시간이 괜찮으세요?
③ 아버지께서 작은 아버지께 이 서류를 드리라고 하셨어.
④ 여러분, 제가 하려는 이야기에 잠시만 귀를 기울여 주세요.

08 다음 중 주체 높임법이 실현된 문장은?

① 정부는 미세 먼지에 대한 대책을 세워라.
② 저는 곧 집에 들어가서 저녁을 먹겠습니다.
③ 자네, 혹시 주말에 시간을 내줄 수 있는가?
④ 할머니께서는 댁에서 주무시고 계신다.

09 다음 글의 괄호 안에 들어갈 문장으로 적절한 것은?

> 국어의 높임법에는 말하는 이가 듣는 이에 대하여 높이거나 낮추어 말하는 상대 높임법, 서술어의 주체를 높이는 주체 높임법, 서술어의 객체를 높이는 객체 높임법 등이 있다. 이러한 높임 표현은 한 문장에서 복합적으로 실현되기도 하는데, (   )의 경우 대화의 상대, 서술어의 주체, 서술어의 객체를 모두 높인 표현이다.

① 할머니는 귀가 밝으시다.
② 제가 사장님께 그렇게 말씀을 드리면 될까요?
③ 어머니께서 선생님께 이 선물을 드리라고 하셨습니다.
④ 손님, 주문하신 햄버거 나왔습니다.

10 다음 대화에서 A가 범한 어법 사용의 오류와 가장 유사한 것은?

> A: 여보세요.
> B: 여보세요. 이 선생님 계신가요?
> A: 지금 안 계시는데요.
> B: 어디 멀리 가셨나요?
> A: 예, 지금 수업 중이십니다.
> B: 수업은 언제 끝나요?
> A: 글쎄요, 수업 끝나고 학생들과 상담이 계시다고 하셨어요.
> B: 아유, 그럼 통화하기가 어렵겠군요.

① 얘들아, 푸른 창공을 바라보며 꿈을 키우자.
② 손님, 이만 원 되시겠습니다.
③ 사장님, 부장이 왔습니다.
④ 할머니는 경로당에 일찍 갔습니다.

11 높임법의 쓰임이 적절한 것은?
① 고객님이 주문하신 커피 나오셨습니다.
② 할아버지께서 네 방으로 오라고 하셨어.
③ 지금부터 사장님의 말씀이 계시겠습니다.
④ 어머니께서 제게 시간을 여쭤어 보셨어요.

12 다음 중 밑줄 친 부분의 높임법이 바르게 쓰인 것은?

① 선생님, 전화 오셨습니다.
② 철수야 선생님께서 오시래.
③ 손님 주문하신 물건 여기 있습니다.
④ 다음 사례를 보시면서 설명 드리겠습니다.

13 다음 중 높임법이 옳지 않은 것은?

① 어르신, 오늘도 노고가 많으셨습니다.
② 아버지께서 말씀하신 책이 이것이에요?
③ 이 상품은 20% 할인이 되시는 상품입니다.
④ 어머니께서는 어깨가 좋지 않으십니다.

THEME 3
사동·피동 표현

사동 · 피동 표현
· 사동사, 피동사의 구별
· 직접 사동과 간접 사동의 의미
· 사동사의 피동 VS 이중 피동

다음 문장 중 사동 표현인 것은? 2022 소방직

① 쥐가 고양이를 물었다.
② 모닥불이 눈을 녹인다.
③ 장난감이 잘 정리되었다.
④ 정우에게 아름다운 경치가 보였다.

해 설
피동과 사동의 구분은 목적어의 유무로 판단할 수 있다.
사동 표현은 사동 접미사(이, 히, 리, 기, 우, 구, 추)를 붙이거나, ~게 하다, 시키다 등을 붙일 수 있다.
②는 '모닥불이 눈을 녹인다.'를 '모닥불이 눈을 녹게 하다.'로 바꿀 수 있기 때문에 ②가 정답이다.

선택지 해설
① 사동 접미사가 없다.
③ 되다는 피동 표현이며, 목적어가 없다.
④ '보였다'는 '보이었다'의 줄임말로, '-이-'라는 피동 접미사를 결합한 피동 표현이다.

정답 ②

01 밑줄 친 피동 표현이 옳은 것은?

① 이것은 잊혀진 책이다.
② 그는 천재라고 불리웠다.
③ 사실이 밝혀져 다행이다.
④ 여기서 갈리운 길을 찾아라.

02 다음 밑줄 친 사동 표현으로 옳은 것은?

> 주어가 남에게 동작을 하도록 시키는 사동 표현은 접미사를 붙여 실현할 수 있다. 이때 자동사, 타동사, 형용사가 모두 사동사로 전환될 수 있다.

① 그녀는 그를 울렸다.
② 엄마가 아이에게 옷을 입혔다.
③ 나는 그에게 불을 밝히라고 했다.
④ 할머니께서는 전당포에 짐을 맡기셨다.

03 밑줄 친 사동 표현이 옳은 것은?

① 그는 길을 잃고 헤매이고 있었다.
② 그녀는 그를 보고 마음이 설레였다.
③ 하늘을 보니 날씨가 곧 개일 것 같다.
④ 그는 아들에게 밥을 먹이고 있었다.

04 문장에 대한 설명으로 옳지 않은 것은?

① 피동형과 사동형으로 파생될 때 사용되는 접사는 동일한 것이 있다.
② 사동형으로 파생될 때 사용되는 접사가 피동형일 때보다 더 많다.
③ 보조적 연결 어미 '-어'와 보조 용언 '지다'를 통한 사동형이 가능하다.
④ 일부 명사 뒤에 '-되다'가 결합되면 피동의 의미를 더하고 동사를 만든다.

05 사동법의 특징을 고려할 때 밑줄 친 단어의 쓰임이 옳은 것은?

① 그는 김 교수에게 박 군을 <u>소개시켰다</u>.
② 돌아오는 길에 병원에 들러 아이를 <u>입원시켰다</u>.
③ 생각이 다른 타인을 <u>설득시킨다는</u> 건 참 힘든 일이다.
④ 우리는 토론을 거쳐 다양한 사회적 갈등을 <u>해소시킨다</u>.

06 보기를 바탕으로 ⑤을 설명할 수 있는 예로 가장 적절한 것은?

> ─ 보기 ─
> 주어가 동작을 자신의 힘으로 하는 것을 '능동'이라고 하고, 주어가 다른 주체에 의해서 동작을 당하게 되는 것을 '피동'이라고 한다. 예를 들어 '경찰이 도둑을 잡았다.'는 능동문이고, '도둑이 경찰에게 잡혔다.'는 이에 대응하는 피동문이다. 이처럼 능동문은 그에 대응하는 피동문을, 피동문은 그에 대응하는 능동문을 떠올릴 수 있을 때가 많다. 그러나 ⑤ <u>대응하는 능동문이 없는 피동문</u>이나 대응하는 피동문이 없는 능동문도 있다.

① 거리에 색색의 깃발이 걸렸다.
② 이 공책에는 내 소중한 꿈이 적혔다.
③ 어느새 진지가 적군에게 점령되었다.
④ 산꼭대기에는 어느새 구름이 말끔히 걷혔다.

07 보기1를 바탕으로 보기2를 이해한 것으로 적절하지 않은 것은?

― 보기 1 ―
능동문을 피동문으로 바꿀 때에는 능동문의 주어와 목적어를 각각 피동문의 부사어와 주어로 바꾸고, 능동문의 서술어에 알맞은 피동 접사나 '-어지다'를 붙여 피동문의 서술어로 만든다. 피동문을 쓸 때에는 지나친 피동 표현(이중 피동)이 되지 않도록 유의해야 한다.

― 보기 2 ―
ㄱ. 마을이 태풍에 휩쓸리다.
ㄴ. 도둑이 경찰에게 잡히다.
ㄷ. 그의 오해가 목격자에 의해 풀리다.

① ㄱ의 '휩쓸리다'는 '휩쓸다'의 어근에 피동 접사가 붙은 경우이다.
② ㄱ을 능동문으로 바꾸기 위해서는 '태풍에'를 목적어로 만들어야 한다.
③ ㄴ의 '잡히다'를 '잡혀지다'로 바꾸면 지나친 피동 표현이 된다.
④ ㄷ의 '풀리다' 외에 '풀다'의 어간에 '-어지다'를 붙여도 피동문이 된다.

08 보기를 참고하여 사동문에 대해 탐구한 내용으로 적절하지 않은 것은?

― 보기 ―
주어가 직접 동작을 하는 문장은 '주동문'이라고 하고, 주어가 남에게 어떤 동작을 하도록 시키는 문장은 '사동문'이라고 해요. 주동문을 사동문으로 바꾸려면 동사나 형용사의 어근에 사동 접사 '-이-, -히-, -리-, -기-, -우-, -구-, -추-'를 붙이거나, '-게 하다', '-시키다'를 활용하면 됩니다. 다음 예문을 보면서 주동문을 사동문으로 바꿀 때 나타나는 특징에 대해서 생각해 볼까요?

주동문을 사동문으로 바꾼 예
ㄱ. 개가 밥을 먹다. → (민수가) 개에게 밥을 먹이다.
ㄴ. 그가 집에 가다. → (영수가) 그를 집에 가게 하다.
ㄷ. 동생이 학교에 입학하다. → (어머니께서) 동생을 학교에 입학시키다.

① ㄱ~ㄷ 모두 주동문을 사동문으로 바꾸려면 새로운 주어가 필요하군.
② ㄱ~ㄷ에서 주동문의 주어는 사동문에서 목적어나 부사어가 되는군.
③ ㄱ의 주동문은 ㄷ처럼 '-시키다'를 붙여 사동문으로 바꿀 수 없겠군.
④ ㄴ의 주동문을 사동문으로 바꾸면 집에 가는 주체가 달라지는군.

09 보기의 설명과 ㄱ ~ ㅁ의 용례를 바탕으로 사동 표현에 대해 탐구한 결과로 적절하지 않은 것은?

> ─ 보기 ─
> 사동(使動): 남으로 하여금 어떤 동작을 하게 하는 동작을 사동이라고 하는데, 사동 표현은 사동사를 이용해 만들 수도 있고 '-게 하다'와 같은 표현을 이용해 만들 수 있음.

> ㄱ. 사람들이 폭우에 대비해 둑을 높이는 일을 하고 있다.
> ㄴ. 선생님께서 철수에게 책을 빨리 읽게 하셨다.
> ㄷ. 그가 논에 쌓여 있는 건초더미를 태우고 말았다.
> ㄹ. 어머니가 아이에게 새 옷을 입히었다.

① ㄱ, ㄷ, ㄹ을 통해 동사뿐만 아니라 형용사도 사동 접사와 결합해 사동의 의미를 나타낼 수 있음을 알 수 있다.
② ㄴ을 통해 사동 표현이 사용된 문장에서는 용언을 수식하는 부사어의 위치가 고정된다는 사실을 알 수 있다.
③ ㄷ의 '태우고'를 통해 두 개의 사동 접사를 하나의 동사에 결합시켜 사동사를 만들 수 있음을 알 수 있다.
④ ㄹ은 사동문이 중의적인 의미를 나타낼 수 있다는 사실을 보여 준다.

10 밑줄 친 말 중 '벗겨지다'와 유사한 사례로 볼 수 없는 것은?

> 어느 책에서 '벗겨진 머리'는 잘못된 표현이고 '벗어진 머리'가 올바른 표현이라고 지적하면서, '벗겨지다'를 피동 표현이 겹쳐 사용된 '이중 피동'으로 설명한 것을 보았다. 그러나 '벗겨지다'는 사동사 어간 '벗기-'에 통사적인 피동 표현 '-어지다'가 결합한 것이지 이중 피동은 아니라고 생각한다.

① 방 안이 환히 <u>밝혀졌다</u>.
② 고개가 저절로 <u>숙여졌다</u>.
③ 손잡이가 천천히 <u>돌려졌다</u>.
④ 그 사건은 오래전에 <u>잊혀졌다</u>.

THEME 4
부정 표현·시제

부정 표현	시제
· 의지 부정 VS 외부의 원인에 의한 부정	· 과거 / 현재 / 미래 시제의 구별 · 상대 시제 / 절대 시제의 구별 · 완료상 / 진행상의 구별

보기는 국어의 시제에 대한 설명이다. 밑줄 친 부분의 예로 가장 적절한 것은? [2020 경찰 제1차]

> 보기
> 절대 시제란 발화시를 기준으로 한 시제이고, 상대 시제란 발화시가 아닌 다른 시점을 기준으로 한 시제이다.

① 공원에는 <u>운동하는</u> 사람들이 많이 보였다.
② 철수는 다음 달에 유학을 <u>간다</u>.
③ 넌 이제 큰일 <u>났다</u>.
④ 내일은 비가 <u>오겠다</u>.

해설 절대 시제는 발화시(말하는 시점) 기준으로, 상대 시제는 사건이 일어난 시점을 기준으로 한다. 문장의 마지막 서술어는 절대 시제라고 하고, 문장의 중간에 나오는 관형사형이 상대 시제이다. 따라서 ①은 상대 시제, ②~④는 절대 시제이다.

정답 ①

01 다음 설명에 해당하지 않는 문장은?

> 선어말 어미를 통해 단순한 미래 시제 이외에 화자의 태도와 관련된 추측, 의지, 가능 등의 양태적 의미를 나타낼 수 있다.

① 내일도 비가 오겠다.
② 내가 먼저 시작하겠다.
③ 내일 살 꽃을 정해야 한다.
④ 나도 그 정도 업무는 할 수 있겠다.

02 동작상의 종류가 다른 하나는?

① 철수는 책상에 앉아 있다.
② 그는 글씨를 지워 버렸다.
③ 나는 점심을 먹고서 잠을 잤다.
④ 그녀는 식사를 하고 있었다.

03 현대 국어에서 부정 표현에 대한 설명으로 옳지 않은 것은?

① 부정 부사를 활용하거나 '-지 말다'를 활용해서 실현한다.
② 짧은 부정문과 긴 부정문으로 실현할 수 있다.
③ 주체의 의지에 의한 행동 부정을 '안' 부정문이라 한다.
④ 주체의 능력상 불가능할 때 표현하는 부정을 단순 부정이라 한다.

04 다음에 해당하는 문장이 아닌 것은?

> 부정문은 중의성을 갖는 경우가 발생한다.

① 내가 그녀를 밀지 않았다.
② 손님이 다 오지 않았다.
③ 내가 엄마를 못 만났다.
④ 그는 나를 좋아하지는 않았다.

05 '안' 부정문에 대한 설명으로 옳지 않은 것은?

① 주어가 무정 명사일 때에는 주어의 의지를 나타낸다.
② 보조사를 사용하면 부정문의 중의성을 해소할 수 있다.
③ '안'이 부정하는 초점에 따라 문장의 의미가 달라질 수 있다.
④ 서술어가 명사인 경우에는 '이/가 ~아니다'의 형태로 실현된다.

06 다음 밑줄 친 부분에서 상대 시제는?

① 식당에는 밥을 <u>먹는</u> 사람들이 많았다.
② 공부하느라 밤을 <u>샜다</u>.
③ 윤주는 다음 달에 이사를 <u>한다</u>.
④ 열차가 곧 <u>출발하겠다</u>.

07 보기의 사례를 바탕으로 부정 표현에 대해 탐구한 내용으로 적절한 것은?

― 보기 ―
㉠ 아무리 기억하려고 해도 생각이 나지 않는다.
㉡ 오늘따라 날씨가 흐려서 달을 보지 못했다.
㉢ 서점에 갔는데 아직도 그 책이 안 나왔다.
㉣ 오늘은 좀 피곤하니 밖에 나가지 말자.

① ㉠: 어떤 상태를 부정하는 것으로, '안 난다.'로 바꾸어 써도 의미가 동일하겠군.
② ㉡: 동작 주체의 능력이 부족함을 나타낼 때도 '못 부정문'이 쓰이는군.
③ ㉢: 동작 주체의 의지를 나타낼 때는 '안 부정문'을 사용할 수 있군.
④ ㉣: '말다'를 사용하여 평서문을 부정할 수 있군.

08 보기의 내용을 바탕으로 ⓐ ~ ⓒ에 대해 설명한 것으로 적절하지 않은 것은?

― 보기 ―
시제는 발화시(화자가 말을 하는 시점)와 사건시(동작이나 상태가 나타나는 시점)의 관계에 따라 과거(발화시보다 사건시가 선행), 현재(발화시와 사건시가 같음), 미래(발화시보다 사건시가 후행)로 구분할 수 있으며, 시제는 대체로 선어말 어미, 관형사형 어미 등을 통해 구현된다.

ⓐ 어제 나는 친구들과 축구 경기를 보았다.
ⓑ 할 일이 이렇게 밀린 걸 보니 잠은 오늘 다 잤다.
ⓒ 어머니는 할머니께서 물려주신 그릇을 아직도 쓴다.

① ⓐ의 '-았-'은 과거 시제를 나타내는 선어말 어미이다.
② ⓑ의 '할'은 관형사형 어미 '-ㄹ'을 사용하여 미래 시제를 나타내고 있다.
③ ⓑ의 '잤다'는 발화시보다 사건시가 앞선 시제를 나타내고 있다.
④ ⓑ의 '밀린'과 ⓒ의 '물려주신'에는 과거 시제를 나타내는 관형사형 어미가 사용되었다.

09 보기를 바탕으로 ㉠ ~ ㉣을 이해한 것으로 적절하지 않은 것은?

> **보기**
> 시간의 흐름 속에서 그 동작이 진행되고 있는지, 완료된 것인지를 나타내는 것을 동작상이라고 한다. 발화시를 기준으로 동작이 계속 이어져 가는 모습, 동작이 이미 끝났거나 끝난 상태가 지속되는 모습 등이 그것이다. 이를 각각 진행상, 완료상이라 한다. 동작상은 '-어'나 '-고' 등에 보조 용언이 이어져 실현되는데, 시제와 결합하여 다양한 형태로 나타난다.

> ㉠ 철수는 지금 집에 오고 있다.
> ㉡ 철수는 지금 의자에 앉아 있다.
> ㉢ 철수는 그것을 먹어 버렸다.
> ㉣ 철수는 그곳에 가고 싶겠다.

① ㉠에서는 보조적 연결 어미와 보조 용언이 결합하여 동작의 진행을 나타내고 있군.
② ㉡에서는 완료된 동작이 현재에도 유지되고 있음을 나타내고 있군.
③ ㉢에서는 보조 용언 '버렸다'를 통해 동작이 과거에 완료되었음을 나타내고 있군.
④ ㉣에서는 보조 용언 '싶다'가 미래 시제와 결합하여 어떠한 동작이 진행될 예정임을 나타내고 있군.

10 보기의 부정 표현에 대해 탐구한 내용으로 적절하지 않은 것은?

> **보기**
> ㄱ. 국화꽃이 안 예쁘다.
> ㄴ. 그는 어깨를 다쳐 축구를 못 한다.
> ㄷ. 고래는 어류가 아니다.

① ㄱ에서 '안'을 '못'으로 바꾸면 어색한 문장이 된다.
② ㄴ에서 '못'은 축구를 하고자 하는 '그'의 의지를 부정하고 있다.
③ ㄴ에서 '못 한다'는 '하지 못한다'로 바꾸어도 어법상 문제가 없다.
④ ㄷ에서 '아니다'는 '고래'가 '어류'라는 것을 부정하기 위해 사용되었다.

문주국어 단원별 핵심 400제

문학

THEME 1 운문 문학
    1. 고전 시가
    2. 현대시

THEME 2 산문 문학
    1. 고전 산문
    2. 현대 소설 / 극 / 수필

PART 4

THEME 1
운문 문학

1 고전 시가

윤주쌤 CLINIC

문학 이론	고전 시가
· 감상관점 · 수사법 · 서술방식 · 미적 범주 · 심상	· 고대가요, 향가, 고려가요, 시조, 가사, 한시 현대어 풀이 정리 · 객관적 상관물과 감정이입의 구별

기출 대표 유형

(가) ~ (라)의 ㉠ ~ ㉣에 대한 설명으로 적절하지 않은 것은? `2022 국가직 9급`

> (가) 간밤의 부던 브람에 눈서리 치단 말가
> ㉠<u>낙락장송(落落長松)</u>이 다 기우러 가노미라
> 호믈며 못다 픤 곳이야 닐러 무슴 호리오.
> (나) 철령 노픈 봉에 쉬여 넘는 져 구롬아
> 고신원루(孤臣冤淚)를 비 사마 씌여다가
> ㉡<u>님</u> 계신 구중심처(九重深處)에 뿌려 본들 엇드리.
> (다) 이화우(梨花雨) 훗쑤릴 제 울며 잡고 이별혼 님
> 추풍낙엽(秋風落葉)에 ㉢<u>저</u>도 날 싱각는가
> 천리(千里)에 외로온 쑴만 오락가락 호노매.
> (라) 삼동(三冬)의 뵈옷 닙고 암혈(巖穴)의 눈비 마자
> 구롬 씬 볏뉘도 쐰 적이 업건마는
> 서산의 ㉣<u>히</u> 디다 호니 그를 셜워 호노라.

① ㉠은 억울하게 해를 입은 충신을 가리킨다.   ② ㉡은 궁궐에 계신 임금을 가리킨다.
③ ㉢은 헤어진 연인을 가리킨다.   ④ ㉣은 오랜 세월을 함께한 벗을 가리킨다.

(라)는 조식의 작품으로, 임금의 승하 소식을 듣고 슬퍼하는 선비의 안타까운 심정이 드러나는 시조이다. '뵈옷, 암혈(巖穴)' 등은 벼슬을 하지 않은 것을, '구룸 씬 볏뉘도 쐰 적이 업건마는'은 임금님의 은총을 받지 못했다는 것을 의미한다. ㉣의 '히'는 '임금'을 의미한다.

① (가)는 유응부의 작품으로, 계유정난을 풍자한 시조이다. 단종을 향한 충성심이 드러난다. '브람', '눈서리'는 수양대군이 왕위를 찬탈하기 위해 일으킨 계유정난, 수양대군의 포악함 등을 의미하고 ㉠ '낙락장송(落落長松)'은 계유정난으로 희생된, 단종에게 충성하는 충신을 의미한다.
② (나)는 이항복의 작품이다. 인목대비 폐모론에 반대하다가 유배를 가던 중 철령 고개를 넘으며 지은 시조라고 한다. 고신원루(孤臣冤淚)는 임금님 곁을 떠난 외로운 신하의 억울한 눈물을 의미한다. ㉡ '님'은 임금(광해군)을 가리킨다.
③ (다)는 계랑의 작품이다. 임을 그리워하는 마음을 표현한 시조로서, ㉢ '저'는 임을 가리킨다.

정답 ④

01 다음 시가의 시어를 탐구한 내용으로 적절하지 않은 것은?

生死路隱	생사(生死) 길은
此矣有阿米次肹伊遣	예 있으매 머뭇거리고
吾隱去內如辭叱都	나는 간다는 말도
毛如云遣去內尼叱古	못다 이르고 어찌 갑니까
於內秋察早隱風未	어느 가을 이른 바람에
此矣彼矣浮良落尸葉如	이에 저에 떨어질 잎처럼
一等隱枝良出古	한 가지에 나고
去奴隱處毛冬乎丁	가는 곳 모르온저
阿也 彌陀刹良逢乎吾	아아 미타찰(彌陀刹)에서 만날 나
道修良待是古如	도(道) 닦아 기다리겠노라

- 월명사, 「제망매가」

① '이른 바람'은 '나'의 요절을 암시한다.
② '떨어질'은 하강 이미지로, 죽음을 나타낸다.
③ '한 가지'는 화자와 누이가 같은 핏줄임을 드러낸다.
④ '미타찰'은 화자가 지향하는 바를 담고 있는 공간을 가리킨다.

02 (가)를 참고하여 (나)를 이해할 때, 적절하지 않은 것은?

(가) 「정과정」은 고려 의종 때 정서가 지은 노래이다. 작가는 의종이 왕위에 오르기 전 그의 총애를 받았으나 의종이 왕위에 오른 후 의종의 아우를 왕위에 올리려 한다는 참소를 입어 동래로 귀양을 가게 된다. 의종이 조정이 정리되는 대로 작자를 다시 부르겠다고 약속했으나 소식이 없자, 재회를 기다리며 이 노래를 불렀다고 전해진다.

(나) 내 님믈 그리ᄉᆞ와 우니다니
　　산(山)졉동새 난 이슷ᄒᆞ요이다
　　아니시며 거츠르신 ᄃᆞᆯ 아으
　　잔월 효성(殘月曉星)이 아ᄅᆞ시리이다
　　넉시라도 님은 ᄒᆞᆫᄃᆡ 녀져라 아으
　　벼기더시니 뉘러시니잇가
　　과(過)도 허믈도 천만(千萬) 업소이다.
　　ᄆᆞᆯ힛 마리신뎌
　　ᄉᆞᆯ읏븐뎌 아으
　　니미 나ᄅᆞᆯ ᄒᆞ마 니즈시니잇가
　　아소 님하 도람 드르샤 괴오쇼셔

— 정서, 「정과정」

① 윗글에서 '내 님'은 작자가 모시던 임금인 '의종'을 가리키는군.
② '아니시며 거츠르신'은 참소의 내용이 절대 사실이 아니라는 점을 나타내는군.
③ '과(過)도 허믈도' 없다는 데서 약속을 지키지 않는 의종에 대한 원망을 나타내는군.
④ '도람 드르샤 괴오쇼셔'에서 화자는 의종과의 재회를 기다리는 마음을 간절히 나타내는군.

03 다음 시가의 화자로 보기 어려운 사람은?

> 살어리 살어리랏다 쳥산(靑山)애 살어리랏다
> 멀위랑 ᄃᆞ래랑 먹고 쳥산(靑山)애 살어리랏다
>   얄리얄리 얄랑셩 얄라리 얄라
>
> 우러라 우러라 새여 자고 니러 우러라 새여
> 널라와 시름 한 나도 자고 니러 우니노라
>   얄리얄리 얄라셩 얄라리 얄라
>
> 가던 새 가던 새 본다 믈 아래 가던 새 본다
> 잉무든 장글란 가지고 믈 아래 가던 새 본다
>   얄리얄리 얄라셩 얄라리 얄라
>
> 어듸라 더디던 돌코 누리라 마치던 돌코
> 믜리도 괴리도 업시 마자셔 우니노라
>   얄리얄리 얄라셩 얄라리 얄라
>
> 살어리 살어리랏다 바ᄅᆞ래 살어리랏다
> ᄂᆞᄆᆞ자기 구조개랑 먹고 바ᄅᆞ래 살어리랏다
>   얄리얄리 얄라셩 얄라리 얄라
>
> 가다가 가다가 드로라 에졍지 가다가 드로라
> 사ᄉᆞ미 짒대예 올아셔 ᄒᆡ금(奚琴)을 혀거를 드로라
>   얄리얄리 얄라셩 얄라리 얄라
>
> 가다니 빈브른 도긔 설진 강수를 비조라
> 조롱곳 누로기 ᄆᆡ와 잡ᄉᆞ와니 내 엇디 ᄒᆞ리잇고
>   얄리얄리 얄라셩 얄라리 얄라
>
> - 작자 미상, 「청산별곡」

① 정치적 혼란으로 삶이 피폐해진 민중
② 계속되는 전란을 피해 이리저리 떠도는 유랑민
③ 관직에서 물러나 자연 속에서 풍류를 즐기며 살고자 하는 정치인
④ 속세의 번뇌를 해소하기 위해 청산을 찾아 위안을 구하는 지식인

04 ㉠ ~ ㉢에 함축된 의미를 바르게 짝지은 것은?

> 서경(西京)이 아즐가 서경(西京)이 셔울히마르는
>   위 두어렁셩 두어렁셩 다링디리
> 닷곤딕 아즐가 닷곤딕 쇼셩경 고외마른
>   위 두어렁셩 두어렁셩 다링디리
> 여히므론 아즐가 여히므론 질삼뵈 브리시고
>   위 두어렁셩 두어렁셩 다링디리
> 괴시란딕 아즐가 괴시란딕 우러곰 ㉠ <u>좃니노이다</u>.
>   위 두어렁셩 두어렁셩 다링디리
> 구스리 아즐가 구스리 바회예 디신들
>   위 두어렁셩 두어렁셩 다링디리
> 긴힛둔 아즐가 긴힛둔 그츠리잇가 나는
>   위 두어렁셩 두어렁셩 다링디리
> 즈믄 히롤 아즐가 즈믄 히롤 외오곰 녀신들
>   위 두어렁셩 두어렁셩 다링디리
> 신(信)잇든 아즐가 신(信)잇든 ㉡ <u>그츠리잇가</u> 나는
>   위 두어렁셩 두어렁셩 다링디리
> 대동강(大同江) 아즐가 대동강(大同江) 너븐디 몰라셔
>   위 두어렁셩 두어렁셩 다링디리
> 빈 내여 아즐가 빈 내여 노혼다 샤공아
>   위 두어렁셩 두어렁셩 다링디리
> 네 가시 아즐가 네 가시 럼난디 몰라셔
>   위 두어렁셩 두어렁셩 다링디리
> 녈 비예 아즐가 녈 배예 연즌다 샤공아
>   위 두어렁셩 두어렁셩 다링디리
> 대동강(大同江) 아즐가 대동강(大同江) 건너편 고즐여
>   위 두어렁셩 두어렁셩 다링디리
> 빈 타들면 아즐가 빈 타들면 ㉢ <u>것고리이다</u> 나는
>   위 두어렁셩 두어렁셩 다링디리

① ㉠ 임을 굳게 믿음
　㉡ 상대방을 불신함
　㉢ 안타깝지만 체념함

② ㉠ 이별을 적극적으로 거부함
　㉡ 임에 대한 사랑은 불변함
　㉢ 상대방을 불신함

③ ㉠ 이별을 적극적으로 거부함
　㉡ 임을 굳게 믿음
　㉢ 임을 굳게 믿음

④ ㉠ 상대방을 불신함
　㉡ 안타깝지만 체념함
　㉢ 임에 대한 사랑은 불변함

05 보기는 고려 가요에 대한 설명이다. 적절한 것끼리 바르게 묶인 것은?

> ─ 보기 ─
> ㄱ. 연이 구분된 분절체 형식이다.
> ㄴ. 정서 표현이 꾸밈없고 소박하다.
> ㄷ. 주로 4음보의 율격을 지니고 있다.
> ㄹ. 악기 소리를 흉내 낸 후렴구가 있다.
> ㅁ. 『청구영언』, 『악학궤범』 등에 수록되어 있다.

① ㄱ, ㄴ
② ㄱ, ㄴ, ㄹ
③ ㄷ, ㄹ, ㅁ
④ ㄱ, ㄷ, ㄹ, ㅁ

06 (가)와 (나)의 공통점으로 가장 적절한 것은?

> (가) 춘산(春山)에 눈 노기는 보람 건듯 불고 간 디 업다
>   져근덧 비러다가 무리 우희 불니고져
>   귀 밋틴 히 무근 셔리를 녹여 볼가 하노라.
>   - 우탁
>
> (나) 내 언제 무신(無信)하야 님을 언제 속엿관듸
>   월침삼경(月沈三更)에 온 뜻지 전(全)혀 업다
>   추풍(秋風)에 지는 닙 소릐야 낸들 어이하리오.
>   - 황진이

① 계절감을 나타내는 시어가 사용되고 있다.
② 중심 소재에서 긍정적인 가치를 이끌어 내고 있다.
③ 명암의 대비를 통해 시적 화자의 내면을 드러내고 있다.
④ 의인화된 청자에게 말을 건네는 방식을 활용하고 있다.

07 다음 시가의 표현상의 특징으로 적절하지 않은 것은?

> 강호(江湖)에 봄이 드니 미친 흥(興)이 절로 난다
> 탁료 계변(濁醪溪邊)에 금린어(錦鱗魚)ㅣ 안주로라
> 이 몸이 한가(閑暇)히옴도 역군은(亦君恩)이샷다
>
> 강호(江湖)에 녀름이 드니 초당(草堂)에 일이 업다
> 유신(有信)흔 강파(江波)는 보내느니 브람이다
> 이 몸이 서늘히옴도 역군은(亦君恩)이샷다
>
> 강호(江湖)에 フ올이 드니 고기마다 슬져 잇다
> 소정(小艇)에 그물 시러 흘리 띄여 더뎌 두고
> 이 몸이 소일(消日)히옴도 역군은(亦君恩)이샷다
>
> 강호(江湖)에 겨월이 드니 눈 기픠 자히 남다
> 삿갓 빗기 쓰고 누역으로 오슬 삼아
> 이 몸이 칩지 아니히옴도 역군은(亦君恩)이샷다
>
> – 맹사성, 「강호사시사」

① 문답법을 통해 대상을 예찬하고 있다.
② 의인법을 사용하여 자연을 표현하고 있다.
③ 계절의 변화에 따라 시상을 전개하고 있다.
④ 형식을 통일하여 주제를 효과적으로 전달하고 있다.

08 다음 시가를 바탕으로 강연을 하고자 할 때, 강연 주제로 가장 적절한 것은?

> 창 내고자 창을 내고자 이내 가슴에 창 내고자
> 고모장지 세(細)살장지 들장지 열장지 암톨쩌귀 수톨쩌귀 배목걸새 크나큰 장도리로 뚝딱 박아 이내 가슴에 창 내고자
> 이따금 답답할 제면 여닫아 볼까 하노라.
>
> – 작자 미상

① 사랑의 아픔을 치유하는 원리
② 개방적인 생활 자세의 중요성
③ 노동에서 적절한 휴식의 필요성
④ 고달픈 삶에서 벗어나기 위한 방법

09 다음 시가의 표현상의 특징과 효과로 적절하지 않은 것은?

> 댁(宅)들에 동난지이 사오. 저 장사야 네 황화 그 무엇이라 웨는다 사자
> 외골내육(外骨內肉) 양목(兩目)이 상천(上天) 전행(前行) 후행(後行) 소(小)아리 팔족(八足) 대(大)아리 이족(二足) 청장(淸醬) 아스슥 하는 동난지이 사오
> 장사야 하 거북이 웨지 말고 게젓이라 하렴은
>
> – 작자 미상

① 감각적 심상을 통해 생동감을 부여하고 있다.
② 시적 대상을 사실적, 구체적으로 묘사하고 있다.
③ 대화를 통해 시적 상황을 생생하게 형상화하고 있다.
④ 현학적이고 관념적인 시어의 단순한 나열을 통해 해학성을 높이고 있다.

10 다음 시가의 ㉠ ~ ㉢을 이해한 것으로 적절하지 않은 것은?

> 이 몸 삼기실 제 님을 조차 삼기시니
> ㉠ 훈싱 연분(緣分)이며 하늘 모를 일이런가
> 나 ᄒ나 졈어 잇고 님 ᄒ나 날 괴시니
> 이 ᄆᆞᆷ 이 ᄉᆞ랑 견졸 ᄃᆡ 노여 업다
> 평ᄉᆡᆼ(平生)애 원(願)ᄒ요ᄃᆡ ᄒᆞᆫᄃᆡ 녜쟈 ᄒᆞ얏더니
> 늙거야 므스 일로 외오 두고 글이ᄂᆞᆫ고
> 엇그제 님을 뫼셔 광한뎐(廣寒殿)의 올낫더니
> ㉡ 그 더ᄃᆡ 엇디ᄒᆞ야 하계(下界)예 ᄂᆞ려오니
> 올 적의 비슨 머리 얼킈연 디 삼 년(三年)이라
> ㉢ 연지분(臙脂粉) 잇ᄂᆡ마는 눌 위ᄒᆞ야 고이 홀고
> ᄆᆞ음의 미친 실음 텹텹(疊疊)이 ᄊᆞ혀 이셔
> 짓ᄂᆞ니 한숨이오 디ᄂᆞ니 눈믈이라
> 인ᄉᆡᆼ(人生)은 유ᄒᆞᆫ(有限)ᄒᆞᆫᄃᆡ 시름도 그지업다
> ㉣ 무심(無心)ᄒᆞᆫ 세월(歲月)은 믈 흐ᄅᆞᄃᆞᆺ ᄒᆞᄂᆞᆫ고야
>
> - 정철, 「사미인곡」 중에서

① ㉠: '하늘'이라는 시어를 사용하여 화자와 임의 관계가 헤어질 수밖에 없는 운명임을 나타내고 있다.
② ㉡: '하계(下界)'라는 시어를 사용하여 화자 자신을 천상의 선녀에 비유하고 있다.
③ ㉢: '연지분(臙脂粉)'이라는 시어를 사용하여 화자가 여성임을 드러내고 있다.
④ ㉣: '무심(無心)한'이라는 시어를 사용하여 임을 만나지 못하는 상황에 대한 안타까움을 드러내고 있다.

11 (가)와 (나)를 비교한 것으로 적절하지 않은 것은?

(가) 춘일(春日)이 지지(遲遲)ᄒ야 포곡(布穀)이 비야거늘
동린(東鄰)에 따보 엇고 서사(西舍)에 호미 엇고
집 안희 드러가 씨갓슬 마련ᄒ니
올벼씨 ᄒᆫ 말은 반(半)나마 쥐 먹엇고
기장피 조픗튼 서너 되 부터거늘
한아한 식구(食口) 일이ᄒ야 어이 살리
이바 아희들아 아모려나 힘씨 쓰라
죽운 물 샹쳥 먹고 거니 건져 죵을 주니
눈 우희 바늘 젓고 코ᄒ로 포람 분다
올벼는 ᄒᆫ 볼 뜻고 조 프튼 다 무기니
살히파 바랑이는 나기도 슬찬턴가
환자 장리ᄂᆞᆫ 무어스로 댱만ᄒ며
요역(徭役) 공부(貢賦)는 엇지ᄒ야 츠와 낼고
백이사지(百爾思之)라도 겨낼 셩이 젼혜 업다
장초(萇楚)의 무지(無知)를 불어ᄒ나 엇지ᄒ리

— 정훈, 「탄궁가」 중에서

(나) 칠석(七夕)의 호미 씻고 기음을 다 믠 후의
슷 쇠기 뉘 잘 ᄒ며 셤으란 뉘 엿그랴
너희 진조 셰아려 자라자라 맛스라
ᄀᆞ을 거둔 후면 성조(成造)를 아니ᄒ랴
집으란 내 지으게 움으란 네 무더라
너희 진조을 내 짐작(斟酌)ᄒ엿노라
너희도 머글 일을 분별(分別)을 ᄒ려므나

— 허전, 「고공가」 중에서

① (가)는 (나)와 달리 해야 할 일을 하지 않았음을 지적하고 있다.
② (가)에 비해 (나)는 자신이 모범을 보이며 일하기를 독려하고 있다.
③ (가)에 비해 (나)는 윤리 도덕을 바탕으로 상대방을 설득하고 있다.
④ (가)는 대상을 비판적으로 보고 있는 반면, (나)에서는 대상을 칭찬하며 달래고 있다.

12 ㉠과 ㉡에 대한 설명으로 적절한 것은?

> 병풍에 그린 황계(黃鷄) 수탉이 두 나래 둥덩 치고
> 짜른 목을 길게 빼어 긴 목을 에후리어
> 사경일점(四更一點)에 날 새라고 꼬꾀요 울거든 오랴는가
> 자네 어이 그리하야 아니 오던고
> 너란 죽어 황하수(黃河水) 되고 날란 죽어 도대선(都大船) 되야
> 밤이나 낮이나 낮이나 밤이나
> 바람 불고 물결치는 대로 어하 둥덩실 떠서 노자
> 저 ㉠달아 보느냐
> 임 계신 데 명휘(明暉)를 빌리려문 나도 보게
> 이 아해야 말 듣소
> 추월(秋月)이 양명휘(揚明暉)하니 ㉡달이 밝아 못 오던가
> 어데를 가고서 네 아니 오더냐
> 지어자 좋을시고
>
> — 작자 미상, 「황계사」

① ㉠은 화자의 상황과 반대되는 대상이고, ㉡은 화자의 상황과 동일한 대상이다.
② ㉠은 화자의 소망을 드러내는 대상이고, ㉡은 화자의 원망을 드러내는 대상이다.
③ ㉠은 화자의 행동을 유도하는 대상이고, ㉡은 화자의 갈등이 해소되는 대상이다.
④ ㉠은 화자의 처지를 드러내는 대상이고, ㉡은 화자의 그리움을 드러내는 대상이다.

13 다음 한시에 대한 설명으로 가장 적절한 것은?

苦忘亂抽書	잊음 많아 이 책 저 책 어지럽게 뽑아놓고
散漫還復整	흩어진 것 다시 정리하자니
曜靈忽西頹	해는 문득 서쪽으로 기울고
江光搖林影	강에는 숲 그림자 드리워 흔들리누나
扶筇下中庭	지팡이 짚고 뜰에 내려 가
矯首望雲嶺	고개 들고 구름재를 바라보니
漠漠炊烟生	아득하게 밥 짓는 연기 일고
蕭蕭原野冷	으스스 산과 들은 싸늘하구나
田家近秋穫	농삿집 가을걷이 가까워오니
喜色動臼井	방앗간 우물터의 아낙네 얼굴엔 기쁜 빛이 돌고
鴉還天機熟	갈까마귀 날아드니 절기가 익었고
鷺立風標逈	해오라기 우뚝 서니 모습이 훤칠하도다
我生獨何爲	내 인생은 홀로 무얼 하는지
宿願久相梗	숙원은 오래도록 풀리지 않으니
無人語此懷	이 회포 누구에게 애기할거나
瑤琴彈夜靜	거문고만 둥둥 타네, 고요한 밤에

– 이황, 「만보」

① 조선 전기 사대부의 연군지정이 드러난다.
② 자연물에 화자 자신의 감정을 이입하고 있다.
③ 계절적 배경을 통해 화자의 절망감을 드러낸다.
④ 독백적 어조를 통해 차분한 분위기를 조성한다.

14 다음 한시에 나타난 시적 화자의 정서와 가장 유사한 것은?

> 雨歇長堤草色多　　비 갠 긴 둑엔 풀빛이 짙어 가는데
> 送君南浦動悲歌　　남포에서 임 보내며 슬픈 노래 부르네
> 大同江水何時盡　　대동강 물은 어느 때 마르려는지
> 別淚年年添綠波　　해마다 이별 눈물 푸른 강물에 더해지네
>
> － 정지상, 「송인」

① 추강(秋江)에 밤이 드니 물결이 추노미라
　낙시 드리치니 고기 아니 무노미라
　무심(無心)한 달빗만 싯고 뷘 빅 저어 오노라

② 어져 내 일이야 그릴 줄을 모로도냐
　이시라 호더면 가랴마는 제 구투여
　보내고 그리는 정(情)은 나도 몰라 호노라

③ 지아비 밭 갈라 간 뒤 밥고리 이고 가
　반상을 들오되 눈썹의 마초이다
　친코도 고마오시니 손이시나 다르실가

④ 내히 좋다 ᄒᆞ고 남 싫은 일 ᄒᆞ지 말며
　남이 한다 ᄒᆞ고 의 아녀든 좇지 마라
　우리는 천성을 지키어 생긴대로 하리라

2 현대시

현대시

- 화자, 상황, 대상, 태도를 확인한다.
- 수사법과 운율의 개념을 정리하여 문제에 적용할 수 있어야 한다.
- 시상전개방식을 확인한다.
- 시어의 의미를 문맥에서 파악한다.

기출 대표 유형

다음 시에 대한 이해로 적절하지 않은 것은? [2022 국가직 9급]

> 봄은
> 남해에서도 북녘에서도 / 오지 않는다.
> 너그럽고 / 빛나는
> 봄의 그 눈짓은,
> 제주에서 두만까지
> 우리가 디딘 / 아름다운 논밭에서 움튼다.
> 겨울은,
> 바다와 대륙 밖에서 / 그 매운 눈보라 몰고 왔지만
> 이제 올 / 너그러운 봄은, 삼천리 마을마다
> 우리들 가슴속에서 / 움트리라.
> 움터서,
> 강산을 덮은 그 미움의 쇠붙이들
> 눈 녹이듯 흐물흐물 / 녹여버리겠지.
>
> — 신동엽, 「봄은」

① 현실을 초월한 순수 자연의 세계를 노래하고 있다.
② 희망과 신념을 드러내는 단정적 어조로 표현하고 있다.
③ 시어들의 상징적인 의미를 통해 주제를 형성하고 있다.
④ '봄'과 '겨울'의 이원적 대립으로 시상을 전개하고 있다.

해설 시에서 말하는 봄은 순수 자연의 세계가 아닌 상징적으로 통일에 대한 염원을 의미한다.

선택지 해설
② 않는다, 움튼다, 움트리라 – 등은 희망과 신념을 드러내는 단정적 어조가 포함되어 있다.
③ 봄이 통일을 상징하고, 겨울은 분단된 현실을 상징하며, 시어의 상징적인 의미를 통해 주제를 보여주고 있다.
④ 봄(통일) – 겨울(분단된 현실)의 이원적 대립으로 시상을 전개하고 있다.

정답 ①

01 다음 시에 대한 설명으로 가장 적절한 것은?

> 태양을 의논하는 거룩한 이야기는
> 항상 태양을 등진 곳에서만 비롯하였다.
>
> 달빛이 흡사 비 오듯 쏟아지는 밤에도
> 우리는 헐어진 성터를 헤매이면서
> 언제 참으로 그 언제 우리 하늘에
> 오롯한 태양을 모시겠느냐고
> 가슴을 쥐어뜯으며 이야기하며 이야기하며
> 가슴을 쥐어뜯지 않았느냐?
>
> 그러는 동안에 영영 잃어버린 벗도 있다
> 그러는 동안에 멀리 떠나 버린 벗도 있다
> 그러는 동안에 몸을 팔아 버린 벗도 있다
> 그러는 동안에 맘을 팔아 버린 벗도 있다
>
> 그러는 동안에 드디어 서른여섯 해가 지나갔다
>
> 다시 우러러보는 이 하늘에
> 겨울밤 달이 아직도 차거니
> 오는 봄엔 분수처럼 쏟아지는 태양을 안고
> 그 어느 언덕 꽃덤불에 아늑히 안겨 보리라
>
> — 신석정, 「꽃덤불」

① 화자는 조국을 버리고 떠난 유랑민들이 다시 돌아오기를 바라고 있다.
② 화자는 조국을 식민지화했던 일본에 대한 심판을 간절히 원하고 있다.
③ 화자는 조국을 배신한 사람들에 대한 단호한 심판과 처단을 원하고 있다.
④ 화자는 광복 후의 혼란스러운 상황을 극복하고 진정한 화합이 이루어지길 바라고 있다.

02 보기를 참고하여 ㉠ ~ ㉢을 이해한 내용으로 적절하지 않은 것은?

— 보기 —
「들길에서 마을로」는 시각, 청각, 후각 등의 생생한 감각을 사용하여 농촌 마을의 저녁을 효과적으로 표현했다. 또한 산문의 형식 속에서 반점과 온점 등을 사용하여 운율이 자연스럽게 이어지도록 드러내고 있다. 이러한 형식은 저녁 풍경의 모습을 담담히 담아내고 나열하는 데 효과적으로 작용한다.

해거름, 들길에 선다. 기엄기엄 산 그림자 내려오고 길섶의 망초꽃들 몰래 흔들린다. 눈물방울 같은 점점들, 이제는 벼 끝으로 올라가 수정 방울로 맺힌다. 세상에 허투른 것은 하나 없다. 모두 새 몸으로 태어나니, 오늘도 쏙독새는 저녁 들을 흔들고 그 울음으로 벼들은 쭉쭉쭉쭉 자란다. 이때쯤 또랑물에 삽을 씻는 노인, 그 한 생애의 백발은 나의 꿈. 그가 문득 서천으로 고개를 든다. 거기 붉새가 북새질을 치니 내일도 쨍쨍하겠다. ㉠ 쨍쨍할수록 더욱 치열한 벼들, 이윽고는 또랑물 소리 크게 들려 더욱더 푸르러진다. 이쯤에서 대숲 둘러친 마을 쪽을 안 돌아볼 수 없다. 아직도 몇몇 집에서 오르는 연기. 저 질긴 전통이, 저 오롯한 기도가 거기 밤꽃보다 환하다. ㉡ 그래도 밤꽃 사태 난 밤꽃 향기. 그 싱그러움에 이르러선 문득 들이 넓어진다. 그 넓어짐으로 난 아득히 안 보이는 지평선을 듣는다. 뿌듯하다. 이 뿌듯함은 또 어쩌려고 웬 쑥국새 울음까지 불러내니 아직도 참 모르겠다. 앞 강물조차 시리게 우는 서러움이다. 하지만 이제 하루 여미며 ㉢ 저 노인과 나누고 싶은 탁배기 한잔. 그거야말로 금방 뜬 개밥바라기 별보다도 고즈넉하겠다. 길은 어디서나 열리고 사람은 ㉣ 또 스스로 길이다. 서늘하고 뜨겁고 교교하다. 난 아직도 들에서 마을로 내려서는 게 좋으냐, 그 어떤 길엔들 노래 없으랴. 그 노래가 세상을 푸르게 밝히리.

— 고재종, 「들길에서 마을로」

① ㉠은 농촌에서의 저녁 풍경을 나열하고 있는 것이겠군.
② ㉡은 생생한 감각을 사용하여 농촌의 저녁을 표현한 것이겠군.
③ ㉢은 저녁이 되는 풍경을 담담히 담아내고 있는 것이겠군.
④ ㉣은 온점의 사용을 통해 운율이 자연스럽게 이어지도록 드러낸 것이겠군.

03 다음 시에 대한 설명으로 가장 적절한 것은?

누가 하늘을 보았다 하는가
누가 구름 한 송이 없이 맑은
하늘을 보았다 하는가.

네가 본 건, 먹구름
그걸 하늘로 알고
일생(一生)을 살아갔다.

네가 본 건, 지붕 덮은
쇠 항아리,
그걸 하늘로 알고
일생을 살아갔다.

닦아라, 사람들아
네 마음속 구름
찢어라, 사람들아,
네 머리 덮은 쇠 항아리.

아침저녁
네 마음속 구름을 닦고
티 없이 맑은 영원(永遠)의 하늘
볼 수 있는 사람은
외경(畏敬)을
알리라.

아침저녁
네 머리 위 쇠 항아릴 찢고
티 없이 맑은 구원(久遠)의 하늘
마실 수 있는 사람은

연민(憐憫)을
알리라
차마 삼가서
발걸음도 조심

마음 아모리며.

서럽게
아 엄숙한 세상을
서럽게
눈물 흘려
살아가리라

누가 하늘을 보았다 하는가,
누가 구름 한 자락 없이 맑은
하늘을 보았다 하는가.

– 신동엽, 「누가 하늘을 보았다 하는가」

① 평화롭던 과거로 돌아갈 것을 소망하고 있다.
② 바른 현실 의식을 가져야 함을 촉구하고 있다.
③ 불안한 현실에서 정신적 안정감을 찾으려 한다.
④ 미래에 대한 소망으로 현실의 어려움을 이겨 내고 있다.

실력 CHECK

04 다음 시에 대한 설명으로 가장 적절한 것은?

> 나는 떠난다. 청동(靑銅)의 표면에서
> 일제히 날아가는 진폭의 새가 되어
> 광막한 하나의 울음이 되어
> 하나의 소리가 되어.
>
> 인종(忍從)은 끝이 나는가.
> 청동의 벽에
> '역사'를 가두어 놓은
> 칠흑의 감방에서.
>
> 나는 바람에 실리어
> 들에서는 푸름이 된다.
> 꽃에서는 웃음이 되고
> 천상에서는 악기가 된다.
>
> 먹구름이 깔리면
> 하늘의 꼭지에서 터지는
> 뇌성(雷聲)이 되어
> 가루 가루 가루의 음향(音響)이 된다.
>
> — 박남수, 「종소리」

① 어순을 도치하여 시적 의미를 강조하고 있다.
② 말을 건네는 방식을 통해 화자의 깨달음을 강조하고 있다.
③ 과거와 현재의 교차를 통해 시적 분위기를 형성하고 있다.
④ 명령형 어미를 활용하여 화자의 정서 변화를 드러내고 있다.

05 다음 시에서 알 수 있는 사실로 적절하지 않은 것은?

> ······ 활자는 반짝거리면서 하늘 아래에서
> 간간이
> 자유를 말하는데
> 나의 영(靈)은 죽어 있는 것이 아니냐
>
> 벗이여
> 그대의 말을 고개 숙이고 듣는 것이
> 그대는 마음에 들지 않겠지
> 마음에 들지 않아라
>
> 모두 다 마음에 들지 않아라
> 이 황혼도 저 돌벽 아래 잡초도
> 담장의 푸른 페인트 빛도
> 저 고요함도 이 고요함도
>
> 그대의 정의도 우리들의 섬세도
> 행동이 죽음에서 나오는
> 이 욕된 교외에서는
> 어제도 오늘도 내일도 마음에 들지 않아라
>
> 그대는 반짝거리면서 하늘 아래에서
> 간간이
> 자유를 말하는데
> 우스워라 나의 영은 죽어 있는 것이 아니냐
>
> — 김수영, 「사령(死靈)」

① 설의적 표현을 통해 반성적 태도를 드러내고 있다.
② 보조사를 반복적으로 사용하여 부정의 의미를 강조하고 있다.
③ 수미상관의 구조를 활용하여 작품의 주제 의식을 강조하고 있다.
④ 역설적 표현을 활용하여 화자가 지닌 삶의 가치를 강조하고 있다.

06 밑줄 친 부분이 ㉠에 사용된 표현 방식과 가장 유사한 것은?

> 한껏 구름의 나들이가 보기 좋은 날
> 등나무 아래 기대어 서서 보면
> 가닥가닥 꼬여 넝쿨져 뻗는 것이
> 참 예사스러운 일이 아니다
> 철없이 주걱주걱 흐르던 눈물도 이제는
> 잘게 부서져서 구슬 같은 소리를 내고
> 슬픔에다 기쁨을 반반씩 버무린 색깔로
> 연등 날 지등(紙燈)의 불빛이 흔들리듯
> 내 가슴에 기쁨 같은 슬픔 같은 것의 물결이
> 반반씩 한꺼번에 녹아 흐르기 시작한 것은
> 평발 밑으로 처져 내린 등꽃 송이를 보고 난
> 그 후부터다
>
> 밑뿌리야 절제 없이 뻗어 있겠지만
> 아랫도리의 두어 가닥 튼튼한 줄기가 꼬여
> 큰 둥치를 이루는 것을 보면
> 그렇다 너와 내가 자꾸 꼬여 가는 그 속에서
> 좋은 꽃들은 피어나지 않겠느냐?
>
> 또 구름이 내 머리 위 평발을 밟고 가나 보다
> 그러면 ㉠ <u>어느 문갑 속에서 파란 옥빛 구슬
> 꺼내 드는 은은한 소리가 들린다.</u>
>
> – 송수권, 「등꽃 아래서」

① 길은 한 줄기 구겨진 넥타이처럼 풀어져
　일광(日光)의 폭포 속으로 사라지고
② 여승은 합장하고 절을 했다
　가지취의 내음새가 났다
　쓸쓸한 낯이 옛날같이 늙었다
③ 달빛이 밀물처럼 밀려왔구나
　달은 나의 뜰에 고요히 앉아 있다
　달은 과일보다 향그럽다
④ 내 마음의 어딘 듯 한편에 끝없는
　강물이 흐르네
　돋쳐 오르는 아침 날 빛이 빤질한
　은결을 도도네

07 다음 밑줄 친 ㉠ ~ ㉣ 중 그 의미가 나머지 셋과 가장 다른 것은?

> 동방은 하늘도 다 끝나고
> ㉠ <u>비 한 방울 나리잖는 그 땅에도</u>
> 오히려 꽃은 발갛게 피지 않는가
> 내 목숨을 꾸며 쉬임 없는 날이여
>
> 북쪽 툰드라에도 찬 새벽은
> ㉡ <u>눈 속 깊이 꽃맹아리가 옴작거려</u>
> 제비 떼 까맣게 날아오길 기다리나니
> ㉢ <u>마침내 저버리지 못할 약속이여!</u>
>
> 한바다 복판 용솟음치는 곳
> 바람결 따라 타오르는 꽃 성(城)에는
> ㉣ <u>나비처럼 취하는 회상의 무리들아</u>
> 오늘 내 여기서 불러 보노라
>
> – 이육사, 「꽃」

① ㉠
② ㉡
③ ㉢
④ ㉣

08~09 다음을 읽고 물음에 답하시오.

(가) 새끼오리도 헌신짝도 소똥도 갓신창도 개니빠디도 너울쪽도 짚검불도 가락닢도 머리카락도 헝겊 조각도 막대 꼬치도 기왓장도 닭의 짗도 개 터럭도 타는 모닥불

재당도 초시도 문장(門長) 늙은이도 더부살이 아이도 새 사위도 갓사둔도 나그네도 주인도 할아버지도 손자도 붓 장사도 땜쟁이도 큰 개도 강아지도 모두 모닥불을 쪼인다

모닥불은 어려서 우리 할아버지가 어미 아비 없는 서러운 아이로 불쌍하니도 몽둥발이가 된 슬픈 역사가 있다

— 백석, 「모닥불」

(나) 모닥불은 피어오른다
  어두운 청과 시장 귀퉁이에서 / 지하도 공사장 입구에서
  잡것들이 몸 푼 세상 쓰레기장에서 / 철야 농성한 여공들 가슴속에서
  첫차를 기다리는 면사무소 앞에서 / 가난한 양말에 구멍 난 아이 앞에서
  비탈진 역사의 텃밭 가에서 / 사람들이 착하게 살아 있는 곳에서
  모여 있는 곳에서
  모닥불은 피어오른다
  얼음장이 강물 위에 눕는 섣달에 / 낮도 밤도 아닌 푸른 새벽에
  동트기 십 분 전에 / 쌀밥에 더운 국 말아 먹기 전에
  무장 독립군들 출정가 부르기 전에 / 압록강 건너기 전에
  배부른 그들 잠들어 있는 시간에 / 쓸데없는 책들이 다 쌓인 다음에
  모닥불은 피어오른다
  언 땅바닥에 신선한 충격을 주는 / 훅훅 입김을 하늘에 불어넣는
  죽음도 그리하여 삶으로 돌이키는 / 삶을 희망으로 전진시키는
  그날까지 끝까지 울음을 참아 내는
  모닥불은 피어오른다
  한 그루 향나무 같다

— 안도현, 「모닥불」

08 (가)와 (나)에 대한 설명으로 적절하지 않은 것은?
① (가)는 화자가 겉으로 드러나진 않지만 대상을 관조하고 있다.
② (나)는 대조적 이미지의 시어를 사용하여 대상의 의미를 부각하고 있다.
③ (가)와 (나)는 모두 동일한 조사를 반복적으로 사용하여 리듬감을 형성하고 있다.
④ (가)는 공간의 이동에 따라 화자의 정서가 변화하고 있고, (나)는 공간의 이동에 따라 과거와 현재가 단절되고 있다.

09 (가)와 (나)의 화자가 만나 나눈 대화로 적절하지 않은 것은?
① (가): 제가 살았던 옛날이나 지금이나 모닥불처럼 따뜻한 온기와 사랑을 필요로 하는 사람들이 있군요.
② (나): 저는 선생님의 시를 읽고 모닥불의 온기를 필요로 하는 삶의 공간이 어떤 곳인지 생각하게 되었습니다.
③ (가): 그렇군요. 하지만 우리나라의 슬픈 역사적 현실에서 '모닥불'이 갖는 의미를 구체적으로 드러내주었으면 하는 아쉬움이 있네요.
④ (나): 제 시에서는 모닥불을 '한 그루 향나무'에 비유하여 고귀하고 숭고한 존재라는 의미를 심화시키고 있습니다.

10~11 다음을 읽고 물음에 답하시오.

> 유리(琉璃)에 차고 슬픈 것이 어린거린다.
> ㉠ 열없이 붙어서서 입김을 흐리우니
> 길들은 양 ㉡ 언 날개를 파다거린다.
> 지우고 보고 지우고 보아도
> 새까만 밤이 밀려 나가고 밀려와 부딪히고,
> 물 먹은 별이, 반짝, 보석(寶石) 처럼 백힌다.
> ㉢ 밤에 홀로 유리를 닦는 것은
> 외로운 황홀한 심사이어니,
> ㉣ 고흔 폐혈관(肺血管)이 찢어진 채로
> 아아, 늬는 산(山)ㅅ새처럼 날아갔구나!
>
> — 정지용, 「유리창 I」

10 윗글의 ㉠ ~ ㉣에 대한 이해로 적절하지 않은 것은?

① ㉠: 자식을 잃은 상실감과 허탈감이 드러난다.
② ㉡: 사라지는 입김을 보며 죽은 자식을 떠올린다.
③ ㉢: 화자가 극복해야 할 고난을 상징한다.
④ ㉣: 죽은 아이가 고통스럽게 죽음을 맞이했음을 상징한다.

11 보기의 밑줄 친 시어 중 윗글의 보석과 함축적 의미가 같은 것은?

― 보기 ―
산이 저문다.
노을이 잠긴다.
저녁 밥상에 애기가 없다.
애기 앉던 방석에 한 쌍의 은수저
은수저 끝에 눈물이 고인다.

한밤 중에 바람이 분다.
바람 속에서 애기가 웃는다.
애기는 방 속을 들여다 본다.
들창을 열었다 다시 닫는다.
먼 들길을 애기가 간다.
맨발 벗은 애기가 울면서 간다.

불러도 대답이 없다.
그림자마저 아른거린다.

― 김광균, 「은수저」

① 노을
② 은수저
③ 들창
④ 들길

12~13 다음을 읽고 물음에 답하시오.

(가) ⊙ 기다리지 않아도 오고
ⓒ 기다림마저 잃었을 때에도 너는 온다.
어디 뻘밭 구석이거나
썩은 물 웅덩이 같은 데를 기웃거리다가
한눈 좀 팔고, 싸움도 한판 하고,
지쳐 나자빠져 있다가
다급한 사연 들고 달려간 바람이
흔들어 깨우면
눈 비비며 너는 더디게 온다.
더디게 더디게 마침내 올 것이 온다.
너를 보면 눈부셔
일어나 맞이할 수가 없다.
입을 열어 외치지만 소리는 굳어
ⓒ 나는 아무것도 미리 알릴 수가 없다.
가까스로 두 팔을 벌려 껴안아 보는
② 너, 먼 데서 이기고 돌아온 사람아.

- 이성부, 「봄」

(나) 모란이 피기까지는
나는 아직 나의 봄을 기다리고 있을 테요
모란이 뚝뚝 떨어져 버린 날
나는 비로소 봄을 여읜 설움에 잠길 테요
오월 어느 날 그 하루 무덥던 날
떨어져 누운 꽃잎마저 시들어 버리고는
천지에 모란은 자취도 없어지고
뻗쳐오르던 내 보람 서운케 무너졌느니
모란이 지고 말면 그뿐 내 한 해는 다 가고 말아
삼백 예순 날 하냥 섭섭해 우옵내다
모란이 피기까지는
나는 아직 기다리고 있을 테요 찬란한 슬픔의 봄을

- 김영랑, 「모란이 피기까지는」

12 (가)와 (나)의 공통점에 대한 설명으로 가장 적절한 것은?

① 공간의 이동을 통해 대상의 속성을 드러내고 있다.
② 음성 상징어를 활용하여 생동감 있게 표현하고 있다.
③ 통사구조의 반복을 통해 화자의 의지를 강조하고 있다.
④ 어순의 도치를 통해 특정 대상에 의미를 부여하고 있다.

13 보기를 참고하여 ㉠ ~ ㉣을 이해한 내용으로 적절하지 않은 것은?

> ┌ 보기 ─────────────────────────
> 이 시는 독재 정권으로 인해 민주주의가 실현되지 않던 시기에 창작되었다. 화자는 지금은 비록 겨울처럼 희망을 찾아보기 힘든 고난의 시대이지만, 이러한 역경을 극복하면 봄이 반드시 오는 것처럼 자유와 민주주의와 같은 새로운 세상도 곧 다가올 것이라는 기대감과 확신, 벅찬 감정 등을 나타내고 있다.

① ㉠은 민주주의가 실현될 것이라는 확신을 나타낸 것이겠군.
② ㉡은 희망을 찾아보기 힘든 현실에 처해 있음을 나타낸 것이겠군.
③ ㉢은 곧 다가올 세상에 대한 기대감을 나타낸 것이겠군.
④ ㉣은 온갖 역경이 극복될 것이라는 것을 나타낸 것이겠군.

THEME 2
산문 문학

1 고전 산문

윤주쌤 CLINIC

고전 산문

- 고전 산문의 형식적 특징들을 정리한다.
- 가전체 VS 설 VS 고전 소설

기출 대표 유형

다음 글에 대한 이해로 적절하지 않은 것은? `2022 국가직 9급`

> 승상이 말을 마치기도 전에 구름이 걷히더니 노승은 간 곳이 없고 좌우를 돌아보니 팔낭자도 간 곳이 없었다. 승상이 놀라 어찌할 바를 모르는 중에 높은 대와 많은 집들이 한순간에 사라지고 자기의 몸은 작은 암자의 포단 위에 앉아 있었는데, 향로의 불은 이미 꺼져 있었고 지는 달이 창가에 비치고 있었다.
> 자신의 몸을 보니 백팔염주가 걸려 있고 머리를 손으로 만져보니 갓 깎은 머리털이 까칠까칠하더라. 완연한 소화상의 몸이요, 전혀 대승상의 위의가 아니었으니, 이에 제 몸이 인간 세상의 승상 양소유가 아니라 연화도량의 행자 성진임을 비로소 깨달았다.
> 그리고 생각하기를, '처음에 스승에게 책망을 듣고 풍도옥으로 가서 인간 세상에 환도하여 양가의 아들이 되었지. 그리고 장원급제를 하여 한림학사가 된 후 출장입상하고 공명신퇴하여 두 공주와 여섯 낭자로 더불어 즐기던 것이 다 하룻밤 꿈이었구나. 이는 필시 사부가 나의 생각이 그릇됨을 알고 나로 하여금 이런 꿈을 꾸게 하시어 인간 부귀와 남녀 정욕이 다 허무한 일임을 알게 하신 것이로다.'
>
> – 김만중, 「구운몽」에서 –

① '양소유'는 장원급제를 하여 한림학사가 되었다.
② '양소유'는 인간 세상에 환멸을 느껴 스스로 '성진'의 모습으로 되돌아왔다.
③ '성진'이 있는 곳은 인간 세상이 아니다.
④ '성진'은 자신의 외양을 통해 꿈에서 돌아왔음을 인식한다.

해설 제시된 작품은 김만중의 고전 소설 〈구운몽〉으로, 인간의 모든 부귀, 영화, 공명은 한낱 일장춘몽에 지나지 않는다는, 인생무상을 주제로 한다. 주인공이 꿈에서 현실에 대한 깨달음을 얻고 깨어나 본래의 자아로 되돌아오는 환몽 구조이다.
② '승상이 놀라 어찌할 바를 모르는 중에~ 비로소 깨달았다'에서 스스로 성진의 모습으로 돌아온 것이 아니라는 것을 확인할 수 있다.

선택지 해설
① 두 번째 문단의 '인간 세상의 승상 양소유'라고 언급된 부분, 세 번째 문단의 '장원급제를 하여 한림학사가 된 후~'에서 확인할 수 있다.
③ 두 번째 문단에서 '성진'은 연화도량(천상계)의 행자이며, 그의 꿈에서 인간 세상의 승상 양소유가 되었다는 것을 확인할 수 있다.
④ 2문단 전체를 통해 '성진'이 자신의 외양을 통해 꿈에서 깨어났음을 확인하는 것을 알 수 있다.

정답 ②

01 이 글에 대한 설명으로 적절하지 않은 것은?

> 자신의 몸을 보니 백팔 염주가 걸려 있고 머리를 손으로 만져 보니 갓 깎은 머리털이 가칠가칠하였으니 완연히 소화상의 몸이요 전혀 대승상의 위의가 아니니, 정신이 황홀하여 오랜 후에야 비로소 제 몸이 연화 도량의 성진(性眞) 행자(行者)임을 깨달았다.
>
> 그리고 생각하기를, '처음에 스승에게 책망을 듣고 풍도옥(酆都獄)으로 가서 인간 세상에 환도하여 양가의 아들이 되었다. 그리고 장원 급제를 하여 한림학사를 한 후 출장입상(出將入相), 공명신퇴(功名身退)하여 두 공주와 여섯 낭자로 더불어 즐기던 것이 다 하룻밤의 꿈이로다. 이는 필연 사부가 나의 생각이 그릇됨을 알고 나로 하여금 그런 꿈을 꾸게 하시어 인간 부귀와 남녀 정욕이 다 허무한 일임을 알게 한 것이로다.'
>
> 성진이 서둘러 세수하고 의관을 정제히 하여 방장에 나아가니, 다른 제자들이 이미 다 모여 있었다. 대사가 큰 소리로 묻기를,
>
> "성진아, 인간 부귀를 겪어 보니 과연 어떠하더냐?"
>
> 성진이 머리를 조아리고 눈물을 흘리며 하는 말이,
>
> "성진이 이미 깨달았나이다. 제자가 불초하여 생각을 그릇되게 하여 죄를 지었으니 마땅히 인간 세상에서 윤회하는 벌을 받아야 하거늘, 사부께서 자비하시어 하룻밤 꿈으로 제자의 마음을 깨닫게 하시니, 사부의 은혜는 천만 겁이 지나도 갚기 어렵나이다."
>
> 대사가 말하기를,
>
> "네가 흥을 타고 갔다가 흥이 다하여 돌아왔으니 내가 무슨 간여할 바가 있겠느냐? 또 네가 말하기를, '인간 세상에 윤회한 것을 꿈을 꾸었다.'라고 하니, 이는 꿈과 세상을 다르다고 하는 것이니, 네가 아직도 꿈을 깨지 못하였도다. 옛말에 '장주(莊周)가 꿈에서 나비가 되었다가 다시 나비가 장주가 되었다.'라고 하니, 어느 것이 거짓 것이고, 어느 것이 참된 것인지 분변하지 못하나니, 이제 성진과 소유에 있어 어느 것이 참이며 어느 것이 꿈이냐?"
>
> 성진이 이에 대답하기를,
>
> "제자 성진은 아득하여 꿈과 참을 분별하지 못하겠사오니, 사부는 설법(說法)을 베풀어 제자로 하여금 깨닫게 하소서."
>
> – 김만중, 「구운몽」 중에서

① 꿈과 현실이 교차하는 환몽 구조이다.
② 제목에 인물, 주제, 구성이 압축적으로 드러나 있다.
③ 전기적이고 우연적인 사건의 전개로 비현실적인 내용을 담고 있다.
④ 유·불·도의 사상을 배경으로 하고 있으나 전체적인 주제는 유교의 정신을 이어받고 있다.

02 이 글의 등장인물에 대한 설명으로 적절하지 않은 것은?

　춘빙은 이렇게 끝까지 버티다가 그만 죽고 말았다. 교 씨는 발을 구르며 울음을 그치지 않고 한림은 다만 고개를 숙이고 있을 뿐이었다. 이윽고 교 씨가 말했다.
　"투부(妬婦)가 당초에 우리 모자를 죽이려 하다가 실패하자 시비를 시켜 이러한 악행을 저질러 장주를 죽였으니 내일이면 나까지 죽이리라. 남의 손에 죽느니 차라리 내 손으로 죽어 귀신이라도 바른 귀신이 되는 것이 낫도다. 상공은 투부와 같이 살 것이니 첩과 같은 인생은 상관하지 않을 것이라. 이제 죽어 투부의 마음을 기쁘게 하려니와, 다만 두려운 것은 이 투부가 외간 남자와 정을 통하니 상공이 홀아비 신세를 면치 못할까 하나이다."
　말을 마치자마자 칼을 빼들고 자결하려 하니, 한림이 급히 칼을 빼앗으며 위로했다.
　"내 전에도 투부의 망측한 일을 보았지만 그간의 정을 생각하여 발설하지 않았고, 신성현에서 있었던 더러운 행실을 보았지만 다스리지도 않았도다. 이제 또 이러한 천하의 큰 죄를 지었으니, 이런 여자를 집에 두어 제사를 받들면 조상이 거부하실 것이고 우리 가문을 욕보일 것이라. 오늘은 이미 날이 저물었으니 내일 친척을 모아서 사당에 고하고 내치리라."
　교 씨가 눈물을 거두고 사례하며 말했다.
　"만일 상공이 투부를 내치고 집안을 밝게 하시면 첩의 남은 삶이 안전할까 하나이다."
　그럭저럭 다음 날이 되자 한림이 모든 친척을 모으고 사당에 고하려했다. 슬프다! 유 소사가 지하에서 일어나지 못하고 두 부인이 만 리 밖 먼 길을 떠났으니, 누가 한림의 마음을 돌리게 하리오. 시비들이 이 일을 알고 사 씨에게 고하면서 통곡하니 사 씨가 태연하게 말했다.
　"내 이미 짐작한 일이니 너희는 너무 슬퍼 말라."

- 김만중, 「사씨남정기」 중에서

① 사 씨는 사건 해결을 위해 적극적으로 나서고 있다.
② 유 한림은 교 씨의 계략에 속아 잘못된 판단을 하고 있다.
③ 교 씨는 자신의 욕망을 위해서 교활한 짓도 서슴없이 하고 있다.
④ 교 씨는 자결하는 척을 하여 유 한림이 결단을 내리도록 만들고 있다.

03 이 글에 대한 설명으로 적절하지 않은 것은?

정(鄭)나라의 도읍에 벼슬을 하찮게 여기는 선비가 있었는데 '북곽선생(北郭先生)'이라고 하였다. 나이는 마흔 살로, 손수 교열한 책이 일만 권이며, 유교의 아홉 가지 주요 경전의 뜻을 해설하여 다시 일만오천 권의 책을 저술하였다. 천자는 그의 절의를 가상하게 여겼으며, 정나라 제후는 그의 명성을 흠모하였다.

또한 도읍 동쪽에 아름다운 젊은 과부가 있었는데 '동리자(東里子)'라고 하였다. 천자는 그녀의 절개를 가상하게 여겼으며, 정나라 제후는 그녀의 현숙함을 흠모하여 도읍 주변 사오 리의 땅을 하사하고는 '동리(東里)의 과부가 사는 마을의 문'이라는 정려문을 세워 표창하였다.

동리자는 과부로서 정절을 잘 지켰다. 하지만 아들 다섯을 두었으며, 그들은 제각기 다른 성을 지녔다. 하루는 다섯 아들들이 서로 말을 주고받기를,

"강 북쪽에선 닭이 울고, 강 남쪽에선 샛별이 빛나는데, 방 안에서 무슨 소리가 나네. 어쩌면 그리도 북곽 선생과 목소리가 닮았을까!"

하고는, 오 형제가 번갈아 문틈으로 엿보았다.

동리자가 북곽 선생에게 청하기를,

"선생님의 덕을 오랫동안 흠모하였습니다. 오늘 밤 선생님께서 글 읽는 소리를 듣고 싶사옵니다."

하니, 북곽 선생이 옷깃을 가다듬고 무릎을 꿇고 앉아서 『시경』을 읊었다.

원앙새는 병풍에 그려져 있고
반짝반짝 반딧불 날아다니는데 크고 작은 이 가마솥들은
어느 것을 모형 삼아 만들었나?

그러고 나서
"이는 흥(興)이로다."
하였다.

다섯 아들들이 서로 말을 주고받기를,

"『예기(禮記)』에 과부의 집 문 안에는 들어가지 않는 법이라고 했는데, 북곽 선생은 현자가 아니시가."

"정나라 도읍의 성문이 허물어진 곳에 여우가 굴을 파고 산다더라."

"여우가 천년을 묵으면 요술을 부려 사람으로 둔갑할 수 있다더라. 그러니 이는 여우가 북곽 선생으로 둔갑한 게 아닐까?"

하고는, 서로 함께 모의하기를,

"여우가 쓰던 모자를 얻은 사람은 그 집에 천금의 부(富)가 굴러 들어오고, 여우가 신던 신발을 얻은 사람은 대낮에도 종적을 감출 수가 있으며, 여우의 꼬리를 얻은 사람은 홀리기를 잘하여 사람들이 반하게 된다더라. 그러니 어찌 이 여우를 죽여서 나누어 갖지 않으랴!"

하였다.

> 이에 다섯 아들들이 함께 에워싸고 공격하니, 북곽 선생은 몹시 놀라 **뺑소니**를 치면서도 남들이 자기를 알아볼까 두려워하였다. 그래서 다리를 들어 목에 걸치고는 귀신처럼 춤추고 귀신처럼 웃더니, 대문을 나서자 줄달음치다가 그만 들판의 구덩이에 **빠**져 버렸다. 그 속에는 똥이 가득 차 있었다. 구덩이에서 기어 올라와 고개를 내놓고 바라보았더니, 범이 길을 막고 있었다.
>
> – 박지원, 「호질」 중에서

① 운문을 삽입하여 서술상의 변화를 주고 있다.
② 대화와 행동을 통해 인물의 성격을 드러내고 있다.
③ 표리부동한 인물을 제시하여 인물을 풍자하고 있다.
④ 역순행적 구성을 통해 내용을 입체적으로 제시하고 있다.

04 이 글을 통해 조선 후기의 사회상 중 알 수 있는 사실로 적절하지 않은 것은?

> 허생은 만 냥을 입수하자, 다시 자기 집에 들르지도 않고 바로 안성(安城)으로 내려갔다. 안성은 경기도, 충청도 사람들이 마주치는 곳이요, 삼남(三南)의 길목이기 때문이다. 거기서 대추, 밤, 감, 배며 석류, 귤, 유자 등속의 과일을 모조리 두 배의 값으로 사들였다. 허생이 과일을 몽땅 쓸었기 때문에 온 나라가 잔치나 제사를 못 지낼 형편에 이르렀다. 얼마 안 가서, 허생에게 두 배의 값으로 과일을 팔았던 상인들이 도리어 열 배의 값을 주고 사 가게 되었다. 허생은 길게 한숨을 내쉬었다.
> "만 냥으로 온갖 과일의 값을 좌우했으니, 우리나라의 형편을 알 만하구나."
> 그는 다시 칼, 호미, 포목 따위를 가지고 제주도에 건너가서 말총을 죄다 사들이면서 말했다.
> "몇 해 지나면 나라 안의 사람들이 머리를 싸매지 못할 것이다."
> 허생이 이렇게 말하고 얼마 안 가서 과연 망건값이 열 배로 뛰어올랐다.
> 이때, 변산(邊山)에 수천의 군도(群盜)들이 우글거리고 있었다. 각 지방에서 군사를 징발하여 수색을 벌였으나 좀처럼 잡히지 않았고, 군도들도 감히 나가 활동을 못 해서 배고프고 곤란한 판이었다. 허생이 군도의 산채를 찾아가서 우두머리를 달래었다.
> "천 명이 천 냥을 빼앗아 와서 나누면 하나 앞에 얼마씩 돌아가지요?"
> "일 인당 한 냥이지요."
> "모두 아내가 있소?"
> "없소."
> "논밭은 있소?"
> 군도들이 어이없어 웃었다.
> "땅이 있고 처자식이 있는 놈이 무엇 때문에 괴롭게 도둑이 된단 말이오?"
> "정말 그렇다면, 왜 아내를 얻고, 집을 짓고, 소를 사서 논밭을 갈고 지내려하지 않는가? 그럼 도둑놈 소리를 안 듣고 살면서, 집에는 부부의 낙(樂)이 있을 것이요, 돌아다녀도 잡힐까 걱정을 않고 길이 의식의 요족(饒足)을 누릴 텐데……."
> "아니, 왜 바라지 않겠소? 다만 돈이 없어 못 할 뿐이지요."
> 허생은 웃으며 말했다.
> "도둑질을 하면서 어찌 돈을 걱정할까? 내가 능히 당신들을 위해서 마련할 수 있소. 내일 바다에 나와 보오. 붉은 깃발을 단 것이 모두 돈을 실은 배이니, 마음대로 가져가구려."
>
> – 박지원, 「허생전」 중에서

① 조선 사회의 경제 구조가 매우 취약했다.
② 당대인들에게 안분지족의 삶은 매우 중요한 가치였다.
③ 양반들은 허례허식을 하는 것을 매우 중요하게 생각하였다.
④ 돈이 없고, 살기가 힘들어서 도둑이 되는 경우가 존재하였다.

05 [A]에 나타난 춘향의 말하기 방식에 대한 설명으로 적절하지 않은 것은?

춘향이 이 말 듣고 안색을 졸변하여 왈,
"당초에 우리 만나 맹약을 어떻게 하였습나? 못함나니 가망 없고 무가내제. 날 죽이고 가지 살리고는 못 가오리."
이 도령 하릴없어 춘향을 달랜 후에 책방에 돌아와 동헌에 들어가 사또께 뵈온데 사또 말씀하되,
"급히 내행을 모셔 치행을 바삐 하라!"
이 도령이 말씀 듣고 내행 모셔 오리정으로 나가니라.
이때 춘향이 이별주 차릴새 풋고추 저리김치 문어 전복 곁들여 환소주 꿀물 타서 향단에게 들이고 세대삿갓 숙여 쓰고 오리정으로 나가 이 도령을 기다릴새, 이때 이 도령 나와 춘향과 이별할 제, 이별이야, 이별이야, 청강의 원앙새 놀다 떠나간 듯하고 광풍의 날린 봉접 가다가 돌치난 듯 석양은 재를 넘고 정마는 슬피 울 제 나삼을 부여잡고 한숨질 눈물지니, 이 도령 이른 말이,
"그린 사랑한테 만나 이별 말자, 백년 기약 죽지 말자, 한테 있어 잊지 말자, 처음 맹세 일조에 이별할 줄 어이 알리."
춘향이 거동 보소. 아미를 나직하고 옥 같은 두 귀 밑에 진주 같은 눈물을 흘리면서 이별주 가득 부어 이 도령님께 권하면서,
"첫째 잔은 인사주요 둘째 잔은 근원주요 셋째 잔은 이별주오니 부디부디 백년언약 잊지 마오."
이 도령 이른 말이,
"오냐 춘향아 부디 잘 있거라."
춘향이 여짜오되,

[A] ┌ "도련님 경성에 올라가셔 절대가인 미색들과 영웅호걸 문장들 데리고 밤이면 가무하고 낮이면 풍악할 제 날 같은 천첩이야 손톱만치나 생각할가? 날만날만 데려가오! 우리 둘이 만날 적에 일월로 본증 삼고 산천으로 증인 삼어 떠나가지 말 잖더니 간단 말이 웬 말이요. 죽어 영이별은 남대로 하려니와 살어 생이별은 생초목에 불이 붙네. 날만날만 쌍교는 금법이요 독교는 내가 싫소. 어리렁 청청 걷는 말게 반부담 정이 지어 날 데려가오!"
└
— 작자 미상, 「춘향전」 중에서

① 몽룡이 다른 여인을 만나 자신을 잊을까 걱정하고 있다.
② 직설적이고 솔직한 태도로 이별을 강하게 거부하고 있다.
③ 감정이 격해진 나머지 비판과 원망을 담아 떼를 쓰는 듯한 태도를 보이고 있다.
④ 약속을 저버리고 떠나는 몽룡의 잘못을 냉철하게 비판하며 원망을 드러내고 있다.

06 ㉠ ~ ㉤에 대한 설명으로 적절하지 않은 것은?

　원수 마음이 애연하여 촌려(村閭)에서 나와 학산을 물으니 대국 변양 땅이라 하거늘 찾아갔다. ㉠ 한 곳에 다다르니 한 사람이 척검(尺劍)을 허리에 차고 필마단기(匹馬單騎)로 급히 오거늘 원수가 나아가 말 위에서 읍하고 묻기를,
　"여기서 변양 땅이 얼마나 됩니까?"
　하니, 그 사람이 대답하기를,
　"이 길로 수백 리를 가면 변양 땅이 나옵니다."
　원수가 말하기를,
　"그대는 어디로 향하시나이까?"
　대답하기를,
　"나는 대국에 있는데 왕명을 받자와 ㉡ 태산부 계량도로 급히 가나이다."
　하거늘 원수가 크게 놀라 말하기를,
　"무슨 일로 가나이까?"
　대답하기를,
　"계량도에 귀양살이하는 송나라 태자에게 사약을 지니고 간 사신이 간지 네댓 달이 되도록 소식이 없기에 천자께서 노하시어 나로 하여금 봉명(奉命)하여 태자에게 사약을 내리고 사신은 잡아오라 하시기에 갑니다."
　원수가 크게 노하여 말하기를,
　"나는 전조(前朝)의 충신 조공의 아들 웅이라. 역적 이두병과 간신 무리를 어찌 살려 두리오?"
　말을 마치고 칼을 들어 천자의 사신의 목을 치니 말에서 거꾸로 떨어지거늘 말에 매달고 말을 채찍질하여 순식간에 변양 땅에 도달하였다.
　한 사람을 만나 묻기를,
　"㉢ 학산은 어디로 갑니까?"
　그 노옹(老翁)이 대답하기를,
　"학산은 듣지 못하였삽거니와, 저 산이 천수동인데 골 안에 학산이 있다고 하나 보지 못하였습니다마는 속언(俗言)에 그런 말이 있더이다."
　원수가 묻기를 다하고 그 ㉣ 산중으로 가니 비탈길은 반공 중에 솟아 있고 푸른 숲은 무성한데 슬피 우는 두견성과 수려한 산은 깊고 험악하여 첩첩이 쌓였는지라. 깊이 들어가니 길가 반석(盤石) 위의 반송(盤松) 아래에 한 노승이 있어 고깔을 벗어 소나무 가지에 걸고 구절죽장(九節竹杖)을 바위 위에 세우고 단정히 앉아 무슨 책을 보다가 원수를 보고 놀라며 모르는 체하거늘 원수가 이상하게 여겨 크게 소리하여 물었으나 노승이 들은 체 아니하였다.
　원수가 크게 노하여 칼을 빼어 그 중을 치려 하니 그 중이 겁내어 무슨 글두 구(句)를 던지고 층암절벽 위로 나는 듯이 달아나거늘 원수가 급히 쫓아갔으나 망연하거늘 마음속으로 의아하게 생각하며 돌아와 그 글을 보니,

푸른 산이 아득한데 나그네가 내닫거늘 흰 구름은 선경보다 더욱 깊도다. 옥제가 덕담을 사설처럼 하면서 유인하니 가히 그 위에 ⓜ집이 있음을 알겠다.

— 작자 미상, 「조웅전」 중에서

① ㉠은 ㉢으로 가는 도중 우연히 ㉡의 태자를 돕게 되는 장소이다.
② ㉡은 태자가 귀양 살던 곳으로, 우연히 ㉠에서 만난 사신은 태자와 원수의 적이다.
③ 현재 원수의 최종 목적지는 ㉢이며, ㉠, ㉡, ㉣, ㉤은 모두 그 과정의 일부이다.
④ ㉣은 ㉢이 있다고 추리되는 곳이며, 새로운 장소인 ㉤에 대한 단서를 받게 되는 곳이다.

07 이 글을 영상물로 제작하려고 할 때, 그 계획으로 적절하지 않은 것은?

이때 원수는 도성에서 적세를 탐지하고 있었는데, 한 군사 달려와 아뢰되,
"지금 도적이 금산성으로 쳐들어와 군사를 다 죽이고 중군장을 찾아 횡행하니, 원수께서는 급히 와 구원하소서."
하니, 원수 대경해 금산성 십 리 뜰로 나는 듯이 달려가 벽력 같은 소리를 지르며 적진을 헤치고 중군장 조정만을 구원해 장대에 앉힌 후, 필마단창으로 성화같이 적진을 향해 달려갔다. 원수의 장성검이 지나는 곳에 천극한의 머리 떨어지고 천사마 닿는 곳에 십만 군병이 팔공산 초목이 구시월 만나듯이 순식간에 없어졌다.
원수 본진으로 돌아와 칼끝을 보니 정한담은 간 데 없고 전후가 모두 지금껏 보지 못했던 되놈들이었다.
이때 한담이 원수를 속이고 정병만을 가리어 급히 도성으로 들어가니, 성중에는 지키는 군사가 전혀 없었으며, 천자 또한 원수의 힘만 믿고 잠이 깊이 들어 있었다. 이에 한담이 천병만마를 이끌고 와 순식간에 성문을 깨치고 궐내로 들어가 함성해 이르기를,
"이봐, 명제야! 이제 네가 어디로 달아날 수 있겠느냐? 팔랑개비라 비상천하며 두더지라 땅으로 들어가랴. 네 놈의 옥새 빼앗으려고 왔는데, 네 이제는 어디로 달아나려느냐. 바삐 나와 항복하라."
하는 소리에 궁궐이 무너지고 혼백이 상천(上天)하는지라. 한담의 고함 소리에 명제도 넋을 잃고 용상에서 떨어졌으나, 다급히 옥새를 품에 품고 말 한 필을 잡아타고 엎어지며 자빠지며 북문으로 빠져나와 변수 가로 도망했다. 한담이 궐내에 달려들어 천자를 찾았으나 천자는 간데없고, 태자가 황후와 태후를 모시고 도망하기 위해 나오는지라. 한담이 호령하며 달려들어 태자 일행을 잡아 호왕(胡王)에게 맡긴 후, 북문으로

나와 보니 천자가 변수 가로 달아나고 있었다. 한담이 대희해 천둥 같은 소리를 지르고 순식간에 달려들어 구척장검을 휘두르니 천자가 탄 말이 백사장에 거꾸러지거늘, 천자를 잡아내어 마하(馬下)에 엎어뜨리고 서리 같은 칼로 통천관(通天冠)을 깨어 던지며 호통하기를,

"이봐, 명제야! 내 말을 들어 보아라. 하늘이 나 같은 영웅을 내실 때는 남경의 천자가 되게 하심이라. 네 어찌 계속 천자이기를 바랄쏘냐. 내가 네 한 놈을 잡으려고 십 년을 공부해 변화무궁한데, 네 어찌 순종하지 않고 조그마한 충렬을 얻어 내 군사를 침노하느냐. 네 죄를 논죄컨대 이제 바삐 죽일 것이로되, 나에게 옥새를 바치고 항서를 써서 올리면 죽지 아니하리라. 그러나 만약 그렇지 아니하면 네놈은 물론 네놈의 노모와 처자를 한칼에 죽이리라."

하니, 천자 어쩔 수 없이 하는 말이,

"항서를 쓰자 한들 지필(紙筆)이 없다."

하시니, 한담이 분노해 창검을 번득이며 왈,

"곤룡포를 찢어 떼고 손가락을 깨물어서 항서를 쓰지 못할까."

하는지라. 천자 곤룡포를 찢어 떼고 손가락을 깨물었으나 차마 항서를 쓰지 못하고 있었으니, 어찌 황천인들 무심하리오.

이때 원수 금산성에서 적군 십만 명을 한칼에 무찌른 후, 곧바로 호산대에 진을 치고 있는 적의 청병을 씨없이 함몰하려고 달려갔다.

— 작자 미상, 「유충렬전」 중에서

① 천자가 다급히 도망가는 장면에서는 빠른 템포의 배경 음악을 준비한다.
② 정한담이 천자에게 대사를 하는 부분은 자신감에 넘치는 목소리로 연기하도록 한다.
③ 금산성에 정한담 일파가 쳐들어온 것을 비웃는 유충렬의 표정을 클로즈업하도록 한다.
④ 정한담이 천자가 있는 도성에 잠입하는 부분은 한밤중임이 잘 드러나게 배경을 어둡게 한다.

08 다음 ㉠ ~ ㉣에 대한 설명으로 적절하지 않은 것은?

　이날 사명당이 기와 한 장을 가지고 방에 들어가 쉬려 하더니 왜놈이 문을 봉하고 사면으로 풀무를 부니 그 방에 든 자 어디로 가리오. ㉠ <u>사명당이 화열(火熱)이 급함을 보고 조선을 향하고 사배한 후 팔만대장경(八萬大藏經)을 외우니 문득 지하에서 화기 스스로 스러지고 냉기(冷氣) 올라 방중에 서리 가득하였더라.</u>
　이튿날 왜왕의 사자가 명을 받아 문안하니 사명당이 문을 열치고 크게 꾸짖어 왈,
　"네 돌아가 네 국왕에게 자세히 전하라. 내 조선서 들으니 일본이 심히 덥다 하더니 이에 와 보니 더운 곳이 아니라, 방이 냉하여 잠을 편히 못 잤으니 쉬 더운 곳으로 하처(下處)를 옮기라."
　사자 이 말을 듣고 혼불부체(魂不附體)하여 돌아가 왕을 보고 수말을 자세히 고하니 왜왕이 청파에 놀라 마지아니하여 군신을 모아 의논 왈,
　"㉡ <u>이제 조선 사신이 생불일시 적실하니 어찌하리요?</u>"
　예부 상서 한자경이 주 왈,
　"전하, 신의 말을 듣지 아니하옵다가 이리되었사오니 후회한들 어찌 미치리요. 조선 사자 깊은 못에 들어도 빠지지 아니하고 화철방을 빙고(氷庫)같이 지내오니 이는 범인이 아니라, 반드시 큰 화를 면치 못할까 하나이다."
　왜왕이 대경 왈,
　"그러면 장차 어찌하리요?"
　하더니 문득 삼도 태수 주 왈,
　"왕사는 이르옵거니와 다시 취맥할 일이 있나이다."
　하고 오색 방석을 만들어 놓고 취맥할새 즉시 대연(大宴)을 배설(排設)하고 사명당을 청하니 사명당이 들어와 보니 오색 방석을 놓았거늘 사명당이 비단 방석에는 신을 벗지 아니하고 백목(白木) 방석에 신을 벗고 들어가 앉으니 왜왕이 문 왈,
　"비단 방석에 아니 앉고 백목 방석에 앉느뇨?"
　사명당이 주 왈,
　"비단 방석은 잡충(雜蟲)의 소출이요. 백목은 꽃이라 더럽지 아니하니이다."
　왜왕이 묵연부답(默然不答)일러라. 종일토록 연락(宴樂)하고 황혼이 되매 파연하니 사명당이 하처로 돌아오니라.
　백관이 주 왈, / "㉢ <u>오늘 연석에 조선 사신을 보니 주식(酒食)을 좋아하오니 부처는 아니라 무슨 법술을 배워 사람을 미혹게 하오니 만일 이 사람을 살려 돌려보내면 반드시 후환이 되리이다.</u>"
　왜왕 왈,
　"그러면 어찌하여야 죽이리요? 경등(卿等)의 소견을 듣고자 하노라."
　채만홍이 주 왈,
　"신의 소견은 철마(鐵馬)를 만들어 불같이 달구고 사명당을 태우면 비록 부처라도 능히 살지 못하리이다."

왜왕이 그 말을 옳이 여겨 즉시 풀무를 놓고 철마를 지어 만든 후 백탄을 뫼같이 쌓고 철마를 그 위에 놓아 불같이 달군 후에 사명당을 청하여 가로되,
"㉣ 그대 저 말을 능히 타면 부처 법력을 가히 알리라."

- 작자 미상, 「임진록」 중에서

① ㉠: 사명당의 초인적인 능력이 드러나 있다.
② ㉡: 사명당이 생불일지도 모른다는 왜왕의 의구심이 나타나 있다.
③ ㉢: 백관은 사명당의 비범한 능력을 인정하며 두려움을 느끼고 있다.
④ ㉣: 또 다른 계략으로 사명당의 능력을 시험하려 하고 있다.

09 이 글의 특징으로 적절하지 않은 것은?

> 차설. 울대 군중에 영하여 일시에 불을 지르니 화약이 터지는 소리 산천이 무너지는 듯하고 불이 사면으로 일어나며 화광이 충천하니 부인이 계화를 명하여 부적을 던지고 좌수(左手)에 홍화선(紅花扇)을 들고 우수(右手)에 백화선(白花扇)을 들고 오색실을 매어 화염 중에 던지니 문득 피화당으로부터 대풍이 일어나며 도리어 호진(胡陣) 중으로 불길이 들이치며 호병이 화광 중에 들어 천지를 분변치 못하며 불에 타 죽는자 부지기수라. 울대 대경하여 급히 퇴진하며 앙천탄식하며 가로되,
> "기병하여 조선에 나온 후 병불혈인(兵不血刃)하고 방포일성에 조선을 도모하고 이곳에 와 여자를 만나 불쌍한 동생을 죽이고 무슨 면목으로 임군과 귀비를 뵈오리오."
> 통곡함을 마지아니하거늘 제장이 호언(好言)으로 관위(寬慰)하며 의논 왈,
> "아무리 하여도 그 여자에게 복수할 수는 없사오니 퇴군하느니만 같지 못하다."
> 하고 왕비와 세자 대군과 장안 물색을 거두어 행군하니 성외(城外)의 울음소리 산천이 움직이더라.
> 차시 박 부인이 계화로 하여금 적진을 대하여 크게 외쳐 왈,
> "무지한 오랑캐 놈아, 내 말을 들으라. 너희 왕은 우리를 모르고 너 같은 구상유취를 보내어 조선을 침노하니 국운이 불행하여 패망을 당하였거니와 무슨 연고로 아국 인물을 거두어 가려 하는가. 만일 왕비를 뫼셔 갈 뜻을 두면 너희 등을 함몰(陷沒)할 것이니 신명을 돌아보라."
> 하거늘 호장이 차언을 듣고 소왈,
> "너의 말이 가장 녹녹하도다. 우리 이미 조선 왕의 항서를 받았으니 데려가거니와 아니 데려가기는 우리 장중에 달렸으니 그런 말은 구차히 말라."
> 하며 능욕이 무수하거늘 계화 다시 일러 왈,
> "너희 등이 일향(一向) 마음을 고치지 아니하니 나의 재주를 구경하라."
> 하고 언파에 무슨 진언을 외우더니 문득 공중으로 두 줄 무지개 일어나며 우박이 담아붓듯이 오며 순식간에 급한 비와 선풍(旋風)이 내리고 얼음이 얼어 호진 장졸이며 말굽이 얼음에 붙어 떨어지지 아니하여 촌보(寸步)를 운동치 못할지라.
>
> – 작자 미상, 「박씨전」 중에서

① 구어체보다는 문어체를 주로 사용하고 있다.
② 현실성이 없는 전기적 요소들이 드러나 있다.
③ 인물의 외양 묘사를 중심으로 사건이 전개되고 있다.
④ 현실적 패배를 소설 속에서 허구적 승리로 보상받고자 하는 의도를 찾을 수 있다.

10 이 글의 서술상 특징으로 적절한 것은?

> 하루는 대군이 술에 취한 채 여러 궁녀들을 불러놓고 말했습니다.
> "하늘이 재주를 내릴 때 어찌 유독 남자에게만 많이 내리고, 여자에게는 적게 내렸겠느냐? 오늘날 문장가로 자처하는 사람들이 적은 것은 아니나, 대개 서로가 엇비슷하여 특별히 뛰어난 자가 없으니, 너희들도 힘쓰도록 해라."
> 이어서 대군은 궁녀들 가운데 나이가 어리고 얼굴이 어여쁜 자 10명을 뽑아서 가르쳤습니다. 먼저 『소학언해(小學諺解)』를 주어 외우게 한 뒤에 『중용』·『대학』·『논어』·『맹자』·『시경』·『서경』·『통사(通史)』를 모두 가르쳤습니다. 또 이백(李白)과 두보(杜甫) 등 당시(唐詩)를 몇백 수 뽑아서 가르치니, 과연 5년도 채 안 되어 10명 모두가 재주를 이루게 되었습니다.
> 대군은 궁에 돌아오면 항상 우리를 안전(眼前)에 앉히고 시를 짓게 하여 잘못된 곳을 바로잡아 주었으며, 시의 고하(高下)를 차례대로 매기고 상과 벌을 내려서 우리를 격려하였습니다. 이로 인해 우리의 탁월한 기상은 비록 대군에게는 미치지 못했지만, 음률의 청아함과 구법(句法)의 완숙함은 성당 시인들의 울타리를 엿볼 만했습니다. 그 10명의 이름은 소옥(小玉)·부용(芙蓉)·비경(飛瓊)·비취(翡翠)·옥녀(玉女)·금련(金蓮)·은섬(銀蟾)·자란(紫鸞)·보련(寶蓮)·운영(雲英)이었는데, 제가 바로 운영입니다.
> 대군은 대체로 우리를 잘 보살펴 주었습니다. 그러나 우리에게 항상 궁궐 안에서만 생활하고 다른 사람과는 전혀 대화를 나누지 못하게 하였습니다. 대군은 매일 문사(文士)들과 함께 술을 마시고 기예를 다투었으면서도 일찍이 우리가 그 근처에 얼씬거리는 것을 한 번도 허락하지 않았는데, 이것은 궁궐 밖의 사람들이 혹 우리의 존재를 알까 염려했기 때문입니다.
> 항상 대군은 우리에게 명령하여 말하곤 했습니다.
> "시녀가 한 번이라도 궁문을 나가면 그 죄는 죽어 마땅할 것이요, 궁궐 밖의 사람이 궁녀의 이름을 알기만 해도 또한 죽일 것이다."
>
> – 작자 미상, 「운영전」 중에서

① 주인공의 내면을 숨김으로써 긴장감을 조성하고 있다.
② 작품 밖의 서술자가 사건을 객관적으로 제시하고 있다.
③ 작품 속 인물이 자신의 심리나 자신이 직접 목격한 일을 전하고 있다.
④ 작품 밖의 서술자가 작중 상황에 개입하여 주관적인 논평을 하고 있다.

11 이 글을 읽은 독자들의 반응으로 가장 적절한 것은?

춘풍의 처 문 밖에 썩 나서서 춘풍의 소매 잡고 깜짝 놀라며 하는 말이,
"어이 그리 더디던고. 장사에 재미 보고 평안히 오시니까?"
춘풍이 반기면서,
"그 새 잘 있던가?"
춘풍이 이십 바리 돈을 여기저기 벌이고 장사에 남긴 듯이 의기양양하니 춘풍 아내 거동 보소. 주찬을 소담히 차려 놓고,
"자시오."
하니 저 잡놈 거동 보소. 없던 교태(嬌態) 지어 내어 제 아내 꾸짖으되,
"안주도 좋지 않고 술 맛도 무미하다. 평양서는 좋은 안주로 매일 취하여 입맛이 높았으니, 평양으로 다시 가고 싶다. 아무래도 못 있겠다."

〈중략〉

그 거동은 차마 못 볼러라. 춘풍 아내 거동 보소. 춘풍을 속이려고 상을 물려 놓고 황혼 때에 밖에 나가 비장 차림 다시 하고, 대문 안에 들어가서 기침하고,
"춘풍아, 왔느냐?"
춘풍이 자세히 보니 평양서 돈 찾아 주었던 회계 비장이라, 춘풍이 깜짝 놀라 버선발로 뛰어 내달아 엎드려 여쭈오되,
"소인이 오늘 와서 날이 저물어 내일 댁에 댁 문안코자 하옵더니, 나으리 먼저 행차하옵시니 황공하여이다."
"내 마침 이리 지나가다가 너 왔단 말 듣고 네 집에 잠깐 들렀노라."
방 안에 들어가니, 춘풍이 아무리 제 안방인들 어찌 들어올까? 문 밖에 섰노라니,
"춘풍아, 들어와서 게 앉거라."

〈중략〉

춘풍이 황공하여 밖으로 내달아서 아무리 제 계집을 찾은들 어디 간 줄 알리요. 주저주저하더라.
비장이 꾸짖어 말하기를,
"네 계집을 어디 숨기고 나를 아니 뵈는고?"
차월피월하니,
"너는 벌써 잊었느냐? 평양 일을 생각하여 보라. 네가 집에 왔다고 그리 체중한 체하느냐?"
춘풍이 갈분을 가지고 부엌에 내려가 죽쑤는 꼴은 차마 볼 수 없더라. 한참 꿈적여서 쑤어 들이거늘, 비장이 조금 먹는 체하고 춘풍을 주며,
"먹으라. 추월의 집에서 깨어진 헌 사발에 누른 밥 된장덩이를 찌그러진 숟가락도 없이 먹던 생각하고 먹으라."
춘풍이 받아먹으며 제 아내가 밖에서 다 듣는가, 속으로 민망히 여기더라. 비장이 말하되,

> "밤이 깊었으니 네 집에서 자고 가리라."
> 하고 의복 벗고 갓 망건을 벗으니, 춘풍이 감히 가란 말을 못 하고 여러해 만에 그리던 아내 만나서 잘 잘까 하였더니, 비장이 잔다 하니 속으로 민망히 여기더라.
> 갓, 망건 벗어 놓고 웃옷을 훨훨 벗은 후 일어서니 완연한 제 계집이라. 춘풍이 깜짝 놀라 자세히 보니 분명한 제 계집이라. 춘풍이 어이없이 말없이 앉아 있으니 춘풍의 처 달려들며,
> "여보소, 아직도 나를 모르시오?"
> 춘풍이 그제야 아주 깨닫고 깜짝 놀라며, 두 손을 마주잡고,
> "이것이 웬일인가? 평양 회계 비장이 지금 내 아내 될 줄 어이 알리. 이것이 꿈인가 생신가?"
> 하며 원앙 금침에 옛정을 다시 이루니 은근한 정이 비할 데 없더라.
>
> – 작자 미상, 「이춘풍전」 중에서

① 이춘풍과 아내는 상호 대립하며 불화를 일으키고 있군.
② 이춘풍은 비장의 권세에 의지하여 신분 상승을 도모하는군.
③ 아내는 남녀의 지위를 역전시킴으로써 여성의 우월성을 드러내고 있군.
④ 이춘풍은 허세와 위선에 가득 찬 양반들의 전형적인 행태를 보여 주는군.

12 다음 글에 대한 설명으로 적절하지 않은 것은?

> 엽전 공방은 생김새가 밖은 둥글고 구멍은 모나게 뚫렸다. 그는 때에 따라서 변통을 잘 한다. 한번은 한나라에 벼슬하여 홍려경이 되었다. 그 때 오왕(吳王) 비(妃)가 교만하고 참람(僭濫)하여 나라의 권리를 혼자서 도맡아 부렸다. 방은 여기에 붙어서 많은 이익을 보았다. 무제 때에는 온 천하의 경제가 말이 아니었다. 나라 안의 창고가 온통 비어 있었다. 임금은 이를 보고 몹시 걱정했다. 방을 불러 벼슬을 시키고 부민후(富民侯)로 삼아, 그의 무리인 염철승(鹽鐵丞) 근(僅)과 함께 조정에 있게 했다. 이 때 근은 방을 보고 항상 형이라 하고 이름을 부르지 않았다.
>
> 방은 성질이 욕심이 많고 비루(卑陋)하고 염치가 없었다. 그런 사람이 이제 재물을 맡아서 처리하게 되었다. 그는 돈의 본전과 이자의 경중을 다는 법을 좋아하여, 나라를 편안하게 하는 것은 반드시 질그릇이나 쇠그릇을 만드는 생산 방법에만 있는 것이 아니라고 생각했다. 그는 백성으로 더불어 한 푼 한 리의 이익이라도 다투고, 한편 모든 물건의 값을 낮추어 곡식을 몹시 천한 존재로 만들고 딴 재물을 중하게 만들어서, 백성들이 자기들의 본업인 농업을 버리고 사농공상(士農工商)의 맨 끝인 장사에 종사하게 하여 농사짓는 것을 방해했다.
>
> 이것을 보고 간관(諫官)들이 상소를 하여 이것이 잘못이라고 간했다. 하지만 임금은 이 말을 듣지 않았다. 방은 또 권세 있고 귀한 사람을 몹시 재치 있게 잘 섬겼다. 그들의 집에 자주 드나들면서 자기도 권세를 부리고 한편으로는 그들을 등에 업고 벼슬을 팔아, 승진시키고 갈아치우는 것마저도 모두 방의 손에 매이게 되었다. 이렇게 되니, 한다 하는 공경(公卿)들까지도 모두들 절개를 굽혀 섬기게 되었다. 그는 창고에 곡식이 쌓이고 뇌물을 수없이 받아서 뇌물의 목록을 적은 문서와 증서가 산처럼 쌓여 그 수를 셀 수 없이 되었다.
>
> — 임춘, 「공방전」

① 인물이나 사건을 요약적으로 제시하고 있다.
② 사물에 인격적 요소를 부여하여 서술하고 있다.
③ 사회 현실에 대한 풍자적 성격을 드러내고 있다.
④ 실존 인물을 의인화하여 일대기 형식으로 제시했다.

13 ㉠ ~ ㉣ 중 서술자가 개입되어 있는 것은?

> 이때 남방 해변 여러 고을이 여러 해 바다 도적의 노략을 당하고 엎친 데 덮쳐 무서운 흉년까지 만나니, ㉠<u>그곳 백성의 참혹한 형상은 이루 붓으로 그리지 못할지라.</u> 그러나 조정에 벼슬하는 이들은 권세 다투기에만 눈이 붉고 가슴이 탈 뿐이요 백성의 고통은 모르는 듯 버려두니, 뜻있는 이가 통분함이 이를 길 없더니 ㉡<u>우치 또한 참다못하여 뜻을 결단하고 집을 버리며 세간을 헤치고, 천하로써 집을 삼고 백성으로써 몸을 삼으려 하더라.</u>
>
> 〈중략〉
>
> 우치 지필을 받자와 ㉢<u>산수를 그리니</u> 천봉만학과 만장폭포가 산위로부터 산 밖으로 흐르게 그리고 시냇가에 버들을 그려 가지가지 늘어지게 그리고 그 밑에 안장 지은 나귀를 그리고, 붓을 던진 후 사은하매, 상이 묻기를,
>
> "너는 방금 죽을 놈이라, 이제 사은함은 무슨 뜻이뇨?"
>
> 우치 아뢰기를,
>
> "신이 이제 폐하를 하직하옵고 산림에 들어 여년을 마치고자 하와 아뢰나이다."
>
> 하고, 나귀 등에 올라 산 동구에 들어가더니 이윽고 간 데 없거늘, ㉣<u>상이 대경하사 왈,</u>
>
> "내 이놈의 꾀에 또 속았으니, 이를 어찌하리오."
>
>   - 작자 미상,「전우치전」

① ㉠   ② ㉡
③ ㉢   ④ ㉣

14 보기를 참고하여 다음 글을 감상한 내용으로 적절하지 않은 것은?

> 얼마 뒤 남원 사람으로 참봉을 지냈던 변사정이 의병을 일으켜 영남에 싸우러 가는데, 최척이 활쏘기와 말타기에 능하다는 것을 알고는 마침내 그를 데리고 갔다. 최척은 전쟁터에서 늘 근심에 빠져 있다가 결국 병이 들기에 이르렀다. 약속했던 혼례일이 되자 며칠 휴가를 달라고 요청하는 글을 의병장에게 올렸다. 의병장은 글을 보고 노여워하며 이렇게 말했다.
>
> "지금이 어느 때인데 혼례식을 올리고 오겠다는 게냐? 임금께서 피난 생활을 하시며 풀숲에서 주무시고 계시니, 신하된 자로서 창검을 베고 잘 겨를도 없는 게 옳다 할 것이다. 더구나 너는 아직 혼인하기엔 이른 나이니, 적을 모두 섬멸한 뒤에 혼례를 올려도 늦지 않다."
>
> 그러고는 끝내 허락해 주지 않았다. 옥영 역시 최척이 의병으로 나가 헛되이 혼례일을 넘기자 제대로 먹지도 잠자지도 못하며 날마다 근심으로 괴로워했다.
>
> 이웃에 양 씨가 살았는데 집이 매우 부유했다. 양 씨는 옥영이 똑똑하다는 말과 혼인하기로 한 최척이 돌아오지 않고 있다는 소문을 듣고는 이 틈을 타서 옥영과 아들의 혼사를 추진하고자 했다. 양 씨가 몰래 정 생원의 아내에게 뇌물을 보내며 날마다 일을 재촉하자 하루는 정 생원의 아내가 심 씨에게 이런 말을 했다.
>
> "최생은 가난해서 아침에 저녁 걱정을 해야 할 지경이어요. 아버지 한 사람도 봉양하기 어려워 늘 남에게 빚을 지고 사니, 무슨 수로 자기 식솔을 탈 없이 먹여 살리겠어요? 더구나 전쟁터에 나가 돌아오지 않고 있으니 생사를 기약할 수 없지요. 이웃의 양 씨는 부자라서 재산 많기로 소문이 자자한데, 그 아들이 어지니 최생보다 못할 게 없답니다."
>
> 정 생원 부부가 같은 말을 번갈아 하며 양씨 집 아들을 추천하자 심 씨의 마음이 흔들려 결국 10월의 좋은 날을 받아 혼례식 날짜를 굳게 정했다.
>
> – 조위한, 「최척전」

> **보기**
>
> 「최척전」은 역사적 사건을 토대로 하고 있으며, 인물들이 겪는 사건도 구체적이고 사실적이다. 주인공들에게 닥친 시련이 좀처럼 끝나지 않고 또 다른 시련이 제시된다. 주인공들이 행복한 삶을 잠시 느낄 틈도 없이 시련은 계속되며, 그 강도를 더해 간다.

① 남원에서 의병이 일어난다는 점에서 임진왜란이라는 역사적 사건을 배경으로 하고 있음을 알 수 있겠군.

② 최척의 혼인을 의병장이 받아주지 않는다는 점에서 주인공들에게 또 다른 시련이 제시되고 있음을 알 수 있겠군.

③ 최척이 의병이 되어 전쟁터로 나간다는 점에서 옥영과 이별하게 되는 시련의 상황이 전개되고 있음을 알 수 있겠군.

④ 양 씨의 구혼을 심 씨가 받아들이려는 점에서 최척과 옥영이 서로 겪는 갈등의 강도가 더해진다는 것을 알 수 있겠군.

15 다음 글에 대한 설명으로 가장 적절한 것은?

부인이 또한 의심하여 숙향을 불러 말하기를,
"봉차와 장도가 혹 네 방에 있나 살펴보라."
숙향이 말하기를,
"소녀의 손으로 가져온 일이 없사오니 어찌 소녀 방에 있겠습니까?"
하고 그릇을 내어 친히 찾게 하니 과연 봉차와 장도가 있는지라. 부인이 대로하여 말하기를,
"네 아니 가져왔으면 어찌 네 그릇에 들어 있느냐?
하고 승상께 들어가 말하기를,
"숙향을 친딸같이 길렀으나 이제 장도와 봉차를 가져다 제 함 속에 넣고 종시 몰라 하다가 제게 들켰사오니, 봉차는 계집의 노리개니 이상하지 않으나 장도는 계집에게 얼루이지 않는 물건이라 그 일이 가장 수상합니다. 어찌 처치하면 마땅하겠습니까?"
사향이 곁에 있다가 고하기를,
"요사이 숙향의 거동을 보오니 혹 글자도 지으며, 외인이 자주 출입하니 그 뜻을 모르겠습니다."
승상이 대경하여 말하기를,
"제 나이가 찼음에 필연 외인과 상통하는 것입니다. 그냥 두었다가는 집안에 불측한 일이 있을 것이니 빨리 쫓아내십시오."

〈중략〉

사향이 발을 구르며 숙향을 이끌어 문밖으로 내치고 문을 닫고 들어가며 말하기를,
"근처에 있지 말고 멀리 가라. 만일 승상이 아시면 큰일 나리라."
하거늘, 숙향이 멀리 가며 승상 집을 돌아보고 울며 가더라.
한 곳에 다다라 문득 보니 큰 강이 있으니 이는 표진강이었다. 어찌할 바를 몰라 강변을 헤매다가 날은 저물고 행인은 드문지라 사면을 돌아봐도 의지할 곳이 없는지라. 하늘을 우러러 통곡하다가 손에 깁수건을 쥐고 치마를 뒤집어쓰고 물속으로 뛰어들었다.
이때 숙향이 물에 뛰어드니 검은 수반 같은 것이 물 밑으로부터 숙향을 대우고 물 위에 섰는데 편하기가 반석 같았다. 이윽고 오색구름이 일어나며 사양머리를 한 계집아이가 연엽주를 바삐 저어 앞에 다다라 말하기를,
"부인은 어서 배에 오르십시오.
하니 그 검은 것이 변하여 계집아이가 되어 숙향을 안아서 배에 올리고 아이 둘은 숙향을 향하여 재배하여 말하기를,
"귀하신 몸을 어찌 이렇듯 가벼이 버리십니까? 저희는 월궁 항아의 명으로 부인을 구하러 오다가 옥하수에서 여동빈 선생을 만나 잠시 술을 마셨는데 하마터면 부인을 구하지 못할 뻔했습니다."

— 작자 미상, 「숙향전」

① 대화와 행동을 중심으로 사건을 전개하고 있다.
② 서술자가 개입하여 인물의 미래를 암시하고 있다.
③ 운율감 있는 어투를 사용하여 비극성을 심화시키고 있다.
④ 부정적 인물에 대한 적개심을 직접적으로 표출하고 있다.

16 ㉠ ~ ㉤에 대한 설명으로 적절하지 않은 것은?

[아니리]
박을 툭 타 놓고 보니 박통 속에 훼엥
"㉠ 아, 이거 나간 놈의 집구석이로구나여. 박속은 어느 놈이 다 파 가 버리고 껍덕만 갖다 여 붙여 놨네여. 박속 긁어 간 놈보단 박 붙여 논 놈이 재주가 더 용키는 용쿠나여."
한편을 가만히 들여다보니 웬 궤 두 짝이 쑥 불거지거늘,
"아, 이거 보게여. 어느 놈이 박속을 다 긁어 가고 염치가 없으니깐 조상궤를 갖다 넣어 놨네여. 이거 갖다 내버려라. 이거."
흥보 마누라가 가만히 보더니마는,
"여보, 영감. 죄 없으면 괜찮습니다. 좀 열어 봅시다."
"㉡ 아, 요새 여편네들이 통이 너럭지만이나 크다니까. 이 사람아, 이 궤를 만일 열어 봐서 좋은 것이 나오면 좋으되, 만일 낮인 것이 나오면 내뺄 터인듸, 자네 내 걸음 따라오겠는가? 자식들 데리고 저 사립 밖에 가 서소, 그래 갖고, 내가 이 궤를 열어 봐서, 좋은 것이 나오면 손을 안으로 칠 터이니 들어오고, ㉢ 만일에 낮은 것이 나오면 손을 밖으로 내칠 터이니 내빼소 내빼."
흥보가 궤 자물쇠를 가만히 보니, '박흥보 씨 개탁'이라 딱 새겼지. 흥보가 자문자답으로 궤를 열것다.
"날 보고 열어 보랬지? 암은, 그렇지. 열어 봐도 관계찮다지? 암은, 그렇고 말고."
궤를 찰각찰각, 번쩍 떠들러 놓고 보니 어백미 쌀이 한 궤가 수북. 또 한 궤를 찰각찰각, 번쩍 떠들러 놓고 보니 돈이 한 궤가 수북. 탁 비워 놓고 본께 도로 하나 수북. 돈과 쌀을 비워 놓고 보니까 도로 수북. ㉣ 흥보 마누래 쌀을 들고 흥보는 돈을 한 번 떨어 붓어 보는듸, 휘모리로 바짝 몰아 놓고 떨어 붓것다.

— 작자 미상, 「흥보가」

① ㉠: 기대가 무너진 절망적인 상황을 보여주고 있다.
② ㉡: 아내를 나무라며 자신의 권위를 내세우고 있다.
③ ㉢: 가족을 생각하는 가장의 모습을 드러내고 있다.
④ ㉣: 흥보 부부의 모습을 판소리 장단으로 표현하고 있다.

17~18 다음을 읽고 물음에 답하시오.

(가) 손이 실망하는 듯한 표정으로,

"이는 미물이 아닙니까? 나는 덩그렇게 크고 육중한 짐승이 죽는 것을 보고 불쌍히 여겨서 한 말인데, 당신은 구태여 이를 예로 들어서 대꾸하니, 이는 필연코 나를 놀리는 것이 아닙니까?"

하고 대들었다.

나는 좀 구체적으로 설명할 필요를 느꼈다.

"무릇 피[血]와 기운[氣]이 있는 것은 사람으로부터 소, 말, 돼지, 양, 벌레, 개미에 이르기까지 모두가 한결같이 살기를 원하고 죽기를 싫어하는 것입니다. 어찌 큰 놈만 죽기를 싫어하고, 작은 놈만 죽기를 좋아하겠습니까? 그런즉, 개와 이의 죽음은 같은 것입니다. 그래서 예를 들어서 큰 놈과 작은 놈을 적절히 대조한 것이지, 당신을 놀리기 위해서 한 말은 아닙니다. 당신이 내 말을 믿지 못하겠으면 당신의 열 손가락을 깨물어 보십시오. 엄지손가락만이 아프고 그 나머지는 아프지 않습니까? 한 몸에 붙어 있는 큰 지절(支節)과 작은 부분이 골고루 피와 고기가 있으니, 그 아픔은 같은 것이 아니겠습니까? 하물며, 각기 기운과 숨을 받은 자로서 어찌 저놈은 죽음을 싫어하고 이놈은 좋아할 턱이 있겠습니까? 당신은 물러가서 눈 감고 고요히 생각해 보십시오. 그리하여 달팽이의 뿔을 쇠뿔과 같이 보고, 메추리를 대붕(大鵬)과 동일시하도록 해 보십시오. 연후에 나는 당신과 도(道)를 이야기하겠습니다."

라고 했다.

― 이규보, 「슬견설」

(나) 대저 이상한 것을 짖는 것은 개의 천성이다. 걸(桀)왕의 개는 요(堯)임금을 보고 짖으니, 걸의 악행은 큰 것이다. 요임금의 성(聖)스러움은 성스러운 것 중에서도 지극한 것이니, 걸왕의 개가 걸을 보고 짖지 않고 요를 보고 짖는 것은 늘 보는 것은 짖지 않는 것이요 늘 보지 못한 것을 짖는 것이니, 어찌 오직 개만 그렇겠는가. 사람에게 있어서는 더욱 심하다.

선이 있고 악이 없는 것이 인심의 본연의 천성이고, 사람의 마음 속에 스스로 하나의 하늘이 있고, 본심의 영(靈)은 그 하늘의 밝은 해와 같으나, 기품의 구속됨과 물욕의 가려짐은 구름과 안개가 하늘을 가리는 것과 같다. 그래서 밝음이 어두워지고 영이 갉아 먹혀져서, 완전하던 그 하늘이 작아지고 그 하늘이 어두워짐이 많아져서, 옛날의 더러움에 얽히고 속된 식견에 감겨서, 서로 인하여 구르면서 습관과 성질이 이루어져 한 세상에 둘러져서 어두운 지역으로 들어간다. 혹시 그 천성의 일단을 보존하고, 곧은 말과 바른 낯빛으로 그 사이에 해로 밝게 빛나면서 곧 이상한 것을 비난하고 하늘을 배척하는 것들 가운데 있으면, 이상하게 여기는 것이 시작이요, 놀라는 것이 가운데요, 배격하는 것이 끝이다. 무리들이 나무라며 함께 지껄이고, 두려워하며 요란스럽게 울고, 짖고 깨물며 이 세상에 용납되지 못하게 한 후에야 그만두니, 한 세상의 어둡고 더러움이 촉나라 남쪽의 항상 비가 내리는 것보다 심하며, 세상 사람들이 사악한 마음을 품고 올바름에 대해 짖음이 촉나라 개가 해를 보고 짖는 것보다 심하다. 이것은 다른 것에 있지 않고 세상 사람들이 다만 사악함에 익숙해져 그 올바름을 모를 뿐이다.

〈중략〉

심하도다. 이 인간에게 있어서 습속의 그릇됨이여. 촉나라의 개가 해를 보고 짖음은 다만 그 스스로 짖을 뿐이며 해에게는 병이 되지는 않으나, 사람이 올바름을 보고 짖는 것은 다만 짖는 것에 그치는 것이 아니고, 반드시 그 사람에게 병이 됨에 이르니, 가장 영적인 사람이 도리어 치우치고 막힘이 있으니 거듭 탄식하는 것이다. 비록 그렇더라도 개나 사람이나 더럽혀져 그 이상한 것을 스스로 짖게 되더라도 그것이 흰 태양의 밝음과 바른 사람의 도는 오히려 태연자약하니 어찌 상하겠는가?

— 홍성민, 「촉견폐일설」

17 (가)와 (나)에 대한 설명으로 가장 적절한 것은?

① (가)는 고사를 활용하여 교훈을 전달하고 있다.
② (나)는 대화의 형식을 통해 글쓴이의 의도를 전달하고 있다.
③ (가)는 일상적인 소재를 사용하여 사물의 본질을 깨우치려 한다.
④ (나)는 권위 있는 사람의 말을 인용하여 자신의 논지를 강화하고 있다.

18 (가)에 대한 설명으로 적절하지 않은 것은?

① '손'은 사물에 대한 선입견과 편견을 갖고 있다.
② '손'은 모든 생명체가 소중하다고 생각하고 있다.
③ '손'은 '개'와 '이'의 크기의 차이에 주목하고 있다.
④ '나'는 '개'와 '이'가 본질적으로 동일한 존재임에 주목하고 있다.

19 ㉠, ㉡에 알맞은 말이 순서대로 바르게 나열된 것은?

> 척 부인이 긴 허리를 자히며 이르되,
> "제우(諸友)는 들으라. 나는 세명지 굵은 명지 백저포(白紵布) 세승포(細升布)와 청홍녹라(靑紅綠羅) 자라(紫羅) 홍단(紅緞)을 다 내여 펼쳐 놓고 남녀의(男女衣)를 마련할 새, 장단 광협(長短廣狹)이며 수품 제도(手品制度)를 나 곧 아니면 어찌 일으리오. 이러므로 의지공(衣之功)이 내 으뜸되리라."
> (㉠) 양각(兩脚)을 빨리 놀려 내다라 이르되,
> "척 부인아, 그대 아모리 마련을 잘 한들 버혀 내지 아니하면 모양 제되 되겠느냐. 내 공과 내 덕이니 네 공만 자랑 마라."
> (㉡) 가는 허리 구붓기며 날랜 부리 두루혀 이르되,
> "양우(兩友)의 말이 불가하다. 진주(眞珠) 열 그릇이나 꿴 후에 구슬이라 할 것이니, 재단(裁斷)에 능소능대(能小能大)하다 하나 나 곧 아니면 작의(作衣)를 어찌하리오. 세누비 미누비 저른 솔 긴 옷을 이루미 나의 날내고 빠름이 아니면 잘게 뜨며 굵게 박아 마음대로 하리오."

	㉠	㉡
①	울 낭자	세요 각시
②	교두 각시	세요 각시
③	인화 낭자	청홍흑백 각시
④	감투 할미	청홍흑백 각시

20 다음 작품에 나타난 재담(才談)의 구조로 바른 것은?

> 말뚝이: (가운데쯤에 나와서) 쉬이. (음악과 춤 멈춘다.) 양반 나오신다아! 양반이라고 하니까 노론(老論), 소론(少論), 호조(戶曹), 병조(兵曹), 옥당(玉堂)을 다 지내고 삼정승(三政丞), 육판서(六判書)를 다 지낸 퇴로 재상(退老宰相)으로 계신 양반인 줄 아지 마시오. 개잘량이라는 '양'자에 개다리소반이라는 '반'자 쓰는 양반이 나오신단 말이오.
> 양반들: 야아, 이놈, 뭐야!
> 말뚝이: 아, 이 양반들, 어찌 듣는지 모르갔소. 노론, 소론, 호조, 병조, 옥당을 다 지내고 삼정승, 육판서 다 지내고 퇴로 재상으로 계신 이 생원네 3형제분이 나오신다고 그리하였소.
> 양반들: (합창) 이 생원이라네. (굿거리 장단으로 모두 춤을 춘다. 도령은 때때로 형들의 면상을 치며 논다. 끝까지 그런 행동을 한다.)
>
> — '봉산 탈춤'

① 비난 – 항의 – 애원 – 용서
② 항거 – 호령 – 변명 – 안심
③ 오해 – 해명 – 수긍 – 화해
④ 부정 – 거부 – 긍정 – 외면

2 현대 소설 / 극 / 수필

 윤주쌤 CLINIC

현대 소설	극, 수필
· 시점, 거리, 제시방법의 개념을 정리하여 문제에 적용할 수 있어야 한다. · 인물의 태도, 소재의 의미를 추리한다.	· 희곡 VS 시나리오 · 수필의 주제를 파악한다.

 기출 대표 유형

다음 글에 대한 이해로 적절하지 않은 것은? 2022 국가직 9급

> 정거장에 나온 박은 수염도 깎은 지 오래어 터부룩한 데다 버릇처럼 자주 찡그려지는 비웃는 웃음은 전에 못 보던 표정이었다. 그 다니는 학교에서만 지싯지싯※ 붙어 있는 것이 아니라 이 시대 전체에서 긴치 않게 여기는, 지싯지싯 붙어 있는 존재 같았다. 현은 박의 그런 지싯지싯함에서 선뜻 자기를 느끼고 또 자기의 작품들을 느끼고 그만 더 울고 싶게 괴로워졌다.
> 한참이나 붙들고 섰던 손목을 놓고, 그들은 우선 대합실로 들어왔다. 할 말은 많은 듯하면서도 지껄여 보고 싶은 말은 골라낼 수가 없었다. 이내 다시 일어나 현은,
> "나 좀 혼자 걸어 보구 싶네."
> 하였다. 그래서 박은 저녁에 김을 만나 가지고 대동강가에 있는 동일관이란 요정으로 나오기로 하고 현만이 모란봉으로 온 것이다.
> 오면서 자동차에서 시가도 가끔 내다보았다. 전에 본 기억이 없는 새 빌딩들이 꽤 많이 늘어섰다. 그중에 한 가지 인상이 깊은 것은 어느 큰 거리 한 뿌다귀※에 벽돌 공장도 아닐 테요 감옥도 아닐 터인데 시뻘건 벽돌만으로, 무슨 큰 분묘와 같이 된 건축이 웅크리고 있는 것이다. 현은 운전사에게 물어보니, 경찰서라고 했다.
> — 이태준, 「패강랭」에서 —
>
> ※ 지싯지싯: 남이 싫어하는지는 아랑곳하지 아니하고 제가 좋아하는 것만 짓궂게 자꾸 요구하는 모양.
> ※ 뿌다귀: '뿌다구니'의 준말로, 쑥 내밀어 구부러지거나 꺾어져 돌아간 자리.

① '현'은 예전과 달라진 '박'의 태도가 자신의 작품 때문이라고 생각하고 있다.
② '현'은 자신과 비슷한 처지에 있는 '박'을 통해 자신을 연민하고 있다.
③ '현'은 새 빌딩들을 보고 도시가 많이 변화하고 있음을 인지하고 있다.
④ '현'은 시뻘건 벽돌로 만든 경찰서를 보고 암울한 분위기를 느끼고 있다.

 이 소설은 일제 강점기의 지식인의 비애를 그리고 있다. '현'은 '박'의 모습에서 자기를 느끼고 또 자기의 작품들을 느꼈을 뿐, 달라진 '박'의 태도가 자신의 작품 때문이라고 생각한다는 내용은 언급되지 않았다.

 ② '현은 박의 그런 지싯지싯함에서 선뜻 자기를 느끼고 또 자기의 작품들을 느끼고 그만 더 울고 싶게 괴로워졌다.'라는 부분에서 확인할 수 있다.
③ '전에 본 기억이 없는 새 빌딩들이 꽤 많이 늘어섰다.'라는 부분에서 '현'이 새 빌딩들을 보고 도시가 많이 변화하고 인지한다는 것을 알 수 있다.
④ '~ 벽돌 공장도 아닐 테요 감옥도 아닐 터인데 시뻘건 벽돌만으로, 무슨 큰 분묘와 같이 된 건축이 웅크리고 있는 것이다.'라고 언급한 부분이 경찰서이다. 이처럼 부정적 이미지로 받아들이는 것을 보아 암울한 분위기를 느끼고 있다고 볼 수 있다.

정답 ①

01 다음 글에 대한 설명으로 옳지 않은 것은?

> 땀과 빗물이 섞여 흐르는 목덜미를 기름 주머니가 다 된 광목 수건으로 닦으며, 그 학교 문을 돌아 나올 때었다. 뒤에서 "인력거!" 하고 부르는 소리가 난다. 자기를 불러 멈춘 사람이 그 학교 학생인 줄 김 첨지는 한 번 보고 짐작할 수 있었다. 그 학생은 다짜고짜로,
> "남대문 정거장까지 얼마요?"
> 라고 물었다. 아마도 그 학교 기숙사에 있는 이로 동기 방학을 이용하여 귀향하려 함이로다. 오늘 가기로 작정은 하였건만, 비는 오고 짐은 있고 해서 어찌할 줄 모르다가 마침 김 첨지를 보고 뛰어나왔음이리라. 그렇지 않으면 왜 구두를 채 신지 못해서 질질 끌고, 비록 고쿠라 양복일망정 노박이로 비를 맞으며 김 첨지를 뒤쫓아 나왔으랴.
> "남대문 정거장까지 말씀입니까?"
> 하고 김 첨지는 잠깐 주저하였다. 그는 이 우중에 우장도 없이 그 먼 곳을 철벅거리고 가기가 싫었음일까? 처음 것, 둘째 것으로 고만 만족하였음일까? 아니다, 결코 아니다. 이상하게도 꼬리를 맞물고 덤비는 이 행운 앞에 조금 겁이 났음이다.
> 그리고 집을 나올 제 아내의 부탁이 마음에 켕겼다. 앞집 마나님한테서 부르러 왔을 제 병인은 그 뼈만 남은 얼굴에 6월의 샘물 같은 유달리 크고 움푹한 눈에다 애걸하는 빛을 띠며,
> "오늘은 나가지 말아요. 제발 덕분에 집에 붙어 있어요. 내가 이렇게 아픈데……."
> 하고 모깃소리같이 중얼거리며 숨을 걸그렁걸그렁하였다. 그래도 김 첨지는 대수롭지 않은 듯이,
> "아따, 젠장맞을 년. 별 빌어먹을 소리를 다 하네. 맞붙들고 앉았으면 누가 먹여 살릴 줄 알아."
> 하고 훌쩍 뛰어나오려니까 환자는 붙잡을 듯이 팔을 내저으며,
> "나가지 말라도 그래, 그러면 일찍이 들어와요."
> 하고 목메인 소리가 뒤를 따랐다. 정거장까지 가잔 말을 들은 순간에 경련적으로 떠는 손, 유달리 큼직한 눈, 울 듯한 아내의 얼굴이 김 첨지의 눈앞에 어른어른하였다.
> — 현진건, 「운수 좋은 날」

① 과거 회상 장면을 중간에 삽입하고 있다.
② 빈부 간의 격차와 계급적 대립을 다루고 있다.
③ 당시 도시 빈민층의 삶의 모습을 사실적으로 보여 주고 있다.
④ 하층민의 속되고 거친 말투를 여과 없이 그대로 사용하고 있다.

02 다음 글의 서술상의 특징으로 가장 적절한 것은?

덕기는 조부의 꾸지람이 다른 데로 옮아간 틈을 타서 사랑으로 빠져나왔다.

머리가 텁수룩하고 꼴이 말이 아니라는 조부의 말눈치로 보아서 김병화가 온 것이 짐작되었다.

"야 — 그러지 않아도 저녁 먹고 내가 가려 했네."

덕기는 이틀 만에 만나는 이 친구를 더욱이 내일이면 작별하고 말 터이니만큼 반갑게 맞았다.

"자네 같은 부르주아가 내게까지! 자네가 작별하러 다닐 데는 적어도 조선은행 총재나······."

병화는 부옇게 먼지가 앉은 외투 주머니에 두 손을 찌른 채 딱 버티고 서서, 이렇게 비꼬는 수작을 하고서는 껄껄 웃어 버린다.

"만나는 족족 그렇게도 짓궂이 한마디씩 비꼬아 보아야만 직성이 풀리겠나? 그 성미를 좀 버리게."

덕기는 병화의 '부르주아, 부르주아.' 하는 소리가 듣기 싫었다. 먹을 게 있는 것은 다행하다고 속으로 생각지 않는 게 아니나 시대가 시대이니만큼 그런 소리가 — 더구나 비꼬는 소리는 듣고 싶지 않았다.

"들어가세."

"들어가선 무얼 하나. 출출한데 나가세그려. 그년의 하숙 노파의 눈칫밥 먹으러 들어가고도 싶지 않은데······. 군자금만 대게, 내 좋은 데 안내를 해 줄게!"

"시원한 소리 한다. 내 안내할게 자네 좀 내 보게."

덕기는 임시 제 방으로 쓰는 아랫방으로 들어갔다.

"여보게, 담배부터 하나 내게. 내 턱은 그저 무어나 들어오라는 턱일세."

하며 병화는 방 안을 들여다보고 손을 내밀었다.

"나 없을 땐 온통 담배를 굶데그려."

덕기는 책상 위에 놓은 피죤 갑을 들어 내던지며 웃다가,

"그저 담배 한 개라도 착취를 해야 시원하겠나. 자네와 나와는 착취와 피착취의 계급적 의식을 전도시키세."

하며 조선옷을 훌훌 벗는다.

"담배 하나에 치를 떠는 — 천생 그 할아버지의 그 손자다!"

병화는 담배를 천천히 피워서 맛이 나는 듯이 흠뻑 빨아 후 뿜어내면서,

"여보게, 난 먼저 나가서 기다림세. 영감님이 나와서 흰 동자로 위아랠 훑어보면 될 일도 안 될 테니까!"

하고 뚜벅뚜벅 사랑문 밖으로 나간다.

아닌 게 아니라 덕기도 조부가 나오기 전에 얼른 빠져나가려던 차이다. 조부는 병화가 누구인지도 모르면서, 다만 양복 꼴이나 머리를 텁수룩하게 하고 다니는 것으로 보아 무어나 뜯으러 다니는 위인일 것이요, 그런 축과 어울려서 술을 배우고 돈을 쓰러 다닐까 보아서 걱정을 하는 것이었다.

- 염상섭, 「삼대」

① 장면을 빈번하게 전환시켜 긴장감을 고조하고 있다.
② 중심인물이 직접 체험한 사건을 고백하듯 서술하고 있다.
③ 특별한 인과관계 없이 의식의 흐름에 따라 전개되고 있다.
④ 작품 밖의 서술자가 인물의 행동과 심리를 상세히 묘사하고 있다.

☑ 실력 CHECK

03~04 다음을 읽고 물음에 답하시오.

(가) 이놈 풍 치는 바람에 애꿎은 콩밭 하나만 결딴을 냈다. 뿐만 아니라 모두가 낭패다. 세벌논도 못 맸다. 논둑의 풀은 성큼 자란 채 어지러이 널려 있다. 이 기미를 알고 지주는 대로하였다. 내년부터는 농사질 생각 말라고 발을 굴렀다. 땅은 암만을 파도 기수가 없다. 이만 해도 다섯 길은 훨씬 넘었으리라. 좀 더 지퍼야 옳을지 혹은 북으로 밀어야 옳을지, 우두커니 망설거린다. 금점 일에는 풋둥이다. 입때껏 수재의 지휘를 받아 일을 하여 왔고, 앞으로도 역시 그러해야 금을 딸 것이다. 그러나 그런 칙칙한 짓은 안 한다.

"이리 와 이것 좀 파게."

그는 어쓴 위풍을 보이며 이렇게 분부하였다. 그리고 저는 일어나 손을 털며 뒤로 물러선다.

수재는 군말 없이 고분하였다. 시키는 대로 땅에 무릎을 꿇고 벽채로 군버럭을 긁어낸 다음 다시 파기 시작한다.

영식이는 치다 나머지 버럭을 짊어진다. 커단 걸때를 뒤뚝거리며 사다리로 기어오른다. 굿문을 나와 버럭더미에 흙을 마악 내치려 하라 제,

"왜 또 파. 이것들이 미쳤나 그래!"

산에서 내려오는 마름과 맞닥뜨렸다. 정신이 떠름하여 그대로 벙벙히 섰다. 오늘은 또 무슨 포악을 들으려는가.

"말라니까 왜 또 파는 게야."

하고 영식이의 바지게 뒤를 지팡으로 꽉 찌르더니,

"갈아 먹으라는 밭이지 흙 쓰고 들어가라는 거야, 이 미친 것들아. 콩밭에서 웬 금이 나온다고 이 지랄들이야그래."

하고 목에 핏대를 올린다. 밭을 버리면 간수 잘못한 자기 탓이다. 날마다 와서 그 북새를 피우고 금하여도 다음 날 보면 또 여전히 파는 것이다.

(나) 그들은 ⓐ<u>밥상을 끼고 앉아서 즐거웁게 술을 마셨다</u>. 몇 잔이고 들어가고 보니 영식이의 생각도 적이 돌아섰다. 딴은 일 년 고생하고 끽 콩 몇 섬 얻어먹느니보다는 금을 캐는 것이 슬기로운 짓이다. ⓑ<u>하루에 잘만 캔다면 한 해 줄곧 공들인 그 수확보다 훨씬 이익이다</u>. 올봄 보낼 제 비룟값, 품삯, 빚 해 빚진 칠 원 까닭에 나날이 졸리는 이 판이다. 이렇게 지지하게 살고 말 바에는 차라리 가로지나 세로지나 사내자식이 한번 해 볼 것이다.

"ⓒ<u>낼부터 우리 파 보세. 돈만 있으면야 그까짓 콩은……</u>."

수재가 안달스레 재우쳐 보챌 제 선뜻 응낙하였다.

"그려 보세, 빌어먹을 거 안 됨 고만이지."

그러나 꽁무니에서 죽을 마시고 있던 아내가 허리를 쿡쿡 찔렀게 망정이지 그렇지 않다면 좀 주저할 뻔도 하였다.

ⓓ 아내는 아내대로의 셈이 빨랐다. 시세는 금점이 판을 잡았다. 섣부르게 농사만 짓고 있다간 결국 비렁뱅이밖에는 더 못 된다. 얼마 안 있으면 산이고 논이고 밭이고 할 것 없이 다 금쟁이 손에 구멍이 뚫리고 뒤집히고 뒤죽박죽이 될 것이다. 그때는 뭘 파먹고 사나. 자, 보아라. 머슴들은 짜기나 한 듯이 일하다 말고 후딱하면 금점으로들 내빼지 않는가. 일꾼이 없어서 올핸 농사를 질 수 없느니 마느니 하고 동리에서는 떠들썩하다. 그리고 번동 포농이조차 호미를 내던지고 강변으로 개울로 사금을 캐러 달아난다. 그러나 며칠 뒤에는 지까다비 신에다 옥당목을 떨치고 희자를 뽑는 것이 아닌가.

(다) "산제 지낸다구 꿔 온 것은 은제나 갚는다지유?"

뚱하고 있는 남편을 향하여 말끝을 꼬부린다. 그러나 남편은 눈썹 하나 까딱하지 않는다. 이번에는 어조를 좀 돋우며,

"갚지도 못할 걸 왜 꿔 오라 했지유!"

하고 얼추 호령이었다.

이 말은 남편의 채 가라앉지도 못한 분통을 다시 건드린다. 그는 벌떡 일어서며 황밤 주먹을 쥐어 낭창할 만큼 아내의 골통을 후렸다.

"계집년이 방정맞게."

다른 것은 모르나 주먹에는 아찔이었다. 멋없이 덤비다간 골통이 부서진다. 암상을 참고 바르르하다가 이윽고 아내는 등에 업은 언내를 끌러 들었다. 남편에게로 그대로 밀어 던지니 아이는 까르르 하고 숨 모는 소리를 친다. 그리고 아내는 돌아서서 혼잣말로,

"콩밭에서 금을 딴다는 숙맥(菽麥)도 있담."

하고 빗대 놓고 비양거린다.

"이년아, 뭐?"

남편은 대뜸 달려들며 그 볼치에다 다시 올찬 황밤을 주었다. 적이나 하면 계집이니 위로도 하여 주련만 요건 분만 폭폭 질러 놓으려나. 예이, 빌어먹을 거, 이판사판이다.

(라) "터졌네, 터져."

수재는 눈이 휘둥그렇게 굿문을 뛰어나오며 소리를 친다. 손에는 흙 한 줌이 잔뜩 쥐였다.

"뭐?"

하다가

"ⓔ 금줄 잡았어, 금줄."

"응!"

하고 외마디를 뒤남기자 영식이는 수재 앞으로 살같이 달려들었다. 그는 눈에 눈물이 핑 돌며, 살살이 헤쳐 보니 딴은 재래에 보지 못하던 불그죽죽한 황토이었다. 그는 눈에 눈물이 핑 돌며,

"이게 언줄인가?"

"그럼, 이것이 곱색줄이라네. 한 포에 댓 돈씩은 넉넉잡히지."

영식이는 기쁨보다 먼저 기가 탁 막혔다. 웃어야 옳을지 울어야 옳을지. 다만 입을 반쯤 벌린 채 수재의 얼굴만 멍하니 바라본다.

"이리 와 봐, 이게 금이래."

이윽고 남편은 아내를 부른다. 그리고 내 뭐랬어, 그러게 해 보라고 그랬지, 하고 설면설면 덤벼 오는 아내가 한결 어여뻤다. 그는 엄지손가락으로 아내의 눈물을 지워 주고 그러고 나서 껑충거리며 구덩이로 들어간다.

"그 흙 속에 금이 있지요?"

영식이 처가 너무 기뻐서 코다리에 고래등 같은 집까지 연상할 제, 수재는 시원스러이,

"네, 한 포대에 오십 원씩 나와유."

하고 대답하고 ⓕ <u>오늘 밤에는 꼭, 정녕코 달아나리라 생각하였다.</u>

거짓말이란 오래 못 간다. 봉이 나서 뼈다귀도 못 추스리기 전에 훨훨 벗어나는 게 상책이겠다.

— 김유정, 「금 따는 콩밭」

03 윗글에 대한 설명으로 적절하지 않은 것은?

① 방언을 사용하여 현장감을 드러내고 있다.
② 해학적인 상황을 통해 웃음을 유발하고 있다.
③ 허황된 꿈을 쫓는 인간의 어리석음을 비판하고 있다.
④ 역설적인 표현 기법을 통해 주제 의식을 강조하고 있다.

04 보기에서 ㄱ ~ ㅁ의 상황을 바르게 이해한 것으로 묶은 것은?

> 보기
> ㄱ. 영식이 ⓐ를 한 이유는 ⓔ 때문이다.
> ㄴ. ⓑ는 ⓒ를 하게 된 이유이다.
> ㄷ. ⓓ와 같은 아내는 ⓒ를 부추겼다.
> ㄹ. 수재는 ⓔ 때문에 ⓕ를 결심했다.
> ㅁ. ⓒ의 결과로 ⓔ와 같은 성과를 얻었다.

① ㄱ, ㄹ
② ㄴ, ㄷ
③ ㄴ, ㄷ, ㄹ
④ ㄴ, ㄷ, ㄹ, ㅁ

05 다음 글에서 '우황청심환'에 대한 이해로 적절하지 않은 것은?

> 여인숙과 민박을 혼합한 것 같은 더러운 여관방을 꼬박꼬박 호텔이라 부르는 아우에게 남궁 씨는 연민을 느꼈다. 개운치 않은 연민이었지만 아무튼 그런 느낌의 연장선상에서 돌연 생겨난 우월감 때문에 남궁 씨는 적지 않은 양의 우황청심환을 팔아 보겠다고 떠맡았다.
>
> 거리에 나선 남궁 씨는 촌스러운 보자기 사이로 비죽비죽 비져 나오는 청심환갑을 내려다보면서 왜 하필 허구 많은 약재 중에서 우황청심환이었을까? 하고 자신의 미련한 선택에 쓴웃음을 지었다. 갈 데가 없었다. 집에 가긴 싫었다. 연변 친척에 대한 아내의 혐오감만 돋울 일은 피하고 싶었다. 그는 용기를 내서 회사로 향했다. 그까짓 거 이판사판(理判事判)이다 싶었다. 그동안 회사에선 집으로 아무 연락이 없었다고 한다. 출근해 봤댔자 자신의 입지가 남아 있으리라는 희망은 없었다. 그러나 오백만 원도 안 되는 포상 여행비만 받고 떨어질 순 없다고 생각했다. 자신의 공로를 그렇게 과소평가당할 수 없다는 생각은 소심한 그로서는 파격적인 생각이었고, 전엔 감히 꿈도 못 꿔 보던 생각이었다.
>
> 그동안 사장실을 어찌나 잘 꾸며 놨는지 한때 자신이 몸담고 있었던 데라는 느낌이 조금도 안 났다. 다행이었다. 그 대신 뒤쪽으로 조그맣게 회장실이란 구석방이 하나 새로 생겨난 게 눈에 띄었지만 안은 집기 하나 없이 텅 비어 있었다. 그가 거기라도 붙어 있으려는 눈치면 그때 가서 책상 하나, 걸상 하나 놔주려는 속셈이 뻔했다. 그는 보따리를 놓고 사장실에 버티고 앉아 출타 중인 젊은 주인을 기다렸다. 돌아온 사장은 그를 깍듯이 대접했고, 그는 덕택에 좋은 구경 많이 한 사례와 앞으로는 슬슬 여행이나 하면서 지낼 생각이라는 사의를 동시에 표현했다.
>
> "회장님으로 모실 생각이었습니다만……"
>
> 젊은 사장이 말끝을 흐렸다. 자네 호의는 받은 셈 치겠네, 하면서 남궁 씨는 약 보따리를 끌렀다. 자초지종을 간략하게 설명하고 나서 덧붙였다.
>
> "하필 가짜라고 소문난 물건을 가져와서 안 됐네만 속내 아는 자네가 팔아 줘야지 어쩌겠나?"
>
> "가짜는요. 그건 사회주의 나라의 경제 체제를 모르는 무식한 사람들이 하는 소리지요. 공장이 다 국영인데 어떻게 가짜를 만듭니까. 함량 기준이 우리하고 좀 다르다고 가짜라고 단정을 해 버리니, 국교를 목말라하면서 그런다는 건 암만 생각해도 경솔한 짓이에요."
>
> 이렇게 적극 청심환을 두둔하면서 그걸 몽땅 인수해 주었다.
>
> – 박완서, 「우황청심환」

① 남궁 씨가 아우로부터 팔아 보겠다며 떠맡게 된 물건이다.
② 남궁 씨 아내에게 혐오감을 불러일으킬 수 있는 물건이다.
③ 회사에 새로 온 사장이 갖고 싶어 했던 물건이다.
④ 우리나라에서 가짜라고 소문이 나 있는 물건이다.

06 다음 글을 읽고 추론한 내용으로 적절하지 않은 것은?

> 한 닷새쯤 지났을까. 아버지와 나는 다시 그 수도 상회로 물건을 떼러 갔다. 아버지는 또 고만고만한 물건들로 구색을 맞춰 골랐고 혹부리 영감은 일일이 헤아린 다음 우리 부자가 가져온 정부미 자루에 집어넣으라고 손짓을 했다. 아버지와 나는 허겁지겁 물건들을 자루에 휩쓸어 담았다. 평소와 달리 아버지의 손은 약간 떨려서 헛손질을 많이 해 일부러 나한테 훼방질을 놓는 사람 같았다.
>
> 내가 그 이유를 모를 리가 있겠는가. 아버지는 그 혹부리 영감의 눈을 속여 미리 진로 소주 두 병을 은밀히 자루에 더 넣어 두었던 것이다. 셈을 치르고 문턱을 가까스로 나서려는 순간, 이게 무슨 운명의 조화런가, 혹부리 영감이 우리를 불러 세우는 것이었다.
>
> 거 영감, 이보우다. 그 포대 좀 풀어 다시 한 번 헤아려 봅세. 계산이래 안 맞아.
>
> 나는 그때 겁에 질린 송아지처럼 눈에 흰자위가 유난히 많아진 아버지의 눈동자를 지금도 똑똑히 기억한다. 아버지는 어린 아들인 내가 무슨 구세주라도 돼 주었으면 하는 간절한 눈으로 내 얼굴을 쳐다봤던 것 같았다. 그러나 난들 달리 뾰족한 수가 있을 턱이 없지 않은가.
>
> 결국, 혹부리 영감은 두 병이 더 들어간 것을 밝혀냈고 아버지에게 해명을 요구했다. 나는 내가 희생양이 돼야 함을 느꼈다.
>
> 예, 맞아요. 그건 말예요, 제가 영감님 몰래 넣은 건데요…… 왜냐하면, 접때접때 우리 집에서 사실 두 병을 빠뜨리고 갔기 때문에 응, 쌤쌤이어서요…….
>
> 나는 이상하게도 맘이 편하고 당당했다. 나도 모르게 입가로 번져 나온 미소를 단속하느라 손바닥으로 입을 몇 번인가 틀어막기도 했다. 혹부리 영감은 얼굴에 별다른 표정을 짓지 않고는 고개를 끄덕거렸다. 일단 직접적 책임을 모면한 아버지는 헤설픈 표정으로 날 쳐다볼 뿐이었다.
>
> – 김소진, 「자전거 도둑」

① '나'는 아버지가 평소와 다른 모습을 보인 이유를 알고 있다.
② '나'는 혹부리 영감의 눈을 속인 것에 대해 만족하고 있다.
③ 혹부리 영감이 부르자 아버지는 극도의 긴장감을 느낀다.
④ '나'는 아버지의 잘못을 대신 뒤집어쓰려고 한다.

07 보기를 참고할 때, ㉠ ~ ㉣에 대한 분석으로 적절하지 않은 것은?

구보는 한구석에 가 서서, 그의 앞에 앉아 있는 ㉠ 노파를 본다. 그는 뉘 집에 드난을 살다가 이제 늙고 또 쇠잔한 몸을 이끌어, 결코 넉넉하지 못한 어느 시골, 딸네 집이라도 찾아가는지 모른다. 이미 굳어 버린 그의 안면 근육은 어떠한 다행한 일에도 펴질 턱 없고, 그리고 그의 몽롱한 두 눈은 비록 그의 딸의 그지없는 효양(孝養)을 가지고도 감동시킬 수 없을지 모른다. 노파 옆에 앉은 ㉡ 중년의 시골 신사는 그의 시골서 조그만 백화점을 경영하고 있을 게다. 그의 점포에는 마땅히 주단포목도 있고, 일용 잡화도 있고, 또 흔히 쓰이는 약품도 갖추어 있을 게다. 그는 이제 그의 옆에 놓인 물품을 들고 자랑스러이 차에 오를 게다. 구보는 그 시골 신사가 노파와 사이에 되도록 간격을 가지려고 노력하는 것을 발견하고, 그리고 그를 업신여겼다. 만약 그에게 옅은 지혜와 또 약간의 용기를 주면 그는 삼등 승차권을 주머니 속에 간수하고, 일, 이등 대합실에 오만하게 자리 잡고 앉을 게다.

문득 구보는 그의 얼굴에 부종(浮腫)을 발견하고 그의 앞을 떠났다. 신장염. 그뿐 아니라, 구보는 자기 자신의 만성 위확장(胃擴張)을 새삼스러이 생각해 내지 않으면 안 되었다. 그러나 구보가 매점 옆에까지 갔었을 때, 그는 그곳에서도 역시 병자를 보지 않으면 안 되었다. ㉢ 40여 세의 노동자. 전경부(前頸部)의 광범한 팽륭(澎隆). 돌출한 안구. 또 손의 경미한 진동. 분명한 바세도 우씨병. 그것은 누구에게든 결코 깨끗한 느낌을 주지는 못한다. 그의 좌우에 좌석이 비어 있어도 사람들은 그곳에 앉으려 들지 않는다. 뿐만 아니라, 그에게서 두 간통 떨어진 곳에 있던 아이 업은 ㉣ 젊은 아낙네가 그의 바스켓 속에서 꺼내다 잘못하여 시멘트 바닥에 떨어뜨린 한 개의 복숭아가, 굴러 병자의 발 앞에까지 왔을 때, 여인은 그것을 쫓아와 집기를 단념하기조차 하였다.

- 박태원, 「소설가 구보 씨의 일일」

— 보기 —

이 소설은 전지적 작가 시점이지만 내용이 오직 구보의 행동 및 사고에 제한되고 있으며, 구보가 느끼는 세계와 연상된 추억 등이 객관적으로 제시된다. 이런 점에서 이 소설은 전지적 작가 시점보다는 1인칭 서술자 시점의 특성을 지닌다. 이 소설에 등장하는 인물들은 구보의 의식을 통해 재현되는 사람들로서, 구보는 어떤 기준 없이 그 대상을 무덤덤하게 바라보기도 하고 관찰하기도 하고 때로는 비판하기도 한다.

① ㉠: 힘들게 살아가는 현대인의 단면을 보여 준다.
② ㉡: 약자에게 비정한 현대인의 비겁한 우월 의식을 나타낸다.
③ ㉢: 남을 믿지 못하는 현대인의 모습이 드러난다.
④ ㉣: 인정이 메말라 버린 현대인의 모습을 보여 준다.

08 다음 글의 대화에 대한 설명으로 적절하지 않은 것은?

  총수의 자택에 연못이 생긴 것은 그 며칠 전의 일이었다. 뜰 안에다 벽이고 바닥이고 시멘트를 들어부어 만들었으니 연못이라기보다는 수족관이라고 하는 편이 알맞은 시설이었다. 시멘트가 굳어지자 물을 채우고 울긋불긋한 비단잉어들을 풀어놓았다.
  비단잉어들은 화려하고 귀티 나는 맵시로 보는 사람마다 탄성을 자아내게 하였으나, 그는 처음부터 흘기눈을 떴다. 비행기를 타고 온 수입 고기라서가 아니었다. 그 회사 직원의 몇 사람 치 월급을 합쳐도 못 미치는 상식 밖의 몸값 때문이었다.
  "대관절 월매짜리 고기간디 그려?" / 내가 물어보았다.
  "마리당 팔십만 원씩 주구 가져왔다."
  그 회사 직원들의 봉급 수준을 모르기에 내 월급으로 계산을 해 보니, 자그마치 3년 4개월 동안이나 봉투째로 쌓아야 겨우 한 마리 만져 볼까 말까 한 값이었다.
  "웬 늠으 잉어가 사람버덤 비싸다나?"
  내가 기가 막혀 두런거렸더니
  "보통 것은 아닐러먼그려. 뱉어낸메네또(베토벤)라나 뭬라나를 틀어 주면 또 그 가락대루 따러서 허구, 차에코풀구싶어(차이콥스키)라나 뭬라나를 틀어 주면 또 그 가락대루 따러서 허구, 좌우간 곡을 틀어 주는 대루 못 추는 춤이 읎는 순전 딴따라 고기닝께. 물고기두 꼬랑지 흔들어서 먹구사는 물고기가 있다는 건 이번에 그 집에서 츰 봤구먼."
  그런데 이 비단잉어들이 어제 새벽에 떼죽음을 한 거였다. 자고 일어나 보니 죄다 허옇게 뒤집어진 채로 떠 있는 것이었다.
  총수가 실내화를 꿴 발로 뛰어나왔지만 아무 소용없는 일이었다.
  "어떻게 된 거야?"
  한동안 넋 나간 듯이 서 있던 총수가 하고많은 사람 중에 하필이면 유자를 겨냥하며 물은 말이었다.
  "글쎄유, 아마 밤새에 고뿔이 들었던 개비네유."
  유자는 부러 딴청을 하였다.
  "뭐야? 물고기가 물에서 감기 들어 죽는 물고기두 봤어?"
  총수는 그가 마치 혐의자나 되는 것처럼 화풀이를 하려 드는 것이었다.
  그는 비위가 상해서
  "그야 팔자가 사나서 이런 후진국에 시집와 살라니께 여러 가지루다 객고가 쌓여서 조시두 안 좋았을 테구……. 그런디다가 부릇쓰구 지루박이구 가락을 트는 대루 디립다 춰 댔으니께 과로해서 몸살끼두 다소 있었을 테구……. 본래 받들어서 키우는 새끼덜일수록이 다다 탈이 많은 법이니께……."
  그는 시멘트의 독성을 충분히 우려내지 않고 고기를 넣은 것이 탈이었으려니 하면서 부러 배참으로 의뭉을 떨었다.

– 이문구, 「유자소전」

① 직설적인 말투를 사용하여 상대방의 잘못을 지적하고 있다.

② 방언을 사용하여 토속적인 정감과 사실성을 획득하고 있다.
③ 발음의 유사성에 의한 언어유희를 통해 웃음을 유발하고 있다.
④ 비속어를 사용하여 대상을 더욱 우스꽝스럽게 보이도록 하고 있다.

09 다음 글에 나타난 서술자에 대한 설명으로 가장 옳은 것은?

> 우리 집에 강도가 든 것은 공교롭게도 그날 밤이었다. 난생처음 당해 보는 강도였다. 자꾸만 누군가 내 어깨를 흔들어 대고 있었다. 귀찮다고 뿌리쳐도 잠자코 계속 흔들었다. 나를 깨우려는 손의 감촉이 내 식구의 그것이 아님을 퍼뜩 깨닫고 눈을 떴을 때 나는 빨간 꼬마전구 불빛 속에서 복면의 사내를 보았다. 그리고 똑바로 내 멱을 겨누고 있는 식칼의 서슬도 보았다. 술 냄새가 확 풍겼다. 조명 빛깔을 감안해서 붉은빛을 띤 검정 계통의 보자기일 복면 위로 드러난 코의 일부와 눈자위가 나우 취해 있음을 나는 재빨리 간파했다.
> "일어나, 얼른 일어나라니까."
> 나 외엔 더 깨우고 싶지 않은지 강도의 목소리는 무척 낮고 조심스러웠다.
> 나는 일어나고 싶었지만 도무지 일어날 수가 없었다. 멱을 겨눈 식칼이 덜덜덜 위아래로 춤을 추었다. 만약 강도가 내 목통이라도 찌르게 된다면 그것은 고의에서가 아니라 지나친 떨림으로 인한 우발적인 상해일 것이었다. 무척 모자라는 강도였다. 나는 복면 위의 눈을 보는 순간에 상대가 그 방면의 전문가가 못 됨을 금방 알아차렸던 것이다. 딴에 진탕 마신 술로 한껏 용기를 돋웠을 텐데도 보기 좋을 만큼 큰 눈이 착하게만 타고난 제 천성을 어쩌지 못한 채 나를 퍽 두려워하고 있었다. 술로 간을 키우지 않고는 남의 집 담을 못 넘을 정도라면 강력 범행을 도모하는 사람으로서는 처음부터 미역국이었다.
> "일어날 테니까 칼을 약간만 뒤로 물려 주시오."
> 강도는 내가 시키는 대로 했다.
> "내놔, 얼른 내놓으라니까."
> 내가 다 일어나 앉기를 기다려 강도가 속삭였다.
>
> — 윤흥길, 「아홉 켤레의 구두로 남은 사내」

① 서술자가 자신의 내면에 있는 갈등을 서술하고 있다.
② 서술자의 시각에서 인물의 행동을 관찰하여 판단하고 있다.
③ 서술자가 사건에 대한 자신의 생각을 논평하듯 서술하고 있다.
④ 서술자가 전지적 존재로서 인물과 사건을 모두 조망하고 있다.

10 다음 글의 '도요새'에 대한 설명으로 적절하지 않은 것은?

    죽음을 거부하면서도 삶답지 못한 생존의 늪을 허우적거릴 때, 이 도시의 생활 환경이 왜 자연을 파손시키느냐의 또 다른 문제에 관심을 갖게 되었다. 그와 동시에 나는 동진강 하구의 삼각주 개펄에서 새 떼를 만난 것이다. 실의의 낙향 생활로 술만 죽여 내던 내 깜깜한 생활 안으로 나그네새의 울음소리가 화톳불처럼 살아나기 시작했다. 새가 내 머릿속으로 자유자재 날아다녔다. 수백 마리로 떼를 이루어 의식의 공간을 무한대로 휘저었다. 새 중에서도 동진강 하구에서 자취를 감춘 도요새였다. 나는 도요새를 찾아 헤매었다. 그중 중부리도요를 발견하기 위해 휴일에는 정배 형과 함께, 그 외의 날은 나 혼자서 동남만 일대의 습지와 못과 개펄을 싸돌았다. 그러나 봄은 짧았고 곧 초여름으로 접어들었다. 그때는 이미 물떼새목의 도요샛과에 포함된 그 무리는 우리나라 남단부를 거쳐 휴전선 하늘을 질러 북상한 뒤였다. 다시 도요새 무리가 도래할 시절을 만해의 임처럼 기다렸다. 그래서 시베리아 알래스카 캐나다의 툰드라에서 편도 일만 킬로미터를 날아 남으로 남으로 내려오는 그 작은 새 떼의 길고 긴 여정에 밤마다 동참했던 것이다. 나의 일상이 너무 권태스러울 정도로 자유스러우면서, 전혀 자유롭지 못한 내 사고의 굳게 닫힌 문을 도요새가 그 날카로운 부리로 쪼며 밀려들었다. 그리고 떠남의 장와 고통에 대해 여러 말을 재잘거렸다.

    – 우리는 여름에 그 한대의 추운 지방에서 번식하여 가을이면 지구의 반을 가로지르는 여행길에 오른다. 우리는 떠나야 할 때를 안다. 얇은 햇살 아래 팔스름하게 살아 있던 이끼류와 작은 떨기나무가 잿빛으로 시들고, 긴 밤이 저 북빙의 찬바람을 몰아올 때쯤이면 우리는 여정의 채비를 차린다. 여름 동안 부쩍 큰 새끼들도 날개를 손질하며 출발의 한때를 기다린다. 우리의 여행은 자유를 찾기 위한 고통의 길고 긴 도정이다. 처음 떠날 때, 우리는 무리를 이룬다. 그러나 창공을 가로질러 쉬지 않고 날 때는 다만 혼자 날 뿐이다. 마라톤 선수가 사십이 점 일구오 킬로를 완주할 때는 오직 자기 자신의 극기와의 싸움이라고 말했듯, 작은 심장으로 숨 가빠하며 열심히 열심히 혼자 날아간다. 그렇다고 방황이나 길을 잃는 법은 없다. 혼자 날지만 결코 혼자가 아니기 때문이다. 우리는 각각 떨어진 개체의 몸이지만 나는 속도가 일정하고 행로가 분명하므로 우리는 낙오되거나 헤어지지 않는다. 오백만 년 전 신생대부터 우리 조상들은 그런 고통의 긴 여행을 터득해 왔다.

    인간으로서는 감히 상상할 수 없는 바다와 하늘이 맞물려 있는 무공 천지에 길을 열어 봄 가을 두 차례를 대이동으로 장식해 온 것이다. 오직 생활 환경에 적응키 위해서라는 한 마디로 치부해 버린다면 인간도 거기에서 예외일 수는 없다. 오히려 인간은 거기에 적응하기 위해 사악하고 간사하고 탐욕하고 음란하고 권력욕에 차 있어, 자연의 환경을 파괴하고 끝내 너희들 스스로까지 파멸시키기 위해 기계와 조직의 노예가 되고 있지 않은가…….

– 김원일, 「도요새에 관한 명상」

① '나'가 찾아 헤맨 대상이다.
② '나'의 경직된 사고를 각성시킨다.
③ 자유를 찾기 위해 고통을 감내한다.
④ 욕망의 노예가 되어 스스로를 파멸시킨다.

> ✅ **실력 CHECK**

11 다음 글의 서술상 특징으로 가장 적절한 것은?

> 사실 우리 아저씨 양반은 대학교까지 졸업하고도 인제는 기껏 해 먹을 거란 막벌이 노동밖에 없는데, 요 보통학교 사 년 겨우 다니고서도 시방 앞길이 환히 트인 내게다 대면 고즈카이[小使]만도 못하지요.
>
> 아, 그런데 글쎄 막벌이 노동을 하고 어쩌고 하기는커녕 조금 바스스 살아날 만하니까 이 주책꾸러기 양반이 무슨 맘보를 먹는고 하니, 내 참 기가 막혀!
>
> 아니, 그놈의 것하고는 무슨 대천지원수가 졌단 말인지, 어쨌다고 그걸 끝끝내 하지 못해서 그 발광인고?
>
> 그러나마 그게 밥이 생기는 노릇이란 말인지? 명예를 얻는 노릇이란 말인지. 필경은 붙잡혀 가서 징역 사는 놀음?
>
> 아마 그놈의 것이 아편하고 꼭 같은가 봐요. 그렇길래 한번 맛을 들이면 끊지를 못하지요?
>
> 그렇지만 실상 알고 보면 그게 그다지 재미가 난다거나 맛이 있다거나 그런 것도 아니더군 그래요. 불한당패던데요. 하릴없이 불한당팹디.
>
> 저, 서양 어디선가, 일하기 싫어하는 게으름뱅이 몇 놈이 양지쪽에 모여 앉아서 놀고먹을 궁리를 했더라나요. 우리 집 다이쇼가 다 자상하게 이야기를 해 줍디.
>
> 게, 그 녀석들이 서로 구누를 하기를, 자, 이 세상에는 부자가 있고 가난한 사람이 있고 하니 그건 도무지 공평한 일이 아니다. 사람이란 건 이목구비하며 사지 육신을 꼭같이 타고났는데, 누구는 부자로 잘살고 누구는 가난하다니 그게 될 말이냐. 그러니 부자가 가진 것을 우리 가난한 사람들하고 다 같이 고르게 노나 먹어야 경우가 옳다.
>
> 야, 그거 옳은 말이다. 야, 그 말 좋다. 자, 노나 먹자.
>
> 아, 이렇게 설도를 해 가지고 우 — 하니 들고일어났다는군요.
>
> 아니, 그러니 그게 생날불한당 놈의 짓이 아니고 무어요?
>
> 사람이란 것은 제가끔 분지복이 있어서 기수(氣數)를 잘 타고나든지 부지런하면 부자가 되는 법이요, 복록을 못 타고나든지 게으른 놈은 가난하게 사는 법이요, 다 이렇게 마련인데, 그거야말로 공평한 천리인 것을, 됩다 불공평하다니 될 말이오? 그러고서 억지로 남의 것을 뺏어 먹자고 들다니 그놈들이 불한당이지 무어요.
>
> 짓이 불한당 짓일 뿐 아니라, 또 만약에 그러기로 들면 게으른 놈은 점점 더 게으름만 부리고 쫓아다니면서 부자 사람네가 가진 것만 뺏어 먹을 테니 이 세상은 통으로 도적놈의 판이 될 게 아니오? 그나마 부자 사람네가 모아 둔 걸 다 뺏기고 더는 못 먹여 내는 날이면 그때는 이 세상 망하는 날이 아니오?
>
> 저마다 남이 농사지어 놓으면 그걸 뺏어 먹으려고 일 않고 번둥번둥 놀 것이고, 남이 옷감 짜 노면 그걸 뺏어다가 입으려고 번둥번둥 놀 것이고 그럴 테니 대체 곡식이며 옷감이며 그런 것이 다 어디서 나올 데가 있어야지요. 세상 망할밖에!

— 채만식, 「치숙」

① 넋두리 형식의 독백체를 사용하고 있다.
② 인물 간의 대화를 중심으로 전개하고 있다.
③ 과거와 현재의 시간을 교차하며 서술하고 있다.
④ 중심인물의 의식의 흐름에 따라 서술하고 있다.

12 다음 글의 '민 노인'에 대한 이해로 적절하지 않은 것은?

일찍 점심을 먹고, 여느 날의 걸음걸이로 집을 나선 민 노인은, 나이에 어울리지 않는 설렘으로 흔들렸다. 아직은 눈치를 채지 못한 아들 내외에 대한 심리적 부담보다는 자기가 맡은 일 때문이었다. 수십 명의 아이들이 어우러져 돌아가는 춤판에 영감쟁이 하나가 낀다는 사실이 새삼스럽게 어색하기도 하고 모처럼의 북 가락이 그런 모양으로밖에는 선보일 수 없다는 데 대한 엷은 적막감도 씻어 내기 힘들었다. 그러나 젊은 훈김들이 뿜어내는 학교 마당에 서자, 그런 머뭇거림은 가당찮은 것으로 치부되었다. 시간이 되어 옷을 갈아입고 아이들 속에 섞여 원진(圓陣)을 이루고 있는 구경꾼들을 대하자, 그런 생각들은 어디론지 녹아 내렸다. 그 구경꾼들의 눈이 자기에게 쏠리는 것도 자신이 거쳐 온 어느 날의 한 대목으로 치면 그만이었다. 노장(老長)이 나오고 취발이가 등장하는가 하면, 목중들이 춤을 추며 걸쭉한 음담패설 등을 쏟아놓을 때마다 관중들은 까르르 까르르 웃었다. 민 노인의 북은 요긴한 대목에서 둥둥 울렸다. 째지는 소리를 내는 꽹과리며 장구에 파묻혀 제값을 하지는 못해도, 민 노인에게는 전혀 괘념할 일이 아니었다. 그전에도 그랬던 것처럼, 공연 전에 마신 술기운도 가세하여, 탈바가지들의 손끝과 발목에 한 치의 오차도 없이 그의 북소리는 턱 턱 꽂혔다. 그새 입에서는 얼씨구! 소리도 적시에 흘러나왔다. 아무 생각도 없었다. 가락과 소리와 그것을 전체적으로 휩싸는 달착지근한 장단에 자신을 내맡기고만 있었다.

그날 밤, 민 노인은 근래에 흔치 않은 노곤함으로 깊은 잠을 잤다. 춤판이 끝나고 아이들과 어울려 조금 과음한 까닭도 있을 것이었다. 더 많이는 오랜만에 돌아온 자기 몫을 제대로 해냈다는 느긋함이 꿈도 없는 잠을 거쳐 상큼한 아침을 맞게 했을 것으로 믿었는데 그런 흐뭇함은 오래 가지 않았다. 다 저녁때가 되어 외출에서 돌아온 며느리는 집 안에 들어서자마자 성규를 찾았고, 그가 안 보이자 민 노인의 방문을 밀쳤다.

"아버님, 어저께 성규 학교에 가셨어요?"

예사로운 말씨와는 달리, 굳어 있는 표정 위로는 낭패의 그늘이 좍 깔려 있었다. 금방 대답을 못 하고 엉거주춤한 형세로 며느리를 올려다보는 민 노인의 면전에서 송 여사의 한숨 섞인 물음이 또 떨어졌다.

– 최일남, 「흐르는 북」

① 신명 나게 북을 치며 자신감을 회복하고 있었다.
② 공연에 대한 부담감을 떨치고 공연 상황에 적응했다.
③ 아이들과 함께 북을 치는 것에 대해 어색함을 느꼈다.
④ 아들 내외를 생각하여 손자 학교 공연에서 북을 쳤다.

13 두 사람의 대화에 대한 설명으로 적절한 것은?

> 다음 날 아침 일찍 안이 나를 깨웠다.
> "그 양반, 역시 죽어 버렸습니다." 안이 내 귀에 입을 대고 그렇게 속삭였다.
> "예?" 나는 잠이 깨끗이 깨어 버렸다.
> "방금 그 방에 들어가 보았는데 역시 죽어 버렸습니다."
> "역시……." 나는 말했다. "사람들이 알고 있습니까?"
> "아직까진 아무도 모르는 것 같습니다. 우선 빨리 도망해 버리는 게 시끄럽지 않을 것 같습니다."
> "사실이지요?"
> "물론 그렇겠죠."
> 나는 급하게 옷을 주워 입었다. 개미 한 마리가 방바닥을 내 발이 있는 쪽으로 기어 오고 있었다. 그 개미가 내 발을 붙잡으려고 하는 것 같은 느낌이 들어서 나는 얼른 자리를 옮겨 디디었다.
> 밖의 이른 아침에는 싸락눈이 내리고 있었다. 우리는 할 수 있는 한 빠른 걸음으로 여관에서 멀어져 갔다
> "난 그가 죽으리라는 것을 알고 있었습니다." 안이 말했다.
> "난 짐작도 못했습니다."라고 나는 사실대로 이야기했다.
> "난 짐작하고 있었습니다." 그는 코트의 깃을 세우며 말했다.
> "그렇지만 어떻게 합니까?"
> "그렇지요. 할 수 없지요. 난 짐작도 못 했는데……." 내가 말했다.
> "짐작했다고 하면 어떻게 하겠어요?" 그가 내게 물었다.
> "어떻게 합니까? 그 양반 우리더러 어떡하라는 건지……."
> "그러게 말입니다. 혼자 놓아두면 죽지 않을 줄 알았습니다. 그게 내가 생각해 본 최선의, 그리고 유일한 방법이었습니다."
> "난 그 양반이 죽으리라는 짐작도 못 했으니까요. 약을 호주머니에 넣고 다녔던 모양이군요."
> 안은 눈을 맞고 있는 어느 앙상한 가로수 밑에서 멈췄다. 나도 그를 따라가서 멈췄다. 그가 이상하다는 얼굴로 나에게 물었다.
> "김 형, 우리는 분명히 스물다섯 살싸리죠?"
> "난 분명히 그렇습니다."
> "나도 그건 분명합니다." 그는 고개를 한번 기웃했다.
> "두려워집니다."
> "뭐가요?" 내가 물었다.
> "그 뭔가가, 그러니까……."
> 그가 한숨 같은 음성으로 말했다.
> "우리가 너무 늙어 버린 것 같지 않습니까?"

"우린 이제 겨우 스물다섯 살입니다." 나는 말했다.
"하여튼……." 하고 그가 내게 손을 내밀며 말했다.
"자, 여기서 헤어집시다. 재미 많이 보세요." 하고 나도 그의 손을 잡으며 말했다.

- 김승옥, 「서울, 1964년 겨울」

① 한 사람이 대화를 일방적으로 주도하고 있다.
② 서로의 고뇌를 함께 나눌 것을 간청하고 있다.
③ 인간 소외와 인간관계의 단절을 보여 주고 있다.
④ 친밀한 관계를 맺기 위한 소통 지향적 대화가 이어지고 있다.

14 다음 글에 대한 설명으로 옳지 않은 것은?

이렇게 비 내리는 날이면 원구(元求)의 마음은 감당할 수 없도록 무거워지는 것이었다. 그것은 동욱(東旭) 남매의 음산한 생활 풍경이 그의 뇌리를 영사막처럼 흘러가기 때문이었다. 빗소리를 들을 때마다 원구에게는 으레 동욱과 그의 여동생 동옥(東玉)이 생각나는 것이었다. 그들의 어두운 방과 쓰러져 가는 목조 건물이 비의 장막 저편에 우울하게 떠오르는 것이었다. 비록 맑은 날일지라도 동욱 오뉘의 생활을 생각하면, 원구의 귀에는 빗소리가 설레고 그 마음 구석에는 빗물이 스며 흐르는 것 같았다. 원구의 머릿속에 떠오르는 동욱과 동옥은 그 모양으로 언제나 비에 젖어 있는 인생들이었다.

동욱의 거처를 왕방하기 전에 원구는 어느 날 거리에서 동욱을 만나 저녁을 같이한 일이 있었다. 동욱은 밥보다도 먼저 술을 먹고 싶어했다. 술을 마시는 동욱의 태도는 제법 애주가였다. 잔을 넘어 흘러내리는 한 방울도 아까워서 동욱은 혀끝으로 잔굽을 핥았다. 기독교 가정에서 성장했을 뿐 아니라 몇몇 교회에서 다년간 찬양대를 지도해 온 동욱의 과거를 원구는 생각하며, 요즈음은 교회에 나가지 않느냐고 물어보았다. 동욱은 멋쩍게 씽긋 웃고 나서 이따만큼 한 번씩 나가노라고 하고, 그런 때는 견딜 수 없는 절망감에 숨이 막힐 것 같은 날이라는 것이었다. 동욱은 소매와 깃이 너슬너슬한 양복저고리에 교회에서 구제품으로 탄 것이라는, 바둑판처럼 사방으로 검은 줄이 죽죽 간 회색 즈봉을 입고 있었다. 무엇보다도 그의 구두가 아주 명물이었다. 개미허리처럼 중간이 잘록한 데다가 코숭이만 주먹만큼 뭉툭 솟아오른 검정 단화를 신고 있었다. 그건 꼭 채플린이나 신음 직한 괴이한 구두였기 때문에, 잔을 주고받으면서도 원구는 몇 번이나 동욱의 발을 내려다보는 것이었다. 그동안 무얼 하며 지내느냐는 원구의 물음에 동욱은 끼고 온 보자기를 끄르고 스크랩북을 펴 보이는 것이었다. 몇 장 벌컥벌컥 뒤지는데 보니, 서양 여자랑 아이들의 초상화가 드문드문 붙어 있었다. 그 견

본을 가지고 미군 부대를 찾아다니며, 초상화의 주문을 맡는다는 것이었다. 대학에서 영문과를 전공한 것이 아주 헛일은 아니었다고 하며 동욱은 닝글닝글 웃었다. 동욱의 그 닝글닝글한 웃음을 원구는 이전부터 몹시 꺼렸다. 상대방을 조롱하는 것 같은, 그러면서도 자조적이요, 어쩐지 친애감조차 느껴지는 그 닝글닝글한 웃음은, 원구에게 어떤 운명적인 중압을 암시하여 감당할 수 없이 마음이 무거워지는 것이었다. 대체 그림은 누가 그리느냐니까, 지금 여동생 동옥이와 둘이 지내는데, 동옥은 어려서부터 그림을 좋아하더니 초상화를 곧잘 그린다는 것이다. 동옥이란 원구의 귀에도 익은 이름이었다. 소학교 시절에 동욱이네 집에 놀러 가면 그때 대여섯 살밖에 안 되는 동옥이가 귀찮게 졸졸 따라다니던 기억이 새로웠다. 동욱은 그 당시 아이들 사이에 한창 유행되었던, '중중 때때중 바랑 메고 어디 가나'를 부르고 다녔다. 그사이 이십 년이라는 세월이 흐르고 보니 동옥의 모습은 전연 기억도 남지 않았다.

- 손창섭, 「비 오는 날」

① 서술자가 인물의 심리를 직접 제시하고 있다.
② 작품의 배경인 비가 음울한 분위기를 조성하고 있다.
③ '것이었다'를 반복해 인물의 속마음을 드러내고 있다.
④ 외양 묘사를 통해 인물의 삶의 모습을 드러내고 있다.

15 보기에 대한 설명으로 가장 옳은 것은?

보기

감독관: 원고! 원고!
교　수: (일어나며) 네, 곧 됩니다. 또 독촉이군.
감독관: (책상 쪽을 가리키며) 원고! 원고!교수, 소파 한구석에 있던 가방을 집어 갖고서 황급히 책상에가 앉는다. 가방에서 원고를 끄집어내고 책을 펼친다.
감독관: 원고! 원고!이윽고 교수는 번역을 시작한다. 감독관이 창문을 닫고 사라진다. 처가 들어온다. 큰 자루를 손에 들고 있다.
처: 어머나! 그렇게 벌거벗고 계시면 어떡해요.막대기에 감긴 철쇄를 줄줄 끌어니 교수의 허리에 감아 준다.

① 전통적인 사실주의 극문학이다.
② 반공주의적인 목적극의 대본이다.
③ 근대극이 뿌리를 내린 시기에 창작되었다.
④ 사회 현실을 풍자한 부조리극이다.

16 다음 글에 대한 설명으로 옳지 않은 것은?

> 해설자: (관객들에게 무대와 등장인물을 설명한다.) 이곳은 황야입니다. 이리 떼의 내습을 알리는 망루가 세워져 있죠. 드높이 솟은 이 망루는 하늘로 둘러싸여 있습니다. 하늘은 연극의 진행에 따라 황혼, 초승달이 뜬 밤, 그리고 아침으로 변할 겁니다. 저기 위를 바라보십시오. 파수꾼이 앉아 있습니다. 높은 곳에서 하늘을 등지고 있기 때문에 그는 언제나 시커먼 그림자로만 보입니다. 그는 내가 태어나기 전부터 파수꾼이었습니다. 나의 늙으신 아버지께서도 어린 시절에 저 유명한 파수꾼의 이야기를 들으셨다 합니다.
> — 이강백, 「파수꾼」에서

① 공간적 배경은 망루가 세워져 있는 황야이다.
② 시간적 배경은 연극의 진행에 따라 변한다.
③ 해설자는 무대 위의 아버지를 소개한다.
④ 파수꾼의 얼굴은 분명하게 알 수 없다.

17 다음 글에 대한 설명으로 옳지 않은 것은?

> 내가 어려서 최초로 대면한 중국 음식이 자장면이고(자장면이 정말 중국의 전통적인 음식인지 어떤지는 따지지 말자.), 내가 맨 처음 가 본 내 고향의 중국집이 그런 집이고, 이따금 흑설탕을 한 봉지씩 싸 주며 "이거 먹어해, 헤헤헤." 하던 그 집주인이 그런 사람이어서, 나는 중국 음식이라면 우선 자장면을 생각했고 중국집이나 중국 사람은 다 그런 줄로만 알고 컸다.
>
> 〈중략〉
>
> 그러나 적어도 우리 동네와 내 직장 근처에만은 좁고 깨끗하지 못한 중국집과 내 어리던 날의 그 장궤(掌櫃) 같은 뚱뚱한 주인이 오래오래 몇만 남아 있었으면 한다.
> — 정진권, 「자장면」

① 일상적인 소재를 통해 추억을 회상하고 있다.
② 기억을 중심으로 편안하게 경험을 서술하고 있다.
③ 대상의 소박함과 정겨움을 중심으로 서술하고 있다.
④ 대상을 의인화하여 바람직한 삶의 자세를 이끌어 내고 있다.

18 ㉠ ~ ㉤ 중 지시하는 의미가 동일한 것끼리 묶인 것은?

집으로 들어오는 골목 어귀에 ㉠약국이 하나 있다. 몇 년 사이에 주인이 세 번쯤 바뀌었는데, 이번에 간판을 건 사람은 꽤 오래 하고 있다. 어쩐 일인지 먼저와는 달리, 약국 안 의자에는 동네 사람들이 늘 모여 앉아 있곤 한다. 지나다 보면, 30대 중반으로 보이는 수더분한 인상의 여주인이 사람들과 얘기하는 모습이 보인다. 약국 규모도 점차 늘어가는 듯하다.

그 자리에 처음 ㉡약국 간판을 건 사람은 중년 여자였다. 혼자 살고 있다는 그녀는 느지막하게 약국의 문을 열었다가 저녁에는 일찌감치 닫고는 하였다. 가끔 들러 보면, 입고 있는 가운은 솔기가 너저분해 보이고, 약장 안도 제대로 정돈돼 있지 않아서 왠지 어수선했다. 지나는 말로 이사할 생각이냐고 하면, 그저 웃기만 했다. 동네 사람들은 믿음이 안 갔던지, 이약국을 지나 한참 내려가야 하는 곳으로 약을 사러 가고는 하였다. 그러더니 어느 날, 어수선하던 약국은 문을 닫았다.

오래가지 않아서 새로운 이름을 걸고 ㉢약국의 문이 다시 열렸다. 주인은 대학을 갓 졸업한 듯싶은 자매였다. 그들은 늘 흰 가운을 단정하게 입었고, 약국 안도 깔끔하게 정돈했다. 문을 열고 들어가면 언제나 고전 음악이 잔잔하게 흘렀다. 그런데 얼마 안 가서 약국의 문은 다시 내려졌다. 아마도 동네 사람들에게는 선뜻 발을 들여놓기에 주춤거려지는 분위기였던 모양이다.

닫혀진 약국의 간판 한쪽이 처진 채 계절이 지나갔다. 그러던 어느 봄날, 약국 간판이 반듯하게 다시 걸렸다. 그리고 얼마 안 가 그 안으로 동네 사람들의 발길이 잦아지는 것 같았다. ㉣약국 안에 놓인 긴 의자는 비어 있는 날이 드물었다. 어느 때는 관절염으로 고생하고 있는 대추나무집 안 노인이 앉아 있기도 하고, 때마다 낯익은 얼굴들이 보였다.

그 약국 여주인을 내가 처음 만난 것은 어느 여름날이었다. 그날, 시내에서부터 머리가 아파 집으로 오는 길에 약국에 들렀다. 반갑게 맞아 주는 그녀에게 두통약을 달라고 했더니, 좀 쉬면 괜찮아질 거라면서 찬 보리차를 꺼내 한 컵 따라 준다. 그러면서 되도록 약은 먹지 말라고 한다. 생각지 않은 처방에 나는 잠시 그녀를 바라보았다. 약국을 나와 집으로 오는데, 더위 속에서 한 줄기 소나기를 만난 듯 심신이 상쾌해졌다. 그 후로 자연스럽게 그녀와 허물없는 이웃이 되었다.

외출을 하거나 산책을 나갈 때면 그 ㉤약국을 지나게 된다. 그럴 때마다 유리문 안으로 동네 사람들과 함께 있는 그녀를 볼 수 있다. 사람들은 약만 구하러 가는 것이 아니라 궂은일, 기쁜 일들을 털어놓는다. 그렇다고 그녀가 전문 상담역 노릇을 하는 것이 아니다. 그저 이웃의 일을 자신의 일인 듯 마음을 열고 들어주는 것이다.

약을 팔려고 애쓰지 않는 약사. 그녀는 약으로만 병을 낫게 하는 것이 아니라, 마음으로 사람들을 치유해 주고 있다. 그래서 그 약국은 날로 번창하는 것 같다.

① ㉠, ㉡
② ㉡, ㉣
③ ㉠, ㉣, ㉤
④ ㉡, ㉢, ㉤
⑤ ㉢, ㉣, ㉤

문주국어 단원별 핵심 400제

비문학

THEME 1 일치, 불일치 / 미루어 추리
THEME 2 주제, 주장(견해)
THEME 3 논지 전개 방식
THEME 4 논리적 순서
THEME 5 반론, 비판 / 오류
THEME 6 문맥적 의미

PART 5

THEME 1
일치, 불일치/미루어 추리

 윤주쌤 CLINIC

일치, 불일치	미루어 추리
1. 선택지 키워드 먼저 확인한다. 2. 키워드와 관련된 정보를 확인하며 제시문을 읽는다. 3. 대립쌍의 정보에 주의하며 읽는다.	1. 불일치(×) - 미루어 추리(○) - 논리적 비약(×) 2. 반드시 선지의 근거가 제시문에 있어야 한다.

기출 대표 유형

다음 글에 대한 이해로 적절하지 않은 것은? 2022 국가직 9급

> 국가정보자원관리원과 ○○시는 빅데이터 기반의 맞춤형 복지 서비스 분석 사업을 수행했다. 국가정보자원관리원은 자체 확보한 공공 데이터와 ○○시로부터 받은 복지 사업 관련 데이터를 활용하여 '복지 공감 지도'를 제작하고, 복지 기관 접근성 분석을 통해 취약 지역 지원 방안을 제시했다.
>
> 복지 공감 지도는 공간 분석 시스템을 활용하여 ○○시에 소재한 복지 기관들의 다양한 지원 항목과 이를 필요로 하는 복지 대상자, 독거노인, 장애인 등의 수급자 현황을 한눈에 확인할 수 있도록 구현한 것이다. 이 지도를 활용하면 복지 혜택이 필요한 지역과 수급자를 빨리 찾아낼 수 있으며, 생필품 지원이나 방문 상담 등 복지 기관의 맞춤형 대응이 가능하고, 최적의 복지 기관 설립 위치를 선정할 수 있다.
>
> 이 사업을 통해 ○○시는 그동안 복지 기관으로부터 도보로 약 15분 내 위치한 수급자에게 복지 혜택이 집중되고 있는 것도 확인했다. 이에 교통이나 건강 등의 문제로 복지 기관 방문이 어려운 수급자를 위해 맞춤형 복지 서비스가 절실하게 필요한 상황임을 발견하고, 복지 셔틀버스 노선을 4개 증설할 계획을 수립했다.

① 빅데이터를 활용하여 복지 사각지대를 줄이는 방안을 마련할 수 있다.
② 복지 기관과 수급자 거주지 사이의 거리는 복지 혜택의 정도에 영향을 준다.
③ 복지 기관 접근성 분석 결과는 복지 셔틀버스 노선 증설의 근거가 된다.
④ 복지 공감 지도로 복지 혜택에 대한 수급자들의 개별 만족도를 파악할 수 있다.

해설 제시문의 내용으로 미루어 볼 때 옳은 선지를 선택하는 문제이다.
복지 공감 지도로 수급자들의 혜택에 대한 개별 만족도를 파악할 수 있다는 내용은 언급되지 않았다.

선택지 해설
① 첫 번째 문단의 빅데이터 기반의 맞춤형 복지 서비스 분석 사업으로 공공 데이터와 복지 사업 관련 데이터를 활용하여 제작한 복지 공감 지도를 통해 복지 기관 접근성 분석을 통해 취약 지역 지원 방안을 제시했다는 내용으로, 빅데이터를 활용하여 복지 사각지대를 줄이는 방안을 마련할 수 있다는 것을 알 수 있다.
② 세 번째 문단에서 이 사업을 통해 복지 기관으로부터 도보로 약 15분 내 위치한 수급자에게 복지 혜택이 집중되고 있다는 점에서 복지 기관과 수급자 거주지 사이의 거리는 복지 혜택의 정도에 영향을 미친다는 사실을 알 수 있다.
③ 복지 기관 접근성 분석으로 복지 기관과 수급자 거주지 사이의 거리가 복지 혜택의 정도에 영향을 주기 때문에 복지 셔틀버스 노선 4개를 증설할 계획을 수립한 것이다.

정답 ④

01 다음 글의 내용으로 적절하지 않은 것은?

고양이는 앉은 자리에서 제 키의 9배 높이를 가볍게 점프한다. 어깨와 가슴을 좁혀 거의 불가능해 보이는 좁은 틈새로 몸을 밀어 넣기도 한다. 높은 곳에서 떨어져도 눈 깜짝할 사이에 몸을 뒤틀어 네 다리로 안전하게 착지하는 것도 고양이만의 묘기이다. 이는 고양이가 가축화 이전 소형 포식자이던 야생동물 때부터 간직하던 형질로 비밀은 골격과 근육 속에 있다.

우선 사람의 척추가 32 ~ 34개인데 견줘 고양이는 꼬리를 포함해 척추 뼈가 52 ~ 53개에 이른다. 척추 뼈가 많은 데다 각각의 뼈 사이에 있는 관절이 자유롭게 움직여 운동능력이 향상된다. 탄력 있고 유연한 척추는 묘기 같은 동작뿐 아니라 속도를 내는 데도 유용하다.

포식자가 먹이를 사냥할 때는 폭발적으로 속도를 낼 필요가 있다. 고양이는 유연한 등을 늘였다 줄였다 반복하면서 보폭을 최대한 늘려 최고 속도를 낸다. 사냥할 때 고양이는 자기 몸길이의 3배까지 보폭을 키운다. 이때 평소에 숨겼던 발톱을 꺼내면 단거리 육상선수 신발의 스파이크처럼 땅을 박차는 구실을 한다. 강력한 힘은 온전히 뒷다리 근육에서 나온다. 앞다리는 머리와 어깨의 무게를 지탱하면서 브레이크 노릇을 한다.

작게 퇴화하여 근육 속에 묻힌 빗장뼈도 빠른 속도로 달리는 데 기여한다. 사람의 빗장뼈는 어깨뼈와 가슴뼈를 이어 팔을 몸통에 고정하는 중요한 일을 한다. 그러나 고양이는 어깨와 몸이 뼈로 고정되지 않고 근육으로만 연결돼 있어 달릴 때 유연하고 강력한 힘을 내는 데 도움이 된다. 또 그 덕분에 어깨를 좁혀 비좁은 틈을 통과하거나 주변 물체를 건드리지 않고 발끝으로 살금살금 걸어갈 수 있다.

높은 데서 떨어지는 고양이의 동작을 '정위반사'라 한다. 고양이만의 동작은 아니지만 고양이의 뛰어난 유연성을 바탕으로 연출하는 묘기이다. 떨어지고 있다는 것을 귓속 균형기관에서 감지한 고양이는 즉시 얼굴이 아래쪽을 향하도록 머리를 돌린다. 이어 앞다리를 머리와 같은 방향으로 돌리면서 동시에 두 다리를 턱밑으로 옮긴다. 뒷다리까지 돌아간 다음 등을 굽히고 다리를 쭉 펴 공기저항을 늘리면서 착지를 준비한다. 충격은 다리를 통해 유연한 어깨와 척추에 흡수된다. 고양이는 지상 30cm에서 이런 일련의 동작을 순식간에 해 낸다.

① 고양이의 척추 뼈는 사람의 척추 뼈보다 많다.
② 고양이가 달릴 때 앞다리는 강력한 힘을 내는 구실을 한다.
③ 고양이는 어깨와 몸이 뼈로 고정되어 있지 않아서 좁은 틈을 통과할 수 있다.
④ 고양이가 높은 데서 떨어질 때 다치지 않는 이유는 공중에서 몸을 돌리는 정위반사 덕분이다.

02 다음 글의 내용으로 적절하지 않은 것은?

> 이삭 아이젠의 인간행동모델에 따르면 인간의 행동은 늘 의도를 가진다. 의도를 형성하는 요인은 3가지인데, 태도, 행동 능력의 인식, 주관적 규범이다.
> 태도는 '하고 싶은가'의 문제이고 행동 능력의 인식은 '할 수 있는가'의 문제, 주관적 규범은 '해도 되는가'의 문제이다. 인간은 하고 싶은지, 할 수 있는지, 해도 되는지라는 질문에 대한 답을 통해 의도가 들어간 특정 행동을 수행한다는 것이다.
> 이 중 '해도 되는가', 즉 주관적 규범에 대해 알아보도록 하겠다. 무언가의 옳고 그름을 판단하거나 특정 행동을 해도 되는지 결정할 때, 인간은 도덕적 감정을 활용한다. 도덕적 감정은 죄의식과 수치심으로 구분된다. 인간은 이 두 가지 감정을 느낌으로써 비윤리적인 행동을 하지 않게 된다. 그런데 나라마다 이 두 감정을 느끼는 크기가 다르다. 비윤리적 행동을 저지하는데 있어서 한국인은 수치심이 가장 큰 역할을 하지만 미국인의 경우 죄의식이 제일 크게 작용한다.
> 보통 이 차이의 원인으로 문화를 든다. 동양권 국가들은 사회의 다른 구성원들과 스스로를 비교하는 '의존적 자아'를 키워온 반면, 서양권 국가에서는 스스로의 내면적 문제를 고민하는 '독립적 자아'를 키워왔다는 것이다. 우리나라에선 어른 꼬마가 밤새 이불에 오줌을 싸면, 이웃집에 가서 소금을 받아오라는 벌을 주는 경우가 있었다. 수치심을 유발시켜 행동의 변화를 꾀하려는 시도이다. 반면 미국의 어린 아이들은 이와 비슷한 상황에 놓이게 될 때, 자신의 방안에서 한동안 나오지 못하는 Ground라는 벌을 받는다. 스스로 무엇을 잘못했는지 고민하고 반성하라는 취지이고, 다름 아닌 죄의식에 대한 개념을 키우려는 시도이다. 두 방법 중 무엇이 옳다고 할 수 없지만 의존적 자아를 독립적 자아로 바꾸기 위해서는 후자의 방법이 더욱 효과적일 수 있다.

① 태도, 행동 능력의 인식, 주관적 규범 3가지 요인에 의해서 의도를 형성한다.
② 인간이 비윤리적 행위를 하지 않는 까닭은 수치심과 죄의식을 느끼기 때문이다.
③ 수치심과 죄의식 중 무엇이 더 크게 작용하는지는 문화에 따라 달라질 수 있다.
④ 인간의 도덕적 감정은 죄의식과 수치심 중 죄의식을 느끼는 것이 더 발전된 자아를 기르는 것이다.

03 다음 글을 통해 알 수 없는 것은?

> NGO라는 개념이 국제적으로 공식 성립된 것은 1945년 UN이 창설되면서부터이다. 정부 대표들이 모인 조직이 아니라는 이유로 NGO, 즉 비정부 간 국제기구라고 불리게 된 것이다. 이후 NGO는 정부 이외의 기구로서 국가 주권의 범위를 벗어나 사회적 연대와 공공의 목적을 실현하기 위해 사람들이 자발적으로 만든 공식 조직을 말하는 일반 명사로 통용되기 시작하였다. 초창기에는 국제 원조 활동에 참여하는 국제단체에만 국한하는 경향이 있었으나 현재는 국내의 자발적인 시민 단체들까지 모두 포괄하는 개념으로 확장되었다.
>
> NGO의 역할과 입지는 국내외를 막론하고 지속적으로 넓어지고 있는데 이는 국가의 복지 서비스 중 미미한 분야들에서 이들의 활동이 매우 활발하기 때문이다. 정부 기관은 복지 서비스를 제공함에 있어 다수결의 원리에 따라야 하므로 그 제약의 폭이 매우 크고, 관료제 특유의 획일적인 서비스를 제공함으로써 많은 불만을 자아낸다. 반면 NGO는 시민의 자발성, 자율성을 기반으로 하여 다양하고 유연한 서비스를 제공할 수 있는 장점이 있기에 그 중요성이 더욱 부각되고 있는 것이다.

① NGO의 부작용과 한계
② NGO가 현재 통용되는 의미
③ NGO의 역할과 입지가 넓어지는 까닭
④ NGO라는 개념이 국제적으로 공식 성립되기 시작한 해

04 다음 글의 내용으로 가장 적절한 것은?

조선 시대에는 바다를 통한 외적의 침입이 잦아 민간 선박보다 군선이 발달했다. 조선 군선은 13종 829척에 이르렀는데 대부분 군용과 조운(화물 운반)용을 겸했다.

이 중 병조선(兵漕船)은 세조 때에 신숙주가 주동이 되어 부족한 조운선을 보조하기 위해 군사 업무와 조운 업무를 겸용할 수 있도록 만든 배이다. 당시 사용하고 있던 대선, 중선, 소선 등은 군선을 개량해 만들었는데, 후에는 조선 중기의 대표적인 군선으로 쓰였다. 조선 고금의 문물제도를 수록한 「동국문헌비고」 중 '변고'를 보면, 세조 11년 신숙주가 중국, 일본 등의 선박 제도를 보고 이를 절충하여 군용과 조운용으로 두루 쓸 수 있는 대형, 중형, 소형의 병조선을 만들어 왕의 참석 아래 양화 나루터에서 시험하여 성공을 거두었다는 기록이 있다. 병조선 중에서 대선을 군용으로 쓸 때는 80명의 수군이 탔고, 조운용으로 이용할 때는 800석의 양곡을 운반했다고 한다.

맹선(猛船)은 조선 전기 수군의 주력 군선이다. 「경국대전」을 보면 맹선은 정원이 80명인 대맹선, 60명인 중맹선, 30명인 소맹선으로 구분되어 737척이 각 도에 배치되었다는 기록이 있다. 군용과 조운용을 겸할 목적으로 신숙주가 개발한 병조선을 바탕으로 수군이 더 탈 수 있도록 개조한 배이다. 즉, 종래의 잡다한 군선을 정리하여 대, 중, 소 세 종류의 군선으로 편성과 규격을 통일하고, 조운에도 겸용할 수 있도록 만든 것이다.

그러나 조선 시대의 군선과 비군용선은 추진 방법에 차이가 있었다. 군선은 전투에서 빠른 기동성이 필요하였으므로 노를 사용했고 비군용선은 돛으로 다녔다. 조선 시대 군선들은 전투와 조운을 겸해야 했기 때문에 돛과 노를 모두 사용하는 범노선(帆櫓船)이었다.

조운용으로 쓰일 때는 대맹선이 800석, 중맹선이 500석, 소맹선이 200석 정도의 적재 능력을 보였을 것으로 추정된다. 이런 맹선은 성종 초부터 선조 때에 이르기까지 군용보다는 조운용으로 더 많이 활용되었다.

① 병조선은 대형만 존재하였다.
② 조선 시대 군선들은 노와 돛을 모두 사용하였다.
③ 맹선은 조운용보다 군용으로 더 많이 활용되었다.
④ 신숙주는 병조선을 참고로 하여 맹선을 개조하였다.

05 다음 글을 읽고 보일 수 있는 반응으로 적절하지 않은 것은?

> 카오스란 컴컴한 텅 빈 공간, 곧 혼돈을 뜻한다. 카오스 이론은 1961년 미국의 가상 학자 로렌츠가 가상 현상 모델을 연구하면서 나비 효과를 발표하여 이론적 발판을 마련하였고 그 후 이에 대한 활발한 연구가 진행되고 있다. 이때 나비 효과란 중국 베이징에 있는 나비의 날갯짓이 다음 달 미국 뉴욕에서 폭풍을 발생시킬 수도 있다는 비유로, 지구상 어디에선가 일어난 조그만 변화가 예측할 수 없는 결과를 만들어 낼 수도 있다는 것을 의미한다. 즉 복잡한 결과를 가져오기 때문에 결과 예측이 불가능하지만, 그 원인은 생각만큼 복잡하지 않은 현상이라고 설명할 수 있다. 이들의 속성은 '원인의 복잡성과 결과의 복잡성은 비례하는 것이 아니다.'라는 패러독스를 가지고 있다.
>
> 실제로 초기의 작은 조건 하나가 이토록 큰 영향을 미친다면 우리가 예측할 수 있는 것은 거의 없어 보인다. 이를테면 인간은 사소한 연기의 운동마저도 정확하게 예측하는 것이 불가능하다. 한마디로 세상은 혼돈(카오스)의 상태에 있고 인간은 이것이 어떤 법칙으로 움직이는지 알 수 없기 때문에 앞으로의 운동 상태를 정확히 예측하는 것도 불가능하다는 이야기이다. 그러나 일부 학자에 따르면 이러한 혼돈 상태조차 일종의 패턴을 가지고 있다고 한다. 카오스 이론은 바로 이렇게 예측하기 힘든 운동의 패턴을 설명하고자 하는 이론이다.

① 카오스는 원인 불명 또는 원인을 파악하기 어려운 현상을 의미하는군.
② 어떤 조건이 어떤 방식으로 영향력을 행사할 것인지 짐작하기 어렵군.
③ 어떤 결과의 원인이 복잡할 경우 반드시 그 결과는 복잡하기 마련이겠군.
④ 카오스 이론은 불규칙적인 운동으로만 가득 찬 것 같은 세계도 일정한 법칙과 질서를 가지고 있을지도 모른다는 것을 전제로 하고 있군.

06 다음 글을 통해 추론하기 어려운 것은?

　　한글은 음소 문자로 창조되었지만 그 문자는 음소 문자가 아닌 음절 문자식으로 사용되었다. 음절 문자식 표기는 자연스럽게 맞춤법의 문제를 고민하게 만들었는데 그 대표적인 받침의 표기이다. '깊'과 '높'을 발음해 보자. [깁]과 [놉]으로 발음될 것이다. 그런데 쓸 때는 '깊'과 '높'으로 쓰는 것이 현재 한글 맞춤법이다. 이러한 한글의 특징은 세종 때 간행된 책의 표기법의 혼란으로 이어진다.

　　「용비어천가」(1447년)와 「월인천강지곡」(1449년), 「석보상절」(1449년)의 표기법은 이러한 혼란을 잘 보여 준다. 이 중 「용비어천가」와 「월인천강지곡」은 받침의 표기에서 'ㅈ, ㅊ, ㅌ, ㅍ, ㅿ' 등을 사용하고 있다는 점에서 공통되지만 「석보상절」에는 이러한 받침 표기가 보이지 않는다. 이것은 「용비어천가」와 「월인천강지곡」은 오늘날 우리가 사용하는 맞춤법처럼 발음보다는 원래의 단어 형태를 중시한 표기라고 할 수 있고 「석보상절」은 현재의 맞춤법과 달리 원래의 형태보다 받침에서 발음을 중시한 표기라고 할 수 있다.

　　그런데 재미있는 사실은 한글의 쓰임을 설명한 「훈민정음해례」(1446년)에서는 「석보상절」의 표기를 맞춤법으로 확정해 설명하고 있다는 사실이다. 「훈민정음해례」의 '종성해' 부분의 설명은 이른바 '팔종성가족용(八終聲可足用)'에 바탕을 두고 있다. 즉, 받침은 여덟 자면 족하다는 원칙을 결론으로 채택한 것이다. 오늘날 우리가 사용하는 맞춤법과는 차이가 있지만 당시의 맞춤법은 이것을 원칙으로 확정한 것이다.

　　그렇다면 「용비어천가」가 「훈민정음해례」에 바로 뒤이어 간행되었고, 편찬자들이 대다수 중복된다는 점에서 두 서적의 표기가 다르다는 사실은 이해하기 어렵다. 「용비어천가」는 집현전 학자들의 편찬과 주해를 담당해 간행하기는 했지만 세종이 한글 창제 전에 이미 이 책의 편찬을 지시했고, 주해 작업이 이루어지던 기간에도 내용의 첨삭에 직접적으로 관여했다는 역사적 사실로 볼 때, 이러한 표기법에는 세종의 의지가 반영되었을 것이라고 보는 것이 타당할 것이다. 사실 표기법은 배우고 쓰기 쉬워야 하며 소리와 문자가 일대일로 대응되어야 그 편리성이 더해진다는 것은 명확한 사실이지만, 세종은 그러한 편리성보다는 형태의 일관성을 중시했던 것이다.

① 한글 받침은 똑같이 발음되더라도 다른 형태로 표기될 수 있다.
② 비슷한 시기에 간행된 문헌이라도 다른 표기법이 나타날 수 있다.
③ 한글 맞춤법이 어려운 근본 원인은 음소 문자의 음절 표기에 있다.
④ 「월인천강지곡」보다 「훈민정음해례」에 사용된 받침의 수가 더 많다.

THEME 2
주제, 주장(견해)

화제, 주제	주장, 견해
1. 제시문 전체를 포괄하는 중심 내용을 찾는다. 2. 글의 제목 = 화제 > 글의 주제	1. 적절한 주장, 견해 찾기 = 제시문 전체 주장 2. 부적절한 주장, 견해 찾기 = 단락의 소주제 + 제시문 전체 주장

다음 글의 주제로 가장 적절한 것은? 2022 지방직 9급

> 예전에 '혐오'는 대중에게 관심을 끄는 말이 아니었지만, 요즘에는 익숙하게 듣는 말이 되었다. 이는 과거에 혐오가 존재하지 않았다는 말이 아니다. 단지 최근 몇 년 사이에 이 문제가 폭발하듯 가시화되었다는 뜻이다. 혐오 현상은 외계에서 뚝 떨어진 괴물이 만들어 낸 것이 아니라, 거기엔 자체의 역사와 사회적 배경이 반드시 선행한다.
>
> 이 문제를 바라볼 때 주의 사항이 있다. 혐오나 증오라는 특정 감정에 집착해선 안 된다는 것이다. 혐오가 주제인데 거기에 집중하지 말라니, 얼핏 이율배반처럼 들리지만 이는 매우 중요한 포인트다. 왜 혐오가 나쁘냐고 물어보면 많은 사람들은 이렇게 답한다. "나쁜 감정이니까 나쁘다.", "약자와 소수자를 차별하게 만드니까 나쁘다." 이 대답들은 분명 선량한 마음에서 나온 것이다. 하지만 문제의 성격을 오인하게 만들 수 있다. 혐오나 증오라는 감정에 집중할수록 우린 '달을 가리키는 손가락만 바라보는' 잘못을 범하기 쉬워진다.
>
> 인과관계를 혼동하면 곤란하다. 우리가 문제시하고 있는 각종 혐오는 자연 발생한 게 아니라 사회적으로 형성된 감정이다. 사회문제의 기원이나 원인이 아니라, 발현이며 결과다. 더 정확히 말하자면 혐오는 증상이다. 증상을 관찰하는 일은 중요하지만 거기에만 매몰되면 곤란하다. 우리는 혐오나 증오 그 자체를 사회악으로 지목해 도덕적으로 지탄하는 데서 그치지 말아야 한다.

① 혐오 현상에는 인과관계가 존재하지 않는다.
② 혐오 현상은 선량한 마음으로 바라보아야 한다.
③ 혐오 현상을 만들어 내는 근본 원인을 찾아야 한다.
④ 혐오라는 감정에 집중할수록 사회문제는 잘 보인다.

첫 번째 문단에서 혐오 현상은 역사와 사회적 배경이 반드시 선행한다고 언급한다. 두 번째 문단에서는 혐오나 증오라는 감정에 집중할수록 본질을 놓치게 되는 잘못을 범하기 쉬워진다고 언급한다. 세 번째 문단에서는 혐오는 자연 발생한 것이 아닌 사회적으로 형성된 증상이므로 혐오 그 자체를 사회악으로 지목해 도덕적으로 지탄하는 데서 그치지 말아야 한다고 언급한다. 따라서 ③이 주제로 가장 적절하다.

① 세 번째 문단에서 언급하듯이, 혐오는 자연 발생한 게 아니라 사회적으로 형성된 감정이다.
② 두 번째 문단에서, 혐오를 특정 감정에 집착해서는 안 된다고 하며, 선량한 마음에서 나온 것이라 할지라도 문제의 성격을 오인하게 만들 수 있다고 하였다. 이는 전체 주제가 될 수 없다.
④ 두 번째 문단에서 혐오나 증오라는 감정에 집중할수록 본질을 놓치게 되는 잘못을 범하기 쉬워진다고 하였다.

정답 ③

01 다음 글의 중심 내용으로 적절한 것은?

> 권선징악의 교훈 소설에서 흔히 볼 수 있는 여성상은 도덕적 완성의 매개체로서의 여성상인 열녀상을 들 수 있다. 그 예로 「춘향전」의 춘향과 「사씨남정기」의 사씨 부인을 들 수 있다. 이 두 여인은 정철과 가문에 대한 의무를 수행하기 위하여 무수한 고행을 겪고, '덕의 완성'을 이룸으로써 인간적 행복을 찾을 수 있을 뿐만 아니라 작가의 도덕관을 만족시켜 준다. 그러나 작가의 도덕적 의도에 따른 이들 주인공들의 극단적 행동은 오히려 독자들로 하여금 그들이 궁극의 목적으로 했던 것이 덕의 완성이 아니라 그들의 개인적 인간적 성취를 위한 행동임을 깨닫게 하는 모순을 갖게 한다.
> 춘향이 관념적 열녀형의 묘사되었음에도 독자들에게 실체성을 갖는 인물로 느껴지는 것은 춘향의 '도덕 완성'의 과정에서 그녀가 작가의 의도대로 이 도령을 위한 맹목적 정절을 지키는 여인으로 행동하지만, 그 실리적 저변에는 자아 발견과 성취를 위한 무서운 의지와 끈임없는 투쟁이 있다는 것을 엿볼 수 있기 때문이다. 「사씨남정기」의 사씨 부인의 고행 역시 고귀한 인간의 선함이 외적인 악에 의해서 당하게 되는 고통이다. 즉 「사씨남정기」는 고전 소설에서 여주인공이 폭넓은 인간성의 완성을 이룩해 가는 존재로 그려진 보기 드문 존재이다.
> 이와 같이 교훈 소설의 열녀형들은 그들 자신의 심리적 욕망을 충족시키기 위한 행동에서, 그것이 표면적으로는 도덕적 완성의 매개체라 하더라도, 궁극적으로는 여성 자신들의 자아 발견의 욕망을 성취하게 된다.

① 열녀불경이부의 유교적 부도(婦道)
② 춘향과 사씨 부인의 자아 성취 방법
③ 열녀형으로 나타난 여성들의 행동의 의미
④ 고전소설에 나타난 여성들의 개성적 행동

02 이 글의 제목으로 가장 적절한 것은?

> 독립된 형태와 기능을 갖춘 신경 세포의 시초는 원시 후생 동물이 운동을 시작해 앞으로 움직이기 시작할 때 이 동물의 표피를 구성하는 세포의 일부가 신경 세포로 변한 것으로 생각된다. 동물이 앞으로 움직일 때 표피 세포는 여러 자극에 부딪치게 되며 일부 표피 세포는 환경 자극에 대해 보다 민감해져서 세포 내부를 흥분 상태로 변하게 하는 성질을 획득했다. 이 중 일부는 표피 내부로 들어가 세포 형태를 변화시키고 다른 세포와 연결을 형성하게 되며, 표피에 남은 신경 세포는 감각을 수용하는 역할을 한다. 내부로 들어간 신경 세포는 양쪽으로 가지를 만들어, 가지의 한쪽은 표피에 남아 각각을 수용하는 세포와 연결되고, 다른 한쪽은 운동을 일으키는 효과기에 연결되어 있다. 신경계와 피부가 발생학적으로 동일한 기원을 가진다는 사실은 신경 세포와 진화 과정에 대한 이러한 추측을 간접적으로 지지한다.

① 신경 세포의 기능
② 신경 세포의 기원
③ 신경 세포와 피부의 진화 과정
④ 동물과 인간의 신경 세포의 차이

03 다음 글의 '종교'에 대한 글쓴이의 관점으로 가장 적절한 것은?

> 많은 사회인들은 종교와 사회가 완전히 분리되지 않았던 사회는 전근대적인 봉건 사회였고, 문화와 문명이 발달된 오늘날에는 사회의 길과 종교의 길이 완전히 분리되어야 한다고 말한다. 이와 마찬가지로, 많은 종교인들도 종교의 궁극적 목표는 바로 이 사회를 초월한 초인간적, 혹은 초자연적 존재에 대한 믿음을 전제로 하는 것이므로 종교와 사회의 엄격한 분리는 당연한 일이라고 말한다. 그러나 우리는 여기서 종교적인 원칙과 사회적인 원칙의 관계를 종교인의 삶과 사회인의 삶의 관계와 동일시하지 말아야 한다.
> 원칙적인 면에서, 종교이 진리는 사회를 다스리는 구체적인 메커니즘을 제고할 수 없으며, 그 반대로 사회의 현실도 종교를 명령할 수 없다. 이 세상에 존재하는 모든 종교는 질투, 증오, 살인보다는 자비, 사랑, 평화를 가르친다. 그러나 이러한 사랑과 자비의 원칙은 어디까지나 원칙에 불과한 것이다. 사랑과 자비가 구체적으로 사회에 적용되려면 ― 그리하여 사랑스럽고 자비로운 사회를 건설하려면 ― 그 원칙을 현실에 적용시킬 수 있는 사회적인 메커니즘, 이데올로기, 정치 체제를 동반해야 한다.

① 종교는 초월적이어야 한다.
② 종교는 중립적이어야 한다.
③ 종교는 원칙적이어야 한다.
④ 종교는 실제적이어야 한다.

THEME 3
논지 전개 방식

논지 전개 방식

1. 전체적 논지전개방식설명 (나열형/비교,대조형) VS 논증(반론형/문제 + 해결형)
2. 부분적 설명방식(유추/분류/분석/비교, 대조/인과/과정/예시)부분적 논증 방식(연역 논증/귀납 논증)

다음 글에 대한 이해로 적절하지 않은 것은? [2022 국가직 9급]

> △△시 시장님께
> 안녕하십니까? 저는 △△시에서 농장을 운영하는 □□□입니다. 이렇게 글을 쓰게 된 것은 우리 농장 근처에 신축된 골프장의 빛 공해 문제에 대해 말씀드리기 위함입니다. 빛이 공해가 될 수 있다는 말이 다소 생소하실 수도 있습니다. 하지만 지나친 야간 조명이 식물의 성장에 부정적인 영향을 끼쳐 작물 수확량을 감소시킬 수 있음은 이미 여러 연구를 통해 입증된 바 있습니다. 좀 늦었지만 △△시에서도 이 문제에 대해 경각심을 가질 필요가 있습니다. 실제로 골프장이 야간 운영을 시작했을 때를 기점으로 우리 농장의 수확률이 현저히 낮아졌음을 제가 확인했습니다. 물론, 이윤을 추구하는 골프장의 야간 운영을 무조건 막는다면 골프장 측에서 반발할 것입니다. 그래서 계절에 따라 야간 운영 시간을 조정하거나 운영 제한에 따른 손실금을 보전해 주는 등의 보완책도 필요합니다. 또한 ○○군에서도 빛 공해 문제를 해결하기 위해 야간 조명의 조도를 조정하는 프로젝트를 진행한 바 있으니 참고해 보시기 바랍니다. 모쪼록 시장님께서 이 문제에 관심을 가지고 농장과 골프장이 상생할 수 있는 정책을 펼쳐 주시기를 부탁드립니다.

① 시장에게 빛 공해로 농장이 겪는 어려움에 대해 관심을 촉구하고 있다.
② 건의에 대한 신뢰성을 높이기 위해 인용한 자료의 출처를 밝히고 있다.
③ 다른 지역에서 야간 조명으로 인한 폐해를 해결하기 위해 노력한 사례를 언급하고 있다.
④ 골프장의 야간 운영을 제한할 때 예상되는 문제점과 그 해결 방안에 대해 제시하고 있다.

해 설 제시문에는 인용한 자료 출처에 대한 언급이 없다.

선택지 해 설
① 골프장의 지나친 야간 조명으로 농장의 수확률이 현저히 낮아졌다는 사실 등을 언급하며 이 문제에 관심을 가져달라고 언급하고 있다.
③ '또한 ○○군에서도 빛 공해 문제를 해결하기 위해 야간 조명의 조도를 조정하는 프로젝트를 진행한 바 있으니 참고해 보시기 바랍니다.'라고 다른 지역의 사례를 언급하였다.
④ '이윤을 추구하는 골프장의 야간 운영을 무조건 막는다면 골프장 측에서도 반발할 것입니다. 그래서 계절에 따라 야간 운영 시간을 조정하거나 운영 제한에 따른 손실금을 보전해 주는 등의 보완책도 필요합니다.'라고 하여 문제점과 해결 방안을 제시하였다.

정답 ②

01 문단 (가)와 (나)의 내용상의 관계를 가장 잘 표현한 것은?

> (가) '유니버설' 디자인은 노인이나 장애를 가진 사람도 사용하는 데 불편하지 않은 디자인을 말한다. '유니버설' 디자인은 장애인과 노약자 같은 사회적 약자를 위한 복지 차원에서 시작되었다. 그러나 지금은 좀 더 보편적인 의미인 '모든 사람을 위한 디자인'이란 의미로 통용되고 있으며, 개인이 사용하는 도구나 물건은 물론 공공시설 같은 환경으로까지 확대되고 있다. 특히 공공시설이나 대중교통에서 '유니버설' 디자인은 장애가 있거나 없거나, 노인이거나 어린아이거나, 남자거나 여자거나, 내국인이거나 외국인이거나 사용하는 데 불편함이 없도록 하는 데 노력을 기울인다.
>
> (나) '유니버설' 디자인은 단지 사회적 약자만을 위한 디자인이 아니라 보통 사람에게도 보편적으로 유용한 물건과 시설, 환경을 추구한다. '유니버설' 디자인이 시작된 미국에서는 신체, 인종, 종교, 문화 차이에 따라 차별을 받지 않도록 규정하는 '동등한 기회(Equal Opportunity)' 정신이 보편화되어 있는데, 이러한 가치관이 디자인에도 적용되었다. 옆으로 긴 막대 모양의 문손잡이(옛날에 주로 쓰이던 동그란 문손잡이는 손이 불편하거나 악력이 약한 사람이 사용하기에는 힘들다.), 휠체어를 자유롭게 이용할 수 있는 지하철의 엘리베이터(지하철 계단에 설치된 휠체어 리프트보다 훨씬 유용하다.), 횡단보도에서 파란불이 켜질 때 나오는 소리, 공공장소나 대중교통에서 나오는 다국어 음성 안내 등을 유니버설 디자인이라 부를 수 있다. 이런 디자인은 약자뿐만이 아니라 보통 사람에게도 유용하다. 특히 대도시의 공공과 환경 부문에서는 장애인이나 노약자, 외국인을 배려한 디자인이 필수요소가 되고 있다.

① (가)에서 언급한 내용을 (나)에서 강조하고 있다.
② (가)는 (나)의 내용을 도출하기 위한 필수 전제이다.
③ (나)에서는 (가)의 내용을 근거로 결론을 도출하고 있다.
④ (나)에서는 (가)의 내용을 다른 시각에서 설명하고 있다.

02 다음 글과 논증 방식이 가장 가까운 것은?

> 페루의 아마존 유역에서는 유실수가 다른 수종의 목재보다 더 많은 이익을 내었다. 그래서 유실수를 벌목하는 일이 많았는데, 유실수의 6분의 1 정도가 벌목되자 그 영향으로 다른 종류의 나무들까지 덩달아 줄어들어 목재 생산량이 떨어졌다. 캐나다의 브리티 컬럼비아에서는 연어잡이를 통해 얻는 수익이 연간 7억 달러나 되었다. 그런데 가파른 지대에 있는 나무들을 베어 내자 비가 오면 흙과 모래가 하천과 바다로 흘러들었고, 이런 영향 때문에 연어잡이 수익도 절반으로 줄어들었다고 한다. 이처럼 삼림 파괴는 자연 생태계를 파괴할 뿐만 아니라 경제적 손실도 가져온다.

① 지구상에서 살아가는 모든 생명체는 자연의 시계대로 살 때, 즉 과도한 인공 빛에서 벗어날 때 건강하게 살 수 있다. 인간은 다른 동물이나 식물과 마찬가지로 지구상에 살아가는 생명체이다. 따라서 우리 인간 역시 인공 빛을 줄여야 건강한 삶을 누릴 수 있을 것이다.

② 습지는 다양한 생물의 서식지로서의 역할 이외에도 가뭄과 홍수를 예방해 주는 역할을 한다. 또 습지는 수질 정화에 매우 중요한 역할을 한다. 그러므로 인간은 자신의 삶을 위해서라도 습지를 잘 보존해야 한다.

③ 85데시벨(dB) 이상의 소리는 청력을 약화할 수 있다. 이어폰으로 들을 수 있는 음악의 최대 소리 크기는 100데시벨이다. 그러므로 이어폰의 최대 소리 크기로 음악을 듣는 것은 청력을 약화시킬 수 있다.

④ 생물은 살아 있는 것을 의미한다. 살아 있어 숨을 쉬고, 영양분을 섭취하며, 자손을 퍼뜨릴 수 있다. 생물의 또 다른 특징은 외부 환경이 변해도 자신을 조절하여 몸 안의 상태를 일정하게 유지한다는 것이다. 사람은 지구에서 살아가는 생물의 대표적인 예이다. 그러므로 사람 역시 몸 안의 상태를 일정하게 유지하기 위해 자신을 조절한다.

03 다음 중 서술 방식과 그 예의 연결이 적절하지 않은 것은?

① 설명 – 할미꽃 뿌리는 독성이 강해서 진통, 지혈 등의 약재로 쓰인다.
② 논증 – 당대에 높이 평가받지 못한다고 해서 그 문화재가 형편없다고 생각하면 안 된다. 예를 들어 훈민정음이나 조선백자 등은 그 당시에는 별다른 평가를 받지 못했으나 후대에 그 가치를 높게 인정받았다.
③ 묘사 – 구들은 고래를 켜고 구들장을 덮고 흙으로 방바닥을 만들어 불을 때는 난방 시설이다.
④ 서사 – 서울역에서 새마을호 기차를 탄 것이 오전 9시, 우리 일행이 경주역에 도착한 것은 오후 1시가 조금 지난 시각이었다.

04 다음 글의 전개 방법으로 가장 적절한 것은?

> '훌륭한 리더는 어떻게 탄생되는가?' 경영학에서 답을 찾기 위해 긴 시간 노력해 온 질문이다. 그 결과 많은 이론이 나왔다. 크게 성격 및 자질이론, 행동이론, 상황이론, 복합이론 등이 있다.
>
> 리더십 이론의 초창기에는 '리더는 특정한 자질과 성격을 가진 채 태어난다'라고 믿었다. 리더가 되기 위해 가장 필요한 것은 부모로부터 물려받은 사회, 경제적 지위라는 것이다. 리더도 세습된다는 생각이 강했던 불과 100여 년 전의 리더십에 대한 인식이다. 이를 '성격 및 자질이론'이라고 한다. 물론 소수의 학자들은 여전히 부분적으로 리더십과 성격을 연관 짓기도 하지만 ,이를 뒷받침하는 과학적 연구 결과는 거의 없다고 봐도 무방하다. 전반적 교육수준이 높아지고 지위 세습에 대한 반감도 더해지면서 자질 이론에 대한 회의적인 시각이 커졌다.
>
> 그 무렵에 대두된 것이 '행동 이론'으로 '리더는 특정한 행동패턴을 보인다'는 이론이다. 당시의 학자들이 보편적으로 지적한 효과적인 리더의 행동 패턴은 배려와 추진력이다. 그런데 배려와 추진력을 두루 갖춘 이상적인 리더는 이론으로 존재할 뿐 현실적으로 어렵다는 비판과 함께 학계에서 힘을 잃게 된다.
>
> '상황 이론'은 행동 이론의 맹점을 보완하기 위해 나왔다. 현실적으로 리더 개인의 배려 혹은 추진력 중 하나에 강점을 보이는데, 좋은 리더가 되기 위해서는 리더 개인의 강점과 그가 처한 상황적 특성이 잘 합치가 돼야 한다는 내용이다.
>
> '복합 이론'은 리더의 자질, 행동, 상황을 모두 고려해야 한다는 근래에 주목받는 이론이다. 변혁적 리더십, 카리스마 리더십, 서번트 리더십 등등이 그 예이다. 이 이론들은 모두 리더가 아닌 리더와 팔로워의 쌍방향 관계로 그 초점이 옮겨졌다는 것이다. 1명의 리더와 N명의 팔로워가 있을 때, 과거에는 1대 N의 리더십이었다면 복합 이론에서는 팔로워의 다양한 인식과 추구점에 대한 이해를 바탕으로 1대 1을 다양한 형태로 N번 반복해야 한다고 주장한다.

① 각각의 이론을 시간 순서대로 제시하고 있다.
② 개념의 변화 과정과 그 이유를 서술하고 있다.
③ 대상을 바라보는 다양한 관점들을 소개하고 있다.
④ 현상의 문제점을 분석하고 그 대안을 제시하고 있다.

05 다음 글을 쓰기 위해 필자가 쓴 전략으로 가장 적절한 것은?

> 일반적으로 소설이나 영화 속의 이야기를 픽션(fiction) 즉, 허구라 한다. 그런데 이러한 허구적 이야기가 팩트(fact) 즉, 사실에 기반하여 만들어진 것일 경우, 그것은 더 이상 허구의 범주에만 머무르지는 않을 것이다.
>
> 예를 들어, 역사적으로 악인이라는 평가를 받는 인물을 묘사하면서 그를 별다른 근거도 없이 선하고 지혜로운 자로 묘사한다면 독자들의 분노만 사게 될 뿐이다. 하지만 만약 작가가 적절한 근거를 제시한다면 이야기가 달라진다. 알려지지 않은 새로운 근거 몇 가지를 덧붙이고 거기에 작가의 상상력을 더해서 객관적인 사실인 것처럼 제시한다면 독자는 그 이야기를 진짜 사실로 받아들이게 될지도 모른다. 이처럼 사실을 기반으로 하면서 작가의 상상력으로 재창조된 이야기를 일컬어 팩션(faction)이라고 한다.
>
> 팩션의 예로는 이휘소 박사의 죽음이 거대한 음모의 일부라고 주장한 김진명의 소설 『무궁화꽃이 피었습니다』를 들 수 있다. 작가는 이 작품에서 실명을 거론하지는 않았지만, 여러 인터뷰에서 실명을 거론하고 의혹을 제기함으로써 온 국민이 이 소설에 관심을 갖는 계기를 만들었다. 이처럼 팩션은 이야기 그 자체로서의 긴장감 외에도 그것이 '현실'이라고 생각될 때 생겨나는 극적 효과 또한 크기 때문에 상업적 출판물, 영화 등에서 쉽게 찾아볼 수 있다. 그러나 팩션은 대중의 화제를 몰기 위해 사실을 왜곡할 우려가 크다는 점에서 그 폐해 또한 만만치 않은 것이 사실이다. 하지만 그 자체로서의 화제성이 크고, 다양한 역사적 재해석을 가능하게 하는 토대라는 점에서 각광을 받고 있다.

① 대상이 나오게 된 원인과 결과를 설명하고 있다.
② 구체적인 예를 들어 대상의 특징을 설명하고 있다.
③ 유사한 다른 것에 빗대어 대상의 성격을 설명하고 있다.
④ 질문하고 답하는 방식으로 대상의 개념을 설명하고 있다.

THEME 4
논리적 순서

윤주쌤 CLINIC

논리적 순서

1. 선지 먼저 보고 첫 단락을 확인한다.
2. 첫 단락의 끝 문장의 화제어로 시작하는 다음 단락을 찾는다.
3. 반드시 이어져야 하는 단락을 찾는다.

기출 대표 유형

다음 문장이 들어가기에 가장 적절한 곳을 ㉠ ~ ㉣에서 고르면? [2022 국가직 9급]

> 신분에 따라 문체를 고착화하는 것을 인정하지 않았던 것이다.

> 유럽이 교회로부터 정신적으로 해방된 것은 그리스와 로마의 고대 작가들에 대한 재발견을 통해서였다. ㉠ 그 이후 고대 작가들의 문체는 귀족 중심의 유럽 문화에서 모범으로 여겨졌다. ㉡ 이러한 상황은 대략 1770년대에 시작되는 낭만주의에서부터 변화하기 시작했다. ㉢ 이 낭만주의 시기에 평등과 민주주의를 꿈꿨던 신흥 시민계급은 문학에서 운문과 영웅적 운명을 귀족에게만 전속시키고 하층민에게는 산문과 우스꽝스러운 상황을 배정하는 전통 시학을 거부했다. ㉣ 고전 문학은 더 이상 문학의 규범이 아니었으며, 문학을 현실의 모방으로 인식하는 태도도 포기되었다.

① ㉠
② ㉡
③ ㉢
④ ㉣

해설 네 번째 문장에서 '신흥 시민계급은 문학에서 운문과 영웅적 운명을 귀족에게만 전속시키고 하층민에게는 산문과 우스꽝스러운 상황을 배정하는 전통 시학을 거부했다'고 하였으므로 그 다음에 이어서 ㉣ 위치에 제시문인 '신분에 따라 문체를 고착화하는 것을 인정하지 않았던 것이다.'가 들어가는 것이 자연스럽다.

정답 ④

01 다음 글의 전개 순서로 가장 적절한 것은?

> ㄱ. 바쁜 현대 사회의 일상 속에서 관객들은 영화를 스트레스 해소나 오락의 수단으로 인식하는 경우가 많다.
> ㄴ. 따라서 상업 영화의 속성을 갖는 할리우드 내러티브 양식은 관객들이 이해하기 쉽고 납득하기 쉬운 내러티브 구조를 취함으로써 관객의 흥미를 유발하고 관객이 적극적인 관람 의사를 갖게 하여 상업적 흥행을 지향한다고 볼 수 있다.
> ㄷ. 이야기 전개가 너무 복잡하거나 생소한 실험적 기법을 사용하는 영화들은 현대 사회의 관객들로부터 외면받기 십상이다.
> ㄹ. 그래서 현대인들은 특정 영화를 반복적으로 관람하기보다는 일회적 관람을 통해 그 영화를 평가하는 경우가 많다.

① ㄱ - ㄷ - ㄹ - ㄴ
② ㄱ - ㄹ - ㄴ - ㄷ
③ ㄷ - ㄱ - ㄹ - ㄴ
④ ㄷ - ㄴ - ㄱ - ㄹ

02 (가)의 내용에 이어지는 순서로 가장 자연스러운 것은?

(가) 미세 플라스틱은 맨눈으로는 잘 보이지 않는 5밀리미터 이하의 작은 플라스틱 조각으로, 현재 전 세계 대부분의 바다에서 발견되고 있다. 바다에는 해저 지각에서 녹아 나온 물질과 육지에서 바람에 날리거나 강물을 타고 흘러든 온갖 물질이 섞여 있는데, 인류는 지난 수십 년 사이에 미세 플라스틱이라는 새로운 물질을 바다에 대량으로 섞어 넣었다.

(나) 최근에는 각질 제거나 세정, 연마 등의 기능을 위해 1밀리미터 정도의 작은 미세 플라스틱을 넣은 화장품이나 치약 같은 생활용품이 미세 플라스틱 문제의 원인으로 주목받고 있다. 이런 제품 가운데는 지름 500마이크로미터 이하의 플라스틱 알갱이들이 수십만 개까지 들어 있는 것도 있다. 이처럼 생산 당시 의도적으로 작게 만든 플라스틱을 '1차 미세 플라스틱'이라고 하는데, 이 알갱이들은 하수 처리장에서 걸러지지 않은 채 바다로 흘러든다.

(다) 미세 플라스틱은 바다에 떠다니는 다양한 플라스틱계 쓰레기가 파도나 자외선 때문에 부서져 만들어지기도 한다. 못 쓰게 된 어구, 페트병, 일회용 숟가락, 비닐봉지, 담배꽁초 필터, 합성 섬유 등 각종 플라스틱이 함유된 생활용품이 부서져 만들어진 미세 플라스틱을 '2차 미세 플라스틱'이라고 한다. 아직까지는 1차 미세 플라스틱에 비해 2차 미세 플라스틱의 비중이 더 높다는 게 전문가들의 설명이다.

(라) 미세 플라스틱은 인간에게도 위협이 될 수 있다. 한국 해양 과학 기술원의 실험 결과, 양식장 부표로 사용하는 발포 스티렌은 나노(10억분의 1) 크기까지 쪼개지는 것으로 확인되었다. 나노 입자는 생체의 주요 장기는 물론 뇌 속까지 침투할 수 있는 것으로 알려져 있다. 내장을 제거하지 않고 통째로 먹는 작은 물고기나 조개류를 즐기는 이들은 수산물의 체내에서 미처 배출되지 못한 미세 플라스틱을 함께 섭취할 위험이 상대적으로 높아지는 셈이다.

(마) 해양 생물들이 플라스틱 조각을 먹이로 알고 먹으면, 포만감을 주어 영양 섭취를 저해하거나 장기의 좁은 부분에 걸려 문제를 일으킬 수 있다. 또한 플라스틱은 제조 과정에서 첨가된 잔류성 유기 오염 물질을 포함하고 있으며 바다로 흘러들어 간 후에는 물속에 녹아 있는 다른 유해 물질까지 끌어당긴다. 미세 플라스틱을 먹이로 착각하고 먹은 플랑크톤을 작은 물고기가 섭취하고, 작은 물고기를 다시 큰 물고기가 섭취하는 먹이 사슬 과정에서 농축된 미세 플라스틱의 독성 물질은 해양 생물의 생식력을 떨어뜨릴 수 있다.

① (나) – (다) – (마) – (라)
② (다) – (나) – (라) – (마)
③ (라) – (다) – (나) – (마)
④ (마) – (나) – (다) – (라)

03 다음 제시된 문장을 순서대로 바르게 배열한 것은?

> (가) 왜냐하면 탈춤은 어디까지나 제한된 유희적 공간과 유희적 시간 안에서만 벌어지는 제의적 반란이기 때문이다.
> (나) 이 당시의 엄격한 사회적 신문 질서로 보면 하급 중이나 하인의 이러한 행동은 곧 신분 제도를 부정하는 무정부주의와 크게 다르지 않다.
> (다) 사실 탈춤에서는 상좌나 먹중과 같은 하급 중들이 상급 중인 노장을 조롱하고 말뚝이나 쇠뚝이와 같은 하인들이 양반들을 모멸하는 장면이 자주 연희된다.'
> (라) 그러나 탈춤의 무정부 상태는 그렇게 염려할 만한 것이 못 된다.
> (마) 모든 계급 질서가 전도되고 도착되는 탈춤은 상당히 무정부적이고 파괴적인 것처럼 보일지 모른다.

① (나) - (가) - (라) - (다) - (마)
② (마) - (다) - (나) - (라) - (가)
③ (나) - (다) - (라) - (마) - (가)
④ (마) - (라) - (가) - (다) - (나)

04 다음 제시된 문장을 순서대로 바르게 배열한 것은?

(가) 그런데 아동이 받아들이는 수많은 정보들은 기존의 도식으로 설명이 안 되기 때문에 인지적 평형 상태를 흔들게 된다. 이 상황에서 아동은 동화와 조절이라는 과정을 통해 다시 평형 상태를 유지하려고 한다.

(나) 아동은 동화와 조절 과정을 거쳐 기존의 도식을 새롭고 더욱 복잡한 지적 구조로 통합시키게 되는데, 이를 조직화라고 한다.

(다) 피아제는 아동이 내적 학습 동기를 가지고 있으며 인지적 평형 상태를 추구한다는 것을 전제하면서 아동의 인지 발달을 도식, 동화, 조절, 평형, 조직화 등의 개념을 통해 설명한다.

(라) 동화는 새로운 정보가 기존의 도식에 근거하여 해석할 수 있는 경우 새로운 정보를 덧붙여 기존의 도식을 보다 정교하게 만들어 가는 것이다. 조절은 새로운 정보가 기존의 도식과 맞지 않을 때, 도식을 수정해 가는 것이다.

(마) 도식은 정보를 체계화하고 해석하는 정신적 구조를 말한다. 도식은 세계를 쉽고 빠르게, 안정적으로 해석할 수 있는 틀이라고 할 수 있다.

① (다) - (마) - (가) - (라) - (나)
② (다) - (가) - (라) - (마) - (나)
③ (나) - (라) - (마) - (가) - (다)
④ (나) - (마) - (가) - (라) - (다)

THEME 5
반론, 비판 / 오류

반론, 비판

1. 기존 주장과 근거 확인하기　　2. 반대 논거가 되는지 확인하기　　3. 오류의 개념과 예시 확인하기

<보기>의 관점에서 ㉠을 비판한 것으로 적절한 것은? 〔2022 국회직 8급〕

　　원칙적으로 사람들은 제1 언어 습득 연구에 대한 양극단 중 하나의 입장을 취할 수 있을 것이다. ㉠극단적 행동주의자적 입장은 어린이들이 백지 상태, 즉 세상이나 언어에 대해 아무런 전제된 개념을 갖지 않은 깨끗한 서판을 갖고 세상에 나오며, 따라서 어린이들은 환경에 의해 형성되고 다양하게 강화된 예정표에 따라 서서히 조건화된다고 주장하였다. 또 반대쪽 극단에 있는 구성주의의 입장은 어린이들이 매우 구체적인 내재적 지식과 경향, 생물학적 일정표를 갖고 세상에 나온다는 인지주의적 주장을 할 뿐만 아니라 주로 상호 작용과 담화를 통해 언어 기능을 배운다고 주장한다. 이 두 입장은 연속선상의 양극단을 나타내며, 그 사이에는 다양한 입장들이 있을 수 있다.

　　보기
　　생득론자는 언어 습득이 생득적으로 결정되며, 우리는 주변의 언어에 대해 체계적으로 인식할 수 있도록 되어 있어서 결과적으로 언어의 내재화된 체계를 구축하는 유전적 능력을 타고난다고 주장한다.

① 언어 습득에 대한 연구에서 실제적 언어 사용의 양상이 무시될 가능성이 크다.
② 아동의 언어 습득을 관장하는 유전자의 실체가 확인될 때까지는 행동주의는 불완전한 가설일 뿐이다.
③ 아동은 단순히 문법적으로 정확한 문장을 만드는 방법을 배우는 것이 아니라 의사소통 방법을 배우는 것이다.
④ 아동의 언어 습득은 특정 언어공동체의 일원이 되는 핵심 과정인데, 행동주의는 공동체 구성원들과의 상호 작용이 차지하는 중요성을 간과하고 있다.
⑤ 아동의 언어 습득이 외적 자극인 환경에 의해 전적으로 형성된다고 보는 행동주의 모델은 배우거나 들어본 적 없는 표현을 만들어내는 어린이 언어의 창조성을 설명하지 못한다.

언어 습득이 전적으로 환경에 의해 형성되는 것이라고 주장하는 행동주의에 의하면 어린이는 배우거나 들어본 적이 있는 표현만 습득하고 구현할 수 있지만 언어 습득이 생득적으로 결정된다고 주장하는 생득론자 관점에 의하면 어린이는 새로운 표현을 만들어 쓸 수 있다.

① 행동주의자와 생득론자의 관점은 언어 습득에 대한 연구 자체를 비판하는 것이 아니다.
② 행동주의의 관점에서 생득론자를 비판하는 내용이다.
③ 구성주의의 관점과 유사하다.
④ 구성주의의 관점에서 생득론자를 비판하는 내용이다.

정답 ⑤

01 보기 부분과 동일한 오류를 보이는 것은?

> 보기
> 훌륭한 덕을 갖춘 사람은 고급 승용차를 타고 다닌다. 그러므로 고급 승용차를 타고 다니는 사람은 훌륭한 덕을 갖춘 사람이다.

① 장수 마을에 가서 장수의 비결을 조사하였더니 열심히 일하더라는 것이다. 우리 마을 사람들도 하루도 쉬지 않고 열심히 일하니까 장수할 것이다.
② 그 정치인은 우리의 좋은 친구임에 틀림없다. 그가 우리에게 직접 그렇게 말했으니까. 그리고 그 좋은 친구가 우리에게 거짓말을 할 리가 없으니까.
③ 신이 있기는 있다. 신이 없다는 것을 증명하려는 시도가 많았으나 아직 아무도 증명하지 못한 것을 보니까.
④ 그는 벌써 두 번이나 회의에 지각했다. 그러므로 그와는 어떤 약속을 해서는 안된다.

02 다음 보기와 같은 유형의 논리적 오류를 보이는 것은?

> 보기
> A 회장은 뇌물 수수 사건에 대한 최후 변론에서 징역형이 구형되자 다음과 같이 말하였다.
> A 회장: 억울하다. 다른 사람들도 다 뇌물을 받는데 왜 나만 잡고 이러는가. 우리나라에서 기업 활동하는데 1000만 원 정도도 안 먹고 한 사람이 몇이나 된다고.

① 진: 자기네가 먹은 몇 억은 그냥 기부금이고 그가 먹은 1000만 원은 비리라니 말이 안 된다.
② 슈가: 그 조상이 나라를 팔아먹고 자기만 떵떵거리고 살더니만 분명 그도 나중에 나라를 팔아먹고 자기만 잘 먹고 잘살 것이 분명하다.
③ 지민: 한국 기업인들이 다 그렇지 뭐.
④ 정국: 그래도 우리나라가 이만큼이라도 살게 된 것이 저런 기업인들 때문이 아닐까 한다.

03 다음 글에서 범하고 있는 오류와 가장 유사한 오류를 범하고 있는 것은?

> "당신은 책임이 없다고 말하지 마시오. 그 호프집에 화재가 났을 당시 당신은 그 동네의 반장이었소. 동네 주민들의 생명과 재산을 책임져야할 막중한 지위에 있으면서, 그 호프집이 화재에 취약한 구조라는 것을 몰랐다면 당신은 무능한 것이고 알고도 방치했다면 그것은 직무유기요. 무능한 것은 죄가 아니라고 말하지 마시오. 마당쇠가 무능하면 마당만 더러워지면 그만이지만 반장이 무능하면 그 동네 주민은 생명을 부지하지 못하오. 그러니 어쨌든 당신은 사형이오."

① 모든 사람들이 이 물건을 갖고 싶어 하는 것으로 보아 이 물건은 아주 귀한 것임에 틀림없다.
② 야구장에는 병 종류를 가져올 수 없다는 것이 상식일세. 그런데도 소주병을 숨겨 들어오는 것을 보니, 자네는 아예 처음부터 난동을 부리려고 작정을 한 게지.
③ 말이 많은 사람은 우리 편이 아닙니다.
④ 그 영화에 출연하는 배우들은 최고의 인기를 끌고 있잖아. 그러니 그 영화도 사람들에게 많은 인기를 얻을 거야.

04 ㉠에 대해 반론을 제기하려 할 때, 그 근거로 가장 타당한 것은?

> 강매나 사기, 도둑질 같은 행위는 선택의 자발성을 제한하고 절차의 공정성을 침해한다는 점에서 반(反)시장적인 것이다. 이러한 반시장적 행위들은 시장의 논리만으로 통제되기 어렵다. 따라서 ㉠ 시장에는 자발성과 공정성의 원칙을 견지하는 윤리적 규범이나 사회적 규칙을 행위자들이 신뢰하고 준수하는 것이 필요하다. 그것은 시장 속에 내재해 있는 것이 아니라는 점에서 '시장의 비(非)시장적 요소'라 말할 수 있다.

① 반시장적 행위는 상호주의의 산물이다.
② 비시장적 요소는 시장의 기능을 보완한다.
③ 시장에서는 비대칭적 상호주의가 통용된다.
④ 반시장적 요소는 시장 스스로도 해결할 수 있다.

05 ㉠에 대한 반론으로 가장 타당한 것은?

(가) 인간은 사회 속에서만 자신을 더 나은 존재로 느낄 수 있기 때문에 자신을 사회화하고자 한다. 인간은 사회 속에서만 자신의 자연적 소질을 실현할 수 있는 것이다. 그러나 인간은 자신을 개별화하거나 고립시키려는 강한 성향도 있다. 이는 자신의 의도에 따라서만 행위하려는 반사회적인 특성을 의미한다. 그리고 저항하려는 성향이 자신뿐만 아니라 다른 사람에게도 있다는 사실을 알기 때문에, 그 자신도 곳곳에서 저항에 부딪히게 되리라 예상한다.

(나) 이러한 저항을 통하여 인간은 모든 능력을 일깨우고, 나태해지려는 성향을 극복하며, 명예욕이나 지배욕, 소유욕 등에 따라 행동하게 된다. 그리하여 동시대인들 가운데에서 자신의 위치를 확보하게 된다. 이렇게 하여 인간은 야만의 상태에서 벗어나 문화를 이룩하기 위한 진정한 진보의 첫걸음을 내딛게 된다. 이때부터 모든 능력이 점차 계발되고 아름다움을 판정하는 능력도 형성된다. 나아가 자연적 소질에 의해 도덕성을 어렴풋하게 느끼기만 하던 상태에서 벗어나, 지속적인 계몽을 통하여 구체적인 실천 원리를 명료하게 인식할 수 있는 성숙한 단계로 접어든다. 그 결과 자연적인 감정을 기반으로 결합된 사회를 도덕적인 전체로 바꿀 수 있는 사유 방식이 확립된다.

(다) ㉠ 인간에게 이러한 반사회성이 없다면, 인간의 모든 재능은 꽃피지 못하고 만족감과 사랑으로 가득 찬 목가적인 삶 속에서 영원히 묻혀 버리고 말 것이다. 그리고 양처럼 선량한 기질의 사람들은 가축 이상의 가치를 자신의 삶에 부여하기 힘들 것이다. 자연 상태에 머물지 않고 스스로의 목적을 성취하기 위해 자연적 소질을 계발하여 창조의 공백을 메울 때, 인간의 가치는 상승되기 때문이다.

① 인간의 본성은 변할 수 없다.
② 동물도 사회성을 키울 수 있다.
③ 사회성만으로도 재능이 계발될 수 있다.
④ 반사회성만으로는 재능이 계발될 수 없다.

THEME 6
문맥적 의미

문맥적 의미

1. 앞, 뒤 문장에서 추리한다.
2. 선지의 의미를 제시문 속에 대입해 본다.

밑줄 친 ㉠~㉤의 뜻풀이로 적절하지 않은 것은? [2022 국회직 8급]

그것은 알렉산드르 2세가 통치하던 최근의, 우리 시대의 일이었다. 그 시대는 문명과 진보의 시대이고, ㉠ 제반 문제점들의 시대, 그리고 러시아의 ㉡ 부흥 등등의 시대였다. 또한 불패의 러시아 군대가 적군에게 내어준 세바스토폴에서 돌아오고, 전 러시아가 흑해 함대의 괴멸에 축전을 거행하고, 하얀 돌벽의 모스크바가 이 기쁜 사건을 맞이하여 이 함대 승무원들의 생존자들을 영접하고 경축하며, 그들에게 러시아의 좋은 보드카 술잔을 대령하며, 러시아의 훌륭한 풍습에 따라 빵과 소금을 대접하며 그들의 발 앞에 엎드려 절하던 때였다. 또한 그때는 ㉢ 형안의 신인 정치가와 같은 러시아가 소피아 사원에서 기도를 올리겠다는 꿈이 깨어짐에 슬퍼하고, 전쟁 중에 사망하여 조국의 가슴을 가장 미어지도록 아프게 한 위대한 두 인물(한 사람은 위에 언급된 사원에서 가능한 한 신속히 기도를 하고자 하는 열망에 불탔던 사람으로 발라히야 들판에서 전사했는데, 그 벌판에 두 기병중대를 남겼다. 다른 한 사람은 부상자들에게 차와 타인의 돈과 시트를 나누어주었지만 아무 것도 훔친 것은 없었던 훌륭한 사람이었다.)의 상실을 슬퍼하고 있을 때였다. 또한 그것은 위대한 인물들이, 이를테면 사령관들, 행정관들, 경제학자들, 작가들, 웅변가들, 그리고 특별한 사명이나 목적은 없지만 그래도 위대한 사람들이 사방에서, 인간 활동의 모든 분야에서 러시아에 버섯처럼 자라나고 있을 때였다. 또 모든 범죄자들을 ㉣ 응징하기 시작한 사회 여론이 모스크바의 배우를 기념하는 자리에서 축배사로 울려 퍼질 만큼 확고히 된 때이다. 페테르부르크에서 구성된 ㉤ 준엄한 위원회가 악덕 위원들을 잡아서 그들의 죄상을 폭로하고 처벌하기 위해 남쪽으로 달려가던 때이고, 모든 도시에서 세바스토폴의 영웅들에게 연설을 곁들여 오찬을 대접하고 팔과 다리를 잃은 그들을 다리 위나 거리에서 마주치면 코페이카 은화를 주곤 하던 때였다.

– 톨스토이, 「데카브리스트들」에서 –

① ㉠: 어떤 것과 관련된 모든 것
② ㉡: 쇠퇴하였던 것이 다시 일어남
③ ㉢: 빛나는 눈
④ ㉣: 잘못을 깨우쳐 뉘우치도록 징계함
⑤ ㉤: 태도나 상황 따위가 튼튼하고 굳음

 '준엄': 「1」 조금도 타협함이 없이 매우 엄격하다. 「2」 형편이 매우 어렵고 엄하다.
'태도나 상황 따위가 튼튼하고 굳음'은 확고(確固)'의 뜻이다.

정답 ⑤

01 다음 ㉠에 담겨 있는 생각으로 가장 적절한 것은?

> 예술가들은 사진술에 열광적인 반응을 보이면서도 충격을 받기도 했다. 초상화가인 들라로쉬는 1839년 최초의 사진을 보았을 때 ㉠ "오늘 회화는 죽었다."라고 외쳤다. 그리고 적어도 많은 부분에서 실제로 그러했다. 미니어처 초상화는 종말을 맞이했다. 사진은 회화보다 더욱 사실적이어서 이제 단순한 모사(摹寫)는 인정받지 못했다.
>
> 사진은 화가들의 삶을 단순한 것으로 만들었다. 다시 말하면 모델은 움직이고, 거리의 풍경은 금방 사라져 버리고, 경치는 그림을 그리고 있는 동안에도 구름의 상태나 태양의 위치에 의해 완전히 다른 빛을 받게 되는 환경에서, 화가들은 원래 자신의 대상을 번개같이 종이에 옮기거나 기억 속에 잘 간직하고 있어야만 했다. 그러나 사진술이 등장하고 나서 많은 저명한 화가들이 대상을 사진으로 찍어서 그 사진을 공개적으로 또는 몰래 그림의 원본으로 사용하였다. 인상파 화가들은 야외의 자연 광선의 인상을 있는 그대로 대중에게 전달하기 위하여 사진을 이용했다.

① 회화는 더 이상 예술성을 갖지 못하게 되었다.
② 회화는 사진을 뒷받침하고 보조 도구가 되었다.
③ 회화는 사진처럼 정밀하게 실물을 나타낼 수 없다.
④ 회화를 그릴 때 가장 중요한 요소는 사진이 될 것이다.

02 괄호에 들어갈 속담으로 가장 적절한 것은?

> 현대 자본주의 사회의 대중문화에서 대중들에게 미의 기준이 되는 것은 예술미라기보다는 상품미이다. 현대 도시의 주요 미적 대상인 상품미는 우리들의 취미나 감성, 더 나아가 일상 문화를 형성한다. 상품미란 무엇인가? 상품미라는 것은 이윤을 얻기 위해 대량으로 생산되고 있는 상품들이 가지고 있는 미적, 예술적 형식을 의미한다. 단순하게는 상품을 많이 팔기 위해서 디자인과 색상에 신경을 쓰는 것이 상품미를 추구하는 예이다. (   )라는 속담은 상품미의 성격을 잘 나타낸다.
>
> 상품미는 나쁘게 말하면 예술미를 베끼고 도둑질한 것이라고 할 수 있다. 발달된 기술에 의해 대량 생산이 이루어지면서 통속 예술이 범람하게 되자 이전보다 더 신선하고 충격적인 이미지를 전달해 주는 환상 산업, 소비의 첨병인 디자인 산업 등이 등장하게 된다. 여기서 만들어지는 새로운 미적 가상은 현실을 제압하고 스스로 현실을 만들어 낼 정도까지 확장되었다. 그래서 우리의 미적·예술적 체험은 인공적인 도심에서 보내는 일상생활 속에서 이루어진다.

① 초복은 동색이다
② 꽃은 목화가 제일이다
③ 말 타면 경마 잡히고 싶다
④ 보기 좋은 떡이 먹기도 좋다

03 다음 ㉠ ~ ㉢에 들어갈 단어로 가장 적절한 것은?

『국가론』에서 소크라테스는 당시 아테네의 정치 영역에서 제외되어 있었던 여성을 공적 영역의 참여자로 등장시켜 통치 계급에까지 여성을 포함시키게 된다. 당시 아테네에 보편적인 사고방식에 비하여 이는 전적으로 새로운 개념이었다. 소크라테스는 국가를 세우는 데 요구되는 남성적인 또는 여성적인 기술이나 기능이 있는가를 질문하면서, 기존의 남성과 여성의 차이는 본성의 차이가 아니라 교육을 달리 받은 결과임을 (㉠)한다. 소크라테스는 여성을 도시 국가의 공적 영역으로부터 제외시키는 것은 자연스러운 일이 아니라고 주장한다. 단지 관행일 뿐이라는 것이 그의 대답이다.

소크라테스의 이상 국가는 모든 시민들이 적재적소에 (㉡)됨으로써 국가 경쟁력의 극대화를 꾀한다. 따라서 여기에 그동안 배제되어 왔던 여성이 포함되는 것은 지극히 당연하다. 또한 이 논의에서 여성의 능력이 남성의 그것과 동등하다는 전제를 발견할 수 있다. 잘못된 관행을 바로잡아 국가 경쟁력의 극대화를 꾀하자는 소크라테스의 이상 정치 이념은 오늘날에도 그 적실성을 보여 주고 있다. 특히 당시 타락한 아테네 체제의 대안으로 사장되고 있었던 여성 인력에 (㉢)하였다는 점에서 최근 논의되고 있는 '여성의 시대'의 논지를 짐작할 수 있다.

	㉠	㉡	㉢
①	역설	배열	착안
②	역설	배치	착안
③	부각	배치	착상
④	부각	배열	착상

04 다음 ㉠ : ㉡의 관계와 가장 유사한 것은?

> 전통 수사학에서는 환유(換喩)를 비유법의 한 종류로 기술하고 있다. 그런데 최근에는 환유와 같은 다양한 비유법을 사용할 줄 아는 능력이 인간이 지닌 인지의 기본적 특성으로 밝혀지면서 비유법은 여러 언어 현상을 설명하는 데에도 이용되고 있다. 우리에게 비유법을 활용할 줄 아는 인지 기제가 있기 때문에 일상생활에서 환유적 표현을 무리 없이 이해하거나 우리의 경험이나 생각을 자연스럽게 표현할 수 있다.
> 환유는 ㉠ 인접성을 바탕으로 사물이나 관념을 지칭하는 특성을 가지고 있다. 가령 '주전자가 끓고 있다'는 표현에서 실제 끓고 있는 것은 주전자의 물이지만, '주전자'라는 용기의 이름이 그 내용물을 지칭한다. 이러한 지칭 기능은 지시물 사이의 인접성에서 비롯된다. 우리가 '주전자가 끓고 있다'는 표현을 '물이 끓고 있다'로 이해하는 것은 '주전자'와 '물' 사이에 밀접한 인접성이 있어서 의미 연상을 통한 ㉡ 의미 전이(意味轉移)가 신속하고도 자연스럽게 이루어지기 때문이다.

① 학교: 학원
② 영화: 배우
③ 효녀: 심청
④ 구름: 소나기

운주국어 단원별 핵심 400제

PART 6

쓰기, 말하기

THEME 1 쓰기
THEME 2 말하기

THEME 1
쓰기

윤주쌤 CLINIC

쓰기	

· 계획하기
  1. 반드시 문제 먼저 본다.
  2. 발문에서 주제를 확인한다.
· 자료 활용
  <보기>의 자료와 선지의 내용을 비교하여 일치, 불일치를 파악한다.
· 개요표 작성, 수정
  1. 반드시 선지 먼저 본다.
  2. 개요표에서 상위 항목의 제목이 하위 항목의 내용들을 포괄할 수 있는지 확인한다.
  3. 문제의 원인 항목과 해결방안의 항목이 대응을 이루는지 확인한다.
	· 표현하기
	  1. 주제를 확인한다.
	  2. 조건이 여러 개인 경우, 가장 먼저 찾을 수 있는 조건을 먼저 비교한다.
	· 고쳐쓰기
	  1. 통일성, 일관성에 맞추어 내용을 확인한다.
	  2. 맞춤법, 표준어, 띄어쓰기 등에 맞추어 오류를 확인한다.

기출 대표 유형

㉠ ~ ㉣의 고쳐 쓰기로 적절하지 않은 것은?

파놉티콘(panopticon)은 원형 평면의 중심에 감시탑을 설치해 놓고, 주변으로 빙 둘러서 죄수들의 방이 배치된 감시 시스템이다. 감시탑의 내부는 어둡게 되어 있는 반면 죄수들의 방은 밝아 교도관은 죄수를 볼 수 있지만, 죄수는 교도관을 바라볼 수 없다. 죄수가 잘못했을 때 교도관은 잘 보이는 곳에서 처벌을 가한다. 그렇게 수차례의 처벌이 있게 되면 죄수들은 실제로 교도관이 자리에 ㉠ 있을 때조차도 언제 처벌을 받을지 모르는 공포감에 의해서 스스로를 감시하게 된다. 이렇게 권력자에 의한 정보 독점 아래 ㉡ 다수가 통제된다는 점에서 파놉티콘의 디자인은 과거 사회 구조와 본질적으로 같았다.

현대사회는 다수가 소수의 권력자를 동시에 감시할 수 있는 시놉티콘(synopticon)의 시대가 되었다. 시놉티콘에 가장 크게 기여한 것은 인터넷의 ㉢ 동시성이다. 권력자에 대한 비판을 신변 노출 없이 자유롭게 표현할 수 있게 되었기 때문이다. 정보화 시대가 오면서 언론과 통신이 발달했고, ㉣ 특정인이 정보를 수용하고 생산하게 되었다. 그로 인해 사회에서 일어나는 일에 대한 비판적 인식 교류와 부정적 현실 고발 등 네티즌의 활동으로 권력자들을 감시하는 전환이 일어났다.

① ㉠을 '없을'로 고친다.
② ㉡을 '소수'로 고친다.
③ ㉢을 '익명성'으로 고친다.
④ ㉣을 '누구나가'로 고친다.

제시문의 맥락을 이해하고 이에 대한 내용을 고쳐 쓰는 문제이다.
판옵티콘은 소수의 권력자가 다수를 감시하는 시스템이다. '정보의 독점 아래 ⓒ 다수가 통제된다는 점에서' 문장은 맞으므로 고칠 필요가 없다.

① 문맥으로 보아 실제로 교도관이 자리에 '없을' 때조차도 처벌에 대한 공포감으로 스스로를 감시하게 되는 것을 알 수 있다. ㉠을 '없을'로 고치는 것이 옳다.
③ 다수가 소수의 권력자를 동시에 감시할 수 있는 시놉티콘의 시대가 되었고, 이는 권력자에 대한 비판을 신변 노출 없이 자유롭게 표현할 수 있게 되었기 때문이다. 그러므로 ㉢은 '익명성'으로 고쳐야 한다.
④ 정보화 시대가 오면서 언론과 통신이 발달했고, 네티즌의 활동으로 권력자들을 감시하는 전환이 일어났다는 내용으로 보아 ㉣은 '누구나가'로 고치는 것이 자연스럽다.

정답 ②

01 글의 흐름을 고려할 때 수정이 필요한 문장은?

> 어느 작은 마을의 양들은 대부분의 시간을 마을 주변의 초원에서 풀을 뜯어 먹으면서 보냈다. 이 초원은 마을 주민의 공동 소유지로, 마을 주민이라면 누구든지 이곳에서 자신의 양을 키울 수 있었다. 초원의 풀이 풍부할 때는 문제가 없었다. ㉠ 그러나 시간이 흐름에 따라 마을의 인구가 증가하고 초원에서 풀을 뜯는 양의 숫자도 증가하였다. ㉡ 양의 숫자가 증가함에 따라 양털 산업은 융성하게 되었고 마을 주민들의 수익도 증가했다. ㉢ 초원은 풀을 스스로 보충하는 능력을 상실하게 되고, 결국 황무지가 되고 말았다. ㉣ 이로 인해 마을 주민들은 더 이상 양을 기를 수 없게 되었고, 한때 융성하던 이 마을의 양털 산업은 쇠퇴하게 되었다.

① ㉠
② ㉡
③ ㉢
④ ㉣

02 다음 개요를 수정·보완하기 위한 방안으로 적절하지 않은 것은?

> 주제문: 사내에 옥외 쉼터를 조성하자.
> Ⅰ. 서론: 사내 휴게 공간의 실태와 문제점
> Ⅱ. 본론
>   1. 휴게 공간 조성의 필요성
>   가. 임직원들의 운동 시간 및 운동량 부족 ……… ㉠
>   나. 자연 친화적 성격을 지닌 공간의 필요성에 대한 요구
>   2. 휴게 공간 조성의 어려움
>   가. 사내 휴게 공간에 대한 임직원들의 무관심
>   나. 자연 친화적인 공간 활용에 대한 계획 수립 ……… ㉡
>   다. 휴게 공간 조성을 위한 재원의 부족
>   3. 해결 방안
>   가. 임직원들의 관심 제고를 위한 캠페인 실시 ……… ㉢
>   나. 사내 옥외 공간의 활용 방안 부재
> Ⅲ. 결론: 사내 공간에 대한 발상 전환 촉구 ……… ㉣

① ㉠은 주제에서 벗어난 내용이므로 '임직원들의 휴식 및 친교 기능에 대한 요구'로 수정한다.
② ㉡은 상위 항복과의 관계를 고려하여 'Ⅱ-3-나'와 위치를 바꾼다.
③ ㉢은 글의 일관성을 고려하여 '낙후된 사내 환경에 대한 임직원들의 관심 촉구'로 고친다.
④ ㉣은 글의 흐름을 고려하여 '정서적·환경적 가치가 높은 사내 옥외 쉼터의 조성 제안'으로 바꾼다.

03~04 다음 글을 읽고, 물음에 답하시오.

탄성 반발설은 지진의 발생 원리를 설명하는 이론이다. 암석에는 어느 정도 탄성이 있기 때문에 힘을 받으면 휘어지면서 에너지가 축적된다. ㉠<u>따라서</u> 지각의 한 지점이 끊어지면 휘어져 있던 암석들이 원래의 상태로 되돌아오면서 저장되어 있던 탄성 에너지가 순간적으로 발생하는데, 이로 인해 지진이 일어난다는 것이다.

지각이 끊어진 이 지점을 진원(震源)이라고 하고, 진원으로부터 수직 방향으로의 지표상의 지점을 진앙(震央)이라 한다. 이때 지각의 양면이 쪼개져서 반대 방향으로 튕겨짐에 따라 주위에 모였던 탄성 에너지는 파동 에너지로 바뀌어 지진파가 사방으로 ㉡<u>전송된다</u>.

지진은 구조 지진, 화산 지진, 함몰 지진으로 나눌 수 있다. ㉢<u>반면 화산 지진은 화산이 활동할 때 일어나는 지진으로 화산이 폭발하면서 분출할 때 또는 지하의 마그마가 상승하면서 암석 틈을 따라 들어갈 때 주로 발생한다.</u> 대부분의 지진은 오랜 기간에 걸쳐 대륙의 이동, 해저의 확장, 산맥의 형성 등에 작용하는 지구 내부의 커다란 힘에 의해 발생하는데, 이러한 지진을 구조 지진이라 ㉣<u>불린다</u>. 화산 폭발은 용암이 서서히 흘러나오는 폭발에서부터 화산 쇄설류가 격렬하게 터져 나오는 대폭발까지 그 모습이 매우 다양하다. 또한 지각 내부에서 연약한 지반이나 공동이 내려앉으며 함몰 지진이 발생하기도 한다.

03 윗글을 쓰기 위한 계획으로 적절한 것은?

① 지진 발생 시 생기는 문제점과 그 구체적인 원인을 제시한 후 해결 방안을 설명해야겠어.
② 지진파의 종류를 형태로 나누어 제시해야겠어.
③ 지진을 형태로 나누어 공통점을 설명해야겠어.
④ 지진을 발생 원인으로 나누어 차이점을 설명해야겠어.

04 ㉠ ~ ㉣을 점검한 내용으로 적절하지 않은 것은?

① ㉠: 문장의 연결이 어색하므로 '이때'로 고친다.
② ㉡: 어휘 사용이 적절하지 않으므로 '파급'으로 고친다.
③ ㉢: 자연스러운 연결을 위해 바로 뒤의 문장과 위치를 바꾼다.
④ ㉣: 피동 표현이 잘못 사용되었으므로, '부른다'로 고친다.

THEME 2
말하기

윤주쌤 CLINIC

말하기	
· 공손성의 원리 　- 요령의 격률 　- 관용의 격률 　- 겸양의 격률 　- 동의의 격률 　- 찬동의 격률	· 대화의 격률 　- 양의 격률 　- 질의 격률 　- 관련성의 격률 　- 태도의 격률 · 토론 VS 토의 · 토론의 논제 · 토의의 종류

기출 대표 유형

다음 대화에서 나타난 '지민'의 의사소통 방식으로 가장 적절한 것은? `2022 국가직 9급`

> 정수: 지난번에 너랑 같이 들었던 면접 전략 강의가 정말 유익했어.
> 지민: 그랬어? 나도 그랬는데.
> 정수: 특히 아이스크림 회사의 면접 내용이 도움이 많이 됐어.
> 지민: 맞아. 그중에서도 두괄식으로 답변하라는 첫 번째 내용이 정말 인상적이더라. 핵심 내용을 먼저 말하는 전략이 면접에서 그렇게 효과적일 줄 몰랐어.
> 정수: 어! 그래? 나는 두 번째 내용이 훨씬 더 인상적이었는데.
> 지민: 그랬구나. 하긴 아이스크림 매출 증가에 관한 통계 자료를 인용해서 답변한 전략도 설득력이 있었어. 하지만 초두 효과의 효용성도 크지 않을까 해.
> 정수: 그렇긴 해.

① 자신의 면접 경험을 예로 들어 상대방을 설득하고 있다.
② 상대방의 약점을 공략하며 상대방의 이견을 반박하고 있다.
③ 상대방의 견해를 존중하면서 자신의 의견을 제시하고 있다.
④ 상대방과의 갈등 해소를 위해 자신의 감정을 표현하고 있다.

 '지민'은 '정수'가 '두 번째 내용이 훨씬 인상적'이었다는 말에 '그랬구나. 하긴 아이스크림 매출 증가에 관한 통계 자료를 인용해서 답변한 전략도 설득력이 있었어'라고 답하며 '정수'의 의견을 존중해주었다. 그리고 '하지만 초두 효과의 효용성도 크지 않을까 해.'라고 본인의 의견을 제시하였다. 이는 공손성의 원리 중 '동의의 격률'에 해당한다. 동의의 격률은 자신의 의견과 다른 사람의 의견 사이의 차이점을 최소화하고 의견의 일치점을 극대화하는 것이다.

 ① 지민은 정수와 함께 들었던 면접 전략 강의에서 들었던 의견을 제시하고 있으며, 자신의 면접 경험으로 정수를 설득하는 것은 아니다.
② 지민이 정수의 약점을 공략하며 상대방의 이견을 반박하고 있지 않다.
④ 지민은 정수의 의견과 차이가 있지만 정수의 의견에 동의를 표하며 자신의 의견을 제시할 뿐 감정을 표현하지는 않았다.

정답 ③

01 '기자'의 발언에 적용된 협력적 듣기의 방법이 아닌 것은?

> 기부자: 저는 고향을 아주 잊을 수는 없지요. 왜 노래에도 나오지 않습니까. 그곳이 차마 꿈엔들 잊힐 리야.
> 기 자: 그래도 20억이라면 김 선생님의 전 재산 아닌가요?
> 기부자: 거, 뭐 요새야, 그 정도를 대단한 규모라고 할 수는 없겠지요.
> 기 자: 그거야 다른 세계 사람들 얘기 아니겠습니까.
> 기부자: 물론 그렇겠죠? 사실 그 돈을 모으는 데 제 평생이 걸렸다고 할 수도 있어요. 자린고비 소리를 들어 가며 우리 집사람 말대로 자식들 공부도 제대로 못 시키고 모은 돈이니까요.
> 기 자: 그렇다면 더욱더 값진 재산이라고 할 수 있겠네요. 멋지십니다. 혹시 부인이나 자식들의 반대는 없었나요?
> 기부자: 제가 참 고맙게 생각하는 것은 가족 중 아무도 저의 이러한 뜻에 반대하는 사람이 없었다는 점입니다.

① 화자의 발언 수준과 표현 방식을 정정한다.
② 화자가 존중받고 있다는 느낌을 가질 수 있도록 한다.
③ 화자의 발언이 완결된 내용과 형식을 취할 수 있도록 돕는다.
④ 상대가 말하고 싶었던 내용을 말할 수 있도록 환경을 조성한다.

02 두 사람의 대화에 적용된 공감적 듣기의 방법이 아닌 것은?

> 혜영: 영호 씨, 저 오늘 회사에서 엄청 속상한 일이 있었어요.
> 영호: 속상한 일이요? 어쩐지 혜영 씨 표정이 많이 어두워 보였어요. 오늘 회사에 무슨 일이 있었는지 얘기해 보세요.
> 혜영: 제가 드릴 말씀이 있어서 과장님을 찾아갔는데, 과장님께서 저를 쳐다보지도 않으시고 제 말을 건성으로 들으시는 거예요. 게다가 주말에 직원들끼리 등산을 가기로 했으니 과장님도 함께 가시는 게 어떻겠느냐는 제 제안을 딱 잘라 거절하더라고요.
> 영호: (고개를 끄덕이며) 그랬군요. 과장님이 혜영 씨를 제대로 쳐다보지도 않고, 혜영 씨의 말을 건성으로 들었군요. 혜영 씨 마음이 많이 상했겠네요. 그리고 혜영 씨는 좋은 취지로 제안을 했는데 과장님이 제대로 들어주지 않아서 속상했던 거군요.

① 영호는 혜영이 말을 이어가도록 격려하고 있다.
② 영호는 혜영의 말의 의미를 재구성하여 말해 주고 있다.
③ 영호는 혜영이 자신의 말을 되돌아볼 수 있도록 도와주고 있다.
④ 영호는 혜영의 말에 자신이 주의를 집중하고 있음을 보여 주고 있다.

03 'B'의 말에 나타난 공손성 원리로 가장 적절한 것은?

> [회의 상황]
> A: 왜 이렇게 목소리가 작아요? 좀 크게 말씀하세요.
> B: 제가 잘 못 들었는데, 다시 한번 말씀해 주시겠어요?

① 상대방에게 책임을 떠넘겨 부담을 주고 있다.
② 자신의 부담을 최대화하고 상대방의 부담을 최소화하고 있다.
③ 다른 사람과의 의견 차이를 최소화하고 일치점을 극대화하고 있다.
④ 상대방의 부담을 최소화하고 상대방의 이익을 극대화하고 있다.

04 다음 조건에 가장 잘 맞는 토론 논제는?

> ㄱ. 긍정문·평서문으로 제시되어야 한다.
> ㄴ. 찬성과 반대의 대립이 분명하게 나타나야 하고, 쟁점이 하나여야 한다.
> ㄷ. 찬성이나 반대 어느 한 편에 유리하게 작용하는 정서적 표현을 사용해서는 안 된다.
> ㄹ. 어떤 정책을 시행할 것인지 말 것인지, 현 상태를 유지할 것인지 변화시킬 것인지를 다루는 논제이어야 한다.

① 인스턴트 음식은 건강에 해롭다.
② 자율 주행 자동차를 도입해야 한다.
③ 유전자 조작 식품의 생산을 중단해야 하는가.
④ 인간의 직업을 훔쳐 간 로봇에 세금을 부과해야 한다.

05 다음 글을 근거로 할 때, 보기의 대화에서 협력의 원리를 위배하고 있는 것은?

> 그라이스는 원활한 대화 진행을 위한 요건으로 네 가지의 '협력의 원리'를 제시한 바 있다. 첫째, 주고받는 대화의 목적에 필요한 만큼만 정보를 제공하고 필요 이상의 정보를 제공하지 말라는 양의 격률이다. 둘째, 진실한 정보만을 제공하려고 노력하고 증거가 불충분한 것은 말하지 말라는 질의 격률이다. 셋째, 해당 대화 맥락과 관련되는 말을 하라는 관련성의 격률이다. 넷째, 모호하거나 중의적인 표현을 피하고 간결하고 조리 있게 말하라는 태도의 격률이다.

― 보기 ―
대화(1) ㄱ. 나는 ○○동에 살아. 너는 어디에 살아?
　　　　ㄴ. 나는 □□동에 살아
대화(2) ㄱ. 김 대리, 이거 어떻게 하는 건지 알아?
　　　　ㄴ. (할 줄 알면서) 잘 모르는데요.
대화(3) ㄱ. 이번 연휴에 계획이 어떻게 되세요?
　　　　ㄴ. 제주도 여행을 다녀오려고 합니다.
대화(4) ㄱ. 우리 내일 만나서 뭐할까?
　　　　ㄴ. 영화 보러 가자.

① 대화(1)
② 대화(2)
③ 대화(3)
④ 대화(4)

06 다음 토론자의 말하기 방식에 대한 설명으로 알맞지 않은 것은?

> 4차 산업 혁명의 핵심인 '드론' 산업이 최근 빠르게 성장하면서 전 세계의 드론 출하량도 300만 대를 넘어서고 있습니다. 하지만 우리나라는 각종 규제로 인해 발목이 잡혀 그 시장 규모가 전 세계의 1.2퍼센트에 머물고 있습니다. 예를 들어 세계 거대 물류 회사인 아마존은 이미 2016년 12월 영국과 인도에서 드론을 이용해서 택배 서비스 운행에 성공했지만, 우리나라의 드론 택배의 기술 발달은 아직도 요원한 상태입니다. 우리나라의 드론 산업이 더딘 성장을 보이는 것은 드론에 대한 규제가 다른 나라에 비해 지나치기 때문입니다. 따라서 법 규제를 완화해야 합니다. 현재 우리나라에서는 공법상 12킬로그램 이하의 단순 취미용 드론도 야간 비행은 물론이고 고도 150미터 이상의 비행이나 인구 밀집 지역에서의 비행을 할 수 없습니다. 이렇다 보니 서울에서는 거의 모든 지역에서 드론을 날릴 수 없고, 이를 위반할 경우 1차 50만 원, 2차 100만 원, 3차 200만 원의 무거운 과태료가 부과되고 있습니다. 드론에 대한 규제를 완화하면 우리는 여러 가지 이익을 얻을 수 있습니다. 그중의 하나가 '순찰용 드론'인데, 이는 기존 시시 티브이(CCTV)보다 넓은 각도에서 촬영할 수 있기 때문에 우리나라의 치안이 훨씬 좋아질 것입니다. 따라서 저희는 드론에 대한 규제 완화를 통해 드론 산업을 육성하고 치안 등에 드론을 사용함으로써 그 효율성을 극대화해야 한다고 생각합니다.

① 문제가 심각하여 조치가 시급함을 말하고 있다.
② 문제를 해결하기에 적절한 방안을 제시하고 있다.
③ 제시하는 방안을 실행하면 불이익보다 이익이 큼을 언급하고 있다.
④ 상대방 발언의 논리적 문제점을 지적하고 있다.

07 다음 대화 상황에서 찾을 수 있는 격률은?

> (환자를 문병 간 자리에서) "속히 나으시기 바랍니다."

① 요령의 격률: 상대방에게 부담이 되는 표현은 최소화하고 도움이나 이익이 되는 말을 하라는 것이다.
② 관용의 격률: 요령의 격률을 화자의 관점에서 말한 것으로 화자 자신에게 혜택을 주는 표현보다는 부담을 주는 표현을 최대화하라는 것이다.
③ 찬동의 격률: 다른 사람에 대한 비방을 최소화하고 칭찬을 극대화하라는 것이다.
④ 겸양의 격률: 찬동의 격률을 화자의 관점에서 말하는 것으로서, 자신에 대한 칭찬은 최소화하고 자신에 대한 비방을 극대화하라는 것이다.

08 '효율적인 대화 요령'에 대해 메모할 때, 그 메모의 내용으로 적절하지 않은 것은?

① 대화의 주제와 관련된 말을 하라. 그러면 원만하게 대화가 진행될 것이다.
② 비유적인 표현 속에 주제를 함축하라. 그러면 상대방의 주의를 끌 수 있을 것이다.
③ 상대방이 원하는 만큼의 정보만 제공하라. 그래야 대화의 방향이 어그러지지 않을 것이다.
④ 사실과 차이가 나는 표현도 필요하다. 단, 상대방과의 관계 증진이 필요할 경우에 한해서이다.

09 보기의 대화가 원만하게 이루어지기 위해 필요한 대화의 협력 원리는?

― 보기 ―
최은비: 전학 온 이유가 뭐니?
김명수: 아버지께서 직장을 옮기시면서 이사를 하게 됐어. 우리 아버지는 군인이신데 이번에 진급하시게 됐거든. 우리 아버지는 뭐든 다 잘하셔. 운동도 잘하고 아는 것도 많고 요리도 잘하셔. 나는 아버지를 존경해.

① 질의 격률 ② 양의 격률
③ 태도의 격률 ④ 관련성의 격률

10 토론에 대한 설명으로 적절하지 않은 것은?

① 참과 거짓으로 양립 가능한 사실만이 토론의 논제가 될 수 있다.
② 토론자들은 사회자의 지시와 토론의 규칙에 따라서 토론을 진행해야 한다.
③ 토론의 목적은 상대방의 주장을 이해하여 사안에 대한 공감대를 높이는 것이다.
④ 의견을 달리하는 양측이 논리적 근거를 들어 자신의 주장이 옳음을 내세우는 화법이다.

윤주국어 단원별 핵심 **400제**

어휘

THEME 1 한자성어 / 한자어
THEME 2 고유어 / 관용표현 / 속담
THEME 3 단어들의 의미 관계

PART 7

THEME 1
한자성어 / 한자어

한자성어	한자어
· 주제별 한자성어의 정리 · 빈출 한자성어의 정리	· 빈출 한자어의 독음, 자형 익히기 · 유사 한자어의 구별

사자성어의 쓰임이 적절하지 않은 것은? 2022 국가직 9급

① 그는 구곡간장(九曲肝腸)이 끊어지는 듯한 슬픔에 빠졌다.
② 학문의 정도를 걷지 않고 곡학아세(曲學阿世)하는 이가 있다.
③ 이유 없이 친절한 사람은 구밀복검(口蜜腹劍)일 수 있으니 조심해야 한다.
④ 신중한 태도로 문제의 본질에 접근하는 당랑거철(螳螂拒轍)의 자세가 필요하다.

당랑거철(螳 사마귀 당, 螂 사마귀 랑, 拒 막을 거, 轍 바큇자국 철): 제 역량을 생각하지 않고, 강한 상대나 되지 않을 일에 덤벼드는 무모한 행동거지를 비유적으로 이르는 말. 중국 제나라 장공(莊公)이 사냥을 나가는데 사마귀가 앞발을 들고 수레바퀴를 멈추려 했다는 데서 유래한다. 선지의 내용과 어울리지 않는다.

① 구곡간장(九 아홉 구, 曲 굽을 곡, 肝 간 간, 腸 창자 장): 굽이굽이 서린 창자라는 뜻으로, 깊은 마음속 또는 시름이 쌓인 마음속을 비유적으로 이르는 말.
② 곡학아세(曲 굽을 곡, 學 배울 학, 阿 언덕 아, 世 세대 세): 바른길에서 벗어난 학문으로 세상 사람에게 아첨함.
③ 구밀복검(口 입 구, 蜜 꿀 밀, 腹 배 복, 劍 칼 검): 입에는 꿀이 있고 배 속에는 칼이 있다는 뜻으로, 말로는 친한 듯하나 속으로는 해칠 생각이 있음을 이르는 말.

정답 ④

01 다음 밑줄 친 한자어 모두와 뜻이 통하는 고유어는?

> 이 차는 낡아서 가격(價格)이 좀 헐하다.
> 평생 남을 위해 봉사한 그의 삶은 가치(價値)가 있는 것이었다.
> 이상을 실현하기 위해서는 그만큼의 대가(代價)를 치러야 하는 법이다.

① 몫
② 값
③ 셈
④ 푼

02 밑줄 친 말과 바꾸어 쓸 수 있는 것은?

> 마을을 떠돌던 끔찍한 이야기들은 모두 뜬소문으로 밝혀졌다.

① 혹설(或說)
② 이설(異說)
③ 낭설(浪說)
④ 항설(巷說)

03 다음 중 한자어와 독음이 바르게 연결된 것은?

① 懶惰 - 나태
② 運用 - 유용
③ 匿名 - 익명
④ 苦楚 - 고배

04 ㉠ ~ ㉢에 들어갈 단어로 가장 적절한 것은?

- 지금은 귀천의 (㉠)이/가 없어졌다.
- 서정시와 서사시의 (㉡)은/는 상대적일 뿐이다.
- 금줄과 황토는 성스러운 장소의 표시이며 속된 공간과의 (㉢)을/를 나타낸다.

	㉠	㉡	㉢
①	分別	區分	分離
②	分別	分離	區分
③	區分	分離	分別
④	分離	分別	區分

05 ㉠ ~ ㉣의 한자 표기로 옳은 것은?

올 장마는 기존 '가장 늦게 끝난 장마'와 최장 장마 기록을 동시에 ㉠ 경신했다. 기상청은 지구 ㉡ 온난화로 따뜻한 공기가 정체돼 대기의 흐름을 막은 것이 주요 원인이라고 분석했다. 이로 인해 여름 남쪽에서 북상하는 북태평양 ㉢ 고기압이 북쪽 찬 공기를 밀어내지 못하고 비를 뿌렸다는 것이다. 따라서 이번 장마는 ㉣ 기후 위기의 시작이라는 경고도 나온다.

① ㉠ 更信
② ㉡ 溫亂火
③ ㉢ 高氣壓
④ ㉣ 氣體

06 밑줄 친 부분을 한자성어로 표현한 것은?

임금에게 직언했다가 오랫동안 유배 생활을 했던 윤선도는 인조반정으로 유배에서 풀려난 뒤 벼슬을 마다하고 고향인 해남에 은거하였다. 그가 이때 지은 작품에는 추구하며 살아가는 현실의 삶보다 자연 속에 묻혀 산수를 즐기며 유유자적하게 사는 은자(隱者)의 삶이 더 즐거운 삶이라는 인식이 잘 나타나 있다.

① 安貧樂道
② 物我一體
③ 富貴功名
④ 憂國衷情

07 밑줄 친 부분을 한자성어로 표현한 것은?

> 초가집 찬 잠자리에 한밤중이 돌아오니,
> 벽 가운데 걸려 있는 등불은 누구를 위하여 밝았는가?
> 산을 오르내리며 여기저기를 헤매며 시름없이 오락가락하니
> 잠깐 사이에 힘이 다하여 풋잠을 잠깐드니
> 정성이 지극하여 꿈에 임을 보니
> 옥과 같이 곱던 모습이 반 넘게 늙었구나.
> 마음속에 품은 생각을 실컷 사뢰려고 하였더니
> 눈물이 계속 나니 말인들 어찌하며
> 정을 못다 풀어 목마저 메니
> 방정맞은 닭 소리에 잠은 어찌 깨었는가?
>
> – 정철, 「속미인곡」

① 人生無常
② 獨守空房
③ 吉凶禍福
④ 簞食瓢飮

08 보기의 귀뚜라미에 대한 시적 화자의 태도를 가장 적절히 표현한 것은?

> ─ 보기 ─
> 귀쏘리 져 귀쏘리 어엿부다 저 귀쏘리
> 어인 귀쏘리 지는 둘 새는 밤의 긴 소리 쟈른 소리 節節(절절)이 슬픈 소리 제 혼자 우러 녜어 紗窓(사창) 여왼 줌을 슬쓰리도 씨오는고야.
> 두어라, 제 비록 微物(미물)이나 無人洞房(무인동방)에 내 뜻 알리는 너뿐인가 ᄒ노라.

① 附和雷同
② 同病相憐
③ 結草報恩
④ 戰戰兢兢

09 보기의 시적 화자의 정서와 거리가 먼 것은?

> ─ 보기 ─
> 秋江(추강)에 밤이 드니 물결이 추노민라.
> 낙시 드리치니 고기 아니 무노민라.
> 無心(무심)훈 둘빗만 싯고 뷘 빅 저어 오노민라.

① 物心一如 ② 自然歸依
③ 物我一體 ④ 戀君之情

10 다음 글의 필자가 한복에 대해 취하고 있는 관점을 가장 잘 나타낸 것은?

> 　한복은 기성세대가 입는 옷 내지는 불편한 옷이라는 고정관념을 갖고 명품이나 기성복을 위주로 입는 현대 시대인데 한류의 영향이라고 해서 일부 아이돌들이 한복을 입는게 어린 세대들이 볼 때는 신선한 문화, 기존 세대가 볼 때는 '저게 무슨 한복이야' 라고 생각할 순 있으나 한복이다 아니다 논란조차 반가운거죠.
> 　(　　　)처럼 우리 전통문화를 통해 팬데믹으로 지친 인류에게 좀 더 새로운 언택트 문화를 열어간다면 어떨까요?
> 　　　　　　　　　　　　　　　　　　　　 - 출처: 신동아방송 2020. 10. 6 뉴스 방송

① 捲土重來 ② 過猶不及
③ 溫故知新 ④ 患部作新

11 다음 밑줄 친 부분에 담긴 심리를 나타내기에 적절한 말은?

> 실옹을 불러 분부하되,
> "네가 흉측한 놈으로 음흉한 뜻을 두고 남의 세간 탈취하려하니 네 죄상은 마땅히 법에 따라 귀양을 보낼 것이로되 가벼이 처벌하니 빨리 어서 물리치라."
> 대곤 삼십 도를 매우 쳐서 엄문죄목하되,
> "인제도 옹가라 하겠느냐?"
> 실옹이 생각하되 만일 옹가라 하다가는 곤장 밑에 죽을 듯하니,
> "<u>예, 옹가 아니오. 처분대로 하옵소서.</u>"
> 아전이 호령하여,
> "관원을 시켜 저놈을 마을 밖으로 내쫓게 하리라."
>
> – 작자 미상, 「옹고집전」

① 自中之亂 ② 過猶不及
③ 切齒腐心 ④ 自暴自棄

12 다음 글에서 ⓒ의 입장에서 ⊙을 비판하는 말로 알맞은 것은?

> 지난 50년간 매스 커뮤니케이션 연구의 주류를 이룬 효과 연구자들, 즉 설득 방법 및 기법의 연구자들을 폴 라자스펠드는 ⊙ '행정적 접근'에 의해 연구를 하는 사람들이라 했다. 행정적 접근에 의한 연구란, 정치가, 행정가, 기업인 등 매스 미디어를 활용할 수 있는 위치에 있는 사람들을 위해 그들이 알고자 하는 바를 과학적 방법으로 연구함을 뜻한다.
> 이런 연구 경향에 반기를 들고 나온 것이 비판적 접근이다. ⓒ '비판적 접근'을 택하는 학자들은 기존 매스 커뮤니케이션 제도는 모순 덩어리이기 때문에 이를 대폭 개선하든가 기존 제도를 파괴해야 한다고 주장하고 있다. 매스컴은 국민을 위해 존립하는 것이 아니고 정치적, 경제적, 사회적 기득권을 가진 소수의 지배 계층을 위해 기능하고 있다는 것이 비판적 접근을 취하는 학자들의 입장이다.

① 我田引水격이로구먼. ② 緣木求魚격이로구먼.
③ 走馬看山격이로구먼. ④ 曲學阿世하는 작자들 같으니.

13 다음 글의 밑줄 친 부분과 의미상 통하는 한자 성어는?

> 집이 하룻밤 동안 모두 털리는 사건이 일어났어요.
> "도둑으로 의심되는 사람은 모두 세 사람이야. 그 사람들을 조사해야 해."
> 세 사람을 뒷조사한 형사들은 마음이 답답했어요. 모두 지난밤에 무슨 일을 했는지 명확했기 때문이지요.
> "이거, 어째 사건이 점점 미궁 속으로 빠지는 것 같은데요."
> 형사들은 사건을 처음부터 다시 조사해 보기로 했어요.

① 五里霧中　　　② 自家撞着
③ 自中之亂　　　④ 我田引水

14 다음 글과 가장 잘 어울리는 것은?

> 그 바다가 지금 사라졌다. 남양반도 북쪽에는 시화방조제가, 남쪽 남양만에는 화옹방조제가 건설되면서 바다가 땅으로 변한 것이다. 부두를 채웠던 배들도 사라졌다. 배들이 떠나왔던 터미섬과 선감도와 불도와 탄도와 작은딱섬과 쌀섬과 외지섬과 쪽박섬과 할미섬과 형도와 우음도도 사라지고 산이라 부르기 민망한 언덕과 야산으로 변했다. 주민들이 애써 만들었던 어섬과 마산포 사이 세월교 개미다리는 시멘트 포장도로로 바뀌었고, 그 끝에 어섬 버스 종점 이정표가 서 있다.

① 事必歸正　　　② 桑田碧海
③ 塞翁之馬　　　④ 緣木求魚

15 다음 상황에서 쓰일 수 있는 한자 성어로 적절한 것은?

> 말타면 경마(말의 고삐) 잡히고 싶다.

① 傍若無人 ② 眼下無人
③ 天方地軸 ④ 得隴望蜀

16 밑줄 친 부분과 관련이 있는 한자 성어는?

> 오늘 요동 벌판에 이르러 이로부터 산해관(山海關) 일천이백 리까지의 어간은 사방에 도무지 한 점 산을 볼 수 없고 하늘가와 땅끝이 풀로 붙인 듯, 실로 꿰맨 듯, 고금에 오고 간 비바람만이 이 속에서 창망할 뿐이니, 역시 한 번 통곡할 만한 '자리'가 아니겠소."
>
> – 통곡할 만한 자리, 박지원

① 一望無際 ② 桑田碧海
③ 破竹之勢 ④ 一擧兩得

17 다음 시의 주제와 관계 깊은 한자 성어로 가장 적절한 것은?

> 밭고랑에서 이삭 줍는 시골 아이의 말이
> 하루종일 동서로 다녀도 바구니가 안 찬다네
> 올해에는 벼 베는 사람들도 교묘해져서
> 이삭 하나 남기지 않고 관가 창고에 바쳤다네
>
> – 습수요[拾穗謠]

① 苛政猛於虎 ② 朝變夕改
③ 坐井觀天 ④ 兎死拘烹

18 문맥상 ㉠에 들어갈 한자 성어로 가장 적절한 것은?

> 백호산군이 서대주의 소지를 본 후 말이 없더니, 이윽고 제사를 부르매 그 제사에 가로되,
> "예로부터 일렀으되 아랫것들은 입이 있어도 말이 없는 것이어늘, 당돌히 위를 범하여 나의 덕화 없음을 꾸짖으니 죄는 마땅히 만 번이라도 죽일 만하다. 그러나 임금이 어질어야 신하가 곧다 하였나니, 위(魏)나라 임좌는 그 임금 문후(文候)의 그름을 말하였고 한나라 신하 주운은 그 임금 한제의 그름을 말하였더니, 너는 이제 나의 덕이 없음을 말하니 너는 진실로 임좌와 주운이 되고 나는 진실로 문후와 한 제 되리니, 너같이 곧은 자 어찌 다람쥐의 양식을 도적하리오. [㉠]이니 다람쥐는 엄형으로 다스려 귀양 보내고 서대주는 즉시 풀어 주어라."
>
> * 문후: 위나라 임금, 신하들에게 자신이 어떤 임금인지 물었는데 다른 신하들과 달리 임좌만이 문후가 어진 임금이 아니라고 직언했다는 고사와 관련된 인물.

① 肝膽相照 ② 犬馬之勞
③ 曲學阿世 ④ 語不成說

THEME 2
고유어 / 관용표현 / 속담

윤주쌤 CLINIC

고유어	
· 기출 고유어의 정리	· 빈출 관용어, 속담 암기하기 · 문맥에 맞게 의미를 추리하는 연습하기

기출 대표 유형

(가)에 들어갈 속담으로 적절한 것은? 2022 간호직 8급

우리는 살아가면서 많은 사람을 만나고, 서로 대화를 한다. 그리고 그 대화가 어떠한가에 따라 사람 사이의 관계가 좋게 되기도 하고 나쁘게 되기도 한다. 그렇기 때문에 상대방에게 어떻게 말을 하느냐는 무척 중요하다. 나의 기분이 좋지 않거나, 상대방에게 좋지 않은 감정을 지니고 있다고 해서 말을 함부로 하면, 상대방도 말을 함부로 할 것이다. 또한 내가 상대방의 기분을 고려해서 말을 조심하면 상대방도 말을 조심할 것이다. (가) 라고 하는 속담은 이러한 상황을 잘 나타낸다.

① "가는 말이 고와야 오는 말이 곱다."
② "말이 말을 낳고 소문이 소문을 만든다."
③ "낮말은 새가 듣고 밤말은 쥐가 듣는다."
④ "말은 해야 맛이고 고기는 씹어야 맛이다."

해설 제시문의 내용의 주제는 '말을 조심해야 한다'이다.

선택지 해설
① "말이 말을 낳고 소문이 소문을 만든다.": 말은 사람의 입을 거치는 동안 그 내용이 과장되고 변한다는 말.
③ "낮말은 새가 듣고 밤말은 쥐가 듣는다.": 입 밖으로 나간 '말'은 다시 주워 담을 수 없어서 항상 조심해야 한다.
④ "말은 해야 맛이고 고기는 씹어야 맛이다.": 마땅히 할 말은 해야 한다.

정답 ①

01 밑줄 친 관용어의 사용이 적절한 것은?

> 이제 일이 손에 익어서 일을 빠르고 정확하게 처리할 수 있다.

① 일이 손에 익숙해지다.
② 어떤 일에 매여 벗어날 수 없게 되다.
③ 일하는 것이 빈틈없고 매우 꼼꼼하다.
④ 마음이 차분해져 일할 마음이 내키고 능률이 나다.

02 다음 밑줄 친 말의 의미는?

> 기말 보고서를 내고 나서야 비로소 오금을 펼 수 있었다.

① 모골이 송연하다
② 바람을 일으키다
③ 범의 아가리를 벗어나다
④ 마음을 놓고 여유 있게 지내다.

03 다음과 같은 뜻의 속담은?

> 여러 사람이 저마다 제 주장대로 배를 몰려고 하면 결국에는 배가 물로 못 가고 산으로 올라가는 것처럼 주관하는 사람 없이 여러 사람이 자기주장만 내세우면 일이 제대로 되기 어렵다.

① 산에서 물고기 잡기
② 핑계 없는 무덤이 없다
③ 서당 개 삼 년에 풍월을 한다
④ 사공이 많으면 배가 산으로 간다

04 밑줄 친 문장의 상황에 부합하는 속담으로 가장 적절한 것은?

> 와서 이틀 만에 이 역사터를 만났다. 한 보름 동안은 재미나게 벌었다. 처음 사날 동안은 품삯을 받는 대로 먹어 없앴다. <u>처자식 생각이 났으나 눈에 보이지 않으니 우선 내 입에부터 널름널름 집어넣을 수가 있다.</u>

① 목구멍이 포도청
② 배에 발기름이 꼈다
③ 떡도 먹어 본 사람이 먹는다
④ 하늘은 스스로 돕는 자를 돕는다

05 밑줄 친 말의 사전적 의미로 가장 적절한 것은?

> 하루는 어디로 어디로 해서 어디로 좀 와 보라고 하기에 물어물어 찾아갔더니, <u>귀꿈맞게도</u> 붕어니 메기니 하고 민물고기로만 술상을 보는 후미진 대폿집이었다.
> – 이문구, 「유자소전」

① 순박하고 인정이 두텁다.
② 음식이 풍족하여 먹음직하다.
③ 틈이 생기거나 틀리는 일이 없다.
④ 전혀 어울리지 아니하고 촌스럽다.

06 다음의 문장에서 밑줄 친 단어의 의미로 가장 적절한 것은?

> 오한이 자꾸 일어나면서 이가 딱딱 맞부딪는다. 나는 걸음을 재우치면서 생각하였다. 오늘 같은 궂은 날도 아내에게 내객이 있을라구. 없겠지, 하는 생각이 드는 것이다. 집으로 가야겠다.

① 빨리 몰아치거나 재촉하면서
② 맞서서 옳고 그름을 따지면서
③ 얌전히 있지 못하고 철없이 촐랑거리면서
④ 정도가 너무 지나쳐서 진저리가 날 만큼 싫증이 나게

07 밑줄 친 말의 뜻이 옳지 않은 것은?

> 두 닭은 여전히 ㉠ 얼리어 쌈을 하는데 처음에는 아무 보람이 없었다. 멋지게 쪼는 바람에 우리 닭은 또 피를 흘리고 그러면서도 날갯죽지만 푸드득푸드득하고 올라 뛰고 뛰고 할 뿐으로 제법 한번 쪼아 보지도 못한다.
> 한번엔 어쩐 일인지 용을 쓰고 펄쩍 뛰더니 발톱으로 눈을 ㉡ 하비고 내려오며 면두를 쪼았다. 큰 닭도 여기에는 놀랐는지 뒤로 ㉢ 멈씰하며 물러난다. 이 기회를 타서 작은 우리 수탉이 또 날쌔게 덤벼들어 다시 면두를 쪼니 그제서는 ㉣ 감때사나운 그 대강이에서도 피가 흐르지 않을 수 없다.
>
> — 김유정, 「동백꽃」

① ㉠ : 어울려
② ㉡ : 비비고
③ ㉢ : 멈칫하며
④ ㉣ : 억세고 사나운

08 괄호에 들어갈 숫자의 합은?

> - 접: 채소나 과일 따위를 묶어 세는 단위. 한 접은 채소나 과일 (　) 개를 이른다.
> - 축: 오징어를 묶어 세는 단위. 한 축은 오징어 (　) 마리를 이른다.
> - 쾌: 북어를 묶어 세는 단위. 한 쾌는 북어 (　) 마리를 이른다.

① 80
② 100
③ 120
④ 140

09 다음 보기의 ( ) 안에 들어갈 알맞은 속담은?

> 보기
> 우리 속담에 (   )는 말이 있다. 과정이야 어찌 됐든 결과만 창출하면 된다는 뜻이다. 이를 역으로 생각하면 결국 모든 과정은 하나의 결과를 낳기 위한 것이다.

① 길을 두고 뫼로 갈까
② 하룻망아지 서울 다녀오듯
③ 모로 가도 서울만 가면 된다.
④ 망건을 십 년 뜨면 문리(文理)가 난다.

10 보기의 ㉠과 동일한 구조로 된 속담으로 적절한 것은?

> 보기
> 속담은 하나의 서술에 다른 하나의 서술이 결합하여 특별한 효과를 거두는 구조를 취하기도 한다. 예를 들어 '가루는 칠수록 고와진다.'와 '말은 할수록 거칠어진다.'는 본래 아무런 연관성이 없는 표현이지만, 두 문장이 결합하여 '가루는 칠수록 고와지고 말은 할수록 거칠어진다.'가 됨으로써 표현 효과가 극대화된다. 즉 '말은 할수록 거칠어진다.'와 같이 주제를 드러내는 단순한 서술로 그치지 않고, 주제와 직접 관련되지 않으면서도 주제의 의미를 부각해 주는 '가루는 칠수록 고와진다.'와 같은 ㉠ 상징적 서술을 앞세워 의미가 후속구로 결집되도록 함으로써 주제를 강화하는 구조로 되어 있다.

① 밤 말은 쥐가 듣고 낮 말은 새가 듣는다.
② 내 돈 서 푼은 알고 남의 돈 칠 푼은 모른다.
③ 물이 아니면 건너지 말고 인정이 아니면 사귀지 말라.
④ 가루 팔러 가니 바람이 불고 소금 팔러 가니 이슬비 온다.

THEME 3
단어들의 의미 관계

 윤주쌤 CLINIC

단어들의 의미 관계

- 문맥적 의미
- 다의어 VS 동음이의어
- 반의 관계 VS 유의 관계 VS 상하 관계

 기출 대표 유형

다음의 '기르다'와 같은 의미로 쓰인 것은? 2022 간호직 8급

> 인내심을 기르다.

① 그녀는 아이를 잘 기른다.
② 그는 취미로 화초를 기르고 있다.
③ 병을 기르면 치료하기 점점 어렵다.
④ 나는 체력을 기르기 위해 매일 운동한다.

해 설 인내심을 기르다: 육체나 정신을 단련하여 강하게 만들다.
④도 같은 문맥적 의미를 나타낸다.

선택지 해 설
① 그녀는 아이를 잘 기른다.: 보살펴 자라게 하다.
② 그는 취미로 화초를 기르고 있다.: 보살펴 자라게 하다.
③ 병을 기르면 치료하기 점점 어렵다.: 증세가 나빠지도록 내버려두다.

정답 ④

01 현대 국어에서 '의미 관계'에 대한 설명으로 옳지 않은 것은?

① 상하 관계를 형성하는 단어들은 상의어일수록 일반적이고 포괄적인 의미를 지닌다.
② 둘 이상의 단어에서 의미가 서로 짝을 이루어 대립하는 경우를 동음이의 관계라고 한다.
③ 반의 관계는 둘 사이의 공통적인 의미 요소가 있으면서도 한 개의 요소만이 달라야 한다.
④ 말소리는 다르지만 의미가 같거나 비슷한 둘 이상의 단어가 맺는 관계를 유의 관계라고 한다.

02 다음 밑줄 친 말의 문맥적 의미와 가장 가까운 것은?

> 나는 그를 잘 모르니 자네가 다리가 되어 주게나.

① 그는 삼 년 만에 직급이 한 다리 올랐다.
② 새벽에 갑작스러운 폭우로 다리가 무너졌다.
③ 그 물건은 여러 다리 건너서 내 손에 들어왔다.
④ 그가 중간에서 다리를 놓아 물건을 쉽게 팔았다.

03 다음 내용에 해당하는 사례로 적절한 것은?

> 개념적 영역을 상호 배타적인 두 구역으로 양분하는 대립어이다.

① 동물 – 새
② 살다 – 죽다
③ 동쪽 – 서쪽
④ 쉽다 – 어렵다

04 다음 중 보기와 같은 뜻으로 쓰인 것은?

> 보기
> 그는 사십 대 아래로 보인다.

① 자세한 사항은 아래를 참고하길 바랍니다.
② 민주주의란 명목 아래서 독재를 정당화하기도 한다.
③ 그들은 커다란 느티나무의 그늘 아래 앉아 잠시 쉬었다.
④ 위로는 회장에서, 아래로는 평사원까지 모두 수련회에 참석했다.

05 밑줄 친 단어와 같은 뜻으로 쓰인 것은?

> 나는 긴 여행에 체력이 부쳐 집에서 꼼짝하지 않고 쉬고 있었다.

① 인권 침해 책임자를 재판에 부쳐 처벌하였다.
② 어머니께서는 부엌에서 빈대떡을 부쳐 드셨다.
③ 이제 기력이 부쳐 더 이상 아무 일도 할 수 없다.
④ 그는 열심히 일했지만 부쳐 먹을 자신의 땅 한 평 없었다.

06 다음 중 단어의 관계가 다른 하나는?

① 강림(降臨) - 승천(昇天)
② 고의(故意) - 과실(過失)
③ 낙성(落成) - 착공(着工)
④ 위명(僞名) - 실명(實名)

07 보기의 ㉠ ~ ㉢에 해당하지 않는 것은?

― 보기 ―
다의어는 둘 이상의 의미를 지니고 있는 단어로서, 다의어의 의미는 '중심적 의미'와 이것이 확장된 '주변적 의미'로 나뉜다. 다의어의 의미 확장은 중심 의미의 용법을 다른 국면에 적용한 것으로, 다음과 같은 방식이 대표적이다.
㉠ 첫째, 생물에 쓰이던 말이 무생물에도 쓰이는 경우
㉡ 둘째, 구체적인 것을 가리키던 말이 추상적인 것에도 쓰이는 경우
㉢ 셋째, 공간과 관련된 말이 시간과 관련된 말로도 쓰이는 경우

① 중심적 의미: 햇살이 눈부시게 밝다.
   주변적 의미: 그 친구는 사리에 밝다.
② 중심적 의미: 폭풍으로 인해 파도가 높게 쳤다.
   주변적 의미: 그 박물관의 천장은 굉장히 높다.
③ 중심적 의미: 회사에서 정류장까지는 매우 멀다.
   주변적 의미: 동이 트려면 아직도 멀었다.
④ 중심적 의미: 그녀는 머리를 숙여 공손히 인사했다.
   주변적 의미: 연기를 뿜으며 가는 기차의 머리가 보였다.

08 밑줄 친 어휘 중, 보기의 '다의 관계'와 '상하 관계'의 예를 바르게 제시한 것은?

― 보기 ―
'손이 아프다'의 '손'은 '사람의 팔목 끝에 달린 부분'의 중심적 의미로 쓰였으나, '손이 모자라다'에서는 '손'이 '일하는 사람, 노동력'의 주변적 의미로 쓰여 서로 다의 관계에 있다.
그리고 '손'은 '오른손'과 의미 관계를 따질 때 '오른손'을 포함하는 상위 개념이다. 따라서 '손'과 '오른손'은 상하 관계에 있다.

① 다의 관계: 귀가 참 잘생겼다. 거울의 한쪽 귀가 깨졌다.
   상하 관계: 입을 귀에 대고 속삭인다. 당나귀가 양반 쳐다보듯 한다.
② 다의 관계: 따님의 눈이 아주 예쁘군요. 피곤해서 눈을 감고 있었다.
   상하 관계: 잠이 와서 눈이 절로 감긴다. 사람은 거의 다 짝눈이다.
③ 다의 관계: 손가락으로 코를 후비고 있다. 딸의 떨어진 고무신 코가 눈에 들어왔다.
   상하 관계: 코로 냄새를 맡아 보았다. 아저씨는 들창코를 벌름거리고 있었다.
④ 다의 관계: 축구를 하다 머리를 다쳤다. 그는 머리가 덥수룩해서 지저분해 보인다.
   상하 관계: 머리를 숙여 공손히 인사했다. 하얀 곱슬머리는 우리 할아버지의 특징이다.

09 보기의 설명을 바탕으로 반의어에 대한 탐구 활동을 한다고 할 때, 추론한 내용으로 가장 적절하게 연결한 것은?

― 보기 ―
㉠ '총각'의 반의어가 '처녀'인 것은 두 단어가 여러 공통 의미 요소를 가지고 있으면서 '성별'이라고 하는 하나의 의미 요소가 다르기 때문이다.
㉡ '금속', '비금속'과 같이 한 영역 안에서 상호 배타적 대립 관계에 있는 상보(모순) 반의어이다.
㉢ '길다', '짧다'와 같이 두 단어 사이에 등급성이 있어서 중간 단계가 있는 등급(정도) 반의어이다.
㉣ '형', '아우'와 '출발선', '결승선' 등과 같이 두 단어가 상대적 관계를 형성하고 있으면서 의미상 대칭을 이루고 있는 방향(대칭) 반의어가 있다.

① ㉠: '손녀'와 '할아버지'는 '연령'이라는 의미 요소만 다르므로 서로 반의 관계에 있다.
② ㉡: '선배가 아닌 사람'은 모두 '후배'이므로 '선배'와 '후배'는 상보 반의어이다.
③ ㉢: '길다'를 부정한 '길지 않다'는 '길다'의 반의어인 '짧다'와 똑같은 의미이다.
④ ㉣: '가다'와 '오다'는 이동 방향에서 상대적 관계를 가지므로 방향 반의어에 포함된다.

10 다음 예문에 쓰인 '보다'의 유의어로 적절하지 않은 것은?

	예문	유의어
①	실험을 통해 본 결과를 빠짐없이 기록해야 한다.	관찰하다
②	직접 동물원에서 기린을 보니 신기했다.	구경하다
③	하던 일의 끝을 보고 다른 일을 시작하는 것이 좋겠다.	맺다
④	그 집안에서 이번에 사위를 보았다.	장만하다

온주국어 단원별 핵심 400제

ANSWER

정답 및 해설

PART 1 문법

THEME 1 언어와 국어

| 01 | ③ | 02 | ③ | 03 | ③ | 04 | ③ | 05 | ① |
| 06 | ④ | 07 | ④ | 08 | ① | 09 | ② | 10 | ② |

01 정답 ④

정답 해설

'짜장'은 '과연 정말로'의 의미를 갖고 있는 고유어이다.

선택지 해설

① '가방'은 네덜란드어를 어원으로 갖고 있는 단어이다.
② '고무'는 프랑스어를 어원으로 갖고 있는 단어이다.
④ '보라매'는 몽고어를 어원으로 갖고 있는 단어이다.

02 정답 ③

정답 해설

시간이 지나 과거에 사용되던 말이 없어지거나 새로운 말이 만들어지는 것, 단어의 형태가 변화하거나 확장되는 것은 언어의 역사성이라고 볼 수 있다.

선택지 해설

① 언어의 자의성은 언어의 형식인 음성과 내용인 의미 사이에 어떠한 필연적인 관계도 맺고 있지 않은 임의적인 기호임을 의미한다.
② 언어의 사회성은 언어 기호가 같은 언어 사회 내에서 특정한 의미를 특정한 말소리로 나타내자는 약속의 결과라는 것을 의미한다.
④ 언어의 창조성은 제한된 음운이나 어휘를 가지고 새로운 단어와 문장을 만들어 사용할 수 있음을 의미한다.

03 정답 ③

정답 해설

한글은 음운의 환경에 따라 소릿값이 바뀐다.

선택지 해설

① 한글은 1443년 세종이 창제한 우리나라 글자이다.
② 천지인을 본뜬 상형의 원리와 발음 기관에 맞추어 실제 소리가 나는 모습을 본떠 만들어진 글자로서 글자와 입 안의 발성 모습이 일치하는 과학적인 글자이다.
④ 가획의 원리를 통해 추가되는 음운 자질까지 드러내는 음운 자질 문자이다.

04 정답 ③

정답 해설

실제 존재하지 않지만 관념적이고 추상적으로 존재하는 상상의 동물을 언어로 표현할 수 있는 것은 언어의 개방성에 해당한다. 언어의 추상성은 서로 다른 개별적이고 구체적인 대상으로부터 공통적인 요소를 뽑아 일반적인 것으로 파악하는 특성을 의미한다.

선택지 해설

① '어리다'가 '어리석다'라는 의미에서 '나이가 적다'라는 의미로 변한 것은 언어의 의미가 변화하는 것으로, 언어의 역사성에 대한 설명이다.
② '법'이라는 의미의 말소리를 내 마음대로 [범]이라고 발음하면 다른 사람들이 알아들을 수 없다는 것은 언어 기호가 같은 언어 사회 내에서 특정한 의미를 특정한 말소리로 나타내자는 약속의 결과물임을 보여주는 것으로, 언어의 사회성에 대한 설명이다.
④ '사랑'이라는 의미를 가진 말이 한국어와 영어에서 다르게 나타나는 것은 언어의 형식인 음성과 내용인 의미 사이에 어떠한 관계도 맺고 있지 않은 자의적 기호라는 것을 보여주는 것으로, 언어의 자의성에 대한 설명이다.

05 정답 ①

정답 해설

'조만간'과 '어차피'는 한자어이다.

선택지 해설

③ 표준어의 계층적, 시대적, 지역적 조건이다.

06 정답 ④

정답 해설

의사소통을 전제로 하지 않고 본능적으로 나오는 감탄사는 언어의 표출의 기능에 해당한다.

07 정답 ④

정답 해설

제시문은 언어의 분절성을 설명하고 있다.
④는 언어의 자의성의 예이다.

08 정답 ①

정답 해설

제시문의 밑줄 부분은 언어의 제약을 벗어나도 사고할 수 있다는 사고 우위론의 관점이다.

선택지 해설

② 언어에 따라 사고하는 언어 우위론이다.
③ 언어가 모든 사고를 표현할 수 있다는 언어 우위론이다.
④ 언어의 역사성이다.

09 정답 ②

정답 해설

한국어의 특징일 뿐, 언어가 문화를 반영한 예가 아니다.
나머지는 문화에 따라 다른 언어의 특징을 나타낸다.

10 정답 ②

정답 해설

단어의 형성에 관한 특징으로 형태적 특징이다. 나머지는 통사적 특징(구문상 특징)에 해당한다.

THEME 2 음운 체계와 음운의 변동

01	③	02	③	03	③	04	②	05	④
06	①	07	①	08	③	09	②	10	④
11	③	12	④	13	③	14	③	15	②
16	④	17	②	18	①	19	④	20	③

01 정답 ③

정답 해설

파찰음은 공기를 막았다가 서서히 터뜨리면서 마찰을 일으켜 내는 소리로, 파열음과 마찰음의 두 가지 성질을 다 가진 소리이다. 입 안이나 목청 사이의 통로를 좁히고 공기를 그 좁은 틈 사이로 내보내는 소리는 마찰음에 대한 설명이다.

02 정답 ③

정답 해설

'ㅚ'는 원순 모음이다.

선택지 해설

③ 평순 모음에는 'ㅣ, ㅔ, ㅐ, ㅡ, ㅓ, ㅏ' 등이 있다.
④ 전설 모음에는 'ㅣ, ㅟ, ㅔ, ㅚ, ㅐ' 등이 있다.

03 정답 ③

정답 해설

ㄴ. 반모음은 모음과 비슷하지만 반드시 다른 모음에 붙어야 발음될 수 있는 모음으로 이중 모음을 형성한다.
ㄹ. 반모음 'j'와 결합된 이중 모음은 'ㅑ, ㅕ, ㅛ, ㅠ' 등이다.

선택지 해설

ㄱ. 반모음은 독립된 음운으로 인정받지 않았기 때문에 반달표를 붙여 표기하기도 한다.
ㄷ. 반모음 'w'와 결합된 이중 모음에는 'ㅘ, ㅙ, ㅝ, ㅞ' 등이 있다.

04 정답 ②

정답 해설

[다티다]로 발음되는 것은 'ㄷ'과 'ㅎ'이 만나 축약이 일어난 것이고, 'ㅌ'이 'ㅊ'으로 발음되는 것은 구개음화에 의한 교체가 일어난 것이다.

05 정답 ④

정답 해설

'많다'가 [만타]로 발음되는 것은 받침의 'ㅎ'이 'ㄷ'과 만나 'ㅌ'로 발음되는 축약이 일어났기 때문이다.

선택지 해설

① 유음화에 의해 'ㄴ'이 'ㄹ'로 발음되는 교체 현상이다.
② 비음화에 의해 'ㄱ'이 'ㅇ'으로 발음되는 교체 현상이다.
③ 사잇소리 현상의 된소리되기에 의해 'ㅂ'이 'ㅃ'으로 발음되는 첨가 현상이다.

06 정답 ①

정답 해설

'해돋이'는 구개음화가 일어나 [해도지]로, '밥물'은 비음화가 일어나 [밤물]로, '먹다'는 된소리되기가 일어나 [먹따]로, '한라산'은 유음화가 일어나 [할라산]으로 발음된다. 이 현상들은 모두 교체에 해당한다.

07 정답 ①

정답 해설

'칼날'은 [칼랄]로, '대관령'은 [대괄령]으로 발음되는 유음화가 일어난다.

선택지 해설

② '설날'은 [설랄]로 유음화가 일어나지만, '공권력'은 [공꿘녁]으로 발음되어 유음화가 일어나지 않는다.
③ '난로'는 [날로]로 유음화가 일어나지만, '생산량'은 [생산냥]으로 발음되어 유음화가 일어나지 않는다.
④ '진리'는 [질리]로 유음화가 일어나지만, '결단력'은 [결딴녁]으로 발음되어 유음화가 일어나지 않는다.
　* 유음화 역현상(비음화가 일어남)

08 정답 ③

정답 해설

방향에 따라 순행 동화와 역행 동화, 정도에 따라 완전 동화와 부분 동화로 나눌 수 있다.

선택지 해설

상호 동화는 가까이 있는 두 음이 서로 영향을 주게 되는 동화 현상이다.
간접 동화는 서로 떨어져 있는 두 음 사이에서, 어떤 음이 다른 음의 영향을 받아 그 음과 같게 되거나 공통된 특질을 지니게 되는 동화 현상이다.

09 정답 ②

정답 해설

㉠은 비음화, ㉡은 구개음화이다. 두 현상은 모두 필수적 현상이다.
* 필수적 현상 : 환경만 갖추면 필수적으로 일어나는 현상
* 수의적 현상 : 환경을 갖추어도 일어나기도 하고 일어나지 않기도 하는 현상

10 정답 ④

정답 해설

'폐염'이 '폐렴'으로 표기되는 것은 발음을 쉽고 매끄럽게 하려는 현상이 맞지만, 음운이 변화된 것이 아니라 'ㄹ' 자음을 첨가한 것이다.

선택지 해설

① '쌓이다'가 [싸이다]로 발음되는 것은 'ㅎ' 탈락 현상이다.
② '차갑 + 어 = 차가워' 'ㅂ' 불규칙 현상

11 정답 ③

정답 해설

음운은 말의 뜻을 구별해 주는 소리의 최소 단위이다.

12 정답 ④

정답 해설

된소리는 발음 기관에 힘을 주거나 또는 소리가 나오는 곳, 곧 목청의 구멍을 아주 좁게 하였을 때 나는 소리. 한국어에는 'ㄲ', 'ㄸ', 'ㅃ', 'ㅆ', 'ㅉ'의 다섯 자의 된소리는 하나의 자음으로 인정한다.
'꽃'은 자음 + 모음 + 자음으로 형성된 경우이다.

13 정답 ③

정답 해설

㉠ [첟날] ㅊ, ㅓ, ㄷ, ㄴ, ㅏ, ㄹ = 6개
㉡ [해도지] ㅎ, ㅐ, ㄷ, ㅗ, ㅈ, ㅣ = 6개
초성에서 ㅇ(이응)은 초성 자리를 채우기만 해 주고 소릿값은 없다.

14 정답 ③

정답 해설

사전에 등재되는 순서를 기억하고 적용해서 풀어야 하는 문제이다.
자음(19자): ㄱ ㄲ ㄴ ㄷ ㄸ ㄹ ㅁ ㅂ ㅃ ㅅ ㅆ ㅇ ㅈ ㅉ ㅊ ㅋ ㅌ ㅍ ㅎ
모음(21자): ㅏ ㅐ ㅑ ㅒ ㅓ ㅔ ㅕ ㅖ ㅗ ㅘ ㅙ ㅚ ㅛ ㅜ ㅝ ㅞ ㅟ ㅠ ㅡ ㅢ ㅣ
받침(27자): ㄱ ㄲ ㄳ ㄴ ㄵ ㄶ ㄷ ㄹ ㄺ ㄻ ㄼ ㄽ ㄾ ㄿ ㅀ ㅁ ㅂ ㅄ ㅅ ㅆ ㅇ ㅈ ㅊ ㅋ ㅌ ㅍ ㅎ

15 정답 ②

정답 해설

'수박'의 'ㅜ'는 후설, 원순모음이고 'ㅏ'는 후설, 평순모음이다.

선택지 해설

① 오이: 'ㅗ' 후설, 원순모음
  'ㅣ' 전설, 평순모음
③ 멜론: 'ㅔ' 전설, 평순모음
  'ㅗ' 후설, 원순모음

16 정답 ④

정답 해설

㉠ 마찰음(摩擦音): 입안이나 목청 사이의 통로를 좁혀 그 사이로 공기를 내보내면서 내는 소리이다.
  - 해당 자음: ㅅ, ㅆ
㉡ 여린입천장소리(연구개음) 과 비음(鼻音): 입안의 통로를 막고 코로 공기를 내보내면서 내는 소리이다.
  - 해당 자음: ㅇ
㉢ 유음(流音): 혀끝을 잇몸에 가볍게 대었다가 떼거나, 잇몸에 댄 채 공기를 그 양 옆으로 흘려 보내면서 내는 소리이다.
  - 해당 자음: ㄹ

조음방법		조음위치	양순음 (입술소리)	치조음 (잇몸소리)	경구개음 (센입천장소리)	연구개음 (여린입천장소리)	후음 (목청소리)
안울림소리	파열음	예사소리	ㅂ	ㄷ		ㄱ	
		된소리	ㅃ	ㄸ		ㄲ	
		거센소리	ㅍ	ㅌ		ㅋ	
	파찰음	예사소리			ㅈ		
		된소리			ㅉ		
		거센소리			ㅊ		
	마찰음	예사소리		ㅅ			ㅎ
		된소리		ㅆ			
울림소리	비음(콧소리)		ㅁ	ㄴ		ㅇ	
	유음(흐름소리)			ㄹ			

17 정답 ②

정답 해설

② 반창고 [반창고] - 된소리되기가 아님을 주의! 음운 그대로이다.

선택지 해설

① 불어우[불려우] ㄴ첨가, 유음화로 음운의 수가 증가.
③ 낙화 [나콰] - 음운의 축약 'ㄱ, ㄷ, ㅂ, ㅈ'과 'ㅎ'이 만나면 이 두 자음은 하나로 줄어들어 'ㅋ, ㅌ, ㅍ, ㅊ'가 된다. 음운의 수가 줄어들었음.
④ 책값[책깝] - 자음군단순화로 음운 'ㅄ'이 'ㅂ'으로 음운의 수가 줄어들었음. 'ㄲ'은 하나의 자음이다.

18 정답 ①

정답 해설

㉠ 교체 ㉡ 첨가 ㉢ 교체

밭일 → 받일(음절의끝소리규칙) → 받닐(ㄴ첨가) → [반닐](비음화)로 음운 변동된다.

19 정답 ④

정답 해설

자음군단순화와 유음화가 일어난 것이다. 자음군단순화는 음운의 탈락이고 유음화는 음운의 교체이다.

20 정답 ③

정답 해설

가 + 아서 → 가서. 동음탈락이며 나머지는 축약이다.

THEME 3 형태소

01	02	03	04	05
③	③	②	②	②
06	07	08	09	10
③	①	①	②	①

01 정답 ③

정답 해설

용언의 어간은 실질적인 의미를 지니고 있다는 점에서 명사와 마찬가지로 실질 형태소로 분류되지만, 자립할 수 없기 때문에 의존 형태소로 분류된다.

선택지 해설

① 의존 형태소는 반드시 다른 형태소와 결합해야만 단어가 되는 형태소로, 조사, 용언의 어간, 용언의 어미, 접사 등이 해당한다.
② 형식 형태소는 문법적 의미만을 나타내는 형태소로, 조사, 어미, 접사 등이 해당한다.
④ 실질 형태소는 구체적인 대상이나 구체적인 상태를 나타내는 실질 의미를 가지고 있는 형태소로, 명사, 대명사, 수사, 관형사, 부사, 감탄사, 용언의 어간 등이 해당한다.

02 정답 ③

정답 해설

ㄴ. 의존 형태소에는 조사, 용언의 어간, 용언의 어미 등이 해당된다.
ㄷ. 실질 형태소에는 명사, 대명사, 수사, 관형사, 부사, 감탄사, 용언의 어간 등이 해당된다.

선택지 해설

ㄱ. 자립 형태소에는 명사, 대명사, 수사, 관형사, 부사, 감탄사 등이 해당된다. 조사는 반드시 다른 형태소와 결합해야만 단어가 되는 형태소이므로 의존 형태소에 해당한다.

ㄹ. 형식 형태소에는 조사, 용언의 어미 등이 해당된다. 용언의 어간은 구체적인 대상이나 상태를 나타내는 실질적 의미를 가지고 있는 형태소이므로 실질 형태소에 해당한다.

03 정답 ②

정답 해설

15개: 빨가(ㅎ) + ㄴ + 옷 + 을 + 입 + 은 + 윤주 + 를 + 만나 + ㄹ + 사람 + 은 + 어서 + 가 + 아.

04 정답 ②

정답 해설

② 짜임새: (형태소 4개)
 짜- : '짜다'('구조를 짜다'할 때의 '짜다')의 어근
 -이- : 피동 접미사
 -ㅁ: 명사화 접미사
 -새: '모양', '형태'라는 뜻을 나타내는 접미사(예: 모양새, 걸음새, 쓰임새)

선택지 해설

① 낚(다) + 시 + 질 → (형태소 3개)
③ 受験 + -생(접미사) → (형태소 2개)
④ 公務 + -원('그 일에 종사하는 사람'의 뜻을 더하는 접미사.) → (형태소 2개)

05 정답 ②

정답 해설

② 떠나 + 아 + 가 + ㅆ + 던 + 그녀 + 가 + 돌 + 아 + 오 + 았 + 다 (12개)

선택지 해설

① 이 + 고기 + 는 + 기름 + 지 + 다(6개)
③ 달 + ㄴ + 팥 + 죽 + 이라도 + 먹 + 고 + 가 + 아(9개)
④ 합격 + 을 + 위 + 하 + 아서 + 최선 + 을 + 다 + 하 + 자(10개)

06 정답 ③

정답 해설

어간이 양성(아-)이면 어미도 양성이 연결되고,
어간이 음성(어-)이면 어미도 음성이 연결된다.

선택지 해설

① '바람'은 명사 실질형태소, 단일어이다.
② 음운환경에 따라 '-았-'을 붙였는데, '-였-'으로 바뀐다. '-았-/-었-'에 대응하는 '-였-'이 형태론적 이형태이다.
④ 데는 실질 형태소이면서 자립 형태소이다. '데'라는 의존명사는 '것에', '경우에', '점에' 등으로 대체하여 의미를 파악할 수 있다.

07 정답 ①

정답 해설

① (가)는 'ㄹ' 탈락 규칙 활용에 대한 예이며, 어간의 'ㄹ'은 어미 'ㄴ, -ㅂ, -ㄹ, 오, ㅅ' 앞에서 예외 없이 탈락한다. 따라서 'ㄹ'과 'ㄴ'이 연속될 때 예외 없이 용언 어간의 종성 'ㄹ'이 탈락하는 것은 자동적 교체가 맞다.

선택지 해설

② 국어에서 'ㄴ'과 'ㄱ'이 연속될 때 'ㄱ'이 꼭 경음으로 발음되어야 한다는 규칙은 없다. 예로 제시된 '안고'의 경우는 [안 : 꼬]가 되므로 경음으로 발음되는 사례에 해당하지만, '안기다'와 같은 경우는 그대로 [안기다]로 발음해야 한다(표준발음법 24항). 따라서 'ㄴ' 뒤에 오는 'ㄱ'을 된소리로 발음하는 것에는 예외가 존재하므로 비자동적 교체이다.

③ 어간의 받침 'ㅂ'이 모음어미와 만나면 '우'로 교체되는 것은 예외가 존재하는 불규칙 활용이다. '아름답 + 은'의 경우 [아름다븐 → 아름다운]으로 발음되지만, '잡 + 은'의 경우는 그대로 [자븐]으로 발음되므로 비자동적 교체에 해당한다.

④ '먹는'처럼 'ㄱ'과 'ㄴ'이 연속될 때 'ㄱ'이 비음 'ㅇ'으로 발음되어 [멍는]이 되는 것은 자음동화이며. 이것은 예외가 없이 반드시 일어나는 현상이므로 자동적 교체에 해당한다.

08 정답 ①

정답 해설

'이형태'는 앞뒤의 음운 환경에 따라 그 형태를 달리하는 형태소로, 그 의미의 변화가 없어야 한다.

① '에'와 '에서'는 의미가 서로 다르므로 이형태로 볼 수 없다. '에'는 앞말에 붙어 진행 방향을 나타내는 부사격 조사이고, '에서'는 앞말에 붙어 출발점의 뜻을 갖게 하는 부사격 조사이다.

선택지 해설

② 로 / 으로 : 어떤 일의 수단이나 도구를 나타내는 격 조사. 앞말이 자음으로 끝날 때는 '으로', 모음으로 끝날 때는 '로'로 나타나는 이형태 관계에 있다.

③ '-아라 / -어라' : 동사의 어간에 붙어 명령하는 뜻을 나타내는 종결 어미. 어간의 끝음절의 모음이 'ㅏ, ㅗ'일 때는 '-아라', 그 외의 경우에는 '-어라'로 나타나는 이형태 관계에 있다.

④ '-면 / -으면' : 어떤 사실을 가정하여 말할 때 쓰는 연결 어미. 앞말이 자음으로 끝날 때는 '-으면', 모음으로 끝날 때는 '-면'으로 나타나는 이형태 관계에 있다.

09 정답 ②

정답 해설

② ㉠의 의존 형태소는 '를, 보-, -러, 는, 에, 오-, -았-, -다'로 8개, ㉡의 의존 형태소 개수는 '에, 는, 이, 피-, -었-, -다'로 6개이다.
· 형태소: 너, 를, 보-, -러, 우리, 는, 서울, 에, 오-, -았-, -다
· 형태소: 산, 에, 는, 밤, 꽃, 이, 가득, 피-, -었-, -다

선택지 해설

① ㉠의 자립 형태소는 '너, 우리, 서울' 3개로 ㉡의 자립 형태소 '산, 밤, 꽃, 가득'보다 한 개 적다.

③ ㉠의 형식 형태소는 '를, -러, 는, 에, -았-, -다' 6개이다.

④ ㉡의 실질 형태소는 '산, 밤, 꽃, 가득, 피-' 5개, ㉠의 실질형태소는 '너, 보-, 우리, 서울, 오-' 5개로 동일하다.

10 정답 ①

정답 해설

① '첫눈'은 자립 형태소 '첫(관형사)'과 자립 형태소 '눈(명사)'의 결합으로 이루어진 합성어이다. '첫'은 관형사이기 때문에 자립형태소이면서 실질형태소이다.

선택지 해설

② 어미는 단독으로 쓰일 수 없는 의존 형태소이자 문법적인 의미가 강한 형식 형태소로 예문에서는 '-자', '-았-', '-다' 3개이다.

③ 접사는 복수의 접미사 '-들'과 '한창'이라는 뜻을 더해 주는 접두사 '한-'의 2개로 단독으로 쓰일 수 없다.

④ 용언의 어간은 실질 형태소이면서 의존 형태소로, '내리-', '가-'가 이에 해당한다.

THEME 4 품사

01	③	02	②	03	④	04	③	05	③
06	②	07	②	08	②	09	③	10	②
11	③	12	③	13	④	14	③	15	④
16	③	17	④	18	③	19	①	20	④
21	①	22	①	23	③						

01 정답 ③

정답 해설

밑줄 친 '것, 지, 뿐, 명' 등은 의존 명사로, 의존 명사는 명사의 성격을 띠고 있지만 반드시 관형어가 있어야만 문장에 쓰일 수 있는 명사를 의미한다.

선택지 해설

① 가리키는 범위의 넓고 좁음에 따라 고유 명사와 보통 명사로 나뉘는 것은 명사를 사용 범위에 따라 분류한 것이다.

② 의존 명사는 자립 명사처럼 실질적인 의미를 나타내지 못하고 간접적으로 실질적인 의미를 나타낸다.

④ 사물을 대신 가리키는 사물 대명사와 방향을 대신 가리키는 처소 대명사로 나뉘는 것은 지시 대명사를 분류한 것이다.

02 정답 ②

정답 해설

'첫째'가 사람을 지칭하거나 무엇보다 앞서는 것을 나타낼 때는 명사로 사용된다. 해당 문장에서는 성적이 반에서 순서상 첫 번째라는 것을 의미하는 수사로 사용된 것이다.

선택지 해설

① 수사는 조사가 붙어서 여러 문장 성분이 될 수 있다.
③ 하나, 둘, 셋 등과 같이 양을 나타내는 수사는 양수사, 첫째, 둘째, 셋째 등과 같이 차례를 나타내는 수사는 서수사로 분류한다.
④ 수사는 '-들', '-네', '-희' 등과 같은 복수 접미사를 통해 복수가 될 수 없다는 것이 다른 체언과는 다른 점이다.

03 정답 ④

정답 해설

'마다'는 '낱낱이 모두'의 뜻을 나타내는 보조사이다. 따로따로 구별됨을 나타내는 보조사는 '대로'이다.

선택지 해설

① '은'과 '는'은 대조의 의미를 지닌 보조사이다.
② '만'은 어떤 대상을 한정하는 의미를 지닌 보조사이다.
③ '야'는 강조의 의미를 지닌 보조사이다.

04 정답 ③

정답 해설

ㄴ. 문장 내에서 단어가 하는 역할에 따른 분류를 5언이라 지칭하기도 한다.
ㄹ. 관계언은 조사만 포함이 되고, 체언에 붙어서 문법적 관계를 표시하거나 뜻을 더해 준다.

선택지 해설

ㄱ. 단어의 형태에 따른 분류는 가변어와 불변어이다. 단어를 9개의 품사로 분류하는 것은 단어가 갖는 의미에 따른 분류이다.
ㄷ. 관형사는 체언 앞에서 체언을 꾸미거나 의미를 한정시키는 기능을 한다. 용언 앞에서 용언을 꾸미거나 의미를 한정시키는 기능을 하는 것은 부사이다.

05 정답 ③

정답 해설

'첫'은 관형사로, '번째'인 의존 명사를 수식하고 있다.

선택지 해설

① '스물'은 수 개념의 말이 조사 '에'를 취하고 있으므로 수사이다.
② '하나'는 수 개념의 말이 조사 '의'를 조사를 취하고 있으므로 수사이다.
④ '하나'는 수 개념의 말이 조사를 취하고 있지 않지만, 단순히 생략된 경우이므로 수사이다.

06 정답 ②

정답 해설

'특히'는 '밀린다'를 수식하는 부사이다.

선택지 해설

① '모든'은 뒤에 오는 명사 '교실'을 수식하고 있는 수 관형사이다.
③ '저'는 뒤에 오는 명사 '아이'를 가리키고 있는 지시 관형사이다.
④ '온갖'은 뒤에 오는 명사 '소문'의 상태를 수식하고 있는 성상 관형사이다.

07 정답 ②

정답 해설

ㄱ. '보다'는 본용언인 '되다'의 부수적 의미로 사용된 보조 용언이다. 이때 추측, 의도, 원인 등의 의미를 나타내는 경우 보조 형용사로 사용되는데, 밥이 다 되었을 것이라는 추측이므로 보조 형용사이다.
ㄹ. '보니'는 본용언이 '무겁다'의 부수적 의미로 사용된 보조 용언이다. 이때 추측, 의도, 원인 등의 의미를 나타내는 경우 보조 형용사로 사용되는데, 돌이 무거워서 들지 못했다는 원인이므로 보조 형용사이다.

선택지 해설

ㄴ. '보다'는 '그'와 '나'를 비교하는 부사격 조사이다.
ㄷ. '보았다'는 동사이다.
ㅁ. '보다'는 '크게'를 수식하는 부사이다.

08 정답 ②

정답 해설

'않다'는 '예쁘다'라는 용언의 의미를 부정하는 부정 보조 용언으로, 형용사 뒤에 사용되었으므로 보조 형용사이다.

선택지 해설

① '않는다'는 '오다'라는 용언의 의미를 부정하는 부정 보조 용언으로, 동사 뒤에 사용되었으므로 보조 동사이다.
③ '않는다'는 '닿다'라는 용언의 의미를 부정하는 부정 보조 용언으로, 동사 뒤에 사용되었으므로 보조 동사이다.
④ '않았다'는 '잘하다'라는 용언의 의미를 부정하는 부정 보조 용언으로, 동사 뒤에 사용되었으므로 보조 동사이다.

09 정답 ③

정답 해설

'채'는 '어떤 상태나 동작이 다 되거나 이루어졌다고 할 만한 정도에 아직 이르지 못한 상태를 이를 때' 뒤의 용언을 수식하는 형태로 쓰인다. '끝나다'라는 동사의 동작이 다 이르지 못한 상태를 수식하고 있으므로 부사로 사용되었다.

선택지 해설

① '지'는 어떤 일이 있었던 때로부터 지금까지의 동안을 의미하는 의존 명사이다.
② '듯'은 짐작이나 추측의 뜻을 나타내는 '듯이'의 준말로 의존 명사이다.
④ '만큼'은 뒤에 나오는 내용의 원인이나 근거가 됨을 의미하는 의존 명사이다.

10 정답 ②

정답 해설

㉠ '있다'는 사람, 동물, 물체 따위가 실제로 존재하는 상태를 의미하는 경우는 형용사이다.

ⓜ 비교가 되는 두 대상이 서로 같지 아니함을 의미하는 형용사이다.

선택지 해설
ⓛ '커서'는 '크다'가 활용한 것으로, 사람이 자라서 어른이 됨을 의미하는 동사이다.
ⓒ '아니'는 놀라거나 감탄스러울 때 사용하는 경우에는 감탄사이다.
ⓔ '새'는 사용하거나 구입한 지 얼마 되지 않음을 의미하는 관형사이다.

11 정답 ③

정답 해설
'이'는 말하는 이에게 가까이 있거나 말하는 이가 생각하고 있는 대상을 가리킬 때 쓰거나, 바로 앞에서 이야기한 대상을 가리킬 때 쓰는 경우에는 관형사이다.

선택지 해설
① '만큼'은 앞의 내용에 상당한 수량이나 정도임을 나타낼 때는 의존 명사로, 앞말과 비슷한 정도임을 나타낼 때는 조사로 사용된다. 그리고 의존 명사로 사용될 때는 앞말과 띄어서 쓰고, 조사로 사용될 때는 앞말과 붙여서 쓴다.
② '첫째'는 차례를 나타내는 말이 사람을 지칭하는 경우에는 명사로, 순서가 가장 먼저인 차례를 나타낼 때는 수사로 사용된다.
④ '아무'는 어떤 사람을 특별히 정하지 않고 이르는 경우에는 대명사로, 전혀 어떠한의 뜻을 나타내며 부정적인 말과 함께 쓰일 때는 관형사로 사용된다.

12 정답 ③

정답 해설
'차, 것, 운동, 때, 것' 등 총 5개의 명사가 사용되었다.

선택지 해설
① '운동장, 야구, 뿐' 등 총 3개의 명사가 사용되었다.
② '책상' 총 1개의 명사가 사용되었다. '어제, 아주'는 부사이다.
④ '번째, 사람' 등 총 2개의 명사가 사용되었다.

13 정답 ④

정답 해설
'이나'는 두 대상 사이에서 선택을 나타내는 접속 조사이다.

선택지 해설
① '에서'는 선행 체언에 부사어 자격을 부여하는 부사격 조사이다.
② '와'는 두 대상을 비교하기 위해 사용된 부사격 조사이다.
③ '이다'는 체언 뒤에 붙어 서술어 자격을 부여하는 서술격 조사이다.

14 정답 ③

정답 해설
㉠과 ㉢은 모두 문장 안에서 앞에 나온 주어를 도로 가리키는 재귀대명사에 해당한다.

선택지 해설
① ㉠은 '그'를 가리키고, ㉡은 1인칭을 가리킨다.
② ㉡은 1인칭을 가리키고, ㉢은 문장의 주어를 도로 가리키는 재귀칭이다.
④ '저'는 '자기'보다 낮잡는 느낌을 준다.

15 정답 ④

정답 해설
'순(純)'은 체언 앞에 놓여서, 그 체언의 내용을 자세히 꾸며 주는 품사. 조사도 붙지 않고 어미 활용도 하지 않는 관형사이다.
각(各), 당(當), 매(每), 별(別), 순(純), 타(他)

16 정답 ③

정답 해설
㉠ 격조사, ㉡ 접속조사, ㉢ 보조사
ⓐ 늑대(명사)와(부사격조사)
ⓑ '하고'는 접속조사, ⓒ 호격조사, ⓓ 보조사, ⓔ 관형격조사

17 정답 ④

정답 해설
형용사: 일정한 기준, 조건, 정도 따위에 넘치거나 모자라지 아니한 데가 있다.

선택지 해설
① 보조동사: 앞말이 뜻하는 행동을 부정하는 뜻을 나타내는 말. 본용언이 동사이므로 부정보조용언도 동사.
② 동사: 사람이나 동물, 식물 따위가 나이를 많이 먹다. 사람의 경우에는 흔히 중년이 지난 상태가 됨을 이른다.
③ 동사: 정신에 이상이 생겨 말과 행동이 보통 사람과 다르게 되다.

18 정답 ③

정답 해설
'㉢ 첫째'는 사람을 나타내면 명사이다.

선택지 해설
㉠ 다른(당장 문제 되거나 해당되는 것 이외의.): '사람들'(체언)을 수식하는 관형사이다.
㉡ 웬(어찌 된): '까닭'을 수식하는 관형사이다.
㉣ 첫째: 첫째는 관형사, '주'는 단위를 나타내는 의존명사(첫째 주, 이번 주 등 주일을 나타내는 단위)

19 정답 ①

정답 해설
앞말이 행동이 이루어지고 있는 처소의 부사어임을 나타내는 격조사.

선택지 해설
② 선행체언이 '단체'일 때 사용하는 주격조사이다.

③ 주격조사이다.
④ 주격조사이다.

20 정답 ④

정답 해설

감탄사이다.

선택지 해설

① 부정 부사
② 부사: 일정한 수준이나 보통 정도보다 꽤.
③ 부사: 매우 어렵게.

21 정답 ①

정답 해설

㉠ 뛰기 - 동사(그는 힘껏 뛰다.)
㉡ 타기 - 동사(자전거를 빨리 타다.)
㉢ 달리기 - 명사
㉣ 먹기 - 동사(그는 계속 먹다.)
㉤ 쓰기 - 명사

22 정답 ①

정답 해설

'우리'는 대명사로 말을 하는 사람이 자신과 청자를 모두 포함하여 사용할 수도 있고, 청자를 제외한 의미로 사용할 수도 있다.
②, ③, ④의 '우리'는 말하는 이와 듣는 이 모두를 포함한 '우리'이지만 ①은 청자 '윤주'를 제외한 의미로 사용되었다.

23 정답 ③

정답 해설

'낡다'는 물건 따위가 오래되어 헐고 너절하게 되다는 뜻의 동사이다.

선택지 해설

① 형용사: 생각이나 태도가 바르다.
② 형용사: 무엇을 지키는 성질이 있다.
④ 형용사: '성격이'를 서술하는 형용사 활용형

THEME 5 용언의 활용

01	④	02	①	03	③	04	③	05	③
06	③	07	④	08	①	09	①	10	②
11	④	12	②	13	②	14	②		

01 정답 ④

정답 해설

'깎아 담았다'에서 '깎아'는 '깎아서'의 준말이다. 용언의 어간 '-아/-어' 뒤에 '서'가 줄어진 형식에서는 뒤에 오는 단어도 본용언이다.

선택지 해설

① '따라가고 싶다'는 본용언의 어간 '따라가-'에 보조적 연결 어미 '-고'가 결합되고, 그 뒤에 보조 용언 '싶다'가 결합된 구성이다.
② '먹어 두었다'는 본용언의 어간 '먹-'에 보조적 연결 어미 '-어'가 결합되고, 그 뒤에 보조 용언 '두었다'가 결합된 구성이다.
③ '울었나 보다'는 본용언의 어간 '울-'에 과거형 선어말 어미 '-었-', 어미 '-나'가 결합되고, 그 뒤에 보조 용언 '보다'가 결합된 구성이다.

02 정답 ①

정답 해설

'-서'는 어떤 일의 원인이나 이유를 드러내는 어미이다. 식당에 가는 이유가 배가 고프기 때문임을 드러내고 있다. 어떤 사건이 발생할 수 있는 조건임을 드러내는 어미는 '-면'이 대표적이다.

선택지 해설

② '-러'는 목적을 드러내는 종속적 연결 어미이다.
③ '-(으)므로'는 이유나 원인을 드러내는 종속적 연결 어미이다.
④ '-지만'은 상반된 것임을 드러내는 대등적 연결 어미이다.

03 정답 ③

정답 해설

'던짐'은 '던지다'의 어간 '던지-'에 어미 '-ㅁ'이 결합된 것이다. 이를 통해 동사인 '던지다'를 명사와 같은 성분으로 쓰이게 하고 있다.

선택지 해설

① '웃음'은 '웃다'의 어간 '웃-'에 '-음'이 결합된 것이다. 이를 통해 동사인 '웃다'가 '웃음'이라는 명사로 바뀌었으므로 '음'은 명사 파생 접미사이다.
② '수줍음'은 '수줍다'의 어간 '수줍-'에 '-음'이 결합된 것이다. 이를 통해 형용사인 '수줍다'가 '수줍음'이라는 명사로 바뀌었으므로 '음'은 명사 파생 접미사이다.
④ '잠'은 '자다'의 어간 '자-'에 '-ㅁ'이 결합된 것이다. 이를 통해 동사인 '자다'가 '잠'이라는 명사로 바뀌었으므로 '-ㅁ'은 명사 파생 접미사이다.

04 정답 ③

정답 해설

'-게'는 '아름답다'는 형용사가 '가꾸다'라는 동사를 수식하게 부사형 전성 어미이다.

선택지 해설

① '-던'은 '오다'라는 동사가 '손님'이라는 명사를 수식하게 하는 관형사형 전성 어미이다. 동시에 과거를 회상하는 시제를 나타낸다.
② '-는'은 '오다'라는 동사가 '사람'이라는 명사를 수식하게 하는 관형사형 전성 어미이다. 동시에 현재 시제를 나타낸다.
④ '-은'은 '젊다'는 형용사가 '시절'이라는 명사를 수식하게 하는 관형사형 전성 어미이다. 동시에 과거 시제를 나타낸다.

05 정답 ③

정답 해설

'흘러서'는 어간 '흐르-'와 모음 어미 '-어'가 만나 어간 '르'가 'ㄹㄹ' 형태로 바뀌는 '르' 불규칙 현상이 일어난 것이다. 따라서 '흘러서'의 기본형은 '흐르다'이다.

선택지 해설

① '써서'는 어간 '쓰-'와 어미 '-어서'가 만난 후에 '으'가 탈락되어 '써서'가 된 것이다. 따라서 '써서'의 기본형은 '쓰다'이다.
② '불었다'는 어간 '붇-'과 모음 어미 '-었'이 만나 'ㄷ'이 'ㄹ'로 바뀌는 'ㄷ' 불규칙 현상이 일어난 것이다. 따라서 '불었다'의 기본형은 '붇다'이다.
④ '이어'는 어간 '잇-'과 모음 어미 '-어'가 만나 'ㅅ'이 탈락하는 'ㅅ' 불규칙 현상이 일어난 것이다. 따라서 '이어'의 기본형은 '잇다'이다.

06 정답 ③

정답 해설

어떤 사람이 사실을 다른 사람에게 알아듣도록 말한다는 의미로, '이르다'가 활용한 것이다. 어간 '이르-'와 어미 '-어'가 만나 '이르어'가 되어야 하지만, '으'는 탈락하고 'ㄹㄹ' 형태로 바뀌는 '르' 불규칙 현상이 나타나 '일러'가 된 것이다.

선택지 해설

① 사람이 어떤 대상에게 주어야 할 돈을 내어 주다는 의미로, '치르다'가 활용한 것이다. 어간 '치르-'와 어미 '-어'가 만나 '치르어'가 되고, '으'가 탈락하여 '치러'가 되는 규칙 활용이다.
② 시간이 어떤 시점에 도달하여 미치다는 의미로, '이르다'가 활용한 것이다. 어간 '이르-'와 어미 '-어'가 만나 '이르어'가 되어야 하지만, '으'가 탈락하지 않고 어미 '-어'가 '-러'로 바뀌는 '러' 불규칙 현상이 나타나 '이르러'가 된 것이다.
④ 사람이 위를 향하여 고개를 높이 쳐든다는 의미로, '우러르다'가 활용한 것이다. 어간 '우러르-'와 어미 '-어'가 만나 '우러르어'가 되어야 하지만, '으'가 탈락하여 '우러러'가 되는 규칙 활용이다.

07 정답 ④

정답 해설

'드린다'는 보조 용언의 자리에 있지만, 앞선 본용언이 '잡아' 뒤에 '서'가 줄어진 형식이므로 본용언으로 사용된 것이다.

선택지 해설

① 본용언의 어간 '먹-'에 명사형 어미 '-기'와 보조사 '는'이 결합되고, 보조 용언 '하다'가 결합된 것이다.
② 본용언의 어간 '가-'에 보조적 연결 어미 '-아'가 결합되고, 보조 용언 '버리다'가 결합된 것이다.
③ 본용언 어간 '피-'에 보조적 연결어미 '-지'가 결합되고 보조 용언 '않다'가 결합된 것이다.

08 정답 ①

정답 해설

'짓다'는 어간 '짓-'의 'ㅅ'이 모음 어미 앞에서 탈락하는 'ㅅ' 불규칙 현상이 나타난다.
'듣다'는 어간 '듣-'의 'ㄷ'이 모음 어미 앞에서 'ㄹ'로 바뀌는 'ㄷ' 불규칙 현상이 나타난다. 따라서 어간의 일부가 교체되는 경우이다.

선택지 해설

② '줍다'는 어간 '줍-'의 'ㅂ'이 모음 어미 앞에서 '오/우'로 바뀌는 'ㅂ' 불규칙 현상이 나타난다. '싣다'는 어간 '싣-'의 'ㄷ'이 모음 어미 앞에서 'ㄹ'로 바뀌는 'ㄷ' 불규칙 현상이 나타난다.
③ '일하다'는 '하-' 뒤에서 어미 '-어'가 '-여'로 바뀌는 '여' 불규칙 현상이 나타난다. '푸르다'는 어간 '푸르-'와 어미 '-어'가 결합될 때, 어미 '-어'가 '-러'로 바뀌는 '러' 불규칙 현상이 나타난다.
④ '하얗다'와 '동그랗다'는 어간 '하얗-'과 '파랗-' 뒤에 어미 '-아'가 오면 어간의 일부인 'ㅎ'이 없어지고 어미도 바뀌는 'ㅎ' 불규칙 현상이 나타난다.

09 정답 ①

정답 해설

'푸르니'는 어간 '푸르-'와 어미 '-어'가 결합하면 어미 '-어'가 '-러'로 바뀌는 '러' 불규칙 현상이 나타난다. '따뜻하니'는 '따뜻하-'와 어미 '-아'가 결합하면 어미 '-아'가 '-여'로 바뀌는 '여' 불규칙 현상이 나타난다. 두 현상 모두 어미가 바뀌는 유형에 해당한다.

선택지 해설

② '깨닫고'는 어간 '깨닫-'의 'ㄷ'이 모음 어미 앞에서 'ㄹ'로 바뀌는 'ㄷ' 불규칙 현상이 나타나고, '놀다가'는 어간 '놀-'의 'ㄹ'이 'ㄴ, ㄹ, ㅂ, ㅅ, 오' 앞에서 규칙적으로 탈락하는 어간 'ㄹ' 탈락 현상이 나타난다. 어간이 바뀌는 유형과 어간이 탈락하는 유형에 해당하므로 동일한 유형이라고 보기 어렵다.
③ '먹은'은 어간 '먹-'이 '으'와 '-ㄴ' 등으로 구성되며 구체적 매개 모음 '으'가 첨가되는 규칙 활용이고, '빠르고'는 어간 '빠르-'의 '르'가 모음 어미 앞에서 '으'는 탈락하고 'ㄹㄹ' 형태로 바뀌는 '르' 불규칙 현상이 나타난다. 모음이 첨가되는 유형과 어간이 탈락하는 유형에 해당하므로 동일한 유형이라고 보기 어렵다.

④ '눕다가'는 어간 '눕-'이 모음 어미 앞에서 '우'로 바뀌는 'ㅂ' 불규칙 현상이 나타나고, '얻어'는 어간 '얻-'이 변하지 않고 규칙적으로 활용하는 현상이 나타난다. 어간이 바뀌는 유형과 어간이 바뀌지 않는 유형에 해당하므로 동일한 유형이라고 보기 어렵다.

10 정답 ②

정답 해설

아프 + 아서 = 아파서, 'ㅡ탈락' 규칙활용이다.
② ㄹ탈락: 살다 – 사니, 놀다 – 노니, 끌다 – 끄니(똑같은 환경에서 어간말의 ㄹ이 예외없이 탈락하므로 규칙으로 봄)

선택지 해설

① ㅂ불규칙: 돕다 – 도와 – 도왔다
③ ㅅ불규칙: 긋다 – 그어 – 그었다
④ '러' 불규칙: '-아 / -어'로 시작되는 어미가 '-러'로 바뀜.
  *이르다(至), 누르다(黃), 푸르다, 노르다

11 정답 ④

정답 해설

'가축 따위를 기르다.'의 의미이다. 동사 '먹다'에 접사 '-이-'가 결합되어 사동을 드러냈는데, 이러한 사동문을 '파생적 사동문'이라고 한다.

선택지 해설

① 잡- : 어간
   -히- : 피동접미사
   -었- : 과거시제의 선어말 어미
   -다: 종결의 어말어미
② 쓰- : 어간
   -시- : 주체높임 선어말 어미
   -ㄴ- : 현재시제의 선어말 어미
   -다: 종결의 어말어미
③ 먹- : 어간
   -이- : 사동접미사
   -었- : 과거시제의 선어말 어미
   -다: 종결의 어말어미

12 정답 ②

정답 해설

오(다) + -시- (주체 존대 선어말 어미) + -었- (과거시제 선어말 어미) + -다(어말 어미)

13 정답 ②

정답 해설

본용언과 보조 용언을 구별하는 문제이다.
'입고 간다'는 '본용언+본용언'의 결합 형태이다.

선택지 해설

· 본용언과 보조 용언을 구분하는 방법은 크게 두 가지가 있다.
  첫째로는 본용언을 제거했을 때, 문장이 성립되지 않거나 아예 다른 문장이 돼버리는 경우, 보조 용언이라고 보면 된다.
  둘째로는 본용언에 '~서'를 첨가해서 문장이 자연스럽다면 그건 '본용언 + 본용언'의 형태로 보면 된다.

14 정답 ②

정답 해설

ⓐ는 어미의 변화는 없고 어간의 'ㅅ'이 탈락했으므로 <보기>의 ㉮에 해당된다.(ㅅ 불규칙). ⓒ의 불규칙 활용의 사례들은 규칙 활용 사례들과 달리 어간 '르'가 'ㄹㄹ'로 바꾼 것이므로 이를 <보기>의 ㉮에 해당된다고 보는 것은 적절하다.(르 불규칙)

선택지 해설

ⓑ는 어간(이르-, 푸르-)은 변화 없고 어미 '-어'가 '-러'로 바뀐 경우인데, 이는 모두 어미가 바뀐 경우이므로 <보기>의 '어미가 바뀌는 경우'에 해당된다.(러 불규칙) ⓓ는 어간의 'ㅎ'이 탈락하고, 어미 '-아나 / -어'가 '-이'로 바뀐 경우인데, 이는 어간과 어미가 모두 바뀐 경우이므로 <보기>의 '어간과 어미가 모두 바뀐 경우'에 해당된다.(ㅎ 불규칙)

THEME 6 단어의 형성(파생어·합성어)

01	③	02	①	03	②	04	①	05	④
06	②	07	③	08	③	09	①	10	④
11	①	12	①	13	②	14	④	15	④
16	④	17	②	18	①	19	④	20	③

01 정답 ③

정답 해설

'빈주먹'은 어떤 일을 하는데 마땅히 가지고 있어야 할 것이 없는 상태를 비유적으로 이르는 합성어이다.

선택지 해설

① '불-'은 '아님, 아니함'의 의미를 지닌 접두사이다.
② '늦-'은 '늦은'의 의미를 지닌 접두사이다.
④ '겉-'은 '실속과는 달리 겉으로만 그러한'의 의미를 지닌 접두사이다.

02 정답 ①

정답 해설

'깨끗하다'의 어근 '깨끗-'에 부사 파생 접미사 '-이'가 붙으면 부사 '깨끗이'가 된다.

선택지 해설

② '멋지다'는 형용사 파생 접미사 '-지-'가 결합된 접미 파생 형용사이다. '못나다'는 부사와 용언이 결합된 합성 동사이다.

③ '휘날리다'는 접두사 '휘 –'가 결합된 파생 동사이다. '마주서다'는 부사와 용언이 결합된 합성 동사이다.
④ '잎사귀'는 접미사 '–사귀'가 결합된 파생어이다.

03   정답 ②

정답 해설

'군밤'은 '굽다'라는 동사가 관형사의 형태로 활용된 '군 –'이라는 어근과, '밤'이라는 어근의 결합으로 만들어진 합성어이다.

선택지 해설

① '마개'는 동사 '막다'의 어근 '막 –'과 접미사 '–애'가 결합하여 품사가 명사로 바뀐 것이다.
③ '한두'는 수량을 의미하는 관형사 '한'과 '두'가 결합한 통사적 합성어이다.
④ '첫사랑'은 처음을 의미하는 관형사 '첫'과 체언 '사랑'이 결합한 통사적 합성어이다.

04   정답 ①

정답 해설

'검푸르다'는 '검고 푸르다'의 형태이므로 용언과 용언이 합성되는 과정에서 '–고'라는 연결 어미가 생략된 비통사적 합성어이다. '오가다'는 '오고 가다'의 형태이므로 용언과 용언이 합성되는 과정에서 '–고'라는 연결 어미가 생략된 비통사적 합성어이므로 '검푸르다'와 구성 방식이 같다.

선택지 해설

②, ③, ④
'들어가다', '돌아가다', '뛰어가다'는 용언과 용언이 합성되는 과정에서 연결 어미 '–아 / –어'가 생략되지 않은 통사적 합성어이다.

05   정답 ④

정답 해설

'한겨울'은 '겨울'이라는 명사에 '한 –'이라는 접두사가 붙어 추위가 한창인 겨울이라는 의미로 그 뜻을 한정하지만 품사는 바뀌지 않은 파생어이고, '정직하다'는 '정직'이라는 명사에 '–하다'라는 접미사가 결합하여 형용사로 품사가 바뀐 파생어이다.

선택지 해설

① '무덤'은 '묻다'라는 동사의 어간 '묻 –'에 '–엄'이라는 접미사가 붙어 품사가 명사로 바뀐 파생어이고, '진실로'는 '진실'이라는 명사에 '–로'라는 접미사가 붙어 품사가 부사로 바뀐 파생어이다.
② '높이'는 '높다'라는 형용사의 어간 '높 –'에 '–이'라는 접미사가 결합하여 형용사가 명사로 품사가 바뀐 파생어이고, '짓누르다'는 '누르다'라는 동사에 '짓 –'이라는 접두사가 붙어 함부로 마구 누른다의 그 뜻을 한정하지만 품사는 바뀌지 않은 파생어이다.
③ '비행기'는 '비행'이라는 명사에 '–기'라는 접미사가 붙어 비행을 하는 기계 장비라는 의미로 그 뜻을 한정하지만 품사는 바뀌지 않은 파생어이고, '인사치레'는 '인사'라는 명사에 '–치레'라는 접미사가 붙어 성의 없이 겉으로만 하는 인사라는 의미로 그 뜻을 한정하지만 품사는 바뀌지 않은 파생어이다.

06   정답 ②

정답 해설

'어린이'는 '어리다'라는 동사가 '어린 –'이라는 관형어로 활용을 하고, 여기에 '이'라는 의존 명사가 결합한 합성어이다. 관형어와 명사의 결합이므로 통사적 합성어이다. '독서'는 '읽다'를 의미하는 한자어가 '글'이라는 명사보다 앞에 나타나므로 우리말의 어순과는 다른 비통사적 합성어이다.

선택지 해설

① '손등'은 '손'이라는 명사와 '등'이라는 명사가 결합한 것으로 통사적 합성어이고, '힘들다'는 명사 '힘'과 동사 '들다'의 결합인 '힘이 들다'에서 조사 '이'가 생략된 통사적 합성어이다.
③ '덮밥'은 '덮다'라는 동사가 관형어로 활용되면서 '–은'이 생략되고 '밥'이라는 명사와 결합하였으므로 비통사적 합성어이고, '꺽쇠'도 '꺽다'라는 동사가 관형어로 활용되면서 '–은'이 생략되고 '쇠'라는 명사와 결합하였으므로 비통사적 합성어이다.
④ '부슬비'는 '부슬'이라는 부사와 '비'라는 명사가 결합하였으므로 비통사적 합성어이고, '전진'은 '앞'을 의미하는 한자어와 '나아간다'를 의미하는 한자어가 우리말의 어순과 일치하도록 결합하였으므로 통사적 합성어이다.

07   정답 ③

정답 해설

'손놀림'은 '놀리 – + – ㅁ'의 파생 과정을 통해 '놀림'이 형성되고, 이후에 '손'과 합성되어 만들어진 합성어이다.

선택지 해설

① '노름꾼'은 '놀 – + –음'의 파생 과정을 통해 '노름'이 형성되고, 이후에 '꾼'이라는 접사와 파생되어 만들어진 파생어이다.
② '헛웃음'은 '웃 – + –음'의 파생 과정을 통해 '웃음'이 형성되고, 이후에 '헛'이라는 접사와 파생되어 만들어진 파생어이다.
④ '돌다리'는 '돌'과 '다리'가 합성된 합성어이다.

08   정답 ③

정답 해설

'느릿느릿'은 부사 '느릿'이 반복되어 결합된 합성어이고, '철들다'는 명사 '철'과 '들다'가 결합된 합성어이다. '마주서다'는 부사 '마주'와 동사 '서다'가 결합된 합성어이다.

선택지 해설

① '모름지기'는 단일어이고, '애벌레'는 어리고 작다는 의미의 접두사 '애 –'와 명사 '벌레'가 결합된 파생어이다. '국밥'은 명사 '국'과 명사 '밥'이 결합한 합성어이다.
② '드넓다'는 심하다는 의미의 접두사 '드 –'와 형용사 '넓다'가 결합된 파생어이다. '혼잣말'은 부사 '혼자'와 명사 '말'이 결합된 합성어이고, '온종일'은 관형사 '온'과 명사 '종일'이 결합된 합성어이다.
④ '장난꾸러기'는 명사 '장난'과 어떤 것이 심하거나 많은 사람을 의미하는 접미사 '–꾸러기'가 결합된 파생어이고, '마침내'는 명사 '마침'과 부사화 접미사 '–내'가 결합된 파생어이다. '낯설다'는 명사 '낯'과 형용사 '설다'가 결합된 합성어이다.

09 정답 ①

정답 해설

'본보기'에서 '-기'는 명사 파생 접미사로 한자어가 아니다.

선택지 해설

② '청년기'에서 '-기(期)'는 기간이나 시기를 의미하는 접미사로 한자어이다.
③ '주사기'에서 '-기(器)'는 도구나 기구를 의미하는 접미사로 한자어이다.
④ '기름기'에서 '-기(氣)'는 기운이나 느낌, 성분 등을 의미하는 접미사로 한자어이다.

10 정답 ④

정답 해설

'개살구'는 일반적인 살구보다 질이 떨어지는 살구를 의미하므로 ①의 의미로 사용된 것이다.

선택지 해설

① '개나발'은 쓸데없는 소리를 의미하므로 ②의 의미로 사용된 것이다.
② '개죽음'은 헛된 죽음을 비유적으로 이르는 말이므로 ②의 의미이다.
③ '개수작'은 쓸데없는 행위를 의미하므로 ②의 의미이다.

11 정답 ①

정답 해설

'잠'은 동사 '자다'의 어근 '자-' 뒤에 '-ㅁ'이 붙어 동사를 명사로 만든 것이므로, '-ㅁ'은 접미사로 쓰였다는 것을 알 수 있다.

선택지 해설

② '낮음'은 동사 '낮다'의 어간 '낮-' 뒤에 '-음'이 붙어 동사가 체언과 같은 성분으로 쓰이게 된 것이므로, '-음'은 명사형 전성 어미로 쓰였다는 것을 알 수 있다.
③ '얼음'은 동사 '얼다'의 어간 '얼-' 뒤에 '-음'이 붙어 동사가 체언과 같은 성분으로 쓰이게 된 것이므로, '-음'은 명사형 전성 어미로 쓰였다는 것을 알 수 있다.
④ '함'은 동사 '하다'의 어간 '하-' 뒤에 '-ㅁ'이 붙어 동사가 체언과 같은 성분으로 쓰이게 된 것이므로, '-ㅁ'은 명사형 전성 어미로 쓰였다는 것을 알 수 있다.

12 정답 ①

정답 해설

'곶감'은 '곶다'의 어간 '곶-'에 관형사형 전성 어미 '-은'이 붙은 상태에서 명사 '감'과 결합하는 과정에서 관형사형 전성 어미가 생략된 것이다.

선택지 해설

② '함박눈'은 '함박'이라는 명사와 '눈'이라는 명사가 결합된 통사적 합성어이다.
③ '고무신'은 '고무'라는 명사와 '신'이라는 명사가 결합된 통사적 합성어이다.
④ '굳은살'은 '굳다'의 어간 '굳-'에 관형사형 전성 어미 '-은'이 붙은 상태에서 명사 '살'과 결합하는 과정에서 관형사형 전성 어미가 생략되지 않은 통사적 합성어이다.

13 정답 ②

정답 해설

② 춘추(융합 - 어른의 나이를 높여 이르는 말.)
   손수건(종속 - 몸에 지니고 다니며 쓰는 얇고 자그마한 수건.)
   이곳저곳(대등 - '여기저기'를 문어적으로 이르는 말.)

선택지 해설

① 손금(종속 - 손바닥의 살갗에 줄무늬를 이룬 금.)
   마소(대등 - 말과 소)
   오늘내일(융합 - 오늘과 내일 사이. 또는 가까운 시일 안.)
③ 공부방(종속 - 공부하기 위하여 따로 마련한 방.)
   눈사람(종속)
   밤나무(종속)
④ 밤낮(융합 - 늘)
   책가방(종속)
   돌다리(종속)

14 정답 ④

정답 해설

④ ㉣: 통사적 합성어이다.(용언의 관형사형 + 명사)
   -날 + ㄹ + 짐승 / 열 + ㄹ + 쇠('ㄹ'탈락)

선택지 해설

① ㉠: 시나브로(어근1 - 단일어), 먹었다(먹 - 어근 1개)
② ㉡: 참 + 기름
   파생어: 어근과 파생 접사로 이루어진 단어
   접두사에 의한 파생어: 접두사는 특정한 뜻을 더하거나 강조하면서 새로운 말을 만들어내며, 어근의 품사는 유지된다.
   먹이다: '먹-'(어근) + '-이-'(사동접사) + '-다'(어미)
③ 디딤(동사의 명사형) + 돌(명사)
   첫(관형사)+사랑(명사)이며, 국어의 정상적인 단어 배열과 같으므로 통사적 합성어이다.

15 정답 ④

정답 해설

④ 새롭다(접미사에 의하여 형용사로 파생된 단어)
   틈틈이(접미사에 의하여 부사로 파생된 단어)
   품사가 변하였다.

선택지 해설

① 덮개(접미사에 의하여 명사로 파생된 단어)
③ 사랑스럽다(접미사에 의하여 형용사로 파생된 단어)
   나머지는 품사 변동이 없다.

16 정답 ④

정답 해설
④ 한자리: '같은'의 뜻을 나타내는 접두사이다.

선택지 해설
② '한가운데, 한여름'은 '정확한' 또는 '한창인'의 뜻을 더하는 접두사이다.
③ 한가득: '큰'의 뜻을 더하는 접두사이다.

17 정답 ②

정답 해설
② 톱(어근) + -질(접사), 날(어근) + ㄹ + 짐승(어근)
덮-(어근) + 밥(어근), 들(접두사) + 쥐(어근)

선택지 해설
① 헛-(접두사) + 고생(어근)
치-(접두사) + 솟(어근)
흔들(어근) + 바위(어근) / 새(어근) + 해(어근)
③ 군-(접사) + 말(어근), 구경(어근) + -꾼(접사)
굶-(어근) + 주리(어근), 뛰-(어근) + 놀(어근)
④ 애-(접사) + 호박(어근), 새-(접사) + 빨갛(어근)
힘(어근) + 쓰(어근), 건너-(어근) + 오(어근)

18 정답 ①

정답 해설
건-(접두사) + 어물(명사)
「1」((일부 명사 앞에 붙어)) '마른' 또는 '말린'의 뜻을 더하는 접두사

선택지 해설
② '막다'의 어간 '막' + 접미사 '애'가 결합하여, '마개'(동사 → 명사)
③ 낮다(형용사) - 낮추다(동사): 낮(형용사) + 추(사동접미사) + 다
④ 오뚝(부사) + -하다(동사나 형용사를 만드는 접미사) → 형용사

19 정답 ④

정답 해설
④ '덧대다'는 '대어 놓은 것 위에 겹쳐 대다.'라는 뜻을 갖고 있다. 이는 접두사 '덧-'이 '대다' 앞에 붙어서 '겹쳐'라는 뜻을 더하고 있기 때문이다. 따라서 '겹쳐 대어'는 '덧대어'라는 파생어의 의미를 적절하게 풀어서 표현한 것으로 볼 수 있다.

선택지 해설
① '치뜨다'는 '눈을 위쪽으로 뜨다.'라는 뜻을 갖고 있다. '치-'라는 접두사가 '위로 향하게'의 의미를 지니고 있기 때문이다. 따라서 '가늘게 뜨고'는 파생어의 의미를 적절하게 풀어서 표현한 것이 아니다. 이는 '눈을 위쪽으로 뜨고'로 풀어 쓸 수 있다.
② '되감았다'는 '도로 감거나 다시 감다.'라는 뜻을 갖고 있다. 접두사 '되-'가 '감다' 앞에 붙어 '도로', '다시'의 뜻을 더하고 있기 때문이다. 따라서 '되감았다'는 '도로 감았다'로 풀어 쓸 수 있다. 이는 과거에 한 번 감았던 것을 다시 한 번 감는다는 뜻이다. 하지만 '친친 감았다'는 '자꾸 감거나 동여매는 모습'을 지칭하는 말로, '칭칭 감다'와 동의어이다. 이 말에는 과거에 감았던 것을 다시 감는다는 의미는 없고 대상을 여러 번 감는다는 의미만 있다. 따라서 파생어의 의미를 적절하게 풀어서 표현한 것이 아니다.
③ '들끓었다'는 '한곳에 여럿이 많이 모여 수선스럽게 움직이다.'라는 뜻을 갖고 있다. 접두사 '들-'이 '마구', '몹시'의 의미를 지니고 있기 때문이다. 따라서 '안에서 끓었다'는 파생어의 의미를 적절하게 풀어서 표현한 것이 아니다. '들끓었다'는 '몹시 끓었다(많이 모여 우글거렸다)'로 풀어 쓸 수 있다.

20 정답 ③

정답 해설
ㄷ의 '뚱뚱'과 '딸랑'은 부사이다. 그런데 접미사 '-이'가 붙은 '뚱뚱이'와 '딸랑이'는 명사이다. 한편 ㄹ의 '공부'는 명사이고 '반짝반짝'은 부사이다. 그런데 접미사 '-하다'가 붙은 '공부하다'는 동사이고, '반짝반짝하다'는 동사이다. 따라서 접미사가 어근의 품사에 영향을 주지 못한다는 진술은 적절하지 않다.

선택지 해설
① '군-'은 '쓸데없는'의 의미를, '헛-'은 '보람 없는, 보람 없이'라는 의미를 더하고 있다.
② ㄴ의 '고생'은 명사이고, '돌다'는 동사이다. 한편 ㄹ의 '공부'는 명사이고, '반짝반짝'은 부사이다. 따라서 접두사와 접미사는 어근의 품사가 달라도 같은 접두사나 접미사가 붙을 수 있다.
④ '뚱뚱이'는 살이 쪄서 뚱뚱한 사람을 놀림조로 이르는 말로 사람의 의미가, '딸랑이'는 흔들면 딸랑딸랑 소리가 나게 만든 어린아이들의 장난감이라는 사물의 의미가 더해졌다.

THEME 7 문장 성분

01	02	03	04	05	06	07	08	09	10
①	②	②	③	①	④	③	②	④	②

01 정답 ①

정답 해설
'어머니와'는 '닮다'라는 서술어에 따라 필수적으로 요구하는 필수적 부사어이다.

선택지 해설
② '즐거울'은 형용사 '즐겁다'가 활용한 관형어로 체언을 수식하고 있다.
③ '자는'은 동사 '자다'가 관형어로 활용하여 뒤에 오는 '사람'이라는 체언을 수식하고 있다.
④ '나의'는 명사 '나'에 조사 '의'가 결합하여 뒤에 오는 '소원'이라는 체언을 수식하고 있다.

02 정답 ②

정답 해설
'그림도'는 체언 '그림'과 보조사 '도'가 결합하여 목적어로 사용되었다.

선택지 해설
① '집으로'는 체언 '집'에 부사격 조사 '-으로'가 결합하여 부사어로 사용되었다.
③ '많이도'는 부사 '많이'에 보조사 '도'가 결합하여 부사어로 사용되었다.
④ '얌전하게'는 용언 '얌전하다'에 부사형 어미 '-게'가 결합하여 부사어로 사용되었다.

03 정답 ②
정답 해설
'앉아서'는 '가지'라는 용언의 의미를 더해주는 보조 용언이므로 '가지를'의 '를'은 보조사로 쓰인 것이다.

선택지 해설
① 명사절이 '기다리다'의 목적어로 쓰인 것이다.
③ 명사절이 '바라다'의 목적어로 쓰인 것이다.
④ 명사절이 '고려하다'의 목적어로 쓰인 것이다.

04 정답 ③
정답 해설
'삼다'는 주어, 목적어, 부사어를 요구하는 세 자리수 서술어이다.

선택지 해설
① '되다'는 주어와 보어를 요구하는 두 자리수 서술어이다.
② '닮다'는 주어와 부사어를 요구하는 두 자리수 서술어이다.
④ '읽다'는 주어와 목적어를 요구하는 두 자리수 서술어이다.

05 정답 ①
정답 해설
'피다'는 주어만 요구하는 자동사로 한 자리수 서술어이다.

선택지 해설
② '먹다'는 주어와 목적어를 요구하는 두 자리수 서술어이다.
③ '다르다'는 주어와 부사어를 요구하는 두 자리수 서술어이다.
④ '굶다'는 주어와 부사어를 요구하는 두 자리수 서술어이다.

06 정답 ④
정답 해설
'너무'는 '아프다'라는 서술어를 수식하는 성분 부사어, '엄마와'는 서술어 '다르다'가 요구하는 필수적 부사어, '하지만'과 '확실히'는 문장 전체를 수식하는 문장 부사어이다.

07 정답 ③
정답 해설
ⓒ 서늘한 - 냉기(체언)를 꾸며주는 관형어이다.

선택지 해설
㉠ 아쉽게 - 깼다(서술어 - 용언)를 꾸며주는 부사어이다.
ⓒ 가득 - 비쳐오고(서술어 - 용언)를 꾸며주는 부사어이다.
㉣ 빼꼼히 - 내다보니(서술어 - 용언)를 꾸며주는 부사어이다.

08 정답 ②
정답 해설
② '아주'는 '새'를 수식하는 부사어이다.

선택지 해설
① '선생님의'이 '말씀' 체언을 꾸며주며 체언 + 의(관형격조사)를 사용한 관형어이다.
③ '저'는 학원을 수식하는 관형어이다.
④ '따뜻한'은 '곳'을 수식하는 관형어이다.

09 정답 ④
정답 해설
④ '다행스럽게'는 용언을 수식하는 부사어이다.

선택지 해설
①, ②, ③은 독립어이다.
① 감탄사인 독립어
② 체언 + 호격조사로 된 독립어
③ 문장의 제시어 - 독립어

10 정답 ②
정답 해설
주성분: 주어, 목적어, 보어, 서술어를 이르며 ②은 독립어이다.

선택지 해설
①은 목적어, ③은 보어, ④ 주어

THEME 8 문장의 종류

01	③	02	②	03	③	04	①	05	④
06	③	07	③	08	①	09	②	10	③
11	④	12	④	13	③	14	①	15	②

01 정답 ③
정답 해설
목적어 '가방을'이 생략되었다.

선택지 해설
① 목적어를 생략한 채 안긴 관계 관형절이다.
② '사다'의 목적어가 '가방을'이다.
④ 관형어는 주성분이 아니기 때문에 생략되어도 문장이 성립한다.

02 정답 ②

정답 해설
'하든지'는 아무런 상관이 없음을 나타내는 대등적 연결 어미 '-든지'가 결합되었지만, 앞절과 순서를 바꿀 수 없으므로 종속적으로 이어진 문장이다.

선택지 해설
① '내렸지만'은 대조를 나타내는 연결 어미 '-지만'이 결합된 것으로, 대등하게 이어진 문장이다.
③ '가고'는 나열을 나타내는 연결 어미 '-고'가 결합된 것으로, 대등하게 이어진 문장이다.
④ '먹든지'는 선택을 나타내는 연결 어미 '-든지'가 결합된 것으로, 대등하게 이어진 문장이다.

03 정답 ③

정답 해설
'익었지만'은 대조를 나타내는 연결 어미 '-지만'이 결합된 것으로, 대등하게 이어진문장이다.

선택지 해설
① '사려고'는 의도를 나타내는 연결 어미 '-려고'가 결합된 것으로, 종속적으로 이어진 문장이다.
② '되어서'는 원인을 나타내는 연결 어미 '-어서'가 결합된 것으로, 종속적으로 이어진 문장이다.
④ '어렵더라도'는 양보를 나타내는 연결 어미 '더라도'가 결합된 것으로, 종속적으로 이어진 문장이다.

04 정답 ①

정답 해설
두 문장이 접속 조사 '-과'를 통해 이어진 문장이다.

선택지 해설
② '그녀가 그린'이 '그림'을 꾸미고 있으므로 관형절을 안은 문장이다.
③ '옥상이 특별하게'가 '꾸며졌다'를 꾸미고 있으므로 부사절을 안은 문장이다.
④ '그들이 정말 그 일을 해냈음'이 주어의 역할을 하고 있으므로 명사절을 안은 문장이다.

05 정답 ④

정답 해설
'약속하마'는 약속을 표현하는 어미 '-마'가 사용된 것으로, 평서문에 해당한다.

선택지 해설
① '먹어라'는 어미 '-어라'가 결합된 직접 명령문이다.
② '보려무나'는 어미 '-려무나'가 결합된 허락 명령문이다.
③ '세우라'는 '-라'가 결합된 간접 명령문이다.

06 정답 ③

정답 해설
해당 의문문은 겉으로 나타난 의미와 반대되는 뜻을 나타내는 의문문으로, 강한 긍정의 진술을 내포하고 있다.

선택지 해설
① 어떤 사실에 대한 일정한 설명을 요구하는 의문문이다.
② 단순히 긍정이나 부정의 대답을 요구하는 의문문이다.
④ 어떤 사실에 대한 일정한 설명을 요구하는 의문문이다.

07 정답 ③

정답 해설
㉠ 관형절을 안은 문장
㉡ 관형절을 안은 문장
㉢ 관형절, 명사절을 안은 문장

선택지 해설
① ㉢에도 '자꾸'라는 부사어가 있다.
② ㉠의 안긴문장에도 '길을'이라는 목적어가 있다.

08 정답 ①

정답 해설
㉠ 피오는 가방을 예쁘게 만들었다.
→ 안긴 문장은 [가방이 예쁘다.]이므로 생략된 문장 성분은 목적어가 아니라 주어이다.
안은 문장의 주어는 [피오는]이므로 틀린 설명이다.

09 정답 ②

정답 해설
②는 이어진문장이며('-지만'이라는 대조 의미의 연결어미가 사용), 나머지는 안긴문장이다.

선택지 해설
① 명사절, ③ 관형절, ④ 인용절이다.

10 정답 ③

정답 해설
③ 홑문장이다.

선택지 해설
① 관형절, ② ~오니 - 종속적으로 이어진 문장, ④ 이어진 문장과 관형절로 안은문장이 사용되어 모두 겹문장이다.

11 정답 ④

정답 해설

④ ㉢에는 대등하게 이어진 문장으로 부사어가 없다. ㉣에는 부사어(그쪽으로)가 나타난다.

선택지 해설

① ㉠의 안긴문장은 주어(날씨가)가 나타나지만, ㉡의 안긴문장은 주어(큰 - 관형절의 (새가) 크다.)가 생략되어 있다.
② ㉢은 대등하게 이어진 문장(-고,)이고, ㉣은 종속적(-지자)으로 이어진 문장이다.
③ ㉡은 '새가 크다(관형절) + 새가 냇가에 우두커니 앉아 있다.' 2개의 홑문장으로, ㉢은 '아들은 노래를 불렀다. + 딸은 춤을 추었다.' 대등하게 이어진 두 개의 홑문장으로 나눌 수 있다.

12 정답 ④

정답 해설

④ 서술어 하나인 홑문장이다.

선택지 해설

① 봄이 오니, / (-(으)니, 상황을 나타내는 종속적 연결어미)새가 운다.
② 코끼리는 / 코가 / 길다.(서술어 1개에 주어가 2개 있는 서술절이다.)
③ 비가(소리도 없이) 내린다.(주어 + 서술어가 '내린다'를 꾸미는 부사절이다.)

13 정답 ③

정답 해설

③ 누가 누구에게 무엇을 먹이다.(세 자리 서술어)

선택지 해설

① 누가 무엇을 먹다.(두 자리 서술어)
② 나는 무엇이 아니다.(두 자리 서술어)
④ 누가 무엇을 보았다.(두 자리 서술어)

14 정답 ①

정답 해설

이 일은 누가 하더라도 ~ 종속적으로 이어진 문장이다.

선택지 해설

① '-고' 대등하게 이어진 문장이다. 나머지는 종속적으로 이어진 문장이다.
②,③ 연결어미 '-고'는 일반적으로 대등적으로 이어진 문장이나 앞뒤 절이 시간적인 선후 관계의 의미를 가지면 종속적으로 이어진 문장으로 본다.
④ 종속적 연결어미 '-거든'(조건)으로 이어진 문장이다.

15 정답 ②

정답 해설

② ㄱ은 대등하게 이어진 문장이므로 앞뒤 문장의 순서가 바뀌어도 의미가 동일하지만, ㄴ은 종속적으로 이어진 문장이므로 앞뒤 문장의 순서가 바뀌면 그 의미가 달라진다.

선택지 해설

<보기>는 이어진문장과 안은문장의 구조를 간략히 설명하고 있다. ㄱ은 대등하게 이어진 문장, ㄴ은 종속적으로 이어진 문장이고, ㄷ은 명사절을 안은 문장, ㄹ은 관형절을 안은 문장의 사례이다.
① ㄱ은 두 문장이 대조의 관계로 이어진 문장이고, ㄴ은 조건의 의미 관계로 이어진 문장이다.
③ ㄱ은 '동생은 과일을 좋아하다.', '동생은 야채를 싫어하다.'라는 두 개의 홑문장이 하나의 이어진문장이 되면서 공통되는 주어 '동생은'이 생략되었다. ㄹ 역시 '영수가'가 공통적으로 나타나므로 이를 생략하여 표현하고 있다.
④ ㄷ은 '그 아이가 학생임'이 안은문장에서 목적어의 역할을 하고 있으므로 명사처럼 쓰인 경우이고, ㄹ은 '책을 읽던'이 '영수'를 꾸미는 역할을 하므로 명사를 꾸미는 관형사처럼 쓰인 경우라고 할 수 있다.

THEME 9 고전 문법

01	02	03	04	05
②	④	②	③	②
06	07	08	09	10
①	④	②	③	①
11	12	13	14	15
①	①	③	④	③
16	17	18		
④	④	②		

01 정답 ②

정답 해설

근대 국어에서는 방점이 완전히 사라졌다. 성조에서는 상성이 그 모음을 길게 발음하였는데, 성조가 없어진 뒤에도 이 장음은 남게 되었다.

선택지 해설

① 두 자음은 근대 국어에서 완전히 자취를 감추었다.
③,④ 'ㆍ'의 음가가 소실되어 모음조화가 문란해졌다. 'ㆍ'는 근대국어 시기에도 표기가 나타난다.

02 정답 ④

정답 해설

'ㅸ'은 순경음으로 훈민정음의 28 자모 체계에 해당하지 않는다.

선택지 해설

① 'ㆆ'은 기본자 'ㅇ'의 가획자로 28 자모에 해당한다.
② 'ㆁ'은 기본자 'ㄱ'의 이체자로 28 자모에 해당한다.
③ 'ㅿ'은 기본자 'ㅅ'의 이체자로 28 자모에 해당한다.

03 정답 ②

정답 해설

주격조사 '가'는 16세기 말에 나타나 17세기 들어 사용되었다(근대국어).

선택지 해설
① '어리다'는 중세국어에서 '어리석다'라는 의미였다.
③ '암탉'과 '수탉'은 '암컷'과 '수컷'을 의미하는 '않'과 '숳'의 'ㅎ' 종성 체언이 '닭'과 결합하여 'ㅎ'과 'ㄷ'의 거센소리인 'ㅌ'으로 축약되어 남아 있는 것이다.
④ '좁쌀'은 '쌀'의 'ㅂ'이 '조'의 받침으로 그 흔적이 남아 있는 것이다.

04　　　　　　　　　　　　　　　　　　정답 ③
정답 해설
중세 국어의 '얼굴'은 모습이나 몸 전체를 의미하였지만, 현대 국어에서는 눈, 코, 입이 있는 머리의 앞면을 의미한다. 따라서 '얼굴'은 현대 국어로 오면서 의미가 축소된 단어에 해당한다.

선택지 해설
① '孔·공子·지'는 '孔·공子·주'와 주격 조사 'ㅣ'가 결합된 말이다. 중세 국어에서는 주격 조사 '가'가 쓰이지 않았다.
② 중세 국어의 '드려'는 현대 국어의 '에게'에 해당하는 부사격 조사이다.
④ ':효·도·이'에서 '이'는 관형격 조사이다. 중세 국어에서는 양성 모음 뒤에는 '이', 음성 모음 뒤에는 '의'가 결합되었는데, 이는 모음 조화에 따른 것이다.

05　　　　　　　　　　　　　　　　　　정답 ②
정답 해설
'시·미'는 명사 '심'과 주격 조사 'ㅣ'가 결합한 말이다. 따라서 주격 조사가 존재하였다.

선택지 해설
① '기픈', '시미' 등과 같이 이어 적기 방식을 따랐다.
④ 중세 국어에서는 '남ㄱ', '부룰' 등과 같이 모음 '·'가 쓰였다.

06　　　　　　　　　　　　　　　　　　정답 ①
정답 해설
순음에 'ㅇ'을 이어 쓰는 것은 'ㅱ, ㅸ, ㆄ, ㅹ'과 같은 순경음을 만드는 것으로, 연서(連書)라고 한다.

선택지 해설
② 연철(連綴)은 앞말의 종성을 뒷말의 초성에 내려 적는 것을 의미한다.
③ 병서(竝書)는 초성이나 종성을 합하여 쓸 때 옆으로 나란히 쓰는 규정이다.
④ 부서(附書)는 자음과 모음을 합하여 한 글자를 만들 때 붙여 쓰라는 것을 의미한다.

07　　　　　　　　　　　　　　　　　　정답 ④
정답 해설
'젼ᄎ로'는 음성 모음 'ㅕ' 뒤에 양성 모음 '·'가 온 것으로 모음 조화가 지켜지지 않은 예외에 해당한다.

선택지 해설
① '사ᄅᆞᆷ'의 양성 모음 '·' 뒤에 양성 모음 'ㅣ'가 온 것으로 모음 조화가 지켜진 경우이다.
② '꿈'의 음성 모음 'ㅜ' 뒤에 음성 모음 'ㅡ'가 온 것으로 모음 조화가 지켜진 경우이다.
③ '쏠'의 양성 모음 '·' 뒤에 양성 모음 '·'가 온 것으로 모음 조화가 지켜진 경우이다.

08　　　　　　　　　　　　　　　　　　정답 ②
정답 해설
훈민정음은 이두나 구결 등 그동안 써 오던 차자 표기법으로는 국어 음운 구조의 복잡성 때문에 국어를 충실히 적을 수 없어서 창제하게 되었다.

선택지 해설
④ 중성은 '·, ㅡ, ㅣ'를 기본자로 하고, 초출자 'ㅏ, ㅓ, ㅗ, ㅜ', 재출자 'ㅑ, ㅕ, ㅛ, ㅠ'를 만들었다.

09　　　　　　　　　　　　　　　　　　정답 ③
정답 해설
③은 '예의' 부분에서 설명하고 있는 내용이다.
초기에 훈민정음이 한자음 때문에 흔들렸지만 동국정운식 한자음 표기는 오래 쓰지 않아 실패로 끝나고 1527년 최세진의 훈몽자회는 한자음과 우리 말을 초성 16자만으로 표기하였다.

선택지 해설
①, ④ 제자해에 자·모의 체계를 설명하고 있다.
② 용자례의 5해 1례로 되어 있다.

▶ 훈민정음 해례본(한문본)
체제(내용)
(1) 예의: 세종의 어지, 운용, 성음법, 사성점 등 네 부분으로 되어 있다.
(2) 해례: 제자해, 초성해, 중성해, 용자례의 5해 1례로 되어 있음.
(3) 정인지 서: 훈민정음을 창제한 경위를 정인지의 이름으로 쓴 서문.

10　　　　　　　　　　　　　　　　　　정답 ①
정답 해설
《훈몽자회》(訓蒙字會)는 조선 시대의 역관인 최세진이 1527년에 쓴 한자 학습서이다. 한자 3,360자에 뜻과 음을 훈민정음으로 단 것이 내용이다. 이 책에서 처음으로 한글 낱자에 기역, 니은 등의 이름을 붙였다.
이 책에서 정음을 '반절(反切)'이라 하고, 'ㆆ(여린 히읗)'을 실제 소리에서 없애고, 정음의 낱자 이름을 정하고, 그리고 받침은 'ㄱ·ㄴ·ㄷ·ㄹ·ㅁ·ㅂ·ㅅ·ㅇ'의 8자로 한정했다.

선택지 해설
② 《동국정운》은 훈민정음 반포한 다음 해인 1447년 음력 9월에 완성하고, 1448년 음력 11월에 반포했었다. 《동국정운》은 중국의 운서인 《홍무정운

(洪武正韻)》(1375년)에 관한 동국(즉 한국)의 표준적인 운서라는 뜻에서 그 이름을 지었다.
③ 국문정리(國文正理): 1897년(건양 2) 이봉운이 지은 문법책. 갑오경장 이후 맨 처음의 국어연구서인 만큼 의의가 크다.
④ 신정국문(新訂國文): 조선 고종 광무 때, 지석영(池錫永)이 지은 국문 관계의 상소문.

11 정답 ①

정답 해설

㉠ 主 - 훈차 ㉡ 隱 - 음차 ㉢ 他 - 훈차 ㉣ 密 - 훈차 ㉤ 只 - 음차 ㉥ 嫁 - 훈차 ㉦ 良 - 음차 ㉧ 置 - 훈차 ㉨ 古 - 음차

12 정답 ①

정답 해설

① 《동국정운》은 훈민정음 반포한 다음 해인 1447년 음력 9월에 완성하고, 1448년 음력 11월에 반포했었다. 《동국정운》은 중국의 운서인 《홍무정운(洪武正韻)》(1375년)에 관한 동국(즉 한국)의 표준적인 운서라는 뜻에서 그 이름을 지었다.

선택지 해설

④ <사성통해>는 조선 시대에, 최세진이 엮은 운서(韻書). 《홍무정운》을 바탕으로 하고 《사성통고》의 결점을 보완하여 펴낸 것으로, 한자의 고음(古音)·금음(今音)·정음(正音)·속음(俗音)을 한글로 적고 뜻을 달았으며, 글자를 음모(音母)에 따라 분류하였다.

13 정답 ④

정답 해설

'ㆆ'은 옛 한글 자모인 '여린히읗'인데, 국어에 쓰일 때에는 특별한 소릿값이 없는, 일종의 부호 문자로 쓰였다.
'ㅸ'은 유성음 사이에서(고유어 표기에) 쓰였다.

선택지 해설

▶ 소실문자
ㅸ: [β] 순경음비읍(15세기 소실);
ㆆ: [ʔ] 여린히읗(된이응, 15세기 소실)
ㆁ: [ŋ] 옛이응(꼭지이응, 16세기 말까지 존재);
ㅿ: [z] 반치음(15세기 후반 16세기 전반 소실)
·: ㅏ와 ㅗ의 중간소리 아래아(16세기 일부 소실[모든 > 모든], 18세기 완전 소실)

14 정답 ④

정답 해설

④ 15~16세기 중세국어에서는 주격조사를 대체로 이, ㅣ, ∅로 썼다. '이'는 현대국어처럼 주어가 자음으로 끝날 때 사용되었으며 'ㅣ'는 주어가 'ㅣ' 외의 모음으로 끝날 때 사용되었다. 현대국어에서는 이 경우에 '가'의 형태를 쓴

다. 마지막 ∅는 표기 자체를 않는다는 의미로 체언이 'ㅣ'로 끝났을 때 사용했으며, 제로 주격 조사라고 부르기도 한다.
부사격조사는 선행 체언으로 하여금 '처소, 도구, 비교' 따위의 여러 가지 의미를 나타나게 한다. 처소는 도착점과 출발점으로 나누어진다. 도착점을 표시하는 부사격조사로는 '애/에/예'가 있었다. 체언이 양성모음이면 '애', 음성모음이며 '에'가 결합하였고, 체언이 '이'나 'ㅣ'로 끝나면 '예'가 결합하였다.

선택지 해설

① 연철 표기가 정착되었다.
② 판정 의문문을 만드는 의문형 어미 '- 니잇가'와 설명 의문문을 만드는 의문형 어미 '- 니잇고'가 있었다.
  ▶ 의문형어미의 구별
  - 판정의문문: 선어말어미 '~ 가' 사용: 편안한가 못한가
  - 설명의문문: 선어말어미 '~ 고' 사용: 엇던한고
  - 2인칭 의문문: '~ ㄴ다' 사용: 네 어디 가난다
③ 높임의 호격조사는 높이는 인물에 대해서 '하'를 붙인다. '임금하, 세존하, 달하' 이런 식을 사용하였다.

15 정답 ③

정답 해설

제시문에 '뿌메'에서 어두자음군이 사용되었음을 확인할 수 있다.

16 정답 ④

정답 해설

나. 초성자의 기본자는 'ㄱ, ㄴ, ㅁ, ㅅ, ㅇ'이다.
다. 중성자의 기본자인 모음은 天地人의 모양을 본따서 •, ㅡ, ㅣ 3글자를 기본으로 만들었다.
마. 병서법(竝書法) 둘 또는 그 이상의 자음을 합쳐 쓸 때는 옆으로 나란히 쓰는 규정
  1) 각자병서(各自竝書; 同字竝書): 같은 자음을 두 번 반복해서 좌우(左右)로 나란히 쓰는 법.
    ㄲ, ㄸ, ㅃ, ㅆ, ㅉ, ㆅ(간혹 ㅥ ㆀ)
  2) 합용병서(合用竝書; 異字竝書): 서로 다른 자음을 두 번 반복해서 좌우로 나란히 쓰는 법.
    - 이중 병서(二重竝書)
      ① ㅂ계: ㅲ, ㅳ, ㅄ, ㅶ, ㅷ
      ② ㅅ계: ㅺ, ㅼ, ㅽ, ㅆ, ㅾ
    - 삼중 병서(三重竝書): ㅴ, ㅵ

선택지 해설

가. 훈민정음 28자를 연구·창제하고 3년 동안 다듬고 실제로 써본 후, 1446년 음력 9월에 이를 반포하였다.
라. 종성은 표기할 때 초성과 별개의 글자를 사용하지 않는다고해서 종성부용초성이라고 한다.

17 정답 ④

정답 해설

孟밍子즈(모음) + ㅣ, 사룸(자음) + 이, 道도(모음) + ㅣ

18 정답 ②

정답 해설

- 가획의 원리: 상형한 기본자에 획을 하나씩 더해서 글자를 만듦.
  ㄱ→ㅋ, ㄴ→ㄷ→ㅌ, ㅁ→ㅂ→ㅍ,
  ㅅ→ㅈ→ㅊ, ㅇ→ㆆ→ㅎ

선택지 해설

① 상형의 원리: 발음 기관의 모양을 본떴다.
  ㄱ, ㄴ, ㅁ, ㅅ, ㅇ
③ 종성부용초성 : 종성은 초성을 다시 쓴다.
  8종성(ㄱ, ㄴ, ㄷ, ㄹ, ㅁ, ㅂ, ㅅ)
④ 상형의 원리: 기본자 '·, ㅡ, ㅣ'는 천지인 삼재(天地人三才)를 본떴다.

PART 2   어문 규정

THEME 1 한글 맞춤법

01	④	02	①	03	③	04	③	05	②
06	②	07	②	08	②	09	③	10	②
11	④	12	②	13	③	14	③	15	③
16	①	17	③	18	②	19	④	20	③
21	②	22	②	23	④	24	④	25	④
26	④	27	③	28	②	29	④	30	②
31	④	32	②						

01 정답 ④

정답 해설

'인사말, 예사말'은 사이시옷을 쓰지 않는다.

선택지 해설

① 한자어 '최대'와 순우리말 '값'이 결합된 합성어로, 뒷말의 첫소리가 된소리로 나므로 사이시옷을 넣어서 표기한다.
② 한자어 '전세'와 순우리말 '집'이 결합된 합성어로, 뒷말의 첫소리가 된소리로 나므로 사이시옷을 넣어서 표기한다. '셋방'은 사이시옷을 쓰는 한자어의 예이다.
③ 한자어와 고유어가 결합된 합성어로 '예삿일', '등굣길'로 표기한다.

02 정답 ①

정답 해설

두 단어는 모두 순우리말로 된 합성어이다.

선택지 해설

② '방앗간'과 '대푯값'은 순우리말과 한자어의 결합이다.
③ '숫자'는 한자어로 된 합성어로 사이시옷이 적용되는 단어이다. '뒷일'은 순우리말로 된 합성어이다.
④ '나뭇잎'은 순우리말로 된 합성어이지만, '찻잔'은 순우리말과 한자어의 결합이다.

03 정답 ③

정답 해설

'서슴하다'라는 말이 없이 '서슴다.'가 하나의 단어이므로 서슴 + 지 = '서슴지'가 옳은 표현이다.

선택지 해설

① 어간의 끝음절 '하'의 'ㅏ'가 줄고 'ㅎ'이 다음 음절의 첫소리와 어울려 거센소리로 될 때는 거센소리로 적는다.
②, ④ 어간의 끝음절 '하'가 아주 줄어들면 줄어든 대로 적는다.

04 정답 ③

정답 해설

'거칠은'은 '거친'의 잘못된 표현이다.
거칠 + ㄴ=거친('ㄹ'탈락)

선택지 해설

① 닦달하다: 윽박질러 혼을 내다.
② 가깝 + 아 = 가까워('ㅂ'불규칙)
④ 까무러치다: 정신이 가물가물하다 '가무러지다'보다 센 말

05 정답 ②

정답 해설

'-로써'는 도구나 수단을 나타내는 말로, 시련을 이겨낼 수 있는 도구나 수단이 신념과 용기라는 것을 드러내고 있다.

선택지 해설

① 선배의 신분으로 하는 말이라는 의미이므로 '선배로서'라고 써야 한다.
③ '산실'은 어떤 일을 이루어 내는 곳이라는 의미로 자격을 의미하는 '로서'를 써야 한다.
④ 어떤 동작이 일어나거나 시작되는 곳을 나타내는 격조사로 '으로서'를 써야 한다.

06 정답 ②

정답 해설

과거 경험을 말할 때는 '-데(-더라)'를 써야 한다.

선택지 해설

①,③ '~대'는 내가 경험한 것이 아니라 남에게 들은 말을 전달할 때 쓰인다. '~다고 해'로 바꾸어 쓸 수 있다.
④ '것이었는데'의 준말로, '-는데'라는 어미가 앞말에 붙은 것이다.

07 정답 ②

정답 해설

'되다'는 '-어' 등이 어울려 '돼'로 될 때는 줄어든 대로 적어야 하므로, '돼요'라고 적어야 한다.

선택지 해설

① 뵈 + 어 + 요
③ '푸다'는 어간 모음 'ㅜ'가 탈락하므로 '펐다'로 적는다.
④ 괴 + 었 + 다 = 괬다

08 정답 ②

정답 해설

'-하다'가 붙는 어근 뒤에서 '-이'나 '-히'로 발음나면 ('-하다' 용언 어간 받침이 'ㅅ'과 일부 'ㅓ'이 아니면 부사화 접미사 '-히'를 적는다.) '히'로 적는다. 따라서 '말끔히'가 올바른 표기이다.

선택지 해설

① '-하다' 용언 어간이 'ㅅ' 받침일 때는 '이'로 적는다. 따라서 '깨끗이'가 올바른 표기이다.
③,④ 첩어 등의 명사 뒤에서는 '이'로 적는다. 따라서 '틈틈이', '번번이'가 올바른 표기이다.

09 정답 ③

정답 해설

'전부, 그대로'를 뜻하는 접미사 '-째'가 결합된 것이므로 붙여 쓰는 것이 옳다.

선택지 해설

① '고기'와 '집'이 결합된 합성어로, 뒷말 첫소리가 된소리로 발음되기 때문에 사이시옷을 넣어야 한다. '고깃집'이 올바른 표기이다.
② 한자어 '렬, 률'은 모음이나 'ㄴ' 받침 뒤에 오면 '열, 율'로 적는다. '선율'이 올바른 표기이다.
④ 어근이 부사이므로 부사화 접미사 '-이'를 붙인다. '곰곰이'가 올바른 표기이다.

10 정답 ③

정답 해설

'원만하지 않고 별스러워 맞춰 주기에 어려운 데가 있다'는 뜻의 '가탈스럽다'는 올바른 표기이다.
*까다롭다(○)/까탈스럽다(○)/가탈스럽다(○)

선택지 해설

① '안절부절못하며'가 올바른 표기이다.
② '부리나케'가 올바른 표기이다.
④ '오랫동안'이 올바른 표기이다(오래 + ㅅ + 동안).

11 정답 ④

정답 해설

'불을 댕기다'(불을 붙게 하다.)로 써야 한다.
당기다는 사물이나 물체를 당기는 것이다.

선택지 해설

① '상태를 유지하되, 이는 곳에서 떠나지 않고 머물다'의 뜻은 '있느냐'를 써야 한다.
② 논밭을 이용하여 농사를 짓다.
③ '줄다'의 사동사. 줄게 하다.

12 정답 ②

정답 해설

㉠ 늘리다. → '늘이다'는 자동사 '늘다'(양이나 길이가 더 커지다.)에 사동 접미사 '-이-'가 결합한 것이다. 이 단어는 어떤 물건의 길이를 길게 하다는 뜻을 표현한다.
㉢ 늘려 → 늘여, '늘이다'는 '(무엇을) 본디보다 더 길게 하다'의 뜻이다.

선택지 해설
ⓒ, ⓔ은 옳은 표현이다. '늘다'의 사동사(분량을 많아지게 하다.)

13 정답 ③
정답 해설
'뻗히다'는 오므렸던 것이 펴지다. '뻗다'의 피동사이다. 팔이 저려서 잘 (뻗히지) 않는다.

선택지 해설
'뻗치다'는 '뻗다'에 강조를 나타내는 접미사 '-치-'가 붙은 것이다.
'세게 뻗다', '이쪽 끝에서 저쪽 끝까지 닿다, 멀리 이르러 닿다'의 뜻으로 '뻗치다'가 바른 표현이다.
① 뻗치는 ② 뻗치다 ④ 뻗쳐

14 정답 ③
정답 해설
③ '얼굴'을 속되게 이르는 말(상 + 판대기).

선택지 해설
① 「1」 두 사물의 끝이 맞닿은 자리.
¶ 눈두덩과 광대뼈 어름에 시커먼 멍이 들었다. / 바닷물과 갯벌이 맞물려 있는 어름에 그물이 설치되어 있었다.
② '널빤지'가 바른 표기이다.
④ '널따랗게'가 바른 표기이다.
겹받침의 끝소리가 발음나지 않을 때는 소리대로 표기해야 한다.

15 정답 ③
정답 해설
'띠다'는 '물건을 지니다', '용무, 직책, 사명 따위를 맡아 지니다', '빛깔이나 색채 따위를 가지다', '감정, 표정, 기운 따위를 조금 나타내다', '어떤 성질을 일정하게 나타내다'의 뜻이다.
'띄우다'는 '공간적으로나 시간적으로 사이가 떨어지게 하다', '편지, 소포따위를 보내다', '물, 공중 따위에 뜨게 하다'의 뜻일 때 쓴다. 따라서 '띄워'로 써야 한다.

선택지 해설
① 누이어 / 뉘어 / 누여
한글 맞춤법 제38항
'ㅏ, ㅗ, ㅜ, ㅡ' 뒤에 '-이어'가 어울려 줄어질 적에는 준 대로 적는다.
② 쑤었다 / 쒔다
한글 맞춤법 제35항
모음 'ㅗ, ㅜ'로 끝난 어간에 '-아 / -어, -았- / -었-'이 어울려 'ㅘ / ㅝ'로 될 적에는 준 대로 적는다.
④ 괴었다 / 괬다
한글 맞춤법 제35항 [붙임 2]
[붙임 2] 'ㅚ' 뒤에 '-어, -었-'이 어울려 될 적에도 준 대로 적는다.

16 정답 ①
정답 해설
• 싹뚝 → 싹둑
한 단어 안에서 뚜렷한 까닭 없이 나는 된소리는 다음 음절의 첫소리를 된소리로 적는다.
다만, 'ㄱ, ㅂ' 받침 뒤에서 나는 된소리는 같은 음절이나 비슷한 음절이 겹쳐 나는 경우가 아니면 된소리로 적지 않는다.

선택지 해설
② 끝소리가 ㄹ인 말과 딴 말이 어울릴 적에 ㄹ 소리가 나지 아니하는 것은 아니 나는 대로 적음
③, ④ '겹쳐 나는 소리'는 한 단어 안에서 같은 음절 또는 비슷한 음절이 되풀이되어 나타나는 소리를 말한다.

17 정답 ③
정답 해설
삭히다'는 '발효시키다'의 뜻이다.

선택지 해설
① '바짝 끓여서 양념이 배어들게 하다' → 조렸다.
② '마음을 가라앉히다' → 삭이고
④ '찌개, 국 따위의 물을 증발시켜 분량을 적어지게 하다' → 졸였다.

18 정답 ②
정답 해설
굽돌이 → '굽도리'로 적는다. (방 안 벽의 밑부분)
제19항 어간에 '-이'나 '-음 / -ㅁ'이 붙어서 명사로 된 것과 '-이'나 '-히'가 붙어서 부사로 된 것은 그 어간의 원형을 밝히어 적는다.
다만, 어간에 '-이'나 '-음'이 붙어서 명사로 바뀐 것이라도 그 어간의 뜻과 멀어진 것은 원형을 밝히어 적지 아니한다.

선택지 해설
① 제20항 명사 뒤에 '-이'가 붙어서 된 말은 그 명사의 원형을 밝히어 적는다.
③ 다만, 어간에 '-이'나 '-음'이 붙어서 명사로 바뀐 것이라도 그 어간의 뜻과 멀어진 것은 원형을 밝히어 적지 아니한다: 무녀리(말이나 행동이 모자란 사람)
④ [붙임] '-이' 이외의 모음으로 시작된 접미사가 붙어서 된 말은 그 명사의 원형을 밝히어 적지 아니한다.

19 정답 ④
정답 해설
두 말이 어울릴 적에 'ㅂ' 소리가 덧나는 경우이다.
(해 + ㅂ + 쌀 → 햅쌀)

선택지 해설
① 제29항: 끝소리가 'ㄹ'인 말과 딴 말이 어울릴 적에 'ㄹ' 소리가 'ㄷ' 소리로

나는 것은 'ㄷ'으로 적는다.(잘 + 다랗 = 잗다랗)
② 제31항: 두 말이 어울릴 적에 'ㅂ' 소리나 'ㅎ' 소리가 덧나는 것은 소리대로 적는다.(안ㅎ + 밖 = 안팎)
③ '반짇고리, 사흗날, 숟가락, 이튿날'처럼 'ㄹ' 소리와 연관되어 'ㄷ'으로 소리 나는 경우에 'ㄷ'으로 적는다.(바느질 + 고리 = 반짇고리)

20　　　　　　　　　　　　　　　　　　　정답 ③

정답 해설

끝소리가 'ㄹ'인 말과 딴 말이 어울릴 때 'ㄹ' 소리를 적지 아니하다.(불 + 삽 → 부삽)

선택지 해설

① 제29항 끝소리가 'ㄹ'인 말과 딴 말이 어울릴 적에 'ㄹ' 소리가 'ㄷ' 소리로 나는 것은 'ㄷ'으로 적는다.(바느질 + 고리 → 반짇고리)
② 제29항 (풀 + 소 → 푿소)
④ 제31항 두 말이 어울릴 적에 'ㅂ' 소리나 'ㅎ' 소리가 덧나는 것은 소리대로 적는다.(살ㅎ + 고기 → 살코기)

21　　　　　　　　　　　　　　　　　　　정답 ②

정답 해설

'육천육백육십육'으로 적어야 한다. 두음 법칙 [붙임 5] 수를 나타내는 '육'은 '십육(十六), 육육삼십육(6 × 6 = 36)'처럼 두음 법칙에 따라 적는다.

선택지 해설

① 합성어나 파생어에서도 어근의 첫 자리는 두음 법칙을 적용한다.
③ '연년 + 생'이므로 '연년생'으로 표기한다.
④ 두음 법칙에 따라 '몰염치'로 적기도 하고 관용으로 '파렴치'로 적기도 한다.

22　　　　　　　　　　　　　　　　　　　정답 ②

정답 해설

2음절의 '랭'은 두음의 자리(어두의 자리)가 아니라서 한자 본음으로 적은 것이다. '冷冷'은 '냉랭'과 같이 적어야 한다.(한글 맞춤법 제10항 붙임 1).

선택지 해설

① '늙 + 으막'으로 만들어지니까, 한글맞춤법 19항의 붙임에 따라서 '늘그막'으로 적는다.
④ '예상이나 기대 또는 일반적인 생각과는 반대되거나 다르게'라는 뜻을 나타내는 '도리어'의 준말로, 표준어는 '되레'이다.

23　　　　　　　　　　　　　　　　　　　정답 ④

정답 해설

㉠ '- 으로써'는 수단과 방법 뒤에 쓴다.

선택지 해설

㉡ '~다고 해'의 준말인 '대'를 써야 한다. '- 데'는 '하게' 할 자리에 쓰이어 경험한 지난 일을 돌이켜 말할 때 쓰는, 곧 회상을 나타내는 종결어미이다.

㉢ 마침표(.)로 끝날 경우는 '- 오'를 쓰고, 쉼표(,)로 연결되어 있을 경우는 '~ 이요'를 쓴다.

24　　　　　　　　　　　　　　　　　　　정답 ④

정답 해설

- 데: '~ 더라'의 줄임꼴로 스스로 직접 경험한 것을 전달하고자 할 때 사용한다.

선택지 해설

① 내디디 + 었 + 다 = 내디뎠다. '내딛다'는 '내디디다'의 준말이다. 따라서 본말의 어간인 '내디디 -'에 어미가 붙어 활용한다. '내디디'에 어미 '- 어'가 결합하면, '이어'가 줄어 '내디뎌'가 된다. 준말 '내딛다'는 모음어미와 결합할 수 없다.
② '아니(다)'에 어미 '- 어(에)요'가 붙은 말은 '아니어(에)요'라고 써야 한다. '아니예요'와 '아니요'는 바르지 않다.
아니에요(○)/아녜요(○), 아니어요(○)/아녀요(○)
③ '- 이에요'는 받침 있는 단어 뒤에 붙여 쓰고, '- 이에요'의 준말인 '- 예요'는 받침 없는 단어 뒤에 붙여 쓴다.
국어책이에요(○)/국어책이어요(○)

25　　　　　　　　　　　　　　　　　　　정답 ④

정답 해설

'쐬 + 어 = 쐐'로 줄어든다.

선택지 해설

① 기본형: 파이다. → 준말: 패다.
　기본형: 파이 + 었다: 파였다. → 준말: 패 + 었다: '패었다.'이다.
② '흐리거나 궂은 날씨가 맑아지다'는 뜻의 동사는 '개다'이다. 개 + ㄴ = 갠
③ 어간의 끝음절 모음이 'ㅏ, ㅗ'일 때는 어미를 '- 아'로 적고, 그 밖의 모음일 때는 '- 어'로 적는다. '본떠서'가 맞다. 본뜨 + 어서 = 본떠서('ㅡ' 탈락)

26　　　　　　　　　　　　　　　　　　　정답 ④

정답 해설

'희망을 붙이고'로 써야 한다.
'가까이 대다'는 원형대로 '붙이다'를 적는다.
'부치다'에는 다음과 같은 의미가 있다.
① 모자라거나 미치지 못하다.
② 편지나 물건 따위를 상대에게 보내다.
③ 논밭을 이용하여 농사를 짓는.
④ 프라이팬 따위에 기름을 바르고 빈대떡 따위의 음식을 만들다.
⑤ 어떤 행사나 특별한 날에 즈음하여 어떤 의견을 나타내다.
⑥ 어떤 문제를 다른 곳이나 다른 기회로 넘기어 맡기다.
⑦ 원고를 인쇄에 넘기다.
⑧ 먹고 자는 일을 제집이 아닌 다른 곳에서 하다.

27 정답 ③

정답 해설

뜨더귀(← 뜯- + -어귀)
[붙임] '-이'
'-음'이 아닌 모음으로 시작하는 접미사가 결합한 경우에는 어간의 원형을 밝혀 적지 않는다. 이러한 접미사는 결합하는 어간이 제약되어 있고 더 이상 새로운 말도 만들어 내지 못한다.
*명사로 된 것
① 실없이: '-이'가 붙어서 부사로 된 것. 원형을 밝혀 적는다.
② 벼훑이: '-이'가 붙어서 명사로 된 것. 원형을 밝혀 적는다.
④ 너머(← 넘- + -어): '너머'는 '넘다'에서 온 말이지만 명사로 굳어진 것으로 '넘다'의 활용형 '넘어'와는 구별된다.

28 정답 ②

정답 해설

② 'ㄴ'이나 모음 뒤에서는 '열', '율'이고 그 외에는 '렬', '률'을 쓴다. 그리고 '고랭 + 지'이므로 두음 법칙을 적용하지 않는다.

선택지 해설

① 쌍용 ← 쌍룡
③ 백분율 → 백분율
　동구능 → 동구릉
④ 연리율 → 연이율

29 정답 ④

정답 해설

ㄹ · 발음 [널찌카다]
'넓직'의 어간 '넓-'의 겹받침 'ㄼ'이 [ㄹ]로 발음되고 'ㅂ'은 발음되지 않으므로(→ 겹받침의 끝소리('ㅂ')가 드러나지 않으므로) 소리대로 적는다.
→ 표기 '널찍하다'(○)
· 발음 [넙쩌카다]
'넓적'의 어간 '넓-'의 겹받침 'ㄼ'이 [ㅂ]으로 발음되므로(→ 겹받침의 끝소리('ㅂ')가 드러나므로) 어간의 원형을 밝혀 적는다.
→ 표기 '넓적하다'(○)이다.

30 정답 ②

정답 해설

㉠ 아니예요.(×)
'아니(다)'에 어미 '-어(에)요'가 붙은 말은 '아니어(에)요'라고 써야 한다.
㉡ 깃들일(○) '깃들다'와 '깃들이다'는 사용하는 경우가 다르다. '봄기운이 깃들다', '미소가 깃들다'처럼 '깃들다'는 '어떤 것이 아늑하게 서리거나 감정, 생각들이 어리거나 스미다'라는 의미를 갖는다.
이와 달리 '깃들이다'는 "새가 나무에 깃들였다.", "우리 명산에는 곳곳에 사찰이 깃들여 있다."처럼 '조류가 보금자리를 만들어 살거나 사람이나 건물 등이 자리 잡다'라는 것을 의미한다.

㉢ 부숴지고(×)
'부서진'은 동사 '부서지다'에서 왔기 때문에 '부서지고, 부서져'와 같이 써야 한다. 이 말을 동사 '부수다'와 관련지어 '부숴지다'로 잘못 알고 '부숴진(×), 부숴지고(×), 부숴져서(×)'로 표기하기도 하는데 이것들은 틀린 표기이므로 주의해야 한다.
㉣ 내딛은 (×)
'내딛다'는 '내디디다'의 준말이다. 준말은 모음 어미가 결합할 수 없다. '내디디'에 어미 '-어'가 결합하면, '이어'가 줄어 '내디뎌'가 된다.
㉤ 하노라고(○) '하노라고'는 동사 '하다'의 어간 '하'와 어미 '노라고'가 결합된 형태이다. "나도 하노라고 한 것인데 도움이 안 됐네."처럼 '하노라고'는 자기 나름대로 꽤 노력했음을 표현한다.
이와 달리 '하느라고'는 '하다'의 어간 '하'에 어미 '느라고'가 결합된 형태이다. "어제 시험공부를 하느라고 밤을 새웠어."처럼, '하느라고'는 앞말이 뒷말의 목적이나 원인이 됨을 나타낸다.
㉥ 비어져(○)(←비어지어(비어져))
'숨기거나 참거나 하던 일이 드러나다.'는 뜻으로 쓰인다.

31 정답 ④

정답 해설

준말은 모음 어미를 결합할 수 없다.
가지다> 갖다
가지어> 가져(○) / 갖어(×)

선택지 해설

① 붇다: 붇+기 → 붇기 / 붇+어 → 불어
② 담그다: 담그+아 → 담가
③ 눋다: 눋+지 → 눋지 / 눋+어 → 눌어

32 정답 ②

정답 해설

준말은 모음 어미를 결합할 수 없다.
서투르다> 서툴다
서투르+어 → 서툴러(○) / 서툴+어 → 서툴어(×)

선택지 해설

① 머무르+었+다 → 머물렀다
③ 널따랗+은 → 널따란
④ '넓적하다'가 기본형이다.

THEME 2 표준어

01	③	02	①	03	②	04	④	05	④
06	③	07	②	08	④	09	①	10	①
11	②	12	④	13	②	14	②		

01 정답 ③

정답 해설

수컷을 이르는 접두사는 '수 – '로 통일하므로 '수놈'이 표준어이다.

선택지 해설

① '끄나불'은 거센소리를 가진 형태가 표준어이므로 '끄나풀'이 표준어이다.
② '삭월세'는 어원에서 멀어진 형태로 굳어져서 널리 쓰이는 것이 표준어이므로 '사글세'가 표준어이다.
④ '깡총깡총'은 양성 모음이 음성 모음으로 바뀌어 굳어진 단어가 표준어이므로 '깡충깡충'이 표준어이다.

02 정답 ①

정답 해설

② '허드래'는 '허드레'가 표준어이다.
③ '지리하다'는 '지루하다'가 표준어이다.
④ '웃도리'는 '윗도리'가 표준어이다.

03 정답 ②

정답 해설

'우렁쉥이'는 '멍게'와 둘다 표준어이다.

선택지 해설

① '개다리밥상'은 '개다리소반'이 표준어이다.
③ '애닯다'는 '애달프다'가 표준어이다.
④ '봉숭아' 또는 '봉선화'가 표준어이다.

04 정답 ④

정답 해설

'여태껏'의 의미로 '여직껏'을 쓰는 경우가 있으나 '여태껏'만 표준어로 삼는다.

05 정답 ④

정답 해설

표준어 규정 2장 4절 17항
'께림칙하다'는 표준어가 아니다.
꺼림직하다(○), 께름직하다(○)
꺼림칙하다(○), 께름칙하다(○)

06 정답 ③

정답 해설

'재산을 탕진하다'는 '털어먹다'가 표준어이다.

07 정답 ②

정답 해설

'놀잇감'이 바른 표기이다.

08 정답 ④

정답 해설

아등바등 – 무엇을 이루려고 애를 쓰거나 우겨 대는 모양. '아둥바둥'은 비표준어이다.

09 정답 ①

정답 해설

'애닲다'는 사어(死語)로, '애달프다'로 써야 옳다. 표준어 규정 제20항을 보면, 사어(死語)가 되어 쓰이지 않게 된 단어는 고어(古語)로 처리하고, 널리 사용되는 단어를 표준어로 삼는다고 하였다.

10 정답 ①

정답 해설

표준어 규정 2장 4절 17항
'쩨쩨하다'의 의미로 '째째하다'를 쓰는 경우가 있으나 '쩨쩨하다'만 표준어로 삼는다.

선택지 해설

② '웬일'이 맞다. '웬일'의 '웬'은 '어찌 된, 어떠한'의 뜻이다. 따라서 '웬일'이 맞고 '왠일(×)'은 잘못된 표기이다.
③ '불거지다' 가 맞다.
　1. 물체의 거죽으로 둥글게 툭 비어져 나오다.
　2. 어떤 사물이나 현상이 두드러지게 커지거나 갑자기 생겨나다.
④ '일정한 형식이나 이론, 또는 남의 말이나 글 따위를 취하여 따르다.'의 뜻을 나타내는 '빌리다'를 쓰는 것이 맞다.

11 정답 ②

정답 해설

· 눈곱: 된소리로 발음되어도 예사소리로 표기한다.
· 께름하다: '께름하다'와 '꺼림하다'는 복수 표준어이다.
· 흉측하다 : '흉측하다'는 '흉악망측(凶惡罔測)하다'가 줄어든 말이다. 여기서 '망(罔)'은 '없다'는 뜻이고, '측(測)'은 '재다, 헤아리다'의 의미다. 해석하면 '얼마나 흉악한지 헤아릴 수 없다', 즉 '몹시 흉악하다'라는 말이 된다.

선택지 해설

① 객쩍다: '행동이나 말, 생각이 쓸데없고 싱겁다'를 의미하는 단어는 '객쩍다'이다.

③ 치다꺼리: '남을 도와 바라지를 하거나 또는 그 일'을 뜻할 때 '치다꺼리'가 올바른 단어이다.
④ 마늘종

12　정답 ④

정답 해설

'곳감'은 옛날 표현이다. '곶감'이 바른 표현이다.

선택지 해설

① '상치'는 '상추'의 비표준어이다.
② 표준어 규정 2장 4절 17항 '설렁탕'의 의미로 '설농탕'을 쓰는 경우가 있으나 '설렁탕'이 널리 쓰이므로 '설렁탕'만 표준어로 삼는다.
③ '찌개'가 맞는 표기이고 '찌게(X)'는 잘못된 표기이다.

13　정답 ②

정답 해설

표준어 규정 제1부 제3장 제4절 제25항에 따라 의미가 똑같은 형태가 몇 가지 있을 경우, 그중 어느 하나가 압도적으로 널리 쓰이면 그 단어만을 표준어로 삼는다. '쪽밤(×)'은 표준어가 아니다.

14　정답 ②

정답 해설

'좀체로'는 표준어가 아니다.
→ 좀처럼(○), 좀체(○)

THEME 3　띄어쓰기

01	②	02	③	03	②	04	③	05	①
06	①	07	②	08	③	09	④	10	②
11	①	12	②	13	③	14	②	15	④
16	④	17	②	18	④	19	④	20	③

01　정답 ②

정답 해설

'만큼'은 조사로 사용되었으므로 붙여서 써야 한다.

선택지 해설

① '벌'은 단위를 나타내는 의존 명사이므로 띄어 써야 한다.
③ '대로'는 용언의 관형사형 뒤에서는 의존 명사이므로 띄어 써야 한다.
④ '수'는 용언의 관형사형 뒤에서는 의존 명사이므로 띄어 쓰고, '밖에'는 '그것 말고는', '그것 이외에는', '기꺼이 받아들이는', '피할 수 없는' 등의 의미를 나타내는 보조사이므로 붙여 써야 한다.

02　정답 ③

정답 해설

'지'는 시간이 흘렀음을 의미하는 의존 명사이므로 '떠난 지'라고 써야 한다.

선택지 해설

① 단음절로 된 단어가 연이어 나타날 적에는 붙여 쓸 수 있으므로 '한잎'과 '두잎'은 붙여 쓸 수 있다.
② 조사는 앞말에 붙여 쓰므로 조사인 '부터'는 앞말에 붙여 쓴다.
④ 조사는 앞말에 붙여 쓰므로 조사인 '는'과 '커녕'은 앞말에 붙여 쓴다.

03　정답 ②

정답 해설

'만'은 경과한 시간이나 횟수를 나타내는 경우에는 의존 명사이므로 띄어 쓰는 것이 옳다.

선택지 해설

① '대로'는 용언의 관형사형 뒤에서는 의존 명사이므로 띄어 쓴다.
③ '부부간'은 한 단어로 굳어진 것이므로 붙여 쓴다.
④ '한밤중'은 한 단어로 굳어진 것이므로 붙여 쓴다.

04　정답 ③

정답 해설

③ 한글 맞춤법 제43항의 예에서는 연월일을 함께 쓴 구성이므로, '이천십팔년 오 월 이십 일'처럼 띄어 쓰는 것이 원칙이되 '이천십팔년 오월 이십일'처럼 붙여 씀을 허용한다. '제일차'도 원칙은 띄어쓰지만 붙여씀을 허용한다.

선택지 해설

① 꺼져∨간다.(원칙)
　제47항 보조 용언은 띄어 씀을 원칙으로 하되, 경우에 따라 붙여 씀도 허용한다
② 한국∨대학교(원칙)
　제49항 성명 이외의 고유명사는 단어별로 띄어 씀을 원칙으로 하되, 단위별로 띄어 쓸 수 있다.
④ '못되다'가 '버릇없이 자라서 되어 먹지 못하다.'라는 의미로 사용될 때에는 붙여 쓴다.
조사는 앞말에 붙여 쓰므로, 조사인 '-처럼'은 앞말에 붙여 쓴다.

05　정답 ①

정답 해설

→ 떠내려가 버렸다.
본 용언이 합성어이면 보조용언과 띄어써야 한다.

선택지 해설

② 반드시 붙여 쓴다.
③ 제45항 두 말을 이어 주거나 열거할 적에 쓰이는 다음의 말들은 띄어 쓴다.(겸)
④ 제42항 의존 명사는 띄어 쓴다.(것)

06 정답 ①

정답 해설

벌(단위명사): 제43항 단위를 나타내는 명사는 띄어 쓴다.

선택지 해설

② 밖에: 내게는 오직 너밖에 없다.(조사)
   그 밖에도 내가 쉴 수 있는 자연(의존명사)
③ '-보다', '는'은 조사이므로 붙여 써야 한다.
④ 여기', '저기', '거기'를 글말투로 표현한 '이곳', '저곳', '그곳'은 각각 지시 대명사에 명사가 결합한 말이지만 한 단어로 굳어진 표현이므로 붙여 쓴다.
   내지(乃至): (수량을 나타내는 말들 사이에 쓰여) '얼마에서 얼마까지'의 뜻을 나타내는 부사이다.

07 정답 ②

정답 해설

㉠ 여기에서부터: 조사가 둘 이상 겹쳐지는 경우 붙여쓴다.
㉢ 한번: '한번'은 띄어 쓰는 경우와 붙여 쓰는 경우가 있다. '번(番)'이 차례나 일의 횟수를 나타내는 의존 명사로 쓰인 경우에는 '한 번, 두 번, 세 번......' 등과 같이 띄어서 써야 한다. 그러나 '한번'이 "한번 해 보다", "한번 엎지른 물은 다시 주워 담지 못한다", '한 번'과는 다른 의미로 쓰일 때는 하나의 단어이므로 붙여 써야 한다.
㉤ ㄹ지: 시간의 경과가 아닐 때는 어미이므로 붙여쓴다.

선택지 해설

㉡ 때문: [의존명사] 어떤 일의 원인이나 까닭을 의미하므로 띄어 쓴다.
㉣ 삼 년 만: 만(의존명사): 동안이 얼마간 계속되었음을 나타내므로 띄어 쓴다.

08 정답 ③

정답 해설

'만큼'은 의존명사이므로 앞에 있는 수식어와 띄어 써야 한다.

선택지 해설

① '그것만이고 더는 없음' 또는 '오직 그렇게 하거나 그러하다는 것'을 나타내는 보조사는 붙여 쓴다.
② 의존명사인 이떤 모양이나 상태의 같이는 띄어 쓴다.
④ 어느 것을 한정함을 나타내는 보조사로 붙여쓴다.

09 정답 ④

정답 해설

숫자 다음의 '개년, 개월, 년간'은 띄어 쓴다.

선택지 해설

①, ② 수 관형사 뒤에 단위 명사가 붙어서 차례를 나타내는 경우에는 앞말과 붙여 쓸 수 있도록 하였다.
   제일 편(원칙) / 제일편(허용)
   일 학년(원칙) / 일학년(허용)
③ 또 연월일, 시각 등도 붙여 쓸 수 있는데, 차례나 순서 개념을 나타내기 때문이다.
   이천십팔 년 오 월 이십 일(원칙) / 이천십팔년 오월 이십일(허용)

10 정답 ②

정답 해설

② 올 듯하다(원칙) / 올듯하다(허용)

선택지 해설

① '만하다' 앞에 체언이 오는 수가 있다. 이 경우에 '만하다'는 하나의 단위가 아니라 보조사 '만'과 용언 '하다'로 나누어진다. 따라서 이때의 '만'은 앞말에 붙여 쓰고 '하다'는 띄어 써야 한다. 이에 따르면 '쥐방울만 한 녀석'처럼 띄어 써야 한다.
③, ④ 제45항 두 말을 이어 주거나 열거할 적에 쓰이는 다음의 말들은 띄어 쓴다. 위원장 및 위원들 / ~복숭아 등속

11 정답 ①

정답 해설

① '중': '여럿의 가운데(1), 무엇을 하는 동안(2), 어떤 상태에 있는 동안(3), 어떤시간의 한계를 넘지 않는 동안(4), 안이나 속(5)'의 의미일 경우 띄어 쓴다.

선택지 해설

② 변덕이 죽 끓듯 하는구나!(O)
   '끓-'은 동사 '끓다'의 어간이기 때문에 반드시 뒤에 어미를 붙여야 한다.
③ 민호 씨는: '씨(氏)'의 경우 호칭어이므로 띄어쓴다.
④ '밖에'라는 말은 말 그대로 '바깥에'라는 해석은 띄어쓴다.(대문 밖에)

12 정답 ②

정답 해설

아는 척한다(원칙) / 아는척한다(허용)
단음절 의존명사에 '-하다 / -싶다'가 붙어 만들어진 보조용언은 본용언과 붙여 쓸 수 있다.

선택지 해설

① 샛별 같은: 비교나 비유의 뜻으로 쓰이거나, 어떤 기준을 나타내는 '같은'은 형용사이므로 앞의 말과 띄어 써야 한다.
③ '-는데'는 어미이므로 붙여쓴다.
   '못한다'는 '잘하다'의 변의어로 붙여써야 한다.
④ '으니만큼'은 어미로 앞 말과 붙여쓴나.

13 정답 ③

정답 해설

'밖에'는 '그것 말고는', '그것 이외에는', '기꺼이 받아들이는', '피할 수 없는'의 뜻을 나타내는 조사이므로 붙여 쓴다.

선택지 해설
① 우리 부: '우리 부서'를 뜻하는 말이므로 '업부 조직에서, 부서의 하나'라는 뜻의 명사 '부(部)'를 쓰는 것이 적절하다. 따라서 '우리 부'와 같이 띄어서 쓰는 것이 적절하다.
② 첫 월급: '첫'은 관형사로, '맨 처음의'라는 뜻을 가지고 있다. '첫'이 관형사이고 뒤의 것은 명사이기 때문에 띄어 쓴다
④ 오늘 자: '오늘'도 명사이고 '자(字)'도 명사이므로 '오늘 자'로 띄어 써야 한다.

14 정답 ②

정답 해설
다만, 성과 이름, 성과 호를 분명히 구분할 필요가 있을 경우에는 띄어 쓸 수 있다. 남궁억 / 남궁 억

선택지 해설
① 이윤주 씨: 성과 이름, 성과 호 등은 붙여 쓰고, 이에 덧붙는 호칭어, 관직명 등은 띄어 쓴다.
③ 계백 장군: '장군' 관직명은 띄어 쓴다.
④ 이충무공: 성(이)과 시호(충무공)는 붙여 써야 한다.

15 정답 ④

정답 해설
한 지도: '어떤 일이 있었던 때로부터 지금까지의 동안'을 나타내는 '지'는 의존 명사이므로 앞의 단어와 띄어 써야 한다.

선택지 해설
① '-ㄹ밖에'라는 어미가 쓰인 거니까 '떠날밖에'가 맞다.
② 어미는 단어가 아니기 때문에 앞말에 붙여 쓴다.(ㄹ뿐더러)
③ '만큼'은 용언 뒤에서 의존명사이다. 의존명사는 띄어 쓴다.

16 정답 ④

정답 해설
먹는 둥 마는 둥: '둥': 하는 듯도 하고 안 하는 듯도 한 모양을 나타내는 말. 앞말과 띄어 쓴다.

선택지 해설
① -는데: 종속적으로 이어진 문장의 서술어로 '~는데'는 종속적 연결어미 붙여 쓴다.
② 대로: 어떤 모양이나 상태와 같이. 의존명사는 띄어 쓴다.
③ 간: (('-고 -고 간에', '-거나 -거나 간에', '-든지 -든지 간에' 구성으로 쓰여)) 앞에 나열된 말가운데 어느 쪽인지를 가리지 않는다는 뜻을 나타내는 말로 의존명사는 띄어 쓴다.

17 정답 ②

정답 해설
먹었는지: '먹-(어간) + -었-(선어말 어미) + -는지(연결 어미)' 어미는 앞말에 붙여 쓴다.

선택지 해설
① 은커녕: 어떤 사실을 부정하는 것은 물론 그보다 덜하거나 못한 것까지 부정하는 뜻을 나타내는 보조사로 앞말에 붙여 쓴다.
③ 대로: 따로따로 구별됨을 나타내는 보조사로 앞말에 붙여 쓴다.
④ 그래: (('-구먼, -군'과 같은 해할 자리의 일부 종결 어미 뒤에 붙어)) 청자에게 문장의 내용을 강조함을 나타내는 보조사로 앞말에 붙여 쓴다.

18 정답 ④

정답 해설
④ '만큼'은 앞말이 용언인 경우에는 의존 명사로서 쓰인 것이고, 앞말이 체언이나 조사일 경우에는 조사로 쓰인 것이다. 이에 맞추어 의존 명사일 때에는 앞말과 띄어 써야 하며 조사일 때에는 앞말에 붙여 써야 한다.

선택지 해설
① 들었을 뿐이네: (어미 '-을' 뒤에 쓰여) 다만 어떠하거나 어찌할 따름이라는 뜻을 나타내는 말로 의존명사는 앞말과 띄어 쓴다.
실력뿐이다: '그것만이고 더는 없음' 또는 '오직 그렇게 하거나 그러하다는 것'을 나타내는 보조사이므로 앞말에 붙여 쓴다.
② 들렸던 차에: ('-던 차에', '-던 차이다' 구성으로 쓰여) 어떠한 일을 하던 기회나 순간의 의미로 의존명사이다.
사업차: '목적'의 뜻을 더하는 접미사의 경우 앞말에 붙여 쓴다.
③ 은연중에, 부재중: 자기 집이나 직장 따위에 있지 아니한 동안을 뜻하는 '부재중(不在中)'은 한 단어로 인정되므로 붙여 쓴다. '은연중에(남이 모르는 가운데)'도 한 단어이다.

19 정답 ④

정답 해설
실력 면에서는: '면(面)'은 의존명사가 아니라 명사로 사용된 것이다. 이 단어의 의미는 이 경우에 '어떤 측면이나 방면'으로 사용된 경우이다.

선택지 해설
① -하: '그것과 관련된 조건이나 환경'의 뜻을 더하는 접미사로 붙여 쓴다.
② '삼'은 관형사(수관형사), '년'은 명사(의존명사)이므로 띄어 쓴다. '-여'는 접미사로 붙여쓴다.
③ -상: '추상적인 공간에서의 한 위치'의 뜻을 더하는 접미사로 붙여 쓴다.

20 정답 ③

정답 해설
③ 책 한 권(원칙), 놓칠뻔하였다.(허용), 의존 명사 '양, 척, 체, 만, 법, 듯' 등이 '-하다'나 '-싶다'가 결합하여 된 보조 용언은 붙여 쓸 수 있다.

선택지 해설
① 상산 대학교(원칙) / 상산대학교(허용)
20 년(원칙) / 20년(허용)
② 오 층(원칙) → 오층(허용), 한 잎 두 잎(원칙) → 한잎 두잎(허용)(제46항 단음절로 된 단어가 연이어 나타날 적에는 붙여 쓸 수 있다.)
④ 놓칠 뻔하였다(원칙) / 놓칠뻔하였다(허용)
잊어 주세요(원칙) / 잊어주세요(허용)

THEME 4 표준 발음법

01	④	02	④	03	②	04	②	05	③
06	④	07	②	08	③	09	③	10	④
11	④	12	④	13	①	14	①	15	④

01 정답 ④

정답 해설

'눈멀다'는 [눈멀다]로 발음해야 한다.
단어의 첫음절에서만 긴소리가 나타나는 것을 원칙으로 한다.

02 정답 ④

정답 해설

[줄럼기 → 줄럼끼] 유음화, 된소리 현상이다.

선택지 해설

① [법니 → 범니] ②
 [석뉴 → 성뉴] ③
 [협녁 → 혐녁] 모두 비음화이다.

03 정답 ②

정답 해설

'늙지'는 [늑찌]로 발음해야 한다. 겹받침 'ㄺ'은 어말 또는 자음 앞에서 'ㄱ'으로 발음되기 때문이다.

선택지 해설

③ 용언의 어간 말음 'ㄺ'은 'ㄱ' 앞에서 'ㄹ'로 발음한다. 따라서 '맑게'는 [말께]로 발음한다.

04 정답 ②

정답 해설

'인기척'은 [인끼척]과 [인기척] 모두 표준 발음으로 인정된다.

선택지 해설

④ 표기상으로 사이시옷이 없더라도, 관형격 기능을 지니는 사이시옷이 있어야 할 합성어의 경우는 뒤 단어 첫소리를 된소리로 발음한다.

05 정답 ③

정답 해설

'감기'는 [감기]가 표준 발음이고, '입원료'는 [이붠뇨]가 표준 발음이다. (유음화 역현상) '넓죽하다'는 '넓 – 이[넙]'으로 발음되는 단어 중의 하나이므로 [넙쭈카다]가 표준 발음이다.

06 정답 ④

정답 해설

자음의 명칭 뒤에 모음으로 시작하는 형식 형태소가 결합할 때는 연음이 되는 것이 원칙이지만 자음이 정해진 당시의 현실 발음을 고려하여 [피으블]로 발음한다.(16항)

선택지 해설

① '디귿을'은 [디그슬]이 표준 발음이다.
② '지읒을'은 [지으슬]이 표준 발음이다.
③ '히읗을'은 [히으슬]이 표준 발음이다.

07 정답 ②

정답 해설

꽃망울[꼳망울] → [꼰망울] (음절의 끝소리 → 비음화)

선택지 해설

① 몫몫이[목목씨] → [몽목씨] (자음군 단순화 → 연음 → 비음화)
③ '물난리'는 유음화에 따라 [물랄리]가 표준 발음이다.
④ '공권력'은 유음화의 적용을 받지 않고 [공꿘녁]으로 발음된다.(유음화 역현상)

08 정답 ③

정답 해설

'밭을'은 '밭'이라는 실질 형태소와 '을'이라는 조사를 만나 [바틀]이라고 발음해야 한다. 구개음화가 적용되는 경우는 조사 혹은 접미사 중에서 모음 'ㅣ'와 결합될 때 적용된다.

선택지 해설

① '홑이불'은 '홑'과 '이불'이 결합된 단어로, 구개음화가 적용되지 않는다.
 홑이불[혿이불] → [혿니불] → [혼니불] (음절의 끝소리 → 'ㄴ'첨가 → 비음화)
② 구개음화가 일어나서 [끄치]로 발음된다.

09 정답 ③

정답 해설

아랫니[아랟니] → [아랜니]
(음절의 끝소리 → 비음화)

선택지 해설

①, ②, ④ 'ㅣ, ㄴ, ㅂ, ㅅ, ㅈ'으로 시작하는 단어 앞에 사이시옷이 올 때에는 이들 자음만을 된소리로 발음하는 것을 원칙으로 하되, 사이시옷을 [ㄷ]으로 발음하는 것도 허용한다.

10 정답 ④

정답 해설

ⓒ은 겹받침이 탈락한 자음군 단순화이다.

선택지 해설
① 음절의 끝소리 현상   ② 자음군 단순화   ③ 자음동화

11 정답 ④

정답 해설
④ '않은'은 제 12항의 원칙을 적용하면 않 – 은[아는]으로 발음해야 한다.

선택지 해설
① 닳 – 아서[다라서] ② 끓 – 이고[끄리고] ③ 놓 – 아 [노아] 는 제12항 관련 적용에 따라 'ㅎ'을 탈락하여 발음하지 않는다.

12 정답 ④

정답 해설
④ ㉣ 좋고[조코]는 자음 축약이 일어난 경우이다.
'ㅎ(ㄶ, ㅀ)' 뒤에 'ㄱ, ㄷ, ㅈ'이 결합되는 경우에는, 뒤 음절 첫소리와 합쳐서 [ㅋ, ㅌ, ㅊ]으로 발음한다.
㉣ '가지 + 어 → 가져'는 모음 축약이 일어난 경우이다.
하지만 '자 + 아라 → 자라'는 동음 탈락('ㅏ' 탈락)이 일어난 경우이다.

선택지 해설
㉠ '밖[박], 옷[옫]'은 음절의 끝소리 규칙 (교체) 현상이다.
㉡ '놓는[논는], 앞마당[암마당]'은 음절의 끝소리, 비음화 현상이다.
㉢ 솜이불[솜ː니불], 식용유[시굥뉴]는 'ㄴ'첨가 현상이다.

13 정답 ①

정답 해설
가지 + 어 → 가져[가저]
용언 활용형의 져, 쪄, 쳐는 반드시 [저, 쩌, 처]로만 발음한다.

선택지 해설
② '혜'는 [혜]와 [헤]로 발음할 수 있다.
③ 자음을 첫소리로 가지면 [ㅣ]로 발음한다. 그리고 모음 동화가 일어나 [여]로도 발음할 수 있다.
④ '의'가 조사이면 [의] 또는 [에]로 발음할 수 있다.

14 정답 ①

정답 해설
① ㉠음절의 끝소리 규칙을 설명하고 있으며, 'ㅆ → ㄷ, ㄲ → ㄱ'에 따르면, '있고'는 [읻꼬]로, '밖'은 [박]으로 발음된다.

선택지 해설
② ㉡을 보면 '하늘을 날으는'은 틀린 표현이다. → 나는(○) '라면이 불으면'은 'ㄷ불규칙 용언', '붇 + 으면 → 불으면'이므로 'ㅇ' 탈락이 없다.
③ 읊다 [읇다 → 읍따], 밝다 [박다 → 박따]
④ ㉣은 '탈락'현상이고, ④는 '축약'을 설명하므로 틀린 설명이다.

15 정답 ④

정답 해설
'열 군데'는 관형사 + 의존명사이다. [열꾼데]

선택지 해설
① [잡꼬]
③ [껴안따]
④ [어찌할 빠]

THEME 5 외래어 표기법

01	02	03	04	05
④	④	②	②	④
06	07	08	09	10
④	③	③	③	②
11	12	13	14	
③	②	①	④	

01 정답 ④

정답 해설
'알콜'이 아니라 '알코올'이 올바른 표기이다.

선택지 해설
① '워크숍'이 올바른 표기이다.
② '초콜릿'이 올바른 표기이다.
③ '슈퍼마켓'이 올바른 표기이다.

02 정답 ④

정답 해설
level과 ketchup의 표기는 각각 레벨과 케첩이다.

선택지 해설
① sofa는 소파가 올바른 표기이다.
② desktop은 데스크톱이 올바른 표기이다.
③ narration은 내레이션이 올바른 표기이다.

03 정답 ②

정답 해설
받침에는 'ㄱ, ㄴ, ㄹ, ㅁ, ㅂ, ㅅ, ㅇ'만 사용한다. 'ㄷ'은 사용하지 않고, 'ㅅ'을 사용한다.

04 정답 ②

정답 해설
장모음의 장음은 따로 표기하지 않는다.

선택지 해설
유사한 예: team[tiːm] 팀

05　정답 ④

정답 해설

conecept의 표기는 콘셉트가 옳다.

선택지 해설

① rental은 렌털이 옳은 표기이다.
② flute는 플루트가 옳은 표기이다.
③ control은 컨트롤이 옳은 표기이다.

06　정답 ④

정답 해설

① 플래시, 슈림프가 옳은 표기이다.
② 글라스, 아웃렛이 옳은 표기이다.
③ 코미디가 옳은 표기이다.

07　정답 ③

정답 해설

일본의 인명과 지명은 과거와 현대의 구분 없이 일본어 표기법에 따라 표기하는 것이 원칙이다.

선택지 해설

① 중국 인명은 과거인의 경우 종전의 한자음대로 표기하고, 현대인의 경우 중국어 표기법에 따라 표기한다.
② 중국 역사 지명은 현재 쓰이지 않는 것은 우리 한자음대로 하고, 현재 지명과 동일한 것은 중국어 표기법에 따라 표기한다.
④ 중국 및 일본의 지명 가운데 한국 한자음을 읽는 관용이 있는 것은 이를 허용한다.

08　정답 ③

정답 해설

switch[swit∫]를 스위치로 표기하는 것은 어말에 오는 파찰음 [t∫]는 '치'로 적어야 하기 때문이다.

선택지 해설

① shark[∫a:k]를 샤크로 적는 것은 모음 앞의 [∫]는 뒤따르는 모음인 a에 따라 '샤'로 적기 때문이다.
② flash[flæ∫]를 플래시로 적는 것은 어말의 [∫]는 '시'로 적기 때문이다.
④ shoe[∫u:]를 슈로 적는 것은 모음 앞의 [∫]는 뒤따르는 모음인 oe에 따라 '슈'로 적기 때문이다.

09　정답 ③

정답 해설

'ㅈ' 뒤에는 이중모음을 표기하지 않는다.

10　정답 ②

정답 해설

파이팅이 옳은 표기이다.

11　정답 ③

정답 해설

㉠ 바다는 '해'로 통일하기 때문에 '홍해'가 옳은 표기이다.
㉡ 지명이 산, 강 등의 뜻이 들어 있는 것은 겹쳐 적어야 하고 띄어쓰지 않는다.
㉢ 한자 사용 지역의 지명이 하나의 한자로 되어 있을 경우에는 산, 강, 호, 섬 등은 겹쳐 적으므로 '주장강'이 옳은 표기이다.
㉣ 우리나라를 제외하고 섬은 모두 '섬'으로 통일하므로 '코르시카섬'이 옳은 표기이다.

12　정답 ②

정답 해설

② → 말레이시아

13　정답 ①

정답 해설

① 영어 'super['sju:pə(r)]'를 한글로 옮긴 경우이다. 이때 발음 기호 [sju]는 영어의 외래어 표기법 9항에 따라 '슈'로 적는다. '슈퍼맨'이 맞는 표기이다.
표준어 규정 제3장 제5절 제26항 '티셔츠'와 '티샤쓰'는 모두 두루 쓰이므로 모두 표준어로 삼는다.

선택지 해설

② 'ambulance'의 바른 표기는 '앰뷸런스'이다.
'텔레비전'은 한국어 표준 발음법에 의하면 'ㅈ, ㅊ' 같은 자음 뒤에서 'ㅑ, ㅕ, ㅛ, ㅠ'와 같은 모음은 'ㅏ, ㅓ, ㅗ, ㅜ'로 발음한다. 즉 '젼'을 발음할 때는 '전'으로 발음한다. 따라서 외래어인 'television'을 적을 때도 '젼'이 아니라 발음대로 '전'으로 적어 '텔레비전'이라고 적는다.
③ '커튼'은 '외래어 표기법'에 따라 'curtain'은 '커튼'으로 적으므로 바른 표기이다.
'스트로우'는 발음은 straw[strou]이므로 외래어 표기법 제3장 제1절 제8항 ㅠ성을 석용하여 중모음은 각 단모음의 음가를 실려서 직되, [ou]는 '오'로, [auə]는 '아워'로 적어야 하므로 '스트로우'가 아니라 '스트로'로 적는다.
④ '스노보드'는 외래어 표기법 제3장 제1절 제8항에 영어의 중모음은 각 단모음의 음가를 살려서 적어야 하므로 snowboard는 '스노우보드'가 아니라 '스노보드'로 적는다.
'해드라이트'는 '제10항 복합어 규정으로 따로 설 수 있는 말의 합성으로 이루어진 복합어는 그것을 구성하고 있는 말이 단독으로 쓰일 때의 표기대로 적는다.'이므로 바른 표기는 '헤드라이트'이다.

14 정답 ④

선택지 해설
① 도트
② 렌터카
③ 옥스퍼드

THEME 6 로마자 표기법

01	③	02	③	03	②	04	④	05	②
06	③								

01 정답 ③

정답 해설
'묵호'는 Mukho로 표기한다. 체언에서 'ㄱ, ㄷ, ㅂ' 뒤에 'ㅎ'이 따를 때에는 'ㅎ'을 밝혀 적기 때문이다.

선택지 해설
①, ②, ④ 음은 변화가 일어날 때에는 변화의 결과를 표기하는 것이 원칙이다.

02 정답 ③

정답 해설
'학여울'은 ㄴ첨가, 비음화 현상이 일어나므로 해당 현상을 반영해야 한다. 따라서 Hangnyeoul로 적어야 한다.

선택지 해설
① 된소리되기는 표기에 반영하지 않는다.
② 초성에 사용되는 ㅂ은 b로 표기한다.
④ '해돋이'는 구개음화가 일어나므로 해당 현상을 반영해서 적어야 한다.

03 정답 ②

정답 해설
㉠ 제주도는 행정 구역 단위를 do로 적고, 앞에 붙임표 ' - '를 넣는다.
㉣ '가'는 ga로 적고, 그 앞에 붙임표 ' - '를 넣는다.

선택지 해설
㉡ 독립문은 최종 발음이 [동님문]이므로 해당 발음을 고려하여 Dongnimmun으로 표기한다.
㉢ 문화재명이나 인공 축조물명은 붙임표 없이 붙여 쓴다.

04 정답 ④

정답 해설
④ '울릉도(Ulleungdo)'에서 '도'라는 글자는 행정구역을 나타내는 게 아니라, '도(島)'로 섬을 나타내는 자연 지물명으로 맞는 표기이다. ㄹ 모음앞에서는 'r'로 자음이나, 어말에서는 'l'로 'ㄹㄹ'은 'll'로 적으므로 올바른 표기이다.
'라벨', '레터르' 복수 표준어이다.

선택지 해설
① '독도'는 '제6항 자연 지물명, 문화재명, 인공 축조물명은 붙임표(-) 없이 붙여 쓴다.'를 적용하여 '독도'는 자연 지물명으로 '독도 → (Dokdo)'는 맞는 표기이다.
'알콜'은 '외래어 표기법 제1장 표기의 원칙 제2항 1 음운은 원칙적으로 1 기호로 적는다.'에 따라 ə → ㅓ, h → ㅎ, ɔ → ㅗ로 표기해야 되지만 주로 '알코올' 또는 '알콜'로 많이 표기해 왔으며 외래어 표기법 제1장 표기의 원칙 제5항 이미 굳어진 외래어는 관용을 존중하되, 그 범위와 용례는 따로 정한다. 에 따라 ㅎ(h)는 표기되지 않고, 제2항의 1음운 1기호 표기로 '알콜'까지는 줄이지 않고, '알코올'로 표기한다.
② '묵호'는 '제1항 음운 변화가 일어날 때에는 변화의 결과에 따라 다음 각호와 같이 적는다. 4. 'ㄱ, ㄷ, ㅂ, ㅈ'이 'ㅎ'과 합하여 거센소리로 소리 나는 경우, 다만, 체언에서 'ㄱ, ㄷ, ㅂ' 뒤에 'ㅎ'이 따를 때에는 'ㅎ'을 밝혀 적는다.'이므로 묵호(Mukho)가 올바른 표기이다.
'데쌩'은 '제4항 파열음 표기에는 된소리를 쓰지 않는 것을 원칙으로 한다.'를 적용하여 '데생(dessin)'으로 표기한다.
③ '속리산'은 로마자 표기 시에 된소리되기는 반영하지 않지만 음운의 변동은 반영해서 적어야 하므로 '속리산[송니산] ← 음운의 동화(비음화)'로 속리산(Songnisan)으로 적는다.
'커피숍'은 외래어를 표기할 때, 받침에는 'ㄱ, ㄴ, ㄹ, ㅁ, ㅂ, ㅅ, ㅇ'만 사용한다. coffee shop '커피숖'이 아니라 → '커피숍'으로 표기한다.

05 정답 ②

정답 해설
발음상 혼돈의 우려가 있을 때에는 붙임표(-)를 쓸 수 있다.

06 정답 ③

정답 해설
극락전[극낙전 → 긍낙쩐] 비음화만 반영한다.

선택지 해설
① 이름에서 자음동화는 반영하지 않는다.
② 체언에서 축약은 반영하지 않는다.
③ 된소리는 반영하지 않는다.

PART 3 바른 문장 쓰기

THEME 1 문장의 호응, 중복, 중의성, 번역투

01	④	02	④	03	②	04	③	05	④
06	①	07	③	08	④	09	③	10	①
11	③								

01 정답 ④

정답 해설

해당 문장은 주어와 부사어가 명확하게 밝혀져 있어 중의성을 갖지 않는다.

선택지 해설

① '배'는 먹는 배, 타는 배, 사람의 복부 등으로 다양하게 해석되어 어휘적 중의성을 갖는다.
② '나'가 '엄마와' 함께 이모를 만난 것인지, '나'가 '엄마와 이모'를 만난 것인지 구조적 중의성을 갖는다.
③ '어제'가 '돌아온'을 수식하는지, '만났다'를 수식하는지 수식의 중의성을 갖는다.

02 정답 ④

정답 해설

구조적 중의성은 통사적 관계에 의해 두 가지 이상의 해석이 가능한 경우를 말한다. 해당 문장은 '나'가 배웅한 대상이 '민수와 그녀'인지, '나'가 '민수'와 함께 '그녀'를 배웅한 것인지 다양하게 해석되어 구조적 중의성을 갖는다.

선택지 해설

① '말'은 달리는 말과 사람이 하는 말로 다양하게 해석되는 어휘적 중의성을 갖는다.
② '능구렁이'는 '그'가 하는 행동이 능구렁이 같다는 것인지, 어떤 배역을 맡은 것인지 다양하게 해석되는 은유적 중의성을 갖는다.
③ '사과'는 먹는 사과와 잘못한 일에 대한 사과로 다양하게 해석되는 어휘적 중의성을 갖는다.

03 정답 ②

정답 해설

'아름다운'이 수식하는 대상이 '그녀'인지, '그녀의 목걸이'인지 다양하게 해석되어 수식의 중의성을 갖는다.

선택지 해설

① 일이 하나도 마치지 않은 경우와 일부만 마치지 않은 경우로 해석되어 부정 표현에 의한 중의성을 갖는다.
③ '내가, 택시를, 타지' 중에서 무엇을 부정하는지 의미가 모호하다.
④ '나'가 좋아하는 대상이 '그녀'와 '자동차'인지, '나가 자동차를 좋아하는 것'이 '그녀가 자동차를 좋아하는 것'보다 크다는 것인지 다양하게 해석되어 비교 구문의 중의성을 갖는다.

04 정답 ③

정답 해설

③ '시간이 걸린다'는 주술관계의 호응이 되지만, '노력이 걸린다.'는 호응이 어색하다.

선택지 해설

① 주어인 '신선도는'과 서술어인 '요령이다'가 서로 호응하지 않는 문장이므로 자연스럽게 고친 경우이다.
② '주어 – 서술어의 호응'이 어색하므로, 고사리가 (주어) ~ 맛보았다.(서술어)를 '고사리를(목적어) ~ 맛보았다'로 올바르게 고친 표현이다.
④ '외교적 교섭이나 전쟁을 치르면서'에서 '교섭하다'는 필수부사어나 목적어가 필요하므로 '그 나라는 외부 세력과 외교적으로 교섭하거나', '전쟁을 치르면서'로 고친 표현이 올바르다.

05 정답 ④

정답 해설

'기재 사항의 정정이 (있거나) 금융 기관의 수납인 및 취급자인이 없으면 무효입니다.'로 고쳐야 한다.
④ '짐을 ~ 태우고'는 목적어와 서술어의 호응이 어색하다. '짐이나 사람을 싣고'는 가능하다. 그러므로 '이 기차는 짐을 싣거나 사람을 태우고 ~', '짐이나 사람을 싣고' 수정해야 한다.

선택지 해설

① '시키다' 대신 '하다'를 쓰고, 스스로 행위를 하지 않는 경우 '하게 시키다'를 써야 한다. 지나친 사동표현의 오류이다.
② 앞말이 무엇이 더하여지는 뜻의 부사어임을 나타내는 격 조사를 사용하여, '국에 밥을 말아 먹다.'라고 써야 한다.
③ '밖으로는' '표출(表出 : 겉으로 나타냄.)'의 의미로 쓰였으므로 고유어와 한자어의 중복된 표현이다.

06 정답 ①

정답 해설

① '내 친구 사진'은 '내 친구가 찍힌 사진' 또는 '내 친구가 찍은 사진' 또는 '내 친구 소유의 사진'이 '아니다.'라는 의미이므로 중의성을 해소하지 못하였다.

선택지 해설

② '용감한'이 수식하는 대상이 불분명해서 중의성이 발생한 경우로, 용감한 사람이 '지혁'인지 '지혁이의 형'인지가 불분명하기 때문에 답지에서와 같이 '용감한'의 위치가 목적어 '형을'의 앞으로 이동하면 수식의 범위가 한정되기 때문에 중의성이 해소된다.
③ 접속조사 '와'로 인해 중의성이 발생한 경우이기 때문에 답지에서와 같이 '사과 한 개와 배 한 개를 싸 왔다.'로 고치면 사과와 배를 각각 두 개씩 싸 왔다는 의미가 제외되기 때문에 중의성이 해소된다.
④ '울면서'라는 부사어의 수식 범위가 불분명해서 중의성이 발생한 경우이다.

즉, '울면서'의 주체가 소영인지, 윤서인지에 따라 문장의 의미가 다르게 해석되기 때문에 답지에서와 같이 '울면서 뛰어오는 윤서를 소영이 쳐다봤다.'로 고치면 '울면서'의 주체가 윤서로 한정되어 중의성이 해소된다.

07 정답 ③

정답 해설
<보기>는 '과반수(過半數 – 절반이 넘는 수.)'가 '이상'의 의미를 포함하고 있으므로 중복된 표현의 오류이다.
③ '허다(許多)'는 '수효가 매우 많다.'
 '허다하게 많다' 중복된 표현이지만, '허다하게 있다'로 표현하였기에 올바른 문장이다.

선택지 해설
① '오랜(이미 지난 동안이 긴)'은 '숙원(宿願: 오래전부터 품어 온 염원이나 소망.)'과의 중복된 표현의 오류이다.
② '미리(어떤 일이 생기기 전에. 또는 어떤 일을 하기에 앞서.)'는 '예고(豫告: 미리 알림.)'와의 중복된 표현의 오류이다.
④ '대강'과 '약'은 그 수량에 가까운 정도를 나타내는 중복된 표현이다.

08 정답 ④

정답 해설
④ 영어의 'have'를 '갖다'로 직역하면 우리말답지 않은 표현이 된다. 또한 '-할 예정으로 있다'도 영어식 표현이다. 고친 문장은 번역투를 잘못 고친 경우이다.
그러므로 '행사를 할 예정입니다.'로 고치는 것이 적절하다.

선택지 해설
① '하다' 대신에 '행하다'라는 말을 쓰는 버릇은 영어에서 유래한 것으로, 불필요한 외국어 번역투의 표현을 사용한 것이다. '행하다'를 '하다'로 대체하여 올바르게 고친 경우이다.
② 부적절한 사동표현 '~시키다'를 잘못 쓴 경우이다. '격추하다'의 '격추한'으로 올바르게 고친 경우이다.
③ 번역투로 대체로 관형격 조사 '-의'로 번역할 수 있으나 풀어 쓰거나 아예 생략하는 것이 더 자연스러운 경우가 많다. 그러므로 '거짓말을 할 사람이 아니다.'로 고친 표현이 올바르다.

09 정답 ③

정답 해설
<보기>는 한자와 우리말의 의미가 중복된 잘못된 표현을 사용하였다.
동해 바다 = 동해(東海)
'해(海)'는 '바다'를 의미하여 '동해 바다'는 의미가 중복되므로 함께 쓰일 수 없다.
③ 남은 여생 → 여생
여생 餘生: '여(餘)'는 '남다'를 의미하여 '남은 여생'은 의미가 중복되므로 함께 쓰일 수 없다.

선택지 해설
① '그다지'는 부정어와 호응하는 부사어이다. 부사어와 서술어의 호응이 어색하다.
② '씌여진 → 쓰인'으로 고쳐야 한다. 잘못된 피동 표현을 사용하였다.
④ 필수적인 목적어가 생략되었다. → 짐승은 다른 동물에게 잡아먹히기도 하고, (다른 동물을) 잡아먹기도 한다.

10 정답 ①

정답 해설
① '야구'와 '야구공'이 같은 뜻인지 확인한다. '야구'의 '구'가 '공'이라는 뜻이기는 하지만, '야구'와 '야구공'은 뜻이 다르므로 '야구공'의 '공'을 생략하면 안 된다.

선택지 해설
② '실내'와 '실내 안'은 같은 뜻이므로 '안'을 생략할 수 있다.
③ '초가'와 '초가집'은 같은 뜻이므로 '집'을 생략할 수 있다.
④ '상의하다'와 '서로 상의하다'는 같은 뜻이므로 '서로'를 생략할 수 있다.

11 정답 ③

정답 해설
③의 문장은 번역 투가 아닌 우리말식 표현으로 문장이 바르게 구성되었다.

선택지 해설
① '~ 에 의해'와 '~ 에게 있어서'는 번역투의 문장이다.
② '계획을 가지고 있다'와 '시간을 필요로 한다'는 번역투의 문장이다.
④ '아무리 강조해도 지나치지 않는다.'는 번역투의 문장이다. 영어의 번역투 표현인 '~ 가 간다.'를 '네 입장도 이해한다.'로 고쳐야 한다.

THEME 2 높임 표현

01	02	03	04	05
④	②	①	②	③
06	07	08	09	10
③	②	④	③	②
11	12	13		
②	③	③		

01 정답 ④

정답 해설
객체 높임법은 목적어나 부사어를 높이는 방법이다. '선생님'에 부사격 조사 '께'를 사용해 높이고 있고, '드리다'는 특수 어휘를 사용해 높이고 있으므로 객체 높임법이다.

선택지 해설
① 운동을 하는 주체인 아버지를 높이고 있으므로 주체 높임법이다.
② 신체 부분에 의해 간접적으로 높이고 있는 주체 높임법이다.
③ 객관적이고 역사적인 사실을 나타낼 때는 '-시-'를 생략할 수 있는 주체 높임법이다.

02 정답 ②

정답 해설

'주무시다'는 '자다'를 높이는 특수 어휘로, 잠을 자는 주체인 할머니를 높이고 있다.

선택지 해설

① '마시다'는 특수 어휘가 아니고, 주격 조사 '께서'를 통해 높임을 실현하고 있다.
③ '읽다'에 선어말 어미 '-시-'가 결합되고, 주격 조사 '께서'를 통해 높임을 실현하고 있다.
④ '모시고'는 특수 어휘이지만, 서술어의 객체인 '할머니'를 높이고 있으므로 주체 높임이 아닌 객체 높임이다.

03 정답 ①

정답 해설

'가라'는 해라체의 명령형에 해당하고, 해라체는 아주낮춤이다. 두루낮춤은 해체이다.

선택지 해설

② '지나갔구려'는 하오체의 감탄법에 해당하고, 하오체는 예사높임이다.
③ '같네'는 하게체의 평서형에 해당하고, 하게체는 예사낮춤이다.
④ '하셨습니까'는 하십시오체의 의문형에 해당하고, 하십시오체는 아주높임이다.

04 정답 ②

정답 해설

'계시다'는 주어를 직접 높이는 특수 어휘이므로 적절하다.

선택지 해설

① '포장이세요?'는 사물을 높이는 간접 높임이 잘못 표현된 것이다. '포장해 드릴까요?'가 적절한 높임 표현이다.
③ '나오셨습니다'는 사물을 높이는 간접 높임이 잘못 표현된 것이다. '나왔습니다'가 적절한 높임 표현이다.
④ '있으시다'는 주어를 간접적으로 높일 때 사용된다. 직접 높임을 표현할 때는 '계시다'를 사용해야 한다.

05 정답 ③

정답 해설

주격 조사 '께서'와 특수 어휘 '진지' 등을 통해 직접 높임을 실현한 문장이다.

선택지 해설

① 개인적 소유물에 높임 선어말 어미 '-시-'를 활용하여 간접 높임을 실현한 문장이다.
② 주어와 관련된 대상에 높임 선어말 어미 '-시-'를 활용하여 간접 높임을 실현한 문장이다.
④ 높여야 할 대상의 신체 부분에 높임 선어말 어미 '-시-'를 활용하여 간접 높임을 실현한 문장이다.

06 정답 ③

정답 해설

ㄴ은 목적어인 '할아버지'를 높이지만, ㄷ은 부사어인 '어머니'를 높인다.

선택지 해설

① ㄱ. 조사 '께서'와 선어말 어미 '-시'를 통해 문장의 주체인 '할머니'를 높이고 있다.
　ㄹ. 조사 '께서'와 특수 어휘 '진지', '드시고', 선어말 어미 '-시'를 통해 문장의 주체인 '아버지'를 높이고 있다.
② ㄴ. 특수 어휘 '모시고'를 통해 문장의 객체인 '할아버지'를 높이고 있다.
　ㄹ. 특수 어휘 '드시고'를 통해 문장의 주체인 '아버지'를 높이고 있다.
④ ㄷ. 조사 '께'를 통해 문장의 객체인 '어머니'를 높이고 있다.
　ㄹ. 조사 '께서'를 통해 문장의 주체인 '아버지'를 높이고 있다.

07 정답 ②

정답 해설

이 문제는 상대 높임법에서 높임 표현과 낮춤 표현을 비교해야 한다.
② '제'와 '괜찮으세요'를 통해 상대 높임, '선생님께'와 '드릴 말씀'을 통해 객체 높임이 실현되었다. 또 '세요(시어요)'에서 주체 높임이 실현되었다.

선택지 해설

① '어머니께서'와 '가셨다'를 통해 주체 높임, '모시고'를 통해 객체 높임이 실현되었다.
③ 상대 높임, 주체 높임, 객체 높임 모두 실현되었지만 상대 높임이 낮춤 표현이다.
④ '제'와 '-요'를 통해 상대 높임, '기울여 주세-'를 통해 주체 높임이 실현되었다.

08 정답 ④

정답 해설

해당 문장은 주체 높임이 사용된 것으로, 상대 높임이 실현된 부분은 찾아볼 수 없다.

선택지 해설

① '세우라'는 상대 높임법 중에서 명령법의 '해라체'에 해당한다.
② '먹겠습니다'는 '하십시오체'에 해당한다.
③ '있는가'는 '하게체'에 해당한다.

09 정답 ③

정답 해설

괄호는 주체 높임과 객체 높임법, 상대 높임이 모두 적용된 사례를 찾는 것이다.
③ 주체를 높이는 조사 '께서'가 쓰였고, 서술어에 주체를 높이는 선어말 어미 '-시-'가 쓰였다.
　특수한 동사 '드리다'와 객체 '선생님'을 높이는 조사 '께'가 사용되었다. '하셨습니다'는 상대 높임에서 '하십시오체'가 사용되었다.
　따라서 주체 높임법과 객체 높임법 그리고 상대 높임법까지 모두 적용된 경우이다.

선택지 해설

① 귀는 할머니의 신체 부분으로 간접 높임을 사용하였다. 간접 높임은 높이려는 대상의 신체 부분, 소유물, 생각 등과 관련된 서술어에 '-(으)시-'를 사용하여 높임의 뜻을 간접적으로 실현하는 것을 말한다. 객체 높임법이 사용되지 않았다.
② 객체 높임과 상대 높임은 있으나 주체 높임이 없다.
특수한 동사 '드리다'와 객체 '사장님'을 높이는 조사 '께'가 사용되어 객체 높임법이 사용되었다.
종결어미 '될까요?'는 상대 높임법 '해요체'에 해당한다.
④ 주체 높임과 상대 높임을 사용하였다. 객체 높임을 사용하지 않았다.
(손님께서) 행위자이므로 '주문하신'에서 주체 높임 선어말 어미 '-시-'를 사용하여 주체를 높였으며, '나왔습니다'는 상대 높임에서 '하십시오'(격식체)를 사용하였다.

10   정답 ②

정답 해설

'계시다'는 직접 높임에만 쓸 수 있다. '상담이 있으시다고'로 고쳐 써야 한다.
② 백화점, 서비스점에서의 잘못된 경어의 사용이다. 즉, 간접 높임을 잘못 사용한 예시이다.

선택지 해설

① '푸른 창공(蒼空 – 맑고 푸른 하늘.)'은 '푸른 하늘'로 겹말(중복 어휘)의 오류이다.
③ 높여야 할 대상이지만 듣는 이가 더 높을 때 그 공대를 줄이는 어법이다. '할아버지, 아버지가 아직 안 왔습니다.'라고 하는 것 따위이다.
④ '할머니께서는 경로당에 일찍 가셨습니다.'로 주체를 높이는 조사 '께서', 서술어에 주체를 높이는 선어말 어미 '-시-'를 써야 한다.

11   정답 ②

정답 해설

② '할아버지께서(주체), ~ 하시다'라고 해야 하며, 행위자는 높임의 대상이 아니므로 '네 (행위자)방으로 ~ 오다'고 써야 한다. 그러므로 올바른 표현이다.

선택지 해설

① 간접높임은 높여야 할 대상이 '심리, 성품, 소유물, 신체' 등이어야 한다. '커피'는 '고객님'의 '심리, 성품, 소유물, 신체'와 관련이 없으므로 객체 높임 선어말 어미 '-시-'를 쓸 수 없다. '나왔습니다'가 옳은 표현이다.
③ '계시다.'는 주어를 직접 높이며, '있으시다.'는 간접으로 높인다. 여기서는 '말씀'을 썼으므로 간접으로 높이는 표현을 써야 한다. '있으시겠습니다'가 적당하다.
④ 어머니께서 (주체가) 제게 (객체 – 부사어) 시간을 여쭈어(→ 물어 '특수어휘' 사용이 어색하다.) 보셨어요. 그러므로 '여쭈어' 특수어휘 대신에 '물어'가 옳은 표현이다.

12   정답 ③

정답 해설

③ '손님'이 주문한 주체이므로 '주문하신'으로 주체 존대 선어말 어미 '-시-' 사용이 맞는 표현이다.

선택지 해설

① '오셨습니다.', '왔습니다.(왔어요)'는 말을 듣고 있는 상대를 높이는 상대 높임법이다. 전화는 높임의 대상이 될 수 없으므로 주체높임 선어말 어미 '-시-'를 쓸 수 없다.
② '오시래.'는 선생님께서(오라고 한 행동의 주체인 주체 높임법), '철수'는 높임의 대상이 아니므로 '오라고 하셔'가 맞는 표현이다.
④ '사례를 보면서'의 주체인 '내'가 주도적으로 설명을 하고 있는 상황이기 때문에 이 말에 높임의 선어말어미를 쓸 수는 없다. '다음 사례를 보면서 설명 드리겠습니다.'로 쓰면 된다.

13   정답 ③

정답 해설

물건에는 높임의 표현을 사용하는 것이 적절하지 않다.

선택지 해설

① 어른에게는 '수고하다' 등의 표현을 사용하지 않는다.
② '아버지'는 높임의 대상이므로 '께서'와 '말씀하신'을 통해 높임을 실현할 수 있지만, '책'은 높임의 대상이 아니다.
④ '어깨'는 어머니의 신체 일부이므로 높임의 대상으로 '-시-'를 통해 실현할 수 있다.

THEME 3 사동·피동 표현

01	02	03	04	05
③	③	④	③	②
06	07	08	09	10
④	②	④	②	④

01   정답 ③

정답 해설

'밝혀지다'는 이중 피동이 아니며 사동사의 피동 표현으로 옳은 표기이다.

선택지 해설

① '잊혀진'은 '잊다'라는 동사에 피동형 접미사 '히'와 '-어지다'가 함께 사용된 이중 피동이다.
② '불리웠다'는 '부르다'라는 동사에 피동형 접미사 '이'와 '-어지다'가 함께 사용된 이중 피동이다.
④ '갈리운'은 '갈리'+'우'(사동접사)가 결합된 것이다. '갈리다'가 파동사이므로 '갈린'으로 써야 한다.

02   정답 ③

정답 해설

'밝다'는 형용사이다. 형용사에 접미사 '히'를 결합시켜 사동사로 만들었다.

선택지 해설
① '울다'는 자동사이다. 자동사에 접미사 '리'를 결합시켜 사동사로 만든 것이다.
② '입다'는 타동사이다. 타동사에 접미사 '히'를 결합시켜 사동사로 만든 것이다.
④ '맡다'는 타동사이다. 타동사에 접미사 '기'를 결합시켜 사동사로 만든 것이다.

03 정답 ④

정답 해설
'먹이고'는 '밥을 먹게 하다'의 의미이므로 사동 표현이다.

선택지 해설
① '헤메이고'는 '헤매고'로 써야 한다.
② '설레였다'는 '설레었다'로 써야 한다.
③ '개일'은 '갤'로 써야 한다.

04 정답 ③

정답 해설
보조적 연결 어미 '-어'와 보조 용언 '지다'를 결합시키면 피동형이 가능하다. 사동형은 보조적 연결 어미 '-게'와 보조 용언 '하다'로 실현이 가능하다.

선택지 해설
①, ② 피동형 접미사는 '이, 히, 리, 기'이고, 사동형 접미사는 '이, 히, 리, 기, 우, 구, 추'이다. '이, 히, 리, 기'는 동일한 형태의 접미사가 활용된다. 사동형 접미사가 피동형 접미사보다 더 많다.
④ 파생적 피동 중에는 접미사 '-되다'를 통해 실현하는 방법이 있다.

05 정답 ②

정답 해설
② '입원시키다'는 '누가 무엇을 어디에 입원시키다'의 문형으로 쓰여야 하므로 목적어가 필요하다. 따라서 목적어 '아이를'을 활용하여 '(보호자가) 돌아오는 길에 병원에 들러 아이를 입원시켰다'는 올바른 사동 표현이다.

선택지 해설
① 행위자 '그'가 자신이 하는 행동을 '한다'고 하지 않고 '시킨다'고 표현했으므로 바르지 않다. 따라서 '시키다' 대신 '하다'를 쓰고, 스스로 행위를 하지 않는 예에서는 '하게 시키다'를 써야 한다.
③ '설득하다'의 생략된 주체가 '생각이 다른 타인'을 설득하는 상황이므로 '-하다'를 쓸 수 있다. 따라서 '-하다'를 쓸 수 있는 말에 '-시키다'를 쓴, 과도한 사동 표현이므로 '생각이 다른 타인을 설득하는 건 참 힘든 일이다.'로 쓰는 것이 알맞다.
④ '해소'에 '-하다'가 붙어 만들어진 '해소하다'는 '무엇이 무엇을 해소하다'의 문형으로 쓰이고, '사동'의 뜻을 더하는 '-시키다'가 붙어 만들어진 '해소시키다'는 '무엇이 무엇으로 하여금 무엇을 해소시키다'의 문형으로 쓰인다. 이러한 문형을 고려했을 때, 문맥에 맞게 '우리는 토론을 거쳐 다양한 사회적 갈등을 해소한다.'로 쓰는 것이 알맞다.

06 정답 ④

정답 해설
④ 대응하는 능동문이 없다. '산꼭대기에는 어느새 구름이 말끔히 걷혔다.'라는 문장은 ㉠에 해당한다. '산꼭대기에는 어느새 (누군가가) 구름을 말끔히 걷었다.'라는 문장이 그에 대응되는 능동문으로 적절하지 않기 때문이다.

선택지 해설
① 능동문 가능하다. '(사람들이) 거리에 색색의 깃발을 걸었다.'라는 능동문을 상정할 수 있다.
② 능동문 가능하다. '이 공책에는 내 소중한 꿈을 적었다.'라는 능동문을 상정할 수 있다.
③ 능동문 가능하다. '적군이 어느새 진지를 점령하였다.'라는 능동문을 상정할 수 있다.

07 정답 ②

정답 해설
② ㄱ을 능동문으로 바꾸면, '태풍이 마을을 휩쓸다.'가 된다. 피동문의 부사어 '태풍에'는 능동문에서 주어 '태풍이'가 된다.

선택지 해설
① ㄱ은 피동문으로 피동사 '휩쓸리다'는 '휩쓸다'의 어근에 피동 접미사 '-리-'가 결합되어 형성된 것이다.
③ '잡혀지다'는 '잡다'의 어근에 피동 접미사 '-히-' 외에도 통사적 피동을 만드는 '-어지다'가 또 결합한 것이므로, 지나친 피동 표현이다.
④ 피동의 의미는 피동 접미사에 의해 실현되는 파생적 피동 외에도 '-어지다/-게 되다'에 의해 실현되는 통사적 피동도 있다. 이들은 모두 동사 어간에 결합하여 피동의 의미를 전달할 수 있다.

08 정답 ④

정답 해설
④ ㄴ의 주동문 '그가 집에 가다.'에서 '집에 가는' 동작의 주체는 '그'이며, 이 문장의 사동문인 '(영수가) 그를 집에 가게 하다.'에서도 '집에 가는' 동작의 주체는 '그'이므로 주동문이나 사동문의 동작의 주체는 동일하다.

선택지 해설
① ㄱ~ㄷ의 주동문을 사동문으로 바꾸려면 ㄱ에서는 '민수', ㄴ에서는 '영수', ㄷ에서는 '어머니'라는 새로운 주어가 필요하다.
② ㄱ에서 주동문의 주어는 사동문에서 부사어로, ㄴ과 ㄷ에서 주동문의 주어는 사동문에서 목적어로 바뀌었다.
③ '-시키다'는 접미사이므로 동사의 어근에 결합해야 하는데, '먹시키다'는 성립하지 않는다. '-시키다'는 서술성을 가지는 일부 명사 뒤에만 붙어 사용된다.

09 정답 ②

정답 해설
ㄴ의 '빨리'는 사동문에서 부사어의 위치가 자유롭지 못하다는 것을 나타내지

는 않는다. '선생님께서 철수에게 빨리 책을 읽게 하셨다.'와 같이 '빨리'의 위치를 바꿔도 무방하기 때문에 수식어의 위치가 자유롭지 못하다고 판단하는 것은 적절하지 않다.(직접 사동 + 간접 사동)

> 선택지 해설

① ㄷ, ㄹ은 자동사와 타동사에 사동 접사를 결합시켜 사동사를 만들 수 있음을 보여준다. 그런데 이와 달리 ㄱ은 '높다'라는 형용사에 사동 접사 '-이-'를 결합시켜 사동표현을 만들었다.
③ '태우다'는 '타다'에 사동 접사 '-이-'와 '-우-'가 결합해 만들어진 말이다.
④ ㄹ은 어머니가 아이에게 옷을 입혀 주었다는 의미와 아이로 하여금 옷을 입게 만들었다는 의미를 동시에 나타내고 있다.(직접 사동 + 간접 사동)

10 정답 ④

> 정답 해설

'잊혀지다'는 피동사 어간 '잊히-'에 통사적인 피동 표현 '-어지다'가 결합한 것이다. 이는 이중 피동 표현이라고 할 수 있다.

> 선택지 해설

① '밝혀지다'는 사동사 어간 '밝히-'에 통사적인 피동표현 '-어지다'가 결합한 것이다.
② '숙여지다'는 사동사 어간 '숙이-'에 통사적인 피동 표현 '-어지다'가 결합한 것이다.
③ '돌려지다'는 사동사 어간 '돌리-'에 통사적인 피동 표현 '-어지다'가 결합한 것이다.

THEME 4 부정 표현·시제

| 01 | ③ | 02 | ④ | 03 | ④ | 04 | ④ | 05 | ① |
| 06 | ① | 07 | ① | 08 | ③ | 09 | ④ | 10 | ② |

01 정답 ③

> 정답 해설

미래에 벌어질 일을 관형사형 어미를 통해 표현한 문장이다.

> 선택지 해설

① 화자의 추측을 나타낸 것이다.
② 화자의 의지를 나타낸 것이다.
④ 화자의 가능성을 나타낸 것이다.

02 정답 ④

> 정답 해설

'하고 있었다'는 보조 용언 '-고 있다'가 활용된 진행상이다.

> 선택지 해설

① '앉아 있다'는 보조 용언 '-아 있다'가 활용된 완료상이다.
② '지워 버렸다'는 보조 용언 '-어 버리다'가 활용된 완료상이다.
③ '먹고서'는 연결 어미 '-고서'가 결합된 완료상이다.

03 정답 ④

> 정답 해설

주체의 능력상 불가능할 때 표현하는 부정은 능력 부정이라 한다.

> 선택지 해설

① 부정 부사 '안'을 활용한 부정문을 '안' 부정문, 부정 부사 '못'을 활용한 부정문을 '못' 부정문, '-지 말다'를 활용한 부정문을 '말다' 부정문으로 분류한다.
② '안' 부정문과 '못' 부정문은 짧은 부정문과 긴 부정문으로 나뉜다. 짧은 부정문은 부정 부사를 사용하는 것이고, 긴 부정문은 용언의 어간에 '-지'와 '아니하다' 혹은 '못하다'가 결합되어 실현된다.
③ '안' 부정문은 주체의 의지에 의한 행동의 부정을 의미한다.

04 정답 ④

> 정답 해설

보조사 '는'을 사용하여 좋아하지 않은 주체가 '그'임을 명확히 밝혔다.

> 선택지 해설

① 초점이 무엇인지에 따라 문장의 의미가 달라진다. 내가 아닌 다른 사람이 그녀를 밀었는지, 내가 민 사람이 그녀가 아닌지, 내가 그녀를 밀지 않고 다른 행위를 했는지 등으로 해석될 수 있다.
② 범위가 전체를 부정하는지 부분을 부정하는지에 따라 의미가 달라진다. 손님 모두가 오지 않았는지, 손님의 일부가 오지 않았는지 등으로 해석될 수 있다.
③ 내가 못 만난 사람이 엄마인지, 엄마를 만나지 못한 것은 나인지 등으로 해석될 수 있다.

05 정답 ①

> 정답 해설

주어가 무정 명사일 때에는 주어의 의지가 암시되지 않는다. 주어가 유정 명사일 때 주어의 의지가 나타난다.

> 선택지 해설

② '안' 부정문은 부정 부사 '안'이 무엇을 부정하느냐에 따라 문장의 의미가 달라질 수 있다. 이를 해소하기 위해 보조사 '은/는, 도, 만' 등을 사용할 수 있다.

06 정답 ①

> 정답 해설

절대 시제는 발화시를 기준으로 결정되며 선어말 어미로 표현되고 상대 시제는 사건시를 기준으로 결정되며 관형사형 어미로 표현된다.

07 정답 ①

> 정답 해설

㉠은 '생각이 나다'라는 상태를 부정하는 '안 부정문'에 해당한다. 이를 짧은 부정문 형태인 '생각이 안 난다.'로 바꾸어 써도 의미가 동일하다.

> 선택지 해설

② 외부의 원인으로 인해 어떤 행위가 일어나지 못함을 나타내는 '못 부정문'이다.

③ 어떤 사실을 부정하는 '안 부정문'이다.
④ '밖에 나가자'를 부정하고 있는 문장이다. 이처럼 '말다' 부정문은 청유문이나 명령문을 부정할 때 쓰인다.

08 정답 ③

정답 해설
③ 발화시보다 사건시가 앞선 ⓑ에서 '잤다'는 형태적으로 과거를 나타내는 선어말 어미 '-았-'이 쓰인 과거 시제처럼 보이지만 실제로는 시제를 나타내는 것이 아니라 '미래의 일을 확정적인 사실로 받아들임'의 의미를 보여 주는 것이므로 ③의 진술은 적절하지 않다.

선택지 해설
① 과거 시제를 나타내는 선어말 어미
  '보았다'의 '-았-'은 과거 시제를 나타내는 선어말 어미이다.
② 관형사형 어미 '-ㄹ'
  '할'은 동사 어간 '하-'에 미래 시제를 나타내는 관형사형 어미 '-ㄹ'이 붙어 '일'을 하는 시점이 미래임을 나타내고 있다.
④ 과거 시제를 나타내는 관형사형 어미
  ⓑ의 '밀린'과 ⓒ의 '물려주신'의 '-ㄴ'은 과거 시제를 나타내는 관형사형 어미이다.

09 정답 ④

정답 해설
④ '싶겠다'는 보조 용언 '싶다'에 선어말 어미 '-겠-'이 결합한 것이지만 어떠한 동작이 진행될 예정임을 나타내는 것이 아니라 어떠한 심리적 상태를 추측한 것이다. 여기서 '-겠-'은 미래 시제를 나타내는 어미가 아니라 추측을 나타낸다.

선택지 해설
① '오고 있다'는 보조적 연결 어미 '-고'에 보조 용언 '있다'가 결합하여 동작의 진행을 나타내고 있다.
② '앉아 있다'는 이미 이루어진 앉는 동작의 결과가 현재까지 유지되고 있음을 나타내고 있다.
③ '먹어 버렸다', '버렸다'를 통해 동작이 과거에 완료되었음을 나타내고 있다.

10 정답 ②

정답 해설
ㄴ에서 '못'은 능력 부정을 나타내는 부사로, 축구를 하고 싶어도 할 수 없는 '그'의 능력을 부정하고 있다.

선택지 해설
① ㄱ에서 '안'을 '못'으로 바꾸면 '국화꽃이 못 예쁘다.'가 되어 어색한 문장이 된다.
③ ㄴ을 '그는 어깨를 다쳐 축구를 하지 못한다.'로 바꾸어도 어법상에 문제가 생기지는 않는다.
④ ㄷ의 '아니다'는 부정 형용사로, '고래'가 '어류'라는 것을 부정하고 있다.

PART 4 문학

THEME 1 운문 문학 1. 고전 시가

01	①	02	③	03	③	04	②	05	②
06	①	07	①	08	④	09	④	10	①
11	③	12	②	13	④	14	②		

01 정답 ①

정답 해설
「제망매가」에서 '이른 바람'은 일찍 분 바람으로 빠른 죽음인 요절을 의미하지만 이는 화자가 아닌 죽은 누이의 요절을 상징하는 것이다.

선택지 해설
② 잎이 가지에서 '떨어짐'은 하강 이미지로, '죽음'을 나타낸다.
③ '한 가지'에 난 '잎'은 곧 '같은 부모'에서 태어난 생명체인 '화자'와 '누이'를 가리킨다.
④ '미타찰'은 불교에서 말하는 극락세계로 화자가 불도를 닦으며 누이와 재회하기를 바라는 공간을 가리킨다.

작품 해제
월명사, 「제망매가」

갈래	향가(10구체)
성격	추모적, 비유적, 애상적, 종교적
주제	죽은 누이에 대한 추모
해제	월명사가 죽은 누이의 명복을 빌며 부른 추모의 노래로, 죽음에 대한 슬픔을 종교적으로 승화시키고 있는 작품이다.
특징	・정제되고 세련된 표현 기교를 사용한다. ・뛰어난 비유를 통해 화자의 10구체 향가의 서정성을 극대화한다. 혈육의 죽음으로 인한 슬픔을 종교적 믿음으로 승화시킨다.
배경 설화	월명사는 일찍이 죽은 누이를 위하여 재(齋)를 올리고, 향가를 지어 제사를 지냈다. 월명사가 향가를 부르자 문득 광풍(狂風)이 불어 지전(紙錢)을 서쪽으로 날려 없어지게 하였다고 한다. **현대어 풀이** 생사(生死) 길은 / 예 있으매 머뭇거리고, 나는 간다는 말도 / 몯다 이르고 어찌 갑니까. 어느 가을 이른 바람에 / 이에 저에 떨어질 잎처럼, 한 가지에 나고 / 가는 곳 모르온저. 아아, 미타찰(彌陀刹)에서 만날 나 / 도(道) 닦아 기다리겠노라. — 김완진 옮김

02   정답 ③

정답 해설

'과(過)도 허믈도' 없다는 진술은 자신의 억울함을 호소하는 것이지 의종에 대한 원망을 나타내는 것은 아니다.

선택지 해설

① (나)는 의종에게 화자가 결백을 주장하는 내용을 담고 있다.
② (나)에서는 자신에 대한 참소가 거짓이라는 점을 주장하고 있다.
④ (나)의 마지막 행은 의종과의 재회를 강렬하게 원하는 화자의 마음을 나타낸다.

작품 해제

정서, 「정과정」

갈래	향가계여요
성격	애상적
주제	임금에 대한 그리움과 재회에의 소망
해제	이 작품은 고려 의종 때 정서가 유배지에서 지은 노래로, 참소에 대해 자신의 결백을 주장하고 임금과의 재회를 염원하고 있다.
특징	• 자연물에 의탁해 감정을 나타내고 있다. • 의문형을 통해 화자의 심리를 나타내고 있다. • 감탄사를 활용해 화자의 정서를 나타내고 있다.
현대어 풀이	내(가) 임을 그리워하여 울며 지내더니 산(에 있는) 접동새(와) 나는 (처지가) 비슷합니다. (나를 참소하는 말이) 옳지 않으며 거짓인 줄, 아아! 천지신명이 아실 것입니다. 넋이라도 임과 한곳에서 살고 싶어라. 아아! (나에게 허물이 있다고) 우기던 이가 누구였습니까? (나는) 잘못도 허물도 전혀 없습니다. 뭇 사람의 (나를 모함하는) 말이로구나. 사라지고 싶어라. 아아! 임이 나를 벌써 잊으셨습니까? (그렇게 하지) 마소서 임이시여, (마음을) 돌이켜 (내 말을) 들으시어(나를) 사랑해 주소서.

03   정답 ③

정답 해설

「청산별곡」의 시적 화자는 고통스러운 삶 때문에 방황하는 인물이므로 ③는 적절하지 않다.

선택지 해설

①, ② 「청산별곡」은 척신들의 횡포와 무신들의 무단정치, 몽골의 침입 등 내우외환에 시달리던 고려인들의 삶의 애환을 형상화하고 있다. 따라서 이 작품의 시적 화자로 삶이 피폐해져 청산에 들어가 머루나 다래를 따먹고 살아야 하는 민중, 특히 유랑민으로 보는 견해가 많다.
④ 속세의 번뇌를 해소하기 위해 청산을 찾았고, 기적과 위안을 구하면서도 삶의 고뇌를 해소하려는 지식인의 술 노래로 보는 경향도 있다.

작품 해제

작자 미상, 「청산별곡」

갈래	고려가요
성격	애상적, 현실도피적
주제	① 삶의 고뇌와 비애 ② 실연의 애상(哀傷) ③ 삶의 터전을 잃은 유랑민의 슬픔
해제	이 작품은 삶의 비애와 고뇌 속에서 이상향을 꿈꾸고 있는 대표적인 고려가요이다. 고도의 비유와 상징을 활용하여 고려 가요 중 문학성이 뛰어난 작품으로 평가받는다.
특징	• 3·3·2조 3음보의 운율, 'ㄹ, ㅇ'의 반복, 후렴구와 어구의 반복으로 음악성이 뛰어나다. • 상징적인 시어들을 사용하여 함축적이다. • '산'과 '바다'의 대칭적 2단 구성을 취하고 있다.
현대어 풀이	살리라 살리라, 청산에서 살리라. 머루랑 다래랑 먹고 청산에서 살리라. 얄리얄리 얄랑셩 얄라리 얄라 우는구나 우는구나 새여, 자고 일어나 우는 구나 새여 너보다 걱정이 많은 나도 자고 일어나 울며 지내노라 얄리얄리 얄랑셩 얄라리 얄라 날아가던 새 날아가던 새 보았느냐 물 아래 날아가던 새 보았느냐 이끼 묻은 쟁기를 가지고, 물 아래 날아가던 새 보았느냐 얄리얄리 얄랑셩 얄라리 얄라 어디에다 던지던 돌인가? 누구를 맞히려던 돌인가? 미워할 사람도 사랑할 사람도 없이 맞아서 울고 있노라. 얄리얄리 얄랑셩 얄라리 얄라 살리라 살리라, 바다에서 살리라. 나문재와 굴조개랑 먹고 바다에서 살리라. 얄리얄리 얄랑셩 얄라리 얄라 가다가 가다가 듣노라. 외딴 부엌을 지나가다가 듣노라. 사슴(사슴으로 분장한 광대)이 장대에 올라서 해금을 켜는 것을 듣노라. 얄리얄리 얄랑셩 얄라리 얄라 가다 보니 배가 불룩한 독에 진한 술을 빚는구나. 조롱박꽃 같은 누룩 냄새가 매워(강렬하여)(나를) 붙잡으니 낸들 어찌하랴. 얄리얄리 얄랑셩 얄라리 얄라

04   정답 ②

정답 해설

㉠의 의미는 '따른다'는 것이다. 이는 이별을 적극적으로 거부하는 것이다. ㉡

은 '끊어지겠습니까'라는 의미로 설의적 표현이다. 즉 ⓒ은 임에 대한 자신의 임에 대한 사랑은 변하지 않을 것임을 강조한 것이다. ⓒ은 다른 꽃을 '꺾을 것'이라는 의미이다. 이 말은 임이 강을 건너 다른 여인을 만나지는 않을까 하는 불신과 원망의 태도를 드러내고 있다.

작품 해제
작자 미상, 「서경별곡」

갈래	고려가요
성격	남녀상열지사
주제	이별의 정한(情恨)
해제	이 작품은 지금의 평양인 서경(西京)을 중심으로 서민층에 널리 불리다가 궁중 음악으로 채택된 노래로서, 「가시리」와 함께 이별의 정한(情恨)을 그린 대표적인 고려가요이다. 고전 시가의 화자가 일반적으로 지닌 소극적이고 순종적인 여성상에서 벗어나 임과의 이별을 적극적으로 거부하는 저돌적이고 직설적인 여성상을 보여 주고 있다.
특징	· 동일한 구절을 반복하고 음률을 맞추기 위한 여흥구와 경쾌한 리듬감을 더해 주는 후렴구를 사용하고 있다. · 각 연마다 이질적인 내용을 담고 있어 적층 문학의 성격을 띠고 있다. · 조선시대에 '남녀상열지사'라고 비판을 받기도 하였다.
현대어 풀이	서경(평양)이 아즐가 서경(평양)이 서울이지마는 위 두어렁셩 두어렁셩 다링디리 (삶의 터전을) 닦은 곳 아즐가 닦은 곳인 작은 서울을 사랑합니다마는 위 두어렁셩 두어렁셩 다링디리 (임과) 이별하기보다는 아즐가 (임과) 이별하기보다는 길쌈하던 베를 버리고라도 위 두어렁셩 두어렁셩 다링디리 (임께서 나를) 사랑해 주신다면 아즐가 사랑해 주신다면 울면서 따라가겠습니다. 위 두어렁셩 두어렁셩 다링디리 구슬이 아즐가 구슬이 바위에 떨어진들 위 두어렁셩 두어렁셩 다링디리 (구슬은 깨질지언정) 끈이야 아즐가 끈이야 끊어지겠습니까? 위 두어렁셩 두어렁셩 다링디리 (임과 이별하여) 천년을 아즐가 천년을 홀로 살아간들 위 두어렁셩 두어렁셩 다링디리 (사랑하는 임에 대한) 믿음이야 아즐가 믿음이야 끊어지겠습니까? 위 두어렁셩 두어렁셩 다링디리 대동강이 아즐가 대동강이 넓은 줄을 몰라서 위 두어렁셩 두어렁셩 다링디리 배를 내어 아즐가 배를 내어놓았느냐, 사공아. 위 두어렁셩 두어렁셩 다링디리 네 아내가 아즐가 네 아내가 바람난 줄을 몰라서 위 두어렁셩 두어렁셩 다링디리 떠나는 배에 아즐가 떠나는 배에(임을) 태웠느냐, 사공아. 위 두어렁셩 두어렁셩 다링디리 대동강 아즐가(임께서 강을 건너면) 대동강 건너편 꽃을 위 두어렁셩 두어렁셩 다링디리 배를 타고 들어가면 아즐가 배를 타고 들어가면 꺾을 것입니다. 위 두어렁셩 두어렁셩 다링디리

05 　　　　　　　　　　　　　　　　　정답 ②

정답 해설

고려가요는 연이 구분되어 있으며, 정서 표현이 꾸밈없고 소박하다. 주로 3음보의 율격을 지니고 있으며『악학궤범』,『악장가사』,『시용향악보』에 수록되어 있다.

선택지 해설

ㄷ. 주로 4음보의 율격을 지니고 있는 것은 시조이다.
ㅁ.『청구영언』에는 시조가 수록되어 있다.

06 　　　　　　　　　　　　　　　　　정답 ①

정답 해설

(가)에는 '눈'이라는 시어를 통해 겨울이라는 계절감이, (나)에는 '추풍(秋風)'이라는 시어를 통해 가을이라는 계절감이 드러나고 있다.

작품 해제
(가) 우탁, 「춘산(春山)에 눈 노기는 바람 ~」

갈래	평시조
성격	영탄적, 탄로가(嘆老歌)
주제	늙음에 대한 안타까움
해제	이 작품은 자신의 백발을 바라보면서 다시 젊어지고 싶다는 소망을 노래한 작품으로, 늙음에 대한 체념적 슬픔에 빠지지 않고 이를 극복하고자 하는 적극적이고 긍정적인 태도를 보여 줌으로써 인생에 대한 달관과 여유를 느끼게 한다.
특징	· 참신한 비유를 통해 추상적 이미지를 구체화하고 있다. · 늙음에 대해 한탄하면서도 인생에 대한 여유와 관조의 자세가 드러난다.
현대어 풀이	봄 산에 쌓인 눈을 녹인 바람이 잠깐 불고(어디론지) 간 곳 없구나. 잠시 동안(그 바람을) 빌려다가 머리 위에 불게 하고 싶구나. 귀밑에(이미) 여러 해 묵은 서리(백발)를(다시 검은 머리가 되게) 녹여 볼까 하노라.

(나) 황진이, 「내 언제 무신(無信)ᄒ야 ~」

갈래	평시조
성격	애상적, 감상적
주제	임을 향한 애타는 그리움
해제	이 작품은 가을밤에 초조하게 임을 기다리며 외롭게 밤을 지새우는 여인의 정한을 노래하고 있다. 신의를 저버리고 찾아오지 않는 임을 기다리는 안타까운 마음이 잘 드러난다.

특징	· 가을을 배경으로 하여 여성 화자의 애타는 마음이 드러난다. · 임에 대한 원망과 간절한 기다림이 드러난다.
현대어 풀이	내가 언제 믿음이 없어 임을 언제 속였기에, 달도 자는 깊은 밤에도 (나를 찾아) 오려는 뜻이 전혀 없구나. 가을바람에 떨어지는 잎 소리에도 (임이 오는 소리로) 착각하는 나의 마음을 낸들 어찌하겠는가.

07 정답 ①

정답 해설

문답법은 묻고 대답하는 형식으로 표현하는 표현 방법이다. 「강호사시사」에는 문답법이 나타나지 않는다.

선택지 해설

② '유신(有信)혼 강파(江波) 보내니 부람이다'를 보면 강 물결을 의인화하여 표현하고 있다.
③ '봄 – 여름 – 가을 – 겨울' 계절에 따라 한 수씩 노래하며, 시상을 전개하고 있다.
계절의 변화에 따라 시상을 전개하고 있다.
④ '이 몸이 한가(閑暇)히옴도 역군은(亦君恩)이샷다'라는 구절의 반복을 통해 형식적 통일성을 주고 있다.

작품 해제

맹사성, 「강호사시사」

갈래	연시조
성격	풍류적, 낭만적
주제	강호에서 한가한 생활을 즐기며 임금의 은혜에 감사함.
해제	이 작품은 사계절의 순환을 통해 자연에서 안분지족하는 은사(隱士)의 유유자적한 삶을 다룬 우리나라 최초의 연시조이다. 자연과 조화를 이루는 삶의 자세와 임금의 은혜에 감사하는 마음을 드러내어 유교적 충의 사상을 드러냄과 동시에 형식적 통일성을 얻고 있다.
특징	· 계절에 따라 한 수씩 노래하며, 시상을 전개한다. · 동일한 구조를 반복하여 형식을 통일함으로써 주제를 효과적으로 드러내고 있다. · 의인법, 대유법, 대구법 등 다양한 표현 기법을 사용하고 있다.
현대어 풀이	강호에 봄이 찾아드니 참을 수 없는 흥겨움이 절로 솟구친다. 탁주를 마시며 노는 시냇가에 싱싱한 물고기가 안주로 제격이로구나. 다 늙은 이 몸이 한가롭게 지냄도 역시 임금의 은혜이시도다. 강호에 여름이 찾아드니 초당에 있는 이 몸이 할 일이 별로 없다. 신의 있는 강 물결은 보내는 것이 시원한 강바람이다. 이 몸이 이렇듯 서늘하게 지냄도 역시 임금의 은혜이시도다. 강호에 가을이 찾아드니 물고기마다 살이 올랐다. 작은 배에 그물을 싣고서 물결 따라 흘러가 배를 띄워 버려 두니 이 몸이 이렇듯 고기잡이로 세월을 보내는 것도 역시 임금의 은혜이시도다. 강호에 겨울이 찾아드니 쌓인 눈의 깊이가 한 자가 넘는다. 삿갓을 비스듬히 쓰고 도롱이를 둘러 입어 덧옷을 삼으니 이 몸이 이렇듯 추위를 모르고 지내는 것도 역시 임금의 은혜이시도다.

08 정답 ④

정답 해설

시적 화자는 내 마음에 창을 달아 살면서 답답할 때마다 열어젖혀 답답함을 해소하고 싶다고 말한다. 이는 고달픈 삶에서 오는 답답함이며 이것으로부터 벗어나고 싶은 의지와 방법에 대한 고민이므로 강연 주제로는 ④가 가장 적절하다.

작품 해제

작자 미상, 「창 내고자 창을 내고자 ~」

갈래	사설시조
성격	해학적, 골계적
주제	답답함에서 벗어나고 싶은 심정
해제	이 작품은 세상살이의 고달픔에서 벗어나고 싶은 심정을 절묘한 비유를 통해 드러내고 있다. 가슴속을 방으로 전제하고, 답답한 심정에서 벗어나고픈 심정을 창을 낸다는 기발하고 독특한 발상 및 표현을 하고 있다.
특징	· 반복법, 과장법, 점층법 등 다양한 표현 방식이 사용되었다. · 구체적이고 일상적인 소재를 나열하고 있다. · 기발한 발상 및 비유법을 사용하고 있다.
현대어 풀이	창 내고자 창을 내고 싶다. 이 내 가슴에 창을 내고 싶다. 고모장지 세살장지 들장지 열장지 암돌쩌귀 수돌쩌귀 배목걸새 크나큰 장두리로 뚝딱 박아 이 내 가슴에 창을 내고 싶다 이따금 너무 답답할 때면 여닫아 볼까 하노라.

09 정답 ④

정답 해설

중장에서 현학적 시어가 나열되고 있지만, 이는 단순 나열이 아닌 게젓에 대한 묘사이며, 관념적 시어들은 아니다. 또한, 이것이 해학성을 높이는 데 기여하는 것도 아니다. 이 시의 해학성은 대화를 통해 드러나는 상황 자체에서 오는 것이다.

선택지 해설

① 중장의 '아스슥'이라는 청각적 심상을 통해 생동감을 부여하고 있다.
② 시적 대상인 게젓을 사실적, 구체적으로 묘사하고 있다.
③ 게젓 장수와 게젓을 사려는 사람의 대화를 통해 시적 상황을 생생하게 형상화하고 있다.

작품 해제
작자 미상, 「댁(宅)들에 동난지이 사오 ~」

갈래	사설시조
성격	풍자적, 해학적
주제	게젓 장수의 현학적 자세를 풍자함.
해제	이 작품은 게젓 장수와 손님의 대화로 구성된 사설시조로 허위의식과 현학적 태도에 물든 세태를 비판적으로 풍자하고 있다.
특징	· 대화체, 돈호법이 사용되고 있다. · 감각적 시어('아스슥')가 활용되고 있다. · 게의 모습과 게를 먹을 때의 장면을 사실적으로 묘사하고 있다.
현대어 풀이	여러분, 동난젓 사오. 저 장수야, 네 물건 그것이 무엇이라 외치느냐? 사자. 겉은 뼈요 속은 살이고, 두 눈은 위로 솟아 하늘을 향하고, 앞뒤로 가는 작은 발 여덟 개, 큰 발 두 개, 진하지 않은 간장에(씹으면) 아삭아삭한 동난젓 사오. 장수야, 너무 거북하게 외치지 말고 게젓이라 하려무나.

10   정답 ①

정답 해설

㉠은 '한평생 함께 살아갈 인연이며 이 또한 하늘이 어찌 모를 일이던가?'라는 의미의 구절이다. 즉 '하놀'이라는 시어를 사용하여 화자와 임의 관계가 헤어질 수밖에 없는 운명임을 드러내는 것이 아니라 여성 화자와 임의 관계가 천생연분임을 나타내고 있다.

선택지 해설

② ㉡은 '그동안에 어찌하여 속세에 내려왔느냐?'라는 의미로 자신이 천상의 선녀임을 드러내고 있다.
③ ㉢은 '연지와 분이 있지만 누구를 위하여 곱게 단장할꼬?'라는 의미로 화자가 여성임이 드러난다.
④ ㉣은 '무심한 세월은 물 흐르듯 흘러가는구나'라는 의미이므로 '무심'이라는 시어를 통해 임을 만나지 못하는 상황에 대한 안타까움을 드러내고 있다.

작품 해제
정철, 「사미인곡」

갈래	양반 가사, 서정 가사
성격	애상적, 서정적
주제	연군지정(戀君之情)
해제	이 작품은 작자가 50세 되던 해에 탄핵을 받아 조정에서 물러나 전남 창평에서 은거하며 생활하고 있을 때 지은 가사이다. 자신의 불우한 처지를 외로운 여인으로 설정하여 호소력을 높이고 있으며, 우리말을 이용하여 세련되게 표현하고 있다는 점에서 가사 문학의 백미로 꼽히는 작품이다.
특징	· 다양한 비유와 상징적 기법을 활용하고 있다. · 여성 화자의 목소리를 빌려 호소력을 높이고 있다. · 계절의 흐름에 따라 시상을 전개하고 있다.
현대어 풀이	이 몸이 태어날 때에 임을 따라 태어나니, 한평생(함께 살아갈) 인연이며(이것이) 하늘이 모를 일이던가? 나는 오직 젊어 있고 임은 오직 나를 사랑하시니 이 마음과 이 사랑을 비교할 곳이 전혀 없다. 평생에 원하되(임과) 함께 살아가고자 하였더니, 늙어서야 무슨 일로 외따로 두고 그리워하는고? 엊그제에는 임을 모시고 광한전에 올라 있었더니, 그동안에 어찌하여 속세에 내려왔느냐? 내려올 때에 빗은 머리가 헝클어진 지 3년일세. 연지와 분이 있지마는 누구를 위하여 곱게 단장할꼬? 마음에 맺힌 근심이 겹겹으로 쌓여 있어서 짓는 것이 한숨이요, 떨어지는 것이 눈물이라. 인생은 유한한데 근심은 끝이 없다. 무심한 세월은 물 흐르듯 흘러가는구나.

11   정답 ③

정답 해설

(가)와 (나)의 시적 대상은 모두 집안의 '종'이라고 할 수 있다. (가)는 종에게 열심히 일을 하라고 하면서 죽을 쑤어 건더기를 주지만 종은 말을 잘 듣지 않는다. 한편, (나)의 주인은 자신도 일을 하면서 종에게 일을 시키고 있다. 그러나 (가)에 비해 (나)가 윤리 도덕을 바탕으로 종을 설득하고 있다고 볼 수는 없다.

선택지 해설

① (가)에서는 종들이 일을 하지 않아 올벼씨는 쥐가 먹고, 기장, 피, 조, 팥 농사를 짓지 못하는 현실이 드러나고 있다.
② (나)에서는 주인이 집을 자신이 짓겠다는 모범을 보이고 있다.
④ (가)에서 화자는 종에게 죽 건더기를 줘도 열심히 일하지 않음을 비판적 시각으로 보고 있고, (나)에서는 주인이 종의 재주를 칭찬하며 달래고 있다.

작품 해제
(가) 정훈, 「탄궁가」

갈래	양반 가사, 후기 가사
성격	구체적, 사실적, 체념적
주제	가난으로 인한 근심 걱정
해제	이 작품은 곤궁한 선비의 생활상을 실제적으로 보여 주고 있다. 농사지을 법씨가 부족할 정도로 가난한 17세기 양반층의 현실을 구체적으로 드러내고 있으며 특히 가난을 의인화하여 가난으로 인한 고통을 희화화하는 수법이 돋보인다.
특징	· 현실을 구체적으로 묘사하여 사실성을 높이고 있다. · 가난을 의인화하여 가난으로 인한 고통을 희화화하고 있다.

현대어 풀이	봄날이 매우 늦어서 뻐꾸기가 재촉하거늘, 동쪽 이웃집에서 따비(밭을 가는 데 쓰는 공기구)를 얻고 서쪽 집에서 호미를 얻고 집 안에 들어가 씨앗을 마련하니, 올벼 씨 한 말은 반 넘게 쥐가 먹었고 기장과 피와 조와 팥은 서너 되를 부쳤거늘, 춥고 배고픈 식구 이리하여 어찌 살리? 이봐, 아이들아! 어쨌거나 힘써서 살아가라. 죽을 쑤어 국물은 상전이 먹고 건더기는 건져 종을 주니 (종이) 눈을 흘겨 뜨고 코로는 콧바람을 분다. 올벼는 한 말만 수확하고 조와 팥은 다 묵히니 싸리, 피, 바랑이 등 잡초는 나기도 싫지 않던가? 관청의 이자와 민간의 사채는 무엇으로 장만하며 나라의 노동과 세금은 어떻게 채워 낼꼬? 여러 가지로 생각해도 감당해 낼 가망이 전혀 없다. 장초가 아무 걱정 모르는 것을 부러워하나 어찌하리?

(나) 허전, 「고공가」

갈래	양반 가사, 후기 가사
성격	교훈적, 비판적, 우의적, 비유적
주제	고공에 대한 훈계와 잘못된 현실에 대한 비판
해제	임진왜란 직후 나태해진 관리들을 한 집안의 고공(머슴)에 빗대어 그들의 탐욕과 정치적 무능을 비판한 작품이다.
특징	• 솔선수범적 태도 및 고공들의 재주를 인정하는 태도로 고공들을 타이르고 있다. • 구체적인 청자를 설정한 뒤 호명하여 청자의 주의를 끌고 있다. • 과거의 고공과 요즘 고공을 비교하여 요즘 고공들의 행동을 비판하고 있다.
현대어 풀이	칠석에 호미 씻고 김을 다 맨 후에, 새끼 꼬기는 누가 잘 하며 가마니는 누가 엮랴? 너희 재주를 헤아려 서로서로 맡아라. 추수를 한 후면 집을 짓지 아니하랴? 집은 내가 지을 것이니 움은 네가 묻어라. 너희 재주를 내가 짐작하였노라. 너희도 먹고살 일을 깊이 생각하려무나.

12 정답 ②

정답 해설
㉠은 임을 만나고자 하는 화자의 심리를 드러내고 있는 대상이고, ㉡은 임이 화자에게 오지 못하는 장애물이라는 화자의 원망이 드러나고 있는 대상이므로 적절하다.

선택지 해설
① ㉠은 화자와 달리 임 계신 곳에 갈 수 있는 대상이므로 상황이 반대된 대상은 맞지만, ㉡이 화자와 상황이 동일한 대상은 아니므로 적절하지 않다.
③ ㉠은 화자가 임에 대한 그리움을 표현하는 행동을 유도하고 있다고 볼 수 있지만, ㉡은 화자의 갈등이 해소된 대상이 아니므로 적절하지 않다.
④ ㉠은 화자의 처지가 드러나는 대상이 아니고, ㉡은 화자의 그리움이 드러나는 대상이 아니므로 적절하지 않다.

작품 해제
작자 미상, 「황계사」

갈래	가사
성격	서정적, 애상적
주제	임에 대한 그리움과 기다림
해제	이별하고 소식조차 전해 주지 않는 임에 대한 간절한 그리움을 '황계'에 의탁하여 표현한 가사이다.
특징	자연물에 의탁하여 화자의 심정을 나타내고 있음. 가창되는 특성을 고려하여 일정한 운율로 전개됨.
현대어 풀이	병풍에 그린 누런 수탉이 두 나래를 크게 치고 짧은 목을 길게 빼어 긴 목을 에후리어 새벽녘에 날 새라고 꼬끼오 울거든 오려는가 자네 어떻게 그럴수도 아니 오던가 너는 죽어서 황하수 되고 나는 죽어서 나룻배 되어 밤이나 낮이나 낮이나 밤이나 바람 불고 물결치는 대로 어하 둥덩실 떠서 놀자꾸나 저 달아 보느냐 임 계신 데 밝은 기운을 빌리거든 나도 보자 이 아해야 말을 듣소 가을 달이 오래도록 밝으니 달이 밝아 못 오던가 어디를 가고서 네 아니 오느냐 지화자 좋을시고

13 정답 ④

정답 해설
이 한시는 가을 풍경과 화자의 모습을 대비하여 아무것도 이룬 것이 없는 자신을 돌아보고 있다. 이를 표현하기 위해 독백적 어조를 사용하여 차분한 분위기를 조성하고 있다.

선택지 해설
① 연군지정은 드러나지 않는다.
② 화자의 감정이 이입된 자연물은 드러나지 않는다.
③ 가을이라는 계절적 배경이 드러나지만, 절망감을 드러내고 있지 않다.

작품 해제
이황, 「만보」

갈래	한시(5언 배율)
성격	성찰적
주제	소망한 바를 이루지 못한 회한과 성찰

해제	수확의 기쁨이 있는 가을 풍경과 화자 자신의 모습을 대비하여 학문적으로 아무것도 이룬 것이 없는 자신을 돌아보며 회한의 정서를 드러내고 있다.
특징	• 독백적 어조를 사용하여 화자 자신의 삶을 성찰함. • 자연과 화자 자신의 내면을 대조하여 시상을 전개함.
현대어 풀이	잊음 많아 이 책 저 책 어지럽게 뽑아놓고 흩어진 것 다시 정리하자니 해는 문득 서쪽으로 기울고 강에는 숲 그림자 드리워 흔들리는구나 지팡이 짚고 뜰에 내려 가 고개 들고 구름 낀 산마루를 바라보니 아득하게 밥 짓는 연기 일고 으스스 산과 들은 싸늘하구나 농삿집 가을걷이 가까워오니 방앗간 우물터의 아낙네 얼굴에 기쁜 빛이 돌고 갈까마귀 날아드니 계절이 늦었고 해오라기 우뚝 서니 모습이 훤칠하도다 내 인생은 홀로 무얼 하는지 숙원은 오래도록 풀리지 않으니 이 회포 누구에게 얘기할거나 고요한 밤에 거문고만 둥둥 타네

14
정답 ②

정답 해설
위 한시는 이별의 슬픔을 드러내고 있다. 임과 이별하고 그리워하는 마음을 드러내고 있으므로 적절하다.

선택지 해설
① 자연에서의 풍류를 즐기는 심정을 표현하고 있다.
③ 유교적인 덕목을 노래하고 있다.
④ 올바른 일을 하는 것에 힘쓸 것을 당부하고 있다.

작품 해제
정지상, 「송인」

갈래	한시(7언 절구)
성격	서정적, 애상적
주제	이별의 슬픔
해제	자연사와 인간사의 대조를 통해 이별의 정한을 심화, 확대하고 있다.
특징	• 도치법, 설의법을 사용하여 인간사와 자연사를 대비시켜 주제를 효과적으로 드러냄. • 시적인 이미지를 선명하게 제시하고 함축적 언어를 사용함.
현대어 풀이	비가 갠 긴 둑에 풀빛이 고운데 남포에서 임을 보내며 슬픈 노래 부르네 대동강 물이 언제나 마를 것인가 이별 눈물을 해마다 푸른 물결에 보태는구나

THEME 1 운문 문학 2. 현대시

01	④	02	③	03	②	04	①	05	④
06	③	07	①	08	④	09	③	10	③
11	②	12	③	13	③				

01
정답 ④

정답 해설
광복을 맞이해서 다시 하늘을 우러러보고 있지만 겨울밤 달이 아직 차다는 표현에서 광복 후의 혼란스러운 상황임을 짐작할 수 있다. 그리고 쏟아지는 태양을 안고 꽃덤불에 안기겠다는 표현에서 혼란을 극복하고 진정한 화합이 이루어지길 바라고 있음을 알 수 있다.

선택지 해설
① 영영 멀리 떠나 버린 벗이 있다는 표현을 통해 유랑자가 있음은 알 수 있지만, 이들이 다시 돌아오기를 바라고 있음은 알 수 없다.
② 일본이 우리나라를 식민지로 삼았던 시절에 가슴을 쥐어뜯으며 독립을 갈망했음은 알 수 있지만, 일본에 대한 심판을 간절히 원하고 있음은 알 수 없다.
③ 몸을 팔아 버린 벗이 있다는 표현과 맘을 팔아 버린 벗이 있다는 표현을 통해 조국을 배신한 사람들이 있음은 알 수 있지만, 이들에 대한 단호한 심판과 처단을 원하고 있음은 알 수 없다.

작품 해제
신석정, 「꽃덤불」

갈래	자유시, 서정시
성격	상징적, 비판적
주제	광복의 기쁨과 새로운 민족 국가 건설에의 소망
해제	이 작품은 어둡고 고통스러웠던 일제 강점기와 광복 직후의 혼란상을 극복하고, 새롭게 수립해야 할 바람직한 민족 국가의 모습을 꽃덤불로 상징화하고 있다.
특징	• 반복적 표현을 통해 운율감을 형성하고 있다. 상징적 심상으로 이미지를 형상화하고 있다. 어둠과 밝음의 대립적 이미지를 활용하고 있다.
구성	• 1연: 일제 강점하의 광복에 대한 소망 • 2연: 조국 광복을 위한 노력 • 3연: 일제 강점하의 비극적 상황 • 4연: 조국의 광복 • 5연: 새로운 민족 국가 수립에 대한 기대

02
정답 ③

정답 해설
화자가 노인과 나누고 싶은 탁배기 한잔은 노인과 정서적 교감을 하고 싶다는 의미이다.

선택지 해설
① 벼들의 모습과 또랑물의 소리가 짙어지는 것은 어두워지고 있음을 나열한 것으로 볼 수 있다.

② 집집마다 밥을 지어 나는 향을 밤꽃 향기라는 후각적 심상을 활용하여 농촌의 저녁을 표현한 것으로 볼 수 있다.
④ 온점을 사용하여 운율이 자연스럽게 이어지도록 드러낸 것으로 볼 수 있다.

작품 해제
고재종, 「들길에서 마을로」

갈래	산문시, 서정시
성격	감각적, 서정적
주제	들판의 싱그러운 생명력과 농촌 마을의 서정
해제	이 작품은 날이 저물고 있는 들길의 풍경을 묘사하고, 농촌 마을의 전원적이고 토속적인 정취를 표현하고 있다.
특징	· 산문적 진술로 담담하게 서술하고 있다. · 들길에서 마을로 시선을 이동하며 시상을 전개하고 있다. · 다양한 감각적 이미지를 통해 들판과 농촌 마을의 모습을 표현하고 있다.

03 정답 ②

정답 해설
이 시의 화자는 지붕을 덮은 쇠 항아리라는 무겁고 답답한 이미지의 표현이 그 구속과 억압을 형상화하고 있다. 그리고 이와 같이 우리 사회의 현실을 자각하라고 깨우치고 있다.

선택지 해설
① '먹구름'이라는 시어를 통해 과거의 삶이 암울했음을 알 수 있다.
③ 현실에 대한 불안함은 알 수 있지만 정신적 안정감을 찾으려는 것이 아니라 극복하려는 의지가 드러난다.
④ 화자는 현실에서 어려움을 이겨내기 위해서는 현실을 바르게 인식해야 함을 강조하고 있다.

작품 해제
신동엽, 「누가 하늘을 보았다 하는가」

갈래	자유시, 참여시
성격	참여적, 비판적
주제	구속과 억압의 역사에 대한 비판과 밝은 미래에 대한 바람
해제	이 작품은 현실에 대한 바른 인식을 갖지 못했을 때의 부정적 현상을 바탕으로, 인간다운 삶이 보장된 사회를 위해 갖추어야 할 조건을 노래하고 있다.
특징	· 상징법과 대립적 시어를 구사하고 있다. · 직설적 표현으로 시상이 전개되고 있다.
구성	· 1~3연: 어리석고 암울했던 과거의 삶 · 4~6연: 현실 극복의 결의 촉구 · 7~8연: 인고의 삶 · 9연: 현실 인식과 밝은 미래의 희망

04 정답 ①

정답 해설
1연과 2연에서 서술어가 앞에 나오는 어순 도치를 통해 시적 의미를 강조하고 있다.

선택지 해설
② '나는 떠난다', '나는 ~ 된다' 등의 말을 건네는 방식은 사용되었지만 화자의 깨달음을 강조하고 있는 것은 아니다.
③, ④ 과거와 현재를 교차하는 방식과 명령형 어미는 찾아보기 어렵다.

작품 해제
박남수, 「종소리」

갈래	자유시, 서정시
성격	상징적, 역동적
주제	종소리로 환기하는 자유의 확산과 의지
해제	이 작품은 종소리를 의인화한 화자를 설정하여 자유에 대한 관념을 형상화한 작품이다. 청동으로 만든 종에서 종소리가 멀리 울려 퍼지며 확산되는 과정을 다양한 이미지로 그려 내고 있다.
특징	· 종소리를 의인화하여 표현하였다. · 도치법, 의인법, 공감각적 심상을 사용하였다.
구성	· 1연: 멀리 울려 퍼지는 종소리 · 2연: 억압에서 벗어나는 종소리 · 3연: 자유롭고 아름다운 종소리 · 4연: 확산의 의지를 담은 종소리

05 정답 ④

정답 해설
역설적 표현이 활용된 부분은 찾아보기 어렵다.

선택지 해설
① '~ 아니냐'라는 설의적 표현을 활용해서 자신의 영이 죽어 있음을 반성하고 있는 태도를 드러내고 있다.
② 보조사 '도'를 반복적으로 활용하여 부정의 효과를 강조하고 있다.
③ 1연과 마지막 연을 동일한 구조로 반복하여 작품의 주제 의식을 강조하고 있다.

작품 해제
김수영, 「사령(死靈)」

갈래	자유시, 서정시
성격	비판적, 반성적
주제	불의에 대응하지 못하는 삶에 대한 반성
해제	이 작품은 부정적인 현실에 적극적으로 대항하지 못하는 자신의 영혼을 죽어 있다고 토로하며, 무기력한 자신을 성찰하는 시이다. 자유를 얻기 위해 필연적으로 희생을 감수해야 하지만 이를 실천하지 못하는 자신의 영혼을 죽은 것으로 여기며 부끄러워하고 있다.

특징	· 말을 건네는 방식을 사용하고 있다. · 상징적인 시어를 사용하여 주제를 강조하고 있다.
구성	· 1연: 죽어 있는 영혼에 대한 성찰 · 2연: 자유를 실천하지 못하는 것에 대한 자괴감 · 3연: 자유를 잃어버린 삶에 대한 불만족 · 4연: 적극적으로 저항하지 못하는 삶에 대한 자괴감 · 5연: 죽어 있는 영혼에 대한 자괴감

06 정답 ③

정답 해설

㉠은 '파란 옥빛 구슬'이라는 시각적 이미지가 '은은한 소리'라는 청각적 이미지로 감각적 이미지의 전이가 일어난 표현 방식이다. '달은 과일보다 향그럽다'는 '달'이라는 시각적 이미지가 '향그럽다'는 후각적 이미지로 감각적 이미지의 전이가 일어난 표현이다.

선택지 해설

① '구겨진 넥타이처럼 풀어져'는 길을 넥타이에 비유한 비유적 표현이다.
② '가지취의 내음새'는 후각적 심상으로, 다른 감각적 이미지로 전이가 일어난 것은 아니다.
④ '은결을 도도네'는 시각적 심상으로, 다른 감각적 이미지로 전이가 일어난 것은 아니다.

작품 해제

송수권, 「등꽃 아래서」

갈래	자유시, 서정시
성격	감각적, 비유적, 성찰적
주제	등꽃을 통해 발견하는 삶의 의미와 가치
해제	이 작품은 등나무 아래에서 등꽃을 바라보며 얻게 된 화자의 정서와 깨달음을 드러내고 있다. 넝쿨진 등꽃 송이의 모습을 통해 화자는 삶의 슬픔과 기쁨의 복합적인 정서를 느끼고, 타인과 더불어 살아가는 삶의 의미를 깨닫고 있다.
특징	· 다양한 감각적 심상을 통해 이미지를 형성하고 있다. · 비유적 이미지를 사용하여 대상의 특징을 부각하고 있다. · 자연물을 통해 화자의 인식 변화를 보여주고 있다.
구성	· 1연: 등꽃을 보며 삶의 슬픔과 기쁨을 느낌 · 2연: 등꽃을 통해 조화로운 삶의 의미를 깨달음 · 3연: 화자가 발견한 등꽃 송이의 아름다움

07 정답 ①

정답 해설

㉠은 척박하고 힘든 고난의 상황을 의미한다. ㉡은 극한의 상황에서도 피어나는 강한 생명력과 희망을, ㉢은 반드시 희망이 도래할 것이라는 것에 대한 확신을, ㉣은 한계를 이겨내고 기쁨과 행복의 미래를 즐기는 모습을 의미한다.

작품 해제

이육사, 「꽃」

갈래	자유시, 서정시
성격	상징적, 의지적, 저항적
주제	밝은 미래에 대한 신념과 의지
해제	이 작품은 극한 현실 속에서 꽃이 피어날 것에 대한 기대와 확신을 통해 새로운 세계에 대한 소망을 노래하고 있다. 여기서 '꽃'은 봄날의 희망과 새로운 생명의 의미를 넘어서 자유가 있는 미래, 조국 광복의 희망 등을 상징한다고 볼 수 있다.
특징	· 3음보의 운율을 사용하고 있다. · 대조적 이미지의 시어 사용으로 주제를 강조하고 있다. · 현실 참여적인 화자의 강인한 어조가 드러난다.
구성	· 1연: 극한 상황에서 피어나는 꽃 · 2연: 인고의 시간 속에서 새로운 생명이 탄생하기를 기대함 · 3연: 꽃이 피어날 미래에 대한 기대와 기쁨

08 정답 ④

정답 해설

(가)는 화자의 공간이 이동되고 있는 부분을 찾아보기 어렵고, (나)는 청과 시장에서 공사장 등으로 공간의 이동이 드러나지만 과거와 현재가 단절되지 않았다.

선택지 해설

① (가)는 화자가 표면에 드러난 것은 아니지만 모닥불을 쬐는 사람들의 풍경을 관조하여 묘사하고 있다.
② (나)는 '얼음장', '푸른 새벽', '입김', '모닥불' 등의 시어를 사용하여 이미지를 대조함으로써 대상의 의미를 부각하고 있다.
③ (가)는 보조사 '도'를 반복하여, (나)는 조사 '에서'와 '에'를 반복하여 리듬감을 형성하고 있다.

09 정답 ③

정답 해설

(나)에서도 '무장 독립군들'이 역사적으로 항거했던 모습을 '모닥불'을 통해 형상화하고 있다.

선택지 해설

①, ② (가)와 (나)는 모두 고단한 현실을 살아가는 사람들에게 힘이 되는 '모닥불'에 대해 노래하고 있다.
④ (나)에서는 '모닥불'이 울음을 참아 낸다는 표현을 통해 인내하고 있음을 표현하고 있고, 이를 '한 그루 향나무'에 비유하고 있다.

작품 해제
백석, 「모닥불」

갈래	자유시, 서정시
성격	감각적, 토속적
주제	비극적 역사 속에서 조화와 평등을 지향하는 공동체적 합일의 정신
해제	이 작품은 모닥불에 타들어 간 온갖 사물과 모닥불 주변에 모여 불을 쬐는 사람들의 풍경을 묘사함으로써 모든 존재들이 소외됨 없이 하나됨을 노래하고 있다.
특징	· 토속어의 사용을 통해 향토적 정감이 느껴진다. · 현재와 과거가 대비되는 구조를 지니고 있다.
구성	· 1연: 모닥불에 타고 있는 여러 가지 사물들 · 2연: 모닥불을 쬐는 사람과 동물들 · 3연: 모닥불에 서린 할아버지의 슬픈 개인사

작품 해제
안도현, 「모닥불」

갈래	자유시, 서정시
성격	상징적, 비유적
주제	고단한 삶에 대한 위로와 희망적인 삶에 대한 기대
해제	이 작품은 고단한 현실을 살아가는 사람들에게 힘이 되고 희망이 되는 모닥불에 대해 노래하고 있는 작품이다.
특징	· 동일한 시행을 반복하여 주제를 강조하고 있다. · '~에서', '~에', '~는'의 반복적인 사용을 통해 각운을 형성하고 있다.

10 정답 ③

정답 해설

밤에 홀로 유리를 닦는 행위는 입김이 어른거리는 모습을 보며 아이를 떠올렸기 때문이다. 즉 죽은 자식을 다시 보고 싶은 화자의 행위를 상징한다고 볼 수 있다.

선택지 해설

① 자식을 잃은 상실감과 허탈감으로 인해 기운이 없는 화자의 모습이 드러난다.
④ 화자의 자식이 폐혈관이 찢어지는 고통을 겪으며 죽었음을 알 수 있다.

11 정답 ②

정답 해설

'보석'은 죽은 아이의 모습을 상징한다고 볼 수 있다. '은수저'는 애기가 앉아 있던 곳에 놓여 있는 사물로, '애기'인 화자의 자식을 상징하고 있는 소재라고 볼 수 있다.

선택지 해설

① '노을'은 저녁 식사 시간이 되었다는 시간적 배경을 의미한다.
③ '들창'은 화자가 아이를 그리워하며 반복하는 행위로 '유리를 닦는 것'과 유사한 의미이다.
④ '들길'은 죽음의 세계를 의미하는 것으로 '새까만 밤'과 유사한 의미이다.

작품 해제
정지용, 「유리창Ⅰ」

갈래	자유시, 서정시
성격	상징적, 감각적
주제	죽은 아이에 대한 슬픔과 그리움
해제	이 작품은 자식을 잃은 아버지의 슬픔과 자식에 대한 그리움을 유리창을 매개로 하여 선명한 감각적 이미지로 그려 내고 있다.
특징	· 선명하고 감각적인 이미지를 사용하고 있다. · 감정을 절제하여 표현하고 있다.

12 정답 ③

정답 해설

(가)에서는 '너는 온다', '너는 더디게 온다'와 같은 통사구조를 반복하고 있고, (나)에서는 처음 두 행과 마지막 두 행에서 통사구조를 반복함으로써 기다림의 대상이 올 것이라는 화자의 의지를 강조하고 있다.

선택지 해설

① (가)와 (나) 모두, 공간이 이동하고 있는 부분을 찾아보기 어려우므로 적절하지 않다.
② (나)에서는 '뚝뚝'과 같은 음성 상징어를 통해 생동감을 표현하고 있음을 알 수 있지만, (가)에서는 찾아보기 어려우므로 적절하지 않다.
④ (나)에서는 마지막 행에서 어순을 바꾸어 표현하고 있음을 알 수 있지만, (가)에서는 찾아보기 어려우므로 적절하지 않다.

13 정답 ③

정답 해설

<보기>에서는 힘든 역경을 극복하면 새로운 세상이 곧 다가올 것이라는 기대감에 대해 설명하고 있다. ㉢은 화자가 이미 새로운 세상을 맞이한 벅찬 심정을 드러낸 것이므로 곧 다가올 새로운 세상에 대한 기대감을 갖고 있다고 보는 것은 적절하지 않다.

선택지 해설

① '기다리지 않아도 오는' 것은 '봄'이 올 것이라는 의미이다. <보기>에서 봄이 오는 것은 민주주의와 같은 새로운 세상이 다가올 것이라는 확신이라고 하였으므로 적절하다.
② '기다림마저 잃었을 때'는 '봄'이 오는 것에 대한 희망을 잃었다는 의미이다. <보기>에서 화자가 지금 겪고 있는 것은 희망을 찾아보기 힘든 고난의 시대라고 하였으므로 적절하다.
④ '먼 데서 이기고 돌아온' 것은 '봄'이 온다는 의미이다. <보기>에서 역경을 극복하면 봄이 온다고 하였으므로 적절하다.

THEME 2 산문 문학 1. 고전 산문

01	④	02	①	03	④	04	②	05	④
06	③	07	③	08	②	09	③	10	③
11	④	12	④	13	①	14	④	15	①
16	②	17	③	18	②	19	②	20	②

01 정답 ④

정답 해설

주어진 글은 꿈을 통한 인생무상을 극복하고, 불교의 '공(空)' 사상을 이야기 하고 있다. 따라서 전체적인 주제는 불교의 정신을 이어받고 있다.

선택지 해설

① 현실의 성진과 꿈의 양소유의 내용이 교차하는 환몽구조로 되어 있다.
② 제목 '구운몽'은 '아홉 사람의 뜬 구름 같은 꿈'이라는 뜻으로 성진과 팔선녀라는 9명의 인물, 인생은 꿈과 같다는 주제, 그리고 환몽 구조라는 구성이 압축적으로 드러나 있다.
③ 승려가 도술을 부리는 등의 전기적인 사건과 성진과 팔선녀가 만나는 사건 등이 우연적으로 이루어진다.

작품 해제

김만중, 「구운몽」

갈래	국문 소설, 몽자류 소설
성격	전기적, 불교적
주제	인생무상의 극복
해제	이 작품은 성진(性眞)이라는 불제자(신선세계)가 인간부귀와 남녀 정욕에 대한 번뇌 때문에 꿈속(인간세계)에서 양소유(楊少遊)로 환생한 뒤, 팔선녀(2처 6첩으로 환생)와 만나 인간 세상의 온갖 부귀영화를 누린 후, 부귀영화라는 것이 일장춘몽(一場春夢)과 같은 허망한 것이라는 것을 알고 꿈에서 깨어, 불교의 '공(空)' 사상을 통해 인생무상의 허무함을 극복하고 불도의 궁극적 깨달음에 도달한다는 내용의 소설이다. 이 작품에서 특이한 점은 꿈속 인간세계에서의 양소유의 일생에 영웅 소설적 면모가 반영되어 있다는 것이다. 「구운몽」은 몽자류 소설이라는 커다란 구조에 영웅소설이라는 작은 구조가 결합된 작품이라 할 수 있다.
특징	· 고전 소설의 일반적 특징인 전기적 요소가 나타난다. · 현실 세계와 꿈의 세계가 교차하는 환몽 구조를 지니고 있다.

전체 줄거리	중국 당나라 때 육관 대사의 제자들 중 성진(性眞)이라는 뛰어난 제자가 있었는데, 어느 날 육관 대사는 성진을 용궁으로 심부름 보낸다. 용궁에 간 성진은 돌아오는 길에 팔선녀(八仙女)와 다리 위에서 만나 서로 희롱한다. 인간 부귀와 남녀 정욕에 갈등하던 성진은 불법의 계율을 어긴 죄로 지옥로 떨어지게 되고, 인간 세상에 양소유(楊少遊)로 환생하게 된다. 양소유는 조정에 나아가, 하북의 삼진과 토번을 정벌하고 승상이 되어 위국공에 봉해지고, 팔선녀의 환생인 8명의 여자를 2처 6첩으로 맞이하여 온갖 부귀영화를 누리며 조정에서 물러난다. 조정에서 물러난 양소유는 등고(登高)날 산에 올라 주변 풍광을 내려다 보다 자신이 이루어 놓은 부귀영화가 허망한 것임을 깨닫고 불도에 귀의하고자 결심하는데, 이때 꿈에서 깨어난다. 꿈에서 깬 성진은 인간 세상에 환생했던 팔선녀와 함께 육관 대사의 가르침을 받고 불법의 심오한 진리를 크게 깨닫는다.

02 정답 ①

정답 해설

사 씨는 교 씨의 계략에 누명을 쓰게 되었으나 이에 대해 적극적으로 해결하지 않고, 집을 나간다. 따라서 ①의 진술은 적절하지 않다.

선택지 해설

② 유 한림은 교 씨의 계략에 속아 사 씨를 내쫓는 잘못된 판단을 하고 있다.
③ 교 씨는 자신의 욕망을 위해서 자신의 아들을 죽이고, 사 씨에게 뒤집어씌우는 교활한 짓도 서슴없이 하고 있다.
④ 교 씨가 자결하는 척을 하는 것은 우유부단한 유 한림이 결단을 내리도록 만들기 위해서 이다.

작품 해제

김만중, 「사씨남정기」

갈래	국문 소설, 가정 소설, 풍간 소설
성격	교훈적, 풍간적
주제	① 권선징악, 사필귀정 ② 조선 시대의 사회적 모순(가부장제, 축첩제 등)을 비판함.
해제	이 작품은 작가 김만중이 어머니를 위해 지었다는 소설로 당대 임란 후 확산된 서민의 자아 각성 및 새로운 문학 환경을 조성한 소설이다. 누명을 쓴 조강지치 시 씨가 여러 고난을 겪고 결국 행복하게 된다는 내용으로 당대 조정의 숙종, 장희빈, 인현 왕후의 이야기를 반영했다고 보기도 한다. 우리말(한글)로 썼기 때문에 한글 보급에 이바지했으며, 여성 독자층의 형성을 가져왔다. 후대 가정 소설의 전범(典範)이 되었다.
특징	· 인현 왕후 폐위를 비판한 목적 소설이다. · 처첩 간의 갈등을 다룬 최초의 가정 소설이다. · 국문 소설로 한문 투의 표현을 피하고 구어체에 접근하였으며, 속담이나 격언을 이용하여 우리말을 능숙하게 구사하였다. · 후대 가정 소설의 전범(典範)이 됨.

전체 줄거리	한림 유연수는 아내 사 씨가 늦도록 아이를 갖지 못하자 첩으로 교 씨를 얻는다. 교 씨가 아들 장주를 낳고, 이어 사 씨도 아들을 낳는다. 교 씨는 동청, 냉진 등과 짜고 아들 장주를 죽인 뒤 사 씨에게 누명을 씌워 쫓아낸 뒤 정실이 된다. 교 씨의 참소로 유배되었던 유연수는 모든 사건의 전말을 알게 되고, 동청과 교 씨를 처형한 뒤 사 씨와 행복하게 산다.

03 정답 ④

정답 해설

서술자는 북곽 선생과 동리자에 대한 대략적인 소개를 끝낸 후에, 동리자의 방 안에서 벌어지는 일을 시간의 순서에 따라 서술하고 있다. 그러므로 역순행적 구성이라고 할 수 없다.

선택지 해설

① 소설 중간에 『시경』을 삽입하여 서술상의 변화를 주고 있다.
② 동리자의 아들들의 대화를 통해 아들들이 상황 파악을 못하는 어리석은 인물임을 보여 주고, 북곽 선생의 행동을 통해 위선적인 북곽 선생의 성격을 드러내고 있다.
③ 북곽 선생과 동리자는 모두 겉과 속이 다른 표리부동한 인물이며, 이들을 풍자하고 있다.

작품 해제

박지원, 「호질」

갈래	한문 소설, 단편 소설, 풍자 소설
성격	풍자적, 우화적, 비판적
주제	당시 양반층의 허위의식과 부도덕성에 대한 비판
해제	이 작품은 『열하일기』에 수록되어 있는 박지원의 대표적인 한문 소설로, 인간에 대해 비판적 인식을 지니고 있는 범이 등장해 작가의 의식을 대변한다. 이로 인해 이 작품은 색다른 재미와 친숙함을 느낄 수 있고, 대상을 더욱 신랄하게 비판할 수 있다는 특징을 지니고 있다.
특징	• 작가를 대변하는 범을 의인화하여 당시의 지배층을 우화적으로 비판한다. • 비판의 대상이 유자(儒者)인 북곽 선생에서 위선적인 인간 모두로 확대된다.
전체 줄거리	어느 날 밤, 범과 창귀들은 범의 먹잇감에 대해 의논을 하고 있었다. 범은 창귀들이 제안한 의원과 무당을 마다하다가 선비를 추천하자 매우 화를 낸다. 세상에 명성이 자자한 북곽 선생은 밤늦게 지조 높은 과부로 소문난 동리자의 방에 있다가 그 아들들의 추격을 받고 도망치다가 똥구덩이에 빠진다. 겨우 그곳에서 빠져나온 북곽 선생은 범을 만나게 되고, 범은 북곽 선생에게 인간의 잘못을 꾸짖는다. 북곽 선생이 머리를 조아리고 목숨을 구걸하자 범은 그의 위선을 크게 꾸짖고 가 버린다. 날이 새고 새벽 일찍 밭 갈러 나온 농부가 북곽 선생의 꿇어앉은 모습을 보고 놀라 연유를 물으니 북곽 선생은 또다시 위선적인 선비의 모습으로 돌아간다.

04 정답 ②

정답 해설

주어진 글에서 허생은 매점매석으로 부를 축적한다. 이 행위는 안분지족과는 관계가 없다.

선택지 해설

① 허생이 만 냥으로 온갖 과일의 값을 좌우했음을 볼 때, 조선 사회의 경제 구조가 매우 취약했음을 알 수 있다.
③ 허생이 매점매석을 한 것은 제사 때 쓸 과일과 상투를 만들 때 쓰는 말총이다. 제사나 말총은 양반들의 허례허식을 위한 행사나 도구인데 이 도구들의 가격이 매점매석으로 인해 오른 것을 보아 허례허식이 양반들의 삶에 중요한 일부였음을 알 수 있다.
④ 군도들은 돈이 없어서 일반 평민의 삶을 누리지 못하여 도둑이 되었으므로 가난 때문에 도둑이 된 경우가 있었음을 알 수 있다.

작품 해제

박지원, 「허생전」

갈래	한문 소설, 풍자 소설
성격	풍자적, 비판적
주제	무능한 사대부층에 대한 비판과 현실에 대한 각성 촉구
해제	이 작품은 『열하일기(熱河日記)』「옥갑야화(玉匣夜話)」에 실린 한문 단편 소설로, 당대 사회 현실을 비판, 풍자한 것이다. '허생'이라는 인물을 내세워 당대의 무능한 사대부들을 비판하고, 선비 계층의 현실 인식과 그에 따른 과제를 제시하였다. 이용후생(利用厚生)의 철학을 가진 박지원의 사상이 잘 드러난 작품이다. 이 작품의 내용 요소는 크게 세 가지로 볼 수 있다. 첫째는 허생이 매점매석의 방법으로 부를 축적한 이야기, 둘째는 군도(群盜)를 이끌고 새로운 사회를 건설하는 이야기, 셋째는 이완과의 대화 장면이다.
특징	• 조선 후기 실학 사상이 반영되었다. • 당대의 사회 모순과 지배층을 비판하고 풍자하고 있다.
전체 줄거리	허생은 서울 남산 묵적골에서 사는 가난한 선비이다. 그는 생활고를 견디다 못한 아내의 질책에 집을 나선다. 변씨를 찾아가 만 냥을 꾸어 과일을 매점하고, 10배의 이익을 본다. 그는 또 도적들을 설득하여 각기 여자와 소 한 마리씩을 데리고 오게 하여 그들을 데리고 무인도로 들어가 그들을 정착시키고 농사를 짓게 한다. 3년 후에는 일본에 흉년이 들자 일본에 들어가 양곡을 팔아 백만 냥을 벌어 돌아온다. 그러나 허생은 돈이 너무 많아 쓸모없다고 하며 그중 오십만 냥을 바다에 버린다. 변씨로부터 허생의 이야기를 들은 이완 대장이 허생을 찾아가고, 허생은 북벌을 위한 세 가지 계책을 이야기한다. 그러나 이완이 이를 불가능하다고 말하자, 허생은 그를 크게 꾸짖고는 다음 날 자취를 감춰 버린다.

05 정답 ④

정답 해설

춘향의 말하기는 냉철하지 않고 오히려 감정이 격하게 표출되고 있다. 또한, 비판과 원망이라기보다는 속상한 마음을 드러낸다는 의미가 강하다.

선택지 해설

①, ② 이몽룡이 다른 여인을 만나 자신을 잊을까 걱정하는 것부터 자신을 데려가라는 것까지 직설적이고 솔직한 태도로 이별을 강하게 거부하고 있다.
③ 감정이 격해진 나머지 밑도 끝도 없이 자신을 데려가라는 식의 떼를 쓰는 듯한 태도를 보이고 있다.

작품 해제

작자 미상, 「춘향전」

갈래	판소리계 소설
성격	염정적, 해학적, 서사적, 풍자적, 비판적
주제	신분을 초월한 지고지순한 사랑
해제	이 작품은 판소리 다섯 마당 가운데 하나로 뒤에 판소리계 소설로 정착되었다고 추정된다. 전래의 열녀(烈女) 설화, 암행어사 설화, 신원(伸寃) 설화 등이 결합하여 판소리 창으로 불려지다가 소설화한 것으로 보인다. 100여 종이 넘는 이본(異本)이 증명하듯이, 널리 읽혀 온 것이 소설 「춘향전」이며, 판소리 청중들을 끊임없이 사로잡은 것이 판소리 「춘향가」이다. 춘향의 신분 상승 의지, 또는 굳은 절개와 탐관오리에 대한 저항 정신은 조선 후기 민중 의식의 성장을 대변하고 있다. 이러한 주제 의식과 함께 춘향의 절개는 추구해야 할 보편적 가치로서 우리 민중의 전형으로 받아들여진다.
특징	・판소리적 특성이 드러난다. ・자유 연애, 신분 상승 욕구의 성취가 드러난다. ・주제와 언어가 이중적이다.
배경설화	몽룡이 광한루에서 춘향에게 반하여 백년가약을 맺는다. 서울로 전한 부친을 따라 몽룡은 떠나가고, 새로 부임한 변사또가 횡포를 부린다. 이몽룡은 과거에 급제하고 암행어사가 되어 남원으로 내려온다. 춘향은 변사또의 수청을 들지 않았다는 죄로 옥고를 치르고 거지 차림으로 내려온 몽룡은 춘향의 어머니인 월매에게 괄시를 받는다. 변사또의 생일잔치에 몽룡이 어사 출도를 외치고 춘향을 구한다. 몽룡이 춘향 모녀를 서울로 데리고 가 춘향을 정실 부인으로 맞아 영화로운 일생을 보낸다.

06   정답 ③

정답 해설

ⓒ의 학산이 현재 원수의 최종 목적지는 맞으나 ⓒ은 학산으로 가는 과정의 일부가 아니다. ⓒ은 이두병의 사자인 '한 사람'이 송나라 태자를 죽이러 가는 곳이다.

선택지 해설

①, ② ㉠에서 원수는 ⓒ의 학산으로 가는 도중 우연히 송나라 태자를 죽이러 가는 이두병의 사자 '한 사람'을 만나는 곳으로 '한 사람'은 ⓒ의 태산부 계량도에 유배되어 있는 송나라 태자를 죽이려는 사람이었다. 원수가 이 사실을 알고 이 사자를 죽여 송나라 태자를 돕게 된다.
④ ㉣은 원수가 노옹에게 학산이 있다는 이야기를 듣고 가게 되는 곳으로, ⓒ이 있다고 추리되는 곳이며, 이곳에서 ㉤의 집에 대한 단서인 '글'을 받게 된다.

작품 해제

작자 미상, 「조웅전」

갈래	국문 소설, 군담 소설, 영웅 소설
성격	영웅적, 낭만적
주제	진충보국(盡忠保國)과 자유 연애 사상
해제	이 작품은 영웅 소설의 대표적 작품의 하나로 널리 읽혀졌던 소설이다. 전반부는 주인공의 고행담과 결연담(結緣談)이며, 후반부는 영웅적 무용담(武勇談)으로, 구성이 상당히 복잡하나 전체적인 통일성은 유지되고 있다. 대부분의 영웅 소설과 마찬가지로 주인공의 영웅적인 활동을 도술적으로 표현하였으며, 전체 분량의 약 3분의 1이나 되는 군담도 구체적·사실적이기보다는 추상적·설명적이다. 다른 군담 소설의 주인공들이 대부분 천상계 인물의 후신으로서 초인적인 능력을 발휘하여 위기를 극복하는 데 비하여, 이 작품의 주인공 조웅은 자신의 힘보다는 초인의 도움으로 운명을 개척해 간다. 특히, 이 작품의 애정담은 전통적 유교 윤리와는 어긋나는, 부모의 허락 없는 혼전 성사(婚前性事)를 그리고 있어 이채롭다.
특징	・영웅의 일대기적 구성으로 비현실적, 초현실적 요소가 나타난다. ・한시(漢詩)가 빈번하게 인용된다. ・대화, 묘사를 통한 극적 제시, 인물의 심리를 직접 설명하여 제시하고 있다.
전체 줄거리	이두병의 참소로 조웅의 아버지인 조정인이 자살하고, 조웅은 피신한다. 이두병이 태자를 폐하여 제위에 오르고, 조웅은 월경 도사를 만나 무술을 배우고 장 소저와 혼인한다. 조웅이 위국 왕을 도와 서번을 격파하고 태자를 구출한다. 위국으로 간 조웅이 이두병과 다시 대립하나 이두병을 죽이고 태자를 복위시킨다. 그리고 나라의 질서를 회복하고 제후에 오른다.

07   정답 ③

정답 해설

주어진 글에서 '원수'는 유충렬인데, 유충렬은 정한담이 금산성으로 쳐들어 왔다는 이야기를 듣고 대경한다. 즉 정한담 일파가 금산성으로 쳐들어 올 것임을 예측하지 못했던 것이므로 유충렬의 비웃는 표정을 클로즈업하는 것은 적절하지 않다.

선택지 해설

① 천자가 다급히 도망가는 장면에서는 빠른 템포의 배경 음악이 어울린다.
② 정한담이 천자에게 호통치고 있으므로 이 부분은 자신감에 넘치는 목소리로 연기하도록 하는 것이 옳다.
④ 천자가 도성에서 원수의 힘만 믿고 잠이 깊이 들어 있었다고 나와 있으므로 정한담이 도성에 잠입한 시간은 밤중일 것이다. 따라서 배경을 어둡게 하는 것은 적절하다.

작품 해제

작자 미상, 「유충렬전」

갈래	국문 소설, 영웅 소설, 군담 소설
성격	영웅적, 이원적, 전기적

주제	유충렬의 영웅적 행위
해제	이 작품은 조선 후기의 대표적 영웅 소설이자 군담 소설로, 영웅의 일생이라는 유형적 구조에 비교적 충실한 작품이다. 천상계의 인물이 죄를 짓고 인간계로 귀양온다는 설정에서 적강(謫降) 소설의 면모를 보이기도 한다. 작품의 두 인물인 '유충렬'과 '정한담'은 각기 충신과 간신의 전형을 보여 주는데, 이들의 대립을 통해 조선 후기 혼란한 사회 질서 속에서 '충(忠)'의 가치를 보여 주려한 작가의 의도를 엿볼 수 있다. 한편 이들 인물의 대립은 선과 악의 대결로 볼 수도 있는데, 유충렬이 승리함으로써 작품은 권선징악으로 결말을 맺게 된다.
특징	• 영웅의 일생에 부합하는 요소를 갖춘 대표적인 작품이다. • 선악의 대립을 극명하게 제시하였다. • 천상과 지상의 이원적 공간 구조를 가지고 있다.
전체 줄거리	명나라의 정언주부 유심은 늦도록 자식이 없어 한탄하다가 남악형산에 치성을 드리고 신이한 태몽을 꾼 뒤 아들을 얻어 충렬이라 이름을 짓는다. 이때 반역의 마음을 품은 정한담과 최일귀 등이 옥관도사의 도움을 받아 유심을 모함하여 귀양 보내고, 유심의 집에 불을 놓아 충렬 모자마저 살해하려 한다. 충렬은 천우신조로 살아나 강희주를 만나 사위가 된다. 유심을 구하려고 상소를 올렸던 강희주는 정한담의 모함으로 귀양을 가고, 그의 가족도 난을 피하여 모두 흩어진다. 유충렬은 강 낭자와 이별하고 백용사의 노승에게 무예를 배운다. 이때 남적과 북적이 쳐들어 오자 정한담은 스스로 출전하길 원하여 군사를 이끌고 나가서는 남적에게 항복하고 그 선봉장이 되어 도리어 천자를 공격한다. 정한담에게 계속해서 패한 천자가 항복할 즈음에 유충렬이 남적의 선봉 정문걸을 죽이고 천자를 구출한다. 이어 유충렬은 홀로 반란군을 치고 정한담을 사로잡고, 호왕에게 잡혀간 황가 일족과 유배지에 있던 아버지와 장인을 구하고 헤어졌던 어머니와 아내를 만난다. 나라를 구한 뒤 높은 벼슬에 올라서 부귀영화를 누린다.

08   정답 ②

정답 해설

ⓒ은 왜왕이 여러 시험을 극복해 낸 사명당의 초인적인 능력을 보며 사명당이 생불임을 확신하고, 그에 따른 대책을 묻고 있는 부분으로 의구심은 드러나 있지 않다.

작품 해제

작자 미상, 「임진록」

갈래	역사 군담 소설
성격	역사적, 전기적
주제	임진왜란의 패배에 대한 설욕 및 민족적 자부심 고취
해제	이 작품은 임진왜란을 배경으로 한 역사 소설로 역사적으로는 막대한 피해를 본 전쟁이나 작품 속에서는 일본이 조선에 항복한다는 내용으로 결말을 설정하고 있다. 이는 민족적 영웅을 기대하는 민중의 소망을 반영한 것이며, 이를 통해 민중에게 정신적 위안을 주었다는 데 이 작품의 의의가 있다.
특징	• 민족의 사기 진작을 위해 역사적 사실에 허구를 가미하였다. • 역사적 영웅들의 애국적 무용담을 순차적으로 엮었다.
배경 설화	하루는 선조가 꿈을 꾸었는데, 우의정 최일경이 왜군이 쳐들어 올 징조라고 해몽한다. 이 말에 화가 난 선조는 그를 귀양 보내고, 최일경은 그곳에서 왜군의 침입을 목격하고 조정에 알린다. 왜장 청정·소서·평수길 등이 군사를 이끌고 조선을 침략하자, 이순신은 수군을 지휘하며 싸우다 전사하고, 선조는 간신히 의주로 피신한다. 왜군이 평양을 점령하자 왕은 유성룡을 명나라에 보내 원군을 요청한다. 군대를 파견해 달라는 요청을 명나라에서 거부하자 「삼국지」의 관운장이 나타나 조선에 군사를 파견하게 하고 이여송을 도와 그가 청정의 목을 벨 수 있게 해 준다. 대장을 잃은 왜군은 대패하여 귀국하게 되는데, 조정에서는 김응서와 강홍립을 대장으로 삼아 왜국의 항복 문서를 받게 한다. 임진왜란이 끝난 지 13년 만에 왜군이 재침략하려 하자 사명당이 일본으로 건너가 항복 문서를 받아온다.

09   정답 ③

정답 해설

주어진 부분은 박씨 부인과 울대의 대화를 중심으로 사건을 전개하고 있으며 인물의 외양 묘사는 나오지 않는다.

선택지 해설

① 한자어와 상투적인 표현이 많이 사용되는 문어체가 주를 이루고 있다.
② 박씨의 능력은 도술적인 성격이 강하므로 현실성이 없는 전기적 요소들이다.
④ 실제로 병자호란에서 조선은 청나라에게 패배하였으나, 소설 속 박 씨는 청나라 군대를 물리친다. 이는 현실적 패배를 소설 속 허구적 승리로 보상받고자 하는 의도이다.

작품 해제

작자 미상, 「박씨전」

갈래	국문 소설, 군담 소설, 여성 영웅 소설
성격	전기적, 영웅적
주제	병자호란, 박씨의 영웅적 활약상
해제	이 작품은 병자호란이라는 역사적 사실을 배경으로 허구적 내용을 가미한 역사 소설이자 군담 소설이다. 등장인물인 박씨는 허구적 인물로, 실존 인물인 이시백의 아내로 등장한다. 박씨의 활약상을 통해 병자호란으로 인한 민족의 상처, 패배 의식을 극복하려는 것이 이 작품의 창작 의도이다.
특징	• 비현실적이고 전기적인 내용을 담고 있다. • 여성을 주인공으로 설정하여 여성 영웅을 등장시키고 있다. • 변신 모티브가 반영되어 있다.

전체 줄거리	조선 인조 때 이시백은 어려서부터 출중한 인물이었다. 이시백의 아버지는 박 처사의 청혼을 받아들여 박 소저와 이시백은 혼인한다. 그러나 시백은 박씨가 천하의 박색임을 알고 대면조차 않는다. 이에 박씨 부인은 시아버지에게 청하여 후원에 피화당을 짓고 지내며 비범한 재주로 남편을 장원급제시킨다. 이후 허물을 벗고 절세미인이 되자 부부가 화목하게 지낸다. 이때 청의 용골대 형제가 3만의 병사를 이끌고 조선을 침략하게 된다. 박씨 부인의 신통력으로 시백이 왕에게 호병의 침공을 알렸으나 간신 김자점의 반대로 받아들여지지 않는다. 마침내 호병의 침공으로 많은 사람이 죽었으나 오직 박씨의 피화당에 모인 사람들만 무사하였다. 이후 박씨는 신통력을 발휘하여 적장 용홀대를 죽이고 복수하러 온 용골대도 크게 혼내준다. 이후 박씨와 이시백은 국난을 극복하고 박씨 부인은 충렬부인에 봉해져 행복한 여생을 보낸다.

10 정답 ③

정답 해설

위의 소설은 「운영전」이다. 「운영전」은 액자식 구조를 가지고 있는 소설로, 운영과 김 진사가 만나고 사랑하고 이별하는 '내화'에서는 그 서술자가 운영 또는 김 진사로 바뀐다. 지문에 주어진 부분은 내화의 한 부분으로 서술자는 작품의 등장인물인 운영이다. 운영은 자신의 심리나 자신이 직접 목격한 사건에 관해 서술하고 있다.

선택지 해설

① 주인공이 내면을 숨기고 있지 않다.
② 3인칭 관찰자 시점은 드러나지 않는다. 참고로 고전 소설에서 3인칭 관찰자 시점은 찾기 어렵다.
④ 전지적 관찰자 시점은 「운영전」의 외화에서 선택하고 있는 시점이지만 주어진 부분에서는 드러나지 않는다.

작품 해제

작자 미상, 「운영전」

갈래	고전 소설, 애정 소설, 액자 소설
성격	비극적
주제	신분을 초월한 남녀 간의 비극적 사랑
해제	이 작품은 고전 소설 중 '외화 - 내화 - 외화'로 구성된 액자식 구조를 가지고 있다는 점, 결말이 비극적으로 끝난다는 점에서 고전 소설 중에서는 독보적인 위치에 있는 소설이다. 이 작품의 표면적 주제는 이루어질 수 없는 사랑에 대한 연민 정도로 볼 수 있지만 그 이면에는 억압된 삶에 대한 저항 의식이 담겨 있다.
특징	· 액자식 구성을 취하고 있다. · 고전 소설에서 유일하게 비극적 결말 구조를 지니고 있다. · 주인공들이 궁중이라는 두터운 장벽을 뛰어넘어 사랑을 위해 죽음을 택함으로써 봉건적 애정관을 탈피한 자유연애 사상을 보여 주고 있다. · 대화체의 문체를 사용함으로써 생동감 있는 구성을 취하고 있다.

전체 줄거리	선비 유영이 안평 대군의 집터에서 홀로 술을 마시다 잠이 들었고, 운영과 김 진사를 만나 그들로부터 그들의 사랑이야기를 듣게 된다. 안평 대군의 궁녀 운영과 시객이었던 김 진사는 우연히 만나 사랑하는 사이가 되었다. 그런데 안평 대군이 운영과 김 진사의 사이를 알게 되어 궁녀들을 문책하자, 운영이 자결하고 김 진사도 뒤따라 죽었다는 내용이다. 유영이 졸다가 깨어 보니 운영과 김 진사의 일을 기록한 책만 남아 있었다고 한다.

11 정답 ④

정답 해설

춘풍은 집에 돌아와서 아내에게 자신이 돈을 번 것처럼 허세를 부리는데 이는 양반들이 보여 주는 허세와 위선은 전형적인 형태라고 할 수 있다.

선택지 해설

① 이춘풍과 아내는 상호 대립하고 있지도 않고 이 둘이 불화를 일으키고 있지도 않다.
② 이춘풍은 비장을 어려워하고 있지 비장의 권세에 의지하여 신분 상승을 도모하고 있지는 않다.
③ 아내가 비장으로 변장해 춘풍을 혼내 주고 있지만 비장 역시 남자의 모습이므로 남녀의 지위를 역전시키고, 이를 통해 여성의 우월성을 드러내고 있다고 보기는 어렵다.

작품 해제

작자 미상, 「이춘풍전」

갈래	국문 소설, 풍자 소설
성격	해학적, 풍자적
주제	허위적인 남성 중심의 사회 비판, 진취적 여성상 제시
해제	이 작품은 우리나라를 배경으로 하고 있으며 평범한 서민을 주인공으로 하여 일상적인 삶의 모습을 그리고 있다는 점에서 판소리계 소설과 같은 평민 문학이다. 무능하고 방탕한 남편 때문에 가정이 몰락하고, 슬기롭고 유능한 아내의 활약으로 재건되는 이야기의 전개는 허위에 찬 남성 중심의 사회를 비판하고 여성의 능력을 부각시키려 한 의도가 작용한 것이다. 또한 조선 후기의 부패한 사회상을 풍자한 작품이기도 하다.
특징	· 물질 중심의 가치관을 비판하고 있다. · 서속 계승의 언어와 평민 계층의 재담과 육담이 혼용되어 나타나고 있다.
전체 줄거리	서울 다락골에 살던 이춘풍은 가산을 탕진하며 방탕하게 살다가 아내 김씨가 품팔이를 한 덕분에 세간이 넉넉해진다. 춘풍은 아내를 윽박질러 호조 돈 2,000냥을 꾸어 평양으로 장사를 떠난다. 그러나 평양에서 춘풍은 기생 추월에게 빠져 돈을 몽땅 빼앗기고, 이 소식을 들은 아내는 남장을 하고 새로 부임하는 평안 감사를 따라 평양으로 간다. 그녀는 회계 비장이 되어 추월을 벌한 뒤, 돈을 찾아 춘풍에게 준다. 춘풍은 그 돈을 받아 서울로 와 아내에게 허세를 부리는데, 이에 아내는 다시 비장의 차림으로 춘풍 앞에 나타나 그에게 음식을 준비하게 하고, 영문을 모르는 춘풍은 허둥거린다. 비장이 춘풍의 집에서 자겠다며 옷을 벗으니, 그제야 춘풍은 비장이 아내였음을 알게 되고, 후 춘풍은 개과천선하여 아내와 행복하게 산다.

12 정답 ④

정답 해설

사물을 의인화하고 있지만 일대기 형식으로 제시하고 있지는 않다.

선택지 해설

① 공방에 대한 설명과 관련된 사건을 서술자가 요약적으로 제시하고 있다.
② 엽전 공방을 사람에 빗대어 표현하고 있으므로 인격적 요소를 부여하고 있다.
③ 방이 욕심이 많고 염치가 없는 모습, 농사를 방해하는 모습 등을 풍자하고 있다.

작품 해제

임춘, 「공방전」

갈래	가전체
성격	풍자적, 우의적
주제	돈에 대한 인간의 탐욕과 돈을 탐하는 세태에 대한 비판
해제	돈을 의인화한 전기 형식의 가전체로, 돈의 내력과 그 흥망성쇠를 보여 줌으로써 재물을 탐하는 것을 경계하고 있다.
특징	· 의인화 기법을 활용한 전기적 구성이 나타남. · 돈에 대한 작가의 부정적, 비판적, 풍자적 성격이 드러남.
전체 줄거리	공방의 조상은 수양산에 은거하다가 황제 때 처음 등용되었고, 그의 아버지는 주나라 재상으로 세금을 담당하였다. 공방은 한나라의 홍려경이 되었는데, 성질이 탐욕스럽고 더러워 돈을 중하게 여기고 곡식을 천하게 여겼다. 이로 인해 공우의 상소로 조정에서 쫓겨났고, 공방의 제자들은 천하를 교란하였다. 공방의 아들은 장물죄로 사형당하고, 사신은 공방의 일당을 모두 없애야 한다고 말한다.

13 정답 ①

정답 해설

백성들의 형상을 표현하기 어렵다는 서술자의 생각이 그대로 개입되어 있다.

선택지 해설

② 우치의 생각을 서술자가 직접적으로 표현한 것으로, 서술자의 생각이 반영된 것은 아니다.
③ 우치의 행위를 있는 그대로 표현한 것으로, 서술자의 생각이 반영된 것은 아니다.
④ 우치의 행위로 인해 상이 화가 났음을 직접적으로 표현한 것으로, 서술자의 생각이 반영된 것은 아니다.

작품 해제

작자 미상, 「전우치전」

갈래	영웅 소설
성격	전기적, 영웅적
주제	전우치의 빈민 구제와 의로운 행동
해제	실제 인물의 생애를 소재로 쓴 전기 소설이자, 영웅 소설로 사회 현실의 모순을 비판하고 있는 작품이다.
특징	· 영웅 소설의 기본적인 구조를 지니고 있음. · 초인적 능력과 비현실적 행위가 드러남.
전체 줄거리	전우치라는 사람이 신기한 도술을 얻었으나 재주를 숨기고 산다. 그런데 빈민의 처참한 처지를 보고 참을 수가 없어서 천상 선관으로 가장하여 임금에게 나타나 황금 들보를 만들어 바치라 한다. 황제가 황금 들보를 바치자 그것을 팔아서 곡식을 장만하여 빈민에게 나누어 준다. 조정에서는 전우치의 이러한 소행을 알고 잡아갔으나 전우치는 용케도 탈출하여 사방을 다니면서 횡포한 무리를 징벌하고 억울하거나 가난한 사람들을 도와준다. 그러다가 자수를 하고 무관 말직을 얻어 도둑의 반란을 평정하는 공을 세운다. 그러나 역적의 혐의를 받자 다시 도망쳐 도술로 세상을 희롱하고 다닌다. 후에 서화담에게 굴복하여 서화담과 함께 산중에 들어가 도를 닦는다.

14 정답 ④

정답 해설

양 씨의 구혼을 심 씨가 받아들이려는 점은 두 사람의 시련의 강도가 강해지는 것은 알 수 있지만, 최척과 옥영이 서로 겪는 갈등의 강도가 강해지는 것은 아니다. 두 사람 사이의 갈등은 찾아볼 수 없다.

선택지 해설

① 의병을 일으키고 의병장이 있다는 점에서 임진왜란을 배경으로 하고 있음을 알 수 있다.
② 최척이 의병으로 가는 이별의 상황과는 또 다른 시련인 혼인이 받아들여지지 않는 것이 제시되었음을 알 수 있다.
③ 최척이 의병이 되어 옥영과 이별한다는 점에서 두 사람이 겪는 시련의 상황이 제시되었음을 알 수 있다.

작품 해제

조위한, 「최척전」

갈래	애정 소설, 군담 소설
성격	사실적
주제	전란으로 인한 가족의 이산과 재회
해제	주인공 최척과 옥영의 사랑 이야기를 바탕으로 전란으로 인한 가족의 이산과 기적적인 재회를 그린 소설이다. 임진왜란 당시의 민중들의 희생과 아픔이 사실적으로 드러난다.
특징	· '만남 – 이별 – 재회'의 구조가 반복됨. · 시대적 상황과 민중들의 고통이 사실적으로 드러남.

배경 설화	최척과 옥영은 약혼을 했지만 최척이 의병으로 전쟁에 참여하여 뒤늦게 혼인을 한다. 이후 아들이 태어나지만 정유재란이 발발하여 옥영은 왜병의 포로로 잡혀간다. 한편 최척은 중국에 가서 살게 되었는데, 우연히 안남에서 아내 옥영을 다시 만나 둘째 아들을 기르며 행복하게 산다. 이후 호족의 침입으로 최척은 명나라 군사로 참전하였다가 포로로 잡히게 되고, 조선의 군사로 포로가 된 첫째 아들을 극적으로 만난다. 두 사람은 극적으로 탈출하여 고향으로 돌아오고, 옥영도 천신만고 끝에 고향으로 돌아와 모든 가족이 다시 만나 단란한 삶을 누리게 된다.

15   정답 ①

정답 해설

부인과 숙향, 승상, 계집아이들의 대화를 중심으로 사건이 전개되고 있다. 그리고 숙향이 장도와 봉차를 가져오고 부인이 뒤지는 행동과, 숙향이 강에서 물속으로 뛰어들고 이를 구해내는 계집아이들의 행동 중심으로 사건이 전개되고 있다.

선택지 해설

② 서술자의 개입은 고전 소설에서 흔히 볼 수 있지만, 윗글에서는 찾아보기 어렵다.
③ 운율감 있는 어투는 사용된 부분을 찾아보기 어렵다.
④ 사향이라는 부정적 인물이 등장하지만, 이에 대한 적개심이 직접적으로 표출된 부분은 찾아보기 어렵다.

작품 해제

작자 미상, 「숙향전」

갈래	적강 소설
성격	초현실적
주제	남녀 간의 사랑
해제	천상계의 인물인 주인공이 지상계로 내려와 온갖 시련을 극복하면서 사랑을 성취하는 소설로, 비현실적이면서도 영웅 소설적 구조를 갖추고 있는 작품이다.
특징	· 천상계와 지상계의 이원적 공간이 설정됨 · 영웅 소설적 구조를 지니고 있지만, 주인공 숙향은 영웅적 능력을 갖추고 있지 않음
전체 줄거리	피난 중에 부모로부터 떨어져 장 승상의 수양딸이 된 숙향은 사향의 모함으로 장 승상 댁에서 쫓겨난다. 포진강 물에 투신하기도 하고 불에 타 죽을 위기에 처하지만 초월적 인물의 도움으로 구출되어 이화정에서 살게 된다. 이선은 천상의 운명에 따라 숙향을 만나고 혼례를 치른다. 하지만 이선의 아버지로 인해 숙향은 문초를 당하고, 이화정 할미의 도움으로 며느리로 인정받는다. 이선은 과거에 급제하고 황태후의 병을 낫게 하여 초나라 왕이 되어 숙향과 행복하게 산다. 이후 둘은 천상계로 올라간다.

16   정답 ②

정답 해설

ⓒ은 앞서 켠 박에서 아무 것도 나오지 않은 것에 대해 적극적으로 다른 박을 열어보자는 아내의 의견에 동조하는 말하기 방식이다.

선택지 해설

① ㉠은 박속이 빈 것을 보고 절망한 모습을 보여 준다.
③ ⓒ은 가족들의 안위를 생각하는 모습을 드러내고 있다.
④ ㉣은 휘모리 장단에 맞춰 흥보 부부가 돈을 떨어 붓는 모습을 표현하고 있다.

작품 해제

작자 미상, 「흥보가」

갈래	판소리 사설
성격	풍자적, 해학적
주제	형제간의 우애와 인과응보에 따른 권선징악
해제	형제의 우애 문제를 중심으로 당대의 현실이 잘 반영되어 있으며, 비극적인 상황에서 나타나는 해학미와 권선징악이라는 주제 의식을 구현하고 있다.
특징	· 양반 계층의 한문투와 평민의 비속어가 공존함. · 일상적 구어와 현재형 시제를 사용하여 사실적으로 표현함.
배경 설화	욕심이 많은 형 놀보는 부모님이 돌아가신 후 유산을 독차지하고, 심성이 착한 동생 흥보를 내쫓는다. 흥보는 가족들의 생계를 위해 노력을 기울이지만 가난에서 벗어나지 못한다. 어느 날 흥보는 다리가 부러진 제비를 돕고, 그 제비가 가져다 준 박씨에서 자란 박에 담긴 재화와 보물로 부자가 된다. 놀보는 이 소식을 듣고 제비의 다리를 일부러 부러뜨리고 고쳐 주는데, 이로 인해 패가망신하게 된다. 놀보는 자신의 잘못을 깨닫게 되고, 형제는 화목하게 살게 된다.

17   정답 ③

정답 해설

일상적으로 접할 수 있는 소재인 동물들을 사용하여 본질적으로 생명은 모두에게 소중하다는 것을 깨우치려 하고 있다.

선택지 해설

① (가)는 고사를 활용하여 교훈을 전달하고 있는 부분을 찾아볼 수 없다. (나)는 촉나라의 개가 해를 보고 짖는 모습을 의미하는 '촉견폐일' 고사를 통해 당대의 부정적인 현실을 비판하고 있다.
② (나)는 대화의 형식을 활용하고 있지 않다. (가)는 '나'가 '당신'에게 말하는 형태로, 대화의 형식을 통해 자신의 의도를 전달하고 있다.
④ (가)와 (나)는 모두 권위 있는 사람의 말을 인용하고 있는 부분은 찾아볼 수 없다.

18 정답 ②

정답 해설

'손'은 덩그렇게 크고 육중한 짐승이 죽는 것은 불쌍히 여기지만, 이는 미물이기 때문에 그렇게 생각하지 않는다. '나'는 이에 대해 비판하고 있다.

선택지 해설

① '손'은 같은 생명체라 하더라도 크기에 따라 그 가치가 다르다는 선입견과 편견을 갖고 있다.
③ '손'은 '개'와 '이'의 크기에 따라 생명체의 가치가 다르다는 인식을 갖고 있다.
④ '나'는 '개'와 '이'가 크기와 관계없이 죽음을 두려워하는 동일한 존재임에 주목하고 있다.

작품 해제

(가) 이규보, 「슬견설」

갈래	한문 수필
성격	교훈적, 비유적
주제	사물에 대한 편견의 배제
해제	개와 이의 죽음을 바라보는 시각에 대한 '손'과 '나'의 대화를 통해, 선입견을 버리고 사물의 본질을 올바로 파악할 것을 깨우치는 작품이다.
특징	· 대조적 예시를 통해 주제를 부각함 · 일상적 사물을 통해 교훈적 의미를 줌
배경 설화	'나'의 집에 손님이 찾아오는데, 이 손님은 어떤 불량배가 몽둥이로 개를 때려죽이는 것을 보고 가슴이 아팠다고 그에게 전하며 다시는 고기를 먹지 않기로 맹세했다고 전한다. '나'는 어떤 사람이 이(蝨)를 잡아 화로에 태우는 것을 보고 가슴이 아파 다시는 이를 잡지 않기로 맹세했다고 한다. 이에 손님은 자신을 조롱하는 것으로 생각해 화를 내자, '나'는 개와 이가 비록 크기는 다르나 같은 생명체임을 들어 비유적으로, 달팽이의 뿔을 소의 뿔과 같이 보고, 메추리를 붕새(鵬)와 같게 보라고 전한다.

(나) 홍성민, 「촉견폐일설」

갈래	수필
성격	교훈적, 비유적
주제	바른 말을 하는 사람이 배척당하는 당대의 부정적인 현실에 대한 비판
해제	촉견폐일이라는 고사를 통해 바른 말을 하는 사람이 배척당하는 당대의 부정적인 현실을 비판하고 있는 고전 수필이다.
특징	· 유추를 통해 자신의 주장에 대한 설득력을 높이고 있다. · 고사를 활용하여 교훈을 전달하고 있다.
배경 설화	촉나라의 개가 짖는 것은 단지 해를 보고 짖기 때문에 별다른 폐해가 되지 않지만, 올바르지 않은 것에 익숙해진 사람들이 올바른 것을 보고 짖는 것은 올바른 사람에게 피해가 됨을 지적한다.

19 정답 ②

정답 해설

㉠은 가위를 의인화하여 가위의 교차된 모습을 본따 '교두(交頭)'라 이름 붙였다.
㉡은 바늘을 의인화 하여 허리가 가늘어 '세요(細腰)'라 이름 붙였다.

선택지 해설

'울 낭자'는 다리미를 의인화 하여 다리다는 의미인 한자 '울(熨)'이라 이름 붙였다.
'인화 부인'은 인두를 의인화 하여 불에 달궈 사용하다 하여 '인화(引火)'라 이름 붙였다.
'청홍 각시'는 여러 색을 가진 실을 본떠 본래 청홍흑백 각시지만, 그냥 줄여서 청홍각시라 불린다.
'감토 할미'는 골무를 의인화하였다.

작품 해제

작자 미상, 「규중칠우쟁론기」

갈래	국문 수필, 내간체 수필
성격	우화적, 논쟁적, 풍자적, 교훈적
제재	바느질 도구들의 공치사와 불평
주제	① 공치사만 일삼는 이기적인 세태 풍자 ② 역할과 직분에 따른 성실한 삶 추구
특징	① 사물을 의인화하여 세태를 풍자함. ② 3인칭 시점에서 객관적으로 관찰하여 서술함.
의의	봉건적 질서 속에서 변화해 가는 여성 의식을 반영한 내간체임.
출전	"망로각수기(忘老却愁記)"
해제	'규중칠우쟁론기'는 규방 부인이 바느질에 사용하는 '자, 바늘, 가위, 실, 골무, 인두, 다리미'를 의인화하여 인간 심리의 변화, 이해관계에 따라 변하는 세태를 우화적으로 풍자한 글로, 바느질 도구를 각시, 부인, 낭자, 할미 등 구체적인 인물로 설정하여 생김새와 쓰임새를 생동감 있게 그려 내고 있다. '규중칠우쟁론기'는 규중 부인의 등장을 기점으로 크게 규중 칠우가 공을 다투는 부분과 인간에 대한 원망을 하소연하는 부분으로 나눌 수 있다. 처음에 칠우들은 서로를 비난하고 헐뜯는 경쟁 관계에 있다가, 나중에 인간을 비난하는 대목에서는 서로 같은 입장이 되어 탄식하고 동정하는 관계로 변모한다.

20 정답 ②

정답 해설

'봉산 탈춤'의 '양반춤' 과장에 나타난 재담 구조는 '양반의 위엄' → 말뚝이의 조롱("개잘량이라는 '양'자에 개다리소반이라는 '반'자 쓰는 양반이 나오신단 말이오.") → 양반의 호통("야아, 이놈, 뭐야아!") → 말뚝이의 변명("노론, 소론, ~이 생원네 3형제분이 나오신다고 그리하였소.") → 양반의 안심('이 생원이라네.')이라는 유사한 구조가 반복되고 있는 것이 특징이다.
그러므로 "항거 - 호령 - 변명 - 안심"재담 구조이다.

선택지 해설

① 비난보다는 조롱으로 양반을 비웃거나 깔보면서 놀리는 태도이다. 말뚝이의 애원과 양반의 용서는 찾을 수 없다.
③ 말뚝이의 발언이 오해라고 보기 어렵고 말뚝이의 해명에 양반들이 수긍을 하지만 일시적인 안심일 뿐 화해의 의미라고 볼 수 없다.
④ 말뚝이는 부득이 표면적으로는 '말뚝이의 조롱'을 부정하고 '양반의 위엄'과 '양반의 호통'을 긍정하는 척하지만 거부나 대화를 외면하는 태도를 볼 수 없다.

작품 해제
「봉산 탈춤」

갈래	민속극, 가면극(탈춤) 대본
성격	풍자적, 해학적, 서민적, 비판적
배경	① 시간 – 조선 후기(18세기 무렵) ② 공간 – 황해도 봉산
주제	양반에 대한 풍자와 조롱
특징	① 각 과장이 복합적으로 구성되어 독립적임. ② 언어유희, 열거, 대구, 익살, 과장 등을 통해 양반을 풍자하고 비판함. ③ 서민 계층의 언어와 양반 계층의 언어가 함께 사용됨. ④ 무대와 객석, 배우와 관객이 엄격하게 구분되지 않음.
의의	대표적인 민속극으로, 봉건 사회에 대한 비판과 풍자가 강하고 근대 서민 의식이 엿보임.
해제	'봉산 탈춤'의 '양반춤' 과장에 나타난 재담 구조 '봉산 탈춤'의 제6과장 '양반춤'은 양반 뜻풀이 재담, 담배를 소재로 한 재담, 장단을 소재로 한 재담, 조기를 소재로 한 재담, 새처를 소재로 한 재담 등으로 구성되어 있다. 각 재담별로 '양반의 위엄 → 말뚝이의 조롱 → 양반의 호통 → 말뚝이의 변명 → 양반의 안심'이라는 유사한 구조가 반복되고 있는 것이 특징이다. • 양반의 위엄: 양반과 하인 말뚝이의 정상적인 관계를 나타냄. • 말뚝이의 조롱: 말뚝이의 도전으로 양반의 위엄이 급격히 파괴됨. • 양반의 호통: 양반은 민감한 반응을 보이면서 제재를 가해 '말뚝이의 조롱'을 부정하고 '양반의 위엄'을 세우려 함. • 말뚝이의 변명: 말뚝이는 부득이 표면적으로는 '말뚝이의 조롱'을 부정하고 '양반의 위엄'과 '양반의 호통'을 긍정하는 척함. • 양반의 안심: 양반은 '말뚝이의 변명'의 표면만 알고 '말뚝이의 조롱'이 부정되고 '양반의 위엄'과 '양반의 호통'이 긍정되었다고 기분 좋게 생각하나, 그것은 양반의 착각에 해당함. 객관적으로는 '양반의 위엄'과 '말뚝이의 변명'이 부정되고 '말뚝이의 조롱'이 긍정됨.

THEME 2 산문 문학   2. 현대 소설/극/수필

01	②	02	④	03	④	04	②	05	③
06	②	07	③	08	①	09	②	10	④
11	①	12	④	13	③	14	③	15	④
16	③	17	④	18	③				

01   정답 ②

정답 해설
일제 강점기하의 하층민의 궁핍하고 비참한 생활상을 다루고 있을 뿐 가난한 자와 부자 간의 격차나 계급적 대립을 다루고 있지는 않다.

선택지 해설
① 집을 나올 때 있었던 일을 삽입하여 김 첨지의 불안한 심정을 강조하고 있다.
③ 당시 도시 빈민층을 대표하는 인력거꾼의 궁핍한 생활상을 사실적으로 보여 주고 있다.
④ 하층민의 말투를 그대로 보여 줌으로써 그들의 생활상을 생동감 있게 표현하고 있다.

작품 해제
현진건, 「운수 좋은 날」

배경	시간적 – 1920년대 일제 강점기, 공간적 – 서울
시점	전지적 작가 시점
제재	가난한 인력거꾼의 하루
주제	일제 강점하의 하층민의 비참한 삶 고발
해제	이 작품의 제목인 '운수 좋은 날'은 외면적인 행운 뒤에 비극적 결말이 준비되어 있다는 아이러니적 작중 현실을 사실주의적 수법으로 나타낸 것이다. 즉, 병들어 누워 있는 아내가 죽음을 예감하고 남편에게 일 나가지 말라고 만류하지만 생존을 위해 이를 묵살할 수밖에 없는 상황, 병든 아내에게 설렁탕 국물 한 그릇 제대로 사 주지 못하는 극한 상황에 놓인 도시 하층 노동자 가정에 밀어닥친 예정된 불행을 '운수 좋은 날'이라는 반어적인 제목으로 표현하고 있는 것이다.
특징	• 반어, 상황의 아이러니가 두드러진다. • 서술(묘사)에 의한 상황 제시와 대화의 기법을 활용하여 하층민의 생활상을 현장감 있게 제시하고 있다. • 하층민이 사용하는 비속어를 그대로 제시함으로써 하층민의 생활상을 생동감 있게 표현하고 있다.

02   정답 ④

정답 해설
이 작품은 서술자가 작품 밖에서 인물의 행동과 심리, 사건의 전개 양상을 상세히 전달하는 전지적 작가 시점의 소설이다.

선택지 해설
① 빈번한 장면 전환은 나타나 있지 않다.

② 일인칭 주인공 시점의 서술상 특징에 대한 설명이다.
③ 의식의 흐름 기법을 사용한 작품의 서술상 특징에 대한 설명이다.

작품 해제
염상섭, 「삼대」

배경	시간적 - 일제 강점기, 공간적 - 서울의 한 중산층 집안
시점	전지적 작가 시점
제재	재산을 둘러싼 다툼, 세대 간의 갈등, 사회적 계층 간의 갈등
주제	일제 강점기 중산층 가문의 현실 대응과 몰락
해제	이 작품은 1931년 1월 1일부터 9월 17일까지 『조선일보』에 연재되었던 가족사 소설이다. 조의관(1세대)과 그의 아들 조상훈(2세대) 그리고 손자 조덕기(3세대)의 3대에 걸친 가족의 파란만장한 삶을 통해 당대 현실을 구체적으로 그려 내었다. 이 세 인물은 각각 구세대, 개화기 세대, 식민지 지식인 세대의 가치관을 드러내는 인물들이다. 작가는 이 세 인물과 이들 주변의 인물들이 빚는 사상, 애정, 재산을 둘러싼 갈등을 통해 봉건적 허위의식(조의관)과 인간의 도덕적 타락(조상훈)을 비판하는 동시에 억압적이고 혼란스러운 시대의 돌파구가 될 수 있는 가치관 정립을 조덕기, 김병화와 같은 새로운 세대에게서 찾고자 하는 희망을 내비치고 있다.
특징	· 가족사 소설로 식민지 시대를 사는 삼대의 모습을 나타내고 있다. · 당시의 사회 현실이 사실적으로 반영되어 있다.

03　　　　　　　　　　　　　　　　　　　　　　정답 ④

정답 해설
이 작품은 역설적인 표현 기법이 아니라 아이러니를 통해 주제 의식을 강조하고 있다. 주인공이 자기가 체험한 사건이 자기가 생각하는 것과 전혀 딴판인데도 그것을 모르고 행동하는 것을 통해 극적인 아이러니가 나타나고 있다. 즉 영식 부부는 진짜 금줄이 나온 줄 알지만 실제 상황은 그게 사실이 아니라는 것에서 극적 아이러니가 발생하고 있다.

선택지 해설
① 방언을 적절히 사용하여 현장감과 향토성을 드러내고 있다.
② (라)에서 실제로는 콩밭만 망친 상황임을 알지 못하고 기뻐하는 영식의 모습에서 해학성이 느껴진다.
③ 성실한 농사꾼인 영식이 금의 유혹에 빠져 낭패를 보는 이야기를 통해 인간의 허황된 욕망을 비판하고 있다.

04　　　　　　　　　　　　　　　　　　　　　　정답 ②

정답 해설
ㄴ. 영식이가 수재의 말을 믿고 금을 캐기 위해 콩밭을 파헤치게 된 이유는 당시 열심히 농사일을 해도 가난에서 벗어나기 어려웠기 때문이다.
ㄷ. 영식의 아내가 영식에게 수재의 제안을 받아들일 것을 부추기고 그런 부추김은 영식이 수재의 제안을 받아들이게 되는 결정적 계기가 된다.

선택지 해설
ㄱ. ⓐ는 ⓔ와 같은 일이 있기 전의 일로, 성실한 농사꾼인 영식이 자신이 소작하는 콩밭에서 금이 나올 것이라는 수재의 말을 믿고 금줄을 찾기로 했던 과거의 일을 회상하는 부분이다.
ㄹ. 수재는 난감한 상황을 모면하기 위해 금줄을 잡았다고 거짓말을 하고 그런 거짓말이 오래가지 못할 것을 알기 때문에 달아날 마음을 먹게 된다.
ㅁ. 영식이가 콩밭을 파헤쳐 실제로 금줄을 잡은 것이 아니라 수재가 자신의 곤란한 상황을 모면하기 위해 금줄을 잡았다고 거짓말을 한 것이다.

작품 해제
김유정, 「금 따는 콩밭」

배경	시간적 - 1930년대, 공간적 - 어느 농촌 마을
시점	3인칭 관찰자 시점
제재	빈곤한 농촌에 들이닥친 금광 열풍, 인간의 허황된 욕망
주제	절망스러운 현실에서 허황된 욕망을 추구하는 인간의 어리석음
해제	이 작품은 금광 열풍이 불었던 1930년대 일제 강점기의 농촌을 배경으로, 성실한 농사꾼인 영식 부부가 금의 유혹에 따져 낭패를 보는 이야기를 통해 인간의 허황된 욕망을 비판하고 있는 농촌 소설이다. 제목은 '금 따는 콩밭'이지만 주인공이 금도 못 캐고 농사도 망친다는 점에서 극적인 아이러니가 발생하며, 거짓말만 믿고 자신의 밭만 망친 상황을 주인공이 끝까지 인식하지 못한다는 점에서 해학성이 느껴진다. 작가는 이를 통해 당시 농촌 사회가 처한 궁핍한 현실을 보여 주며, 금광 열풍이 불던 농촌 사회의 모순을 우회적으로 비판하고 있다.
특징	· 1930년대의 시대적 영향과 당대의 농촌 현실이 반영되어 있다. · 인간의 어리석음을 희극적으로 제시하고 있다. · '현재 - 과거 - 현재'의 순으로 진행되는 역순행적 구성을 취하고 있다.

05　　　　　　　　　　　　　　　　　　　　　　정답 ③

정답 해설
젊은 사장은 가짜라고 소문난 물건을 남궁 씨의 요구에 순순히 인수해 주고 있는데 이는 남궁 씨에 대한 예우의 차원과 남궁 씨로 하여금 사의를 표하게 한 젊은 사장의 미안함이 얽힌 행동이라고 할 수 있다.

선택지 해설
① 여관을 호텔이라고 부르는 아우를 보며 느낀 우월감 때문에 남궁 씨가 팔아 보겠다고 떠맡은 물건이다.
② 연변 친척을 못마땅해하고 있는 아내의 혐오감을 돋울 수 있는 물건이다.
④ "하필 가짜라고 소문난 물건을 가져와서 ~"라는 남궁 씨의 말을 통해 연변에서 가져온 우황청심환이 우리나라에서 가짜라고 소문이 나 있음을 알 수 있다.

작품 해제
박완서, 「우황청심환」

배경	시간적 - 1980년대, 공간적 - 서울 중산층의 가정
시점	전지적 작가 시점
제재	연변 조선족 친척의 한국 방문

주제	민족적, 사회적 갈등의 문제와 그 화합
해제	이 작품은 한 가족의 일상적인 삶을 통해 우리 사회가 안고 있는 사회적, 민족적 문제와 그 해결 방안을 모색하고 있는 소설이다. 이 작품은 어느 날 갑자기 주인공의 집에 찾아온 연변의 육촌 동생들로 인해 갈등하게 되는 남편과 아내를 중심으로 이야기 전개된다. 이 작품의 말미에서 주인공 남궁 씨는 아내가 연변에서 온 동생네 식구들을 못마땅해한 것이 운동권인 둘째 아들 때문이라는 사실을 깨닫게 되고, 아내를 진정으로 이해하면서 화해하게 된다. 이 작품의 작가는 이러한 상황 설정과 화해의 과정을 통해 분단과 이념의 대립으로 인한 민족적 갈등의 문제와 남한 내부적인 갈등의 문제가 별개의 것이 아니라 긴밀히 연결되어 있다는 점을 지적하면서, 이를 통해 민족적, 사회적 화합의 장을 모색하고자 하고 있다.
특징	• 사회적 문제를 소시민적 관찰과 대화를 통해 담담하게 드러내고 있다. • 학생 운동과 연변 친척이라는 소재를 통해 우리 사회에 내재한 갈등을 암시적으로 보여 주고 있다.

06 정답 ②

정답 해설

'나'가 당당함을 느끼며 마음 편해한 것은 아버지를 대신해서 죄를 뒤집어쓴 데다 혹부리 영감에게 제대로 항변을 했다는 생각 때문이다.

① '나'는 아버지가 평소와 다르게 행동하는 이유가 혹부리 영감 몰래 소주 두 병을 훔친 것 때문임을 알고 있다.
③ 혹부리 영감이 부르는 겁에 질린 송아지처럼 흰자위가 많아진 눈으로 어린 아들인 자신이 구세주라도 돼 주었으면 하는 간절한 눈으로 쳐다봤다는 것에서 아버지가 두려움을 느꼈음을 알 수 있다.
④ '나는 내가 희생양이 돼야 함을 느꼈다.'라는 것을 통해 '나'가 아버지의 잘못을 대신 뒤집어쓰려고 함을 알 수 있다.

작품 해제

김소진, 「자전거 도둑」

배경	시간적 - 현대, 공간적 - 서울 근교의 신도시
시점	일인칭 주인공 시점
제재	자전거 도둑
주제	인간관계에서 발생한 유년기의 상처
해제	이 작품은 신문 기자인 '나'와 에어로빅 강사인 '서미혜', 그리고 영화 「자전거 도둑」을 중첩시켜 유년기의 상처를 이야기하고 있는 소설이다. 이 작품의 중심인물인 '나'와 '서미혜'는 유년기의 상처를 안고 사는 인물이라는 공통점이 있다. 두 사람의 상처는 닮은꼴이므로 서로가 상대방의 상처를 얼마든지 보듬을 수 있다. 그러나 두 사람의 선택은 서로를 감싸안는 것이 아니라 피하는 것이었다. 자신의 내밀한 상처를 누군가에게 들키는 것이 부담스럽고 끔찍하기 때문이다. 결국 이 작품은 상대방과 진정한 소통을 하지 못해 상처의 진정한 치유에 이르지 못하는 현대인의 슬픈 자화상을 보여 주고 있다.
특징	• 영화를 삽입하여 과거 주인공의 상처를 효과적으로 보여 주고 있다. • 방언을 활용하여 인물을 생동감 있게 묘사하고 있다. • 주인공의 독백을 통해 내면을 효과적으로 드러내고 있다.

07 정답 ③

정답 해설

병에 걸려 청결하지 못한 느낌을 주는 젊은 노동자는 정신적, 육체적 질병에 시달리고 있는 현대인의 모습을 보여 주는 것으로 볼 수 있지만 이를 통해 남을 믿지 못하는 현대인의 모습이 드러나고 있지는 않다.

선택지 해설

① 구보가 연민의 대상으로 바라보는 노파를 통해 삶에 찌든 현대인의 모습을 제시하고 있다.
② 늙고 초라한 행색의 노파와 애써 멀리 떨어져 있으려고 하는 신사를 비판적으로 바라보는 구보를 통해 신사의 속물근성이 드러나고 있다.
④ 자기에게 피해가 될 존재들과 얽히는 것을 피하려는, 현대인의 메말라 버린 인정과 각박함이 드러난다.

작품 해제

박태원, 「소설가 구보 씨의 일일」

배경	시간적 - 1930년대, 공간적 - 서울
시점	전지적 작가 시점
제재	1930년대 서울의 모습
주제	소설가의 눈에 비친 서울의 일상적인 모습들
해제	이 소설은 1930년대에 시도되었던 모더니즘 문학의 대표작으로, 이전에 찾아볼 수 없는 파격적이고 실험적인 형식을 통해 주목을 받았던 작품이다. 소설가 구보는 아무런 목적과 계획 없이 도시를 배회한다. 그의 손에는 노트 한 권이 들려 있는데, 그에게는 자기가 겪은 우연한 일상들을 노트에 적는 것이 유일한 할 일이다. 자신의 생활에서 행복을 느끼지 못하는 그는 눈앞에 펼쳐지는 도시의 일상적 풍경과 군중의 모습을 바라보며 자신의 행복을 어디에서 찾아야 할지 고민한다. 이러한 의식의 흐름을 통해 일제 강점하에서 돌파구가 없었던 지식인들의 고독과 도시인의 쓸쓸한 내면 풍경을 엿볼 수 있다.
특징	• 의식의 흐름 기법을 사용하여 세태를 묘사하고 있다. • 주인공의 하루의 생활을 소재로 삼고 있다. • 몽타주 기법 등 실험적인 소설 기법들을 사용하고 있다.

08 정답 ①

정답 해설

'유자'는 총수의 잘못을 직접적으로 말할 수 없는 위치에 있기 때문에 자기의 방식대로 완곡어법을 사용하여 총수의 잘못을 지적하고 있다.

선택지 해설

② 충청도 방언을 사용하여 향토적인 정감을 불러일으키고 사실적이고 친근한

느낌을 주고 있다.
③ 소리의 유사성을 활용한 언어유희를 통해 웃음을 유발하면서 총수가 비단잉어를 사고 연못을 만든 일을 풍자하고 있다.
④ '딴따라' 등과 같은 비속어를 사용하여 비단잉어를 더욱 우스꽝스럽게 보이도록 하고 비단잉어에 대한 불만을 표현하고 있다.

작품 해제
이문구, 「유자소전」

배경	시간적 - 1970년대, 공간적 - 서울
시점	일인칭 관찰자 시점과 전지적 작가 시점의 혼용
제재	유재필이라는 인물의 일대기
주제	물질 만능주의에 빠진 현대 사회에 대한 비판
해제	이 작품은 유자(俞子), 즉 '유재필'이란 실존 인물의 범상치 않은 삶의 일대기를 전달하는 내용으로, 물질 만능주의에 빠진 현대인의 모습을 비판하고 있는 세태 소설이다. '전(傳)'은 어떤 인물의 일대기를 기록한 전기 문학의 한 갈래이고, '소전(小傳)'은 그중 짧은 전기를 일컫는 말인데, 이 소설의 주인공 유재필은 존경받을 만한 인물로서 '유자(俞子)'라 불릴 만하며, 이 소설은 그의 작은 평전과 같은 성격을 지니기에 '유자소전(俞子小傳)'이라는 제목이 붙은 것이다. 이 소설에서 작가는 풍자의 효과를 살리기 위해 향토색 짙은 방언을 쓰고, 언어유희, 반어, 대조 등의 표현 기법을 효과적으로 구사함으로써, 물질을 우선시하는 현대 세태를 비꼬고 있다.
특징	· 인물의 일대기를 기록하는 '전(傳)'의 형식을 차용하였다. · 언어유희를 활용하여 대상을 비판하고 풍자하고 있다. · 1인칭 관찰자 시점을 중심으로 서술하되, 부분적으로 전지적 작가 시점을 활용하고 있다. · 인물의 성격을 잘 드러낼 수 있는 일화들을 적절하게 배치하는 삽화적 구성을 취하고 있다.

09 정답 ②

정답 해설
이 글은 일인칭 관찰자 시점의 소설로, 작품 속 '나'가 자신의 집에 침입한 강도의 말과 행동을 관찰하며 강도에 대해 판단하고 있다.

선택지 해설
① 일인칭 주인공 시점의 특징이다.
③ 전지적 작가 시점에서 나타나는 편집자적 논평에 대한 설명이다.
④ 전지적 작가 시점의 특징이다.

작품 해제
윤흥길, 「아홉 켤레의 구두로 남은 사내」

배경	시간적 - 1970년대 후반, 공간적 - 개발이 한창 진행 중이던 성남 지역
시점	일인칭 관찰자 시점
제재	사회에서 소외된 가난한 이의 애처로운 삶과 자존심
주제	산업화의 흐름에서 소외된 계층의 삶에 대한 연민과 현실 고발
해제	이 작품은 1970년대의 산업화와 도시화로 인해 사회에 적응하지 못하는 권 씨의 삶을 통해 사회 구조의 모순을 비판하고 소외된 계층에 대한 연민의 시선을 드러내고 있는 소설이다. 주인공인 권 씨는 성남시의 택지 개발이 시작될 무렵 집을 장만할 요량으로 철거민의 입주권을 샀지만, 당국의 불합리한 조치에 좌절을 겪고 우연히 이에 항의하는 시위에 휘말려 결국 전과자가 된 인물로 1970년대 사회 변화에 따른 희생물이다. 한편 서술자 '나(오 선생)'는 권 씨를 연민의 눈으로 바라보며 도와주려 하지만 소시민적인 한계를 지닌 인물로 그려지고 있다. 결국 이 소설은 1970년대 소외된 이웃의 모습을 통해 당대 한국 사회가 지닌 현실적 문제를 지적하고 있는 작품으로 볼 수 있다.
특징	· 과거와 현재가 적절히 교차되는 구성을 취하고 있다. · 상징적인 사물을 통해 인물의 내면 심리를 표현하고 있다. · 열린 결말 구조 형식을 취하여 독자의 궁금증을 유발하고 있다.

10 정답 ④

정답 해설
도요새의 말에서 자유 없이 이익과 욕망의 노예가 되어 자연을 파괴하고 스스로까지 파멸시키기 위해 기계와 조직의 노예가 되고 있는 것은 도요새가 아니라 인간임을 알 수 있다.

선택지 해설
① '나'는 새 떼를 인식하고 난 후 동진강 하구에서 자취를 감춘 도요새를 찾아 헤매었다.
② '전혀 자유스럽지 못한 내 사고의 굳게 닫힌 문을 도요새가 그 날카로운 부리로 쪼며 밀려들었다.'라는 것을 통해 도요새가 '나'의 경직된 사고를 각성시키는 역할을 하였음을 확인할 수 있다.
③ 도요새의 말을 통해 도요새의 여정은 자유를 찾기 위해 감내하는 고통을 의미한다는 것을 알 수 있다.

작품 해제
김원일, 「도요새에 관한 명상」

배경	시간적 - 1970년대 후반, 공간적 - 동진강 유역
시점	일인칭 관찰자 시점(인물별)과 전지적 작가 시점의 혼용
제재	실향민의 삶과 산업화로 인한 환경오염
주제	비극적 역사 현실과 산업화의 폐해로 훼손된 인간성 회복
해제	이 작품은 '도요새'라는 상징적인 소재를 통해 민족 분단의 비극을 보여 주는 동시에 1970년대 환경 오염의 문제를 다루며, 그로 인해 훼손된 인간성의 회복 의지를 드러내고 있는 소설이다. 동진강 하구에서 한 가족이 도요새를 바라보며 각기 다른 생각을 가지고 살아가는 모습이 형상화되어 있는데, 이 글의 중심 소재인 도요새는 아끼고 보호해야 할 환경을 의미하면서 동시에 정신적 가치를 상징한다. 실향민인 병국이 아버지에게 도요새는 고향을 떠올리게 하는 매개체이면서 고향에 대한 그리움을 달래 주는 역할을 한다. 그리고 병국에게 있어서 도요새는, 넓은 세상을 자유롭게 날아다닐 수 있는 자유인이 되고자 하는 꿈을 반영한 동경의 대상이라 할 수 있다.

특징	· 시점을 자유롭게 이동하고 있다. · 인물들의 이야기를 제각각의 시점으로 서술하여 사건의 내면화를 최대한 살리고 있다. · 문명 비판적인 주제 및 새로운 기법을 제시하고 있다.

11 정답 ①

정답 해설

이 글의 서술자는 '나'이다. '나'는 넋두리 형식의 독백체로 독자에게 직접 이야기를 전달하는 방식을 취하여 독자와의 거리를 가깝게 하고 있다.

선택지 해설

② 인물 간의 대화는 나타나 있지 않다.
③ 서술자인 '나'가 아저씨의 과거의 일과 현재의 상황을 이야기하고 있을 뿐 과거와 현재의 시간을 교차하며 서술하고 있지 않다.
④ 사건과 인물에 대한 설명이 중심을 이루고 있으며, 내면 의식의 서술을 통해 서술하고 있지 않다.

작품 해제

채만식, 「치숙」

배경	시간적 - 일제 강점기, 공간적 - 서울
시점	1인칭 주인공(부분적 1인칭 관찰자) 시점
제재	'나'의 눈으로 바라본 아저씨
주제	일제 식민 통치에 순응하는 '나'와 사회주의자인 아저씨의 갈등
해제	'치숙(痴叔)'은 어리석은 아저씨라는 뜻이다. 이 작품은 일본에서 대학을 나와 사회주의 운동을 하다 전과자가 되어 경제적으로 무능한 상태인 아저씨와 현실에 야합하는 '나'의 갈등이 드러나 있다. 이 작품의 서술자인 '나'는 속어나 비어 등을 구사하면서 판소리에서 느낄 수 있는 해학적인 분위기와 판소리 사설 같은 독백체를 통해 이야기를 이끌어 간다. 또한 이 작품은 칭찬과 비난의 역전 구조를 통한 아이러니를 드러냄으로써 이중 풍자적 시각을 드러낸다.
특징	· 속어나 비어 등을 많이 사용하여 사실성을 높이고 있다. · 대화체 문체를 구사하여 '나'와 아저씨와의 의식상 괴리를 극명하게 드러내고 있다.

12 정답 ④

정답 해설

민 노인의 아들 내외는 민 노인이 북을 치는 것을 싫어했기 때문에 민 노인은 아들 내외에게 말을 하지 않고 손자의 학교 공연에서 북을 쳤다.

선택지 해설

①, ② 아무 생각 없이 가락과 소리와 그것을 전체적으로 휩싸는 장단에 몸을 맡기고 한 치의 오차도 없이 북을 치는 것에서 민 노인이 공연에 몰입하고 있으며 신명을 느끼고 있음을 확인할 수 있다.
③ 춤판으로 가는 길에 민 노인은 수십 명 아이들이 어우러져 돌아가는 춤판에 자신이 함께 북을 친다는 것에 어색함을 느꼈다.

작품 해제

최일남, 「흐르는 북」

배경	시간적 - 1980년대, 공간적 - 서울의 한 아파트와 대학교
시점	전지적 작가 시점
제재	북, 한 가정 안의 세대 갈등
주제	예술과 삶에 대한 인식의 차이로 인한 세대 간의 갈등과 그 극복 가능성
해제	이 작품은 전통 악기인 '북'을 소재로 하여 한 중산층 가족의 삶의 모습을 담아냄으로써 삶에 대한 가치관의 차이로 인한 세대 간의 갈등을 그려 내고 있다. 민 노인은 젊은 시절 자유롭게 예술 정신을 추구한 인물이다. 이러한 아버지 때문에 불우한 유년 시절을 겪은 민대찬은 아버지의 무책임한 태도를 비판하며, 실리적인 가치와 세속적인 명예를 추구한다. 그리고 아들 성규에게도 자신의 삶의 태도를 강요한다. 그러나 성규는 새로운 세대의 입장에서 할아버지의 삶의 방식을 객관적으로 이해하려고 노력하고, 아버지에게 할아버지의 삶의 방식을 이해해 줄 것을 요구하게 된다. 작가는 이러한 가족 구성원들의 모습을 통해, 현실과 이상, 안정과 변혁에서 오는 우리 사회의 세대 간 갈등 과정과 화해 모색 과정을 그리고 있다.
특징	· 상징적인 소재를 통해 시대 상황을 암시하고 있다. · 의성어를 활용하여 인물의 심리나 처지를 드러내고 있다. · 문제 상황만 제시하고 해결 과정은 독자의 몫으로 남겨 두고 있다.

13 정답 ③

정답 해설

'나'와 '안'이 나누는 대화를 통해 세 사람이 여관에서 각각 다른 방을 썼다는 점과 '안'이 사내의 자살을 짐작했지만 그것을 말리지 않은 점 등을 확인할 수 있다. 이러한 대화 내용은 인간적 유대가 없는 현대 사회의 소외가 극대화되면서 단절로 이어지고 있음을 보여 준다. 또한, '안', '김 형'처럼 실명을 숨기는 설정으로 익명성 속에 살아가는 현대인의 모습을 드러내고 있으며, 두 사람의 무의미한 대화의 연속은 독자에게 역설적 충격을 주고 있다.

선택지 해설

① '나'와 '안'은 비슷한 비중으로 말을 주고받고 있다.
②, ④ 두 사람은 진심이나 의미 있는 대화를 나누지 못하고 의미 없는 말만 주고받다가 각자 갈 길을 가기 위해 헤어지고 있다.

작품 해제

김승옥, 「서울, 1964년 겨울」

배경	시간적 - 1964년 어느 겨울, 공간적 - 서울의 거리
시점	일인칭 주인공 시점
제재	세 사내의 우연한 만남
주제	사회적 연대감과 동질성을 상실한 현대인의 소외

해제	이 작품은 1960년대 서울을 배경으로 현대 사회에서 심각한 문제로 제기되는 인간의 고독과 소외, 의사소통의 단절을 다루고 있는 소설이다. 작품에는 '나', '안', '사내'라는 익명성을 지닌 세 남자가 등장하는데, 세 인물은 각기 다른 양태의 삶을 살고 있지만 한 가지 공통점을 공유하고 있다. 그것은 문명사회의 거대한 질서로부터 소외되어 있을 뿐 아니라 그 소외로부터 짙은 절망감과 권태를 느끼고 있다는 점이다. 작품에서는 이러한 세 사람의 무의미한 대화와 행동을 통해 만남은 있지만 진정한 소통과 공감이 사라진 현대 사회의 비극적인 삶을 냉정하게 파헤치고 있다.
특징	· 익명화된 인물들을 통해 명성 속에 살아가는 현대인의 모습을 드러내고 있다. · 상투어를 쓰지 않고 참신하고 인상적인 언어를 사용하고 있다. · 설명적인 언어가 아닌 상징적, 비유적 언어를 사용하고 있다. · 전형적인 인물의 행동과 대화를 통해 시대상을 제시하고 있다.

14　　　　　　　　　　　　　　　　　　정답 ③

정답 해설

이 글에서는 '것이었다'라는 종결 어미를 반복하여 사건을 간접적으로 제시함으로써 사건 자체보다는 사건을 전달하는 전달자의 느낌과 감정을 두드러지게 하고 있다. 또한 작품 속 상황에 대해 거리를 둠으로써 냉소적 태도를 표현하고 있다.

선택지 해설

① 전지적 작가 시점인 이 글에서는 '이렇게 비 내리는 날이면 원구의 마음은 감당할 수 없도록 무거워지는 것이었다.'에서와 같이 서술자가 인물의 심리를 직접 제시하고 있다.
② 비(비 오는 날)은 전쟁으로 인해 무기력하고 암울한 삶을 살아가는 사람들의 이미지를 형상화하여 작품의 분위기를 형성하고 있다.
④ '동욱은 소매와 깃이 너슬너슬한 양복저고리에 ~ 원구는 몇 번이나 동욱의 발을 내려다보는 것이었다.'에서 동욱의 외양을 통해 동욱의 절망적인 삶의 모습을 드러내고 있다.

작품 해제
손창섭, 「비 오는 날」

배경	시간적 – 1950년대 6.25 전쟁 중, 공간적 – 피란지 부산의 변두리 마을
시점	전지적 작가 시점
제재	월남한 동욱, 동옥 남매의 삶
주제	전쟁으로 인한 허무 의식과 인간의 무기력한 삶
해제	이 작품은 한국 전쟁 중 피란지인 부산의 비 내리는 날을 배경으로, 월남한 동욱·동옥 남매를 바라보는 원구의 시선을 통해, 전쟁으로 인해 무기력과 절망에 빠져 있던 사람들을 그리고 있다. 특히, 전쟁이 가져다준 절망적 상황과 이 때문에 구성원들이 정신적, 육체적으로 불구인 삶을 살 수밖에 없는 현실을 간접적으로 보여 주어 사건보다는 전달자인 원구의 감정을 효과적으로 드러내고 있다. 한편, 이 작품의 주된 배경을 이루는 '비'는 작품 전체의 암울한 분위기를 형성하며, 우울하고 절망감에 싸여 있는 인물들의 심정과 조응을 이루고 있다.

특징	· '것이다'라는 종결 어미를 반복적으로 사용하여 사건보다는 사건을 바라보는 서술자의 우울한 감정을 전달하고 있다. · 어감이 강한 부사어를 통해 사태의 심각성을 드러내고 독자의 주의를 환기하고 있다. · 결말의 부재를 통해 소설 속의 사태가 해결되지 않음을 보여 줌으로써 절망감을 부각하고 있다.

15　　　　　　　　　　　　　　　　　　정답 ④

정답 해설

<보기> 작품은 현대 문명을 살아가는 현대 인간의 존재와 삶의 문제들이 무질서하고 부조리하다는 것을 소재로 삼은 연극이다. 감독관은 관념적인 인물로, 교수를 기계적으로 움직이게 만드는 강압적인 힘을 상징한다. 교수의 처는 남편을 착취하는 인물로 세속적인 인물을 상징한다. 철쇄는 삶으로부터 압박과 구속을 받는 모습을 의미하므로 사회 현실을 풍자한 부조리극을 표현하고 있는 작품이다.

선택지 해설

① 사실주의극은 리얼리즘극이라고도 하는데 현실을 있는 그대로 보여주는 형식을 말한다. <보기>작품은 기존의 고정된 연극 양식을 부정하고 새로운 미학 원리와 형태를 시도하는 실험극이며, 반사실적인 극에 해당한다.
② 한 집단 또는 사회의 이념을 고취하기 위한 목적의식이 분명하게 드러나는 내용의 연극이나 영화를 목적극이라고 한다. 또한 공산주의에 반대하는 정치적 신념 또는 관념 체계를 나타내는 반공주의적인 내용도 볼 수 없다. <보기> 작품은 사회 또는 인간의 부정적인 면을 풍자하여 꾸민 희곡이나 연극인 풍자극에 해당한다.
③ 근대극이 뿌리를 내린 시기는 한국문학사에 최초의 근대 희곡(극)으로 보는 작품인 1926년에 발표된 김우진의 <산돼지>가 발표된 시기를 지칭한다. 그러므로 "사상계"1960년대 발표된 <보기> 작품은 근대극의 뿌리를 내린 시기 이후 작품이므로 적절하지 않다.

작품 해제
이근삼, 「원고지」

갈래	단막극, 희극(喜劇), 부조리극
성격	반사실적, 서사적, 풍자적, 실험적
배경	① 시간 – 현대 ② 공간 – 어느 중년 교수의 가정
제재	어느 중년 교수의 일상
주제	현대인의 기계적인 삶에 대한 풍자
해제	이 작품은 겉보기에는 평범한 대학교수와 그 가정의 이중성을 웃음을 자아내게 하는 소극(笑劇)의 형식으로 처리하여 삶의 의미를 상실한 채 무의미하게 살아가는 현대인의 일상과 현대 사회의 부조리한 현실을 보여 주고 있다. 부조리극의 대표적인 형식을 보여 주는 이 작품은 갈등의 발전 구조가 없고 각 장면의 상징적인 의미를 전달하는 데 초점을 맞추고 있으며 상황을 희극적으로 과장한다. 이 작품에서 유사한 행위나 무의미한 대사가 반복되는 것은 일상적 삶의 무의미함과 무가치함을 반영하는 것으로, 거대한 조직 사회 속에서 개인의 위치가 축소되고, 인간이 소외될 수밖에 없음을 드러낸다.

	[발단] 장남, 장녀, 교수, 교수의 처가 등장한다. [전개] 교수는 처의 추궁에 이성이 마비된 듯한 혼란스러운 모습을 보인다. [절정] 장남과 장녀가 용돈을 요구하고 감독관이 나타나 교수에게 번역을 독촉한다. [하강] 교수는 천사에게서 자신의 꿈을 찾으려 하나 실패하고 감독관이 다시 번역을 독촉한다. [대단원] 교수는 기계적으로 번역을 하려 하고 감독관이 또다시 번역을 독촉한다.
특징	① 특별한 사건 전개나 뚜렷한 갈등 없이 극 중 상황만을 전개한다. ② 무대 장치, 소품, 인물의 분장, 대사, 행동 등을 희극적으로 과장한다.
출전	"사상계"(1960)

16 정답 ③

정답 해설

해설자는 무대 위의 아버지를 소개하고 있지 않다. 자신의 아버지께 파수꾼의 이야기를 들었다고 언급하고 있을 뿐이다.

선택지 해설

① '황야', '망루'라는 단어에서 공간적 배경을 확인할 수 있다.
② '황혼, 초승달이 뜬 밤, 아침'에서 시간적 배경의 변화를 확인할 수 있다.
④ 파수꾼은 "높은 곳에서 하늘을 등지고 있기 때문에 그는 언제나 시커먼 그림자로만 보입니다."에서 그림자로만 보인다고 했으므로 얼굴은 분명하게 알 수 없다.

작품 해제
이강백, 「파수꾼」

갈래	단막극, 풍자극
성격	풍자적, 교훈적, 상징적, 우화적
배경	① 시간 - 근대 ② 공간 - 어느 마을의 황야에 있는 망루
제재	촌장과 파수꾼의 위선
주제	진실을 향한 열망과 진실이 통하지 않는 사회의 비극
특징	① '양치기 소년과 이리'라는 우화 형식을 빌려, 당대의 정치 상황을 풍자하고 권력의 위선과 허위를 폭로한다. ② 70년대 암울한 정치적 현실을 상징적이고 우화적으로 표현한다. ③ '이리떼'는 '가상의 적'을 상징하고, '흰구름'은 '진실=평화'를 상징한다.
출전	"현대 문학"(1974)

해제	이 작품은 우화적인 기법을 적용하여 권력층의 위선을 간접적으로 폭로하고 있는 희곡이다. 국가의 당면 과제를 앞세워 개인의 자유를 침해하던 1970년대의 정치 상황을, 거짓으로 공포감을 조성하여 마을을 통제하는 촌장의 행동에 빗대어 나타내고 있다. 이 작품에서 파수꾼 가와 나는 망루에서 '이리 떼가 몰려온다!' 라고 거짓을 외치며 양철 북을 두드리는 아이러니한 상황을 지속하고, 진실을 밝히고자 했던 파수꾼 다마저 촌장의 회유와 계략에 말려들어 조용히 양철 북을 두드리게 된다. 진실을 파헤치려고 노력했으나 결국 나약하게 무너지고 마는 파수꾼 다의 모습은 독자에게 연민과 함께 현실 상황에 대한 분노를 불러일으킨다. 【줄거리】 이리 떼의 습격을 미리 알리기 위해 세 명의 파수꾼이 망루에서 들판을 지키도록 되어 있다. 새로 파견된 파수꾼 '다'는 이리 떼가 발견되지 않았는데도 불구하고, '이리 떼가 나타났다.'고 외치는 파수꾼들을 이상스럽게 생각한다. 소년은 이리 떼가 없다는 사실을 알려 마을 사람들을 안심시키는 것이 좋겠다고 생각하지만, 마을의 촌장이 나타나 소년을 설득한다. 촌장은 사실은 이리 떼가 없지만, 이리 떼가 나타난다는 거짓 정보도 때로는 '마을의 질서 유지'를 위해서 가치 있는 일이라고 소년에게 말한다. 소년은 거듭 따지지만 촌장을 설득하지 못하고, 점차 소년조차 거짓말에 동조하게 한다. 소년은 다시금 제자리에서 이리 떼가 나타났다는 신호인 양철북을 두드리는 일을 하게 된다. [발단] 철책 너머에 이리가 존재하지 않는다는 소년 파수꾼 다의 편지를 받고 촌장이 망루로 찾아온다. (촌장과 파수꾼 다의 만남) [전개] 파수꾼 다가 말한 대로, 촌장은 이리 떼가 존재하지 않는다는 사실을 인정하게 된다. (파수꾼 다의 승리) [절정] 파수꾼 다는 마을 사람들에게 진실을 알리려 하고, 촌장은 다양한 이유를 내세워 마을 사람들에게 진실을 알리는 일을 하루 연기하도록 파수꾼 다를 회유한다. (촌장의 설득) [하강] 파수꾼 다가 촌장에게 회유를 당하고, 오늘 하루는 거짓말을 해야 하는 상황이 된다. (촌장과 파수꾼 다의 타협) [대단원] 촌장의 의도에 따라 파수꾼 다가 거짓말을 하게 되고, 파수꾼 다는 결국 망루에서 벗어나지 못하는 존재가 된다. (촌장의 승리)

17 정답 ④

정답 해설

제시된 수필은 '자장면'을 대상으로 이에 관한 추억을 되새기고 있다. 구체적인 대상을 통해 필자의 느낌을 군더더기 없이 묘사하고 있으며, 사라져 가는 훈훈한 인정에 대한 아쉬움을 드러내는 작품이다. 제시문은 '자장면'을 의인화한 곳도 없고 바람직한 삶의 자세를 이끌어 내고 있지도 않다.

선택지 해설

① '자장면','중국집' 등 일상적인 소재를 통해 추억을 회상하고 있다.
② 글쓴이는 어린 시절에 갔었던 깨끗하지 않고 좁고 침침한 중국집에 대한 기억을 중심으로 편안하게 경험을 서술하고 있다.
③ '흑설탕을 한 봉지씩 싸 주며 "이거 먹어해, 헤헤헤."하던 그 집주인이 그런 사람'에서 글쓴이는 허름하지만 소박한 인정이 있는 중국집(대상)을 정겨워하고 있음을 알 수 있다.

작품 해제
정진권, 「자장면」

갈래	경수필
성격	회고적, 서정적
제재	자장면
주제	훈훈한 인정이 사라져 가는 것에 대한 아쉬움
특징	① 일상적인 소재를 통해 추억을 회상함. ② 간결한 문체로 독자와 대화하듯 서술함.
출전	"자장면"(1965)
해제	이 글은 자장면을 소재로 하여 과거의 인심과 여유로움을 회상하며, 이와 대조되는 현대의 생활을 되돌아보게 하는 수필이다. 글쓴이는 어린 시절에 갔었던 깨끗하지 않고 좁고 침침한 중국집에 대한 향수를 표현하는 반면, 으리으리한 중국집에는 불편한 느낌을 드러내고 있다. 그리고 세상이 변해 감에 따라 중국집의 분위기도 점차 바뀌어 가는 것을 안타까워하고 있다. 글쓴이가 원하는 것은 결국 소박하고 인정 넘치던 시절에 대한 그리움이라고 할 수 있다. 이 글은 글쓴이의 생각을 간결하고 개성 있는 문체와 독자와 대화하는 듯한 표현을 통해 전달하여, 진실한 느낌을 주고 있다. 이러한 표현은 자장면이라는 서민적인 음식과 어울려, 인정 있고 소박한 글쓴이의 면모를 잘 드러내 주고 있다.

특징	① 일상생활에서 겪은 체험이 반영된 글이다. ② '현재 – 과거 – 현재'의 시간으로 구성되어 있다. ③ 세 명의 인물을 비교하여 깨달음을 주고 있다. – 첫 번째 약국 주인에 대해: 신뢰하기 힘들다. – 두 번째 약국 주인에 대해: 다가가기 어렵다. – 세 번째 약국 주인에 대해: 마음을 열고 이야기를 나눌 수 있다.

18   정답 ③

정답 해설

마지막 주인인 30대 중반의 수더분한 여주인 (약을 팔려고 애쓰지 않는 약사)이 운영하는 '약국'은 ㉠, ㉣, ㉥ 이다. 손님에게 약을 권하기보다는 손님들과 소통하며 손님들의 마음을 열게 한 약사의 따뜻한 마음을 느낄 수 있는 약국이다.

선택지 해설

㉡은 첫 번째 약국을 의미하고 '그녀는 느지막하게 약국의 문을 열었다가 저녁에는 일찌감치 닫고는 하였다.'에서 게으른 성격을 지니고 있다. ㉢은 두 번째 약국 주인으로 '그들은 늘 흰 가운을 단정하게 입었고, 약국 안도 깔끔하게 정돈했다. 문을 열고 들어가면 언제나 고전 음악이 잔잔하게 흘렀다.'에서 지나치게 깔끔하고 고급스러운 취향을 지니고 있다.

작품 해제
김소경, 「약을 팔지 않는 약사」

갈래	수필
성격	체험적, 교훈적, 신변잡기적
제재	약을 팔지 않는 약사
주제	손님에게 약을 권하기보다는 손님들과 소통하며 손님들의 마음을 열게 한 약사의 따뜻한 마음

PART 5 비문학

THEME 1 일치, 불일치/미루어 추리

01	②	02	④	03	①	04	②	05	③
06	④								

01   정답 ②

정답 해설

3문단을 보면, 고양이가 달릴 때 강력한 힘을 내는 다리는 뒷다리이고, 앞다리는 브레이크 역할을 함을 알 수 있다.

선택지 해설

① 2문단에 따르면, 고양이의 척추 뼈는 52 ~ 53개이고 사람의 척추 뼈는 32 ~ 34개이다.
③ 4문단에 따르면, 고양이는 어깨와 몸이 뼈로 고정되어 있지 않고 근육으로만 연결돼 있어 비좁은 틈을 통과할 때 어깨를 한껏 좁힐 수 있다.
④ 5문단에 따르면, 고양이의 정위반사는 고양이가 높은 데서 떨어질 때 다치지 않게 해 주는 역할을 한다.

02   정답 ④

정답 해설

4문단을 보면, 수치심은 의존적 자아를 키우는 데 작용하고 죄의식은 독립적 자아를 키우는 데 작용함을 알 수 있다. 그러나 수치심과 죄의식 중 죄의식을 느끼는 것이 더 발전된 자아를 기르는 방법이라는 언급이 없다. 단지 의존적 자아를 독립적 자아로 바꾸기 위해서는 죄의식의 개념을 키우는 것이 중요하다고 했을 뿐이다.

선택지 해설

① 1문단에서 인간이 의도를 형성하는 세 가지 요인으로 태도, 행동 능력의 인식, 주관적 규범을 들고 있다.
② 3문단을 보면, 인간은 무언가의 옳고 그름을 판단하거나 특정 행동을 해도 되는지 결정할 때, 인간은 도덕적 감정을 활용하며, 이 도덕적 감정은 죄의식과 수치심으로 구분된다고 나와 있다. 즉 인간은 이 두 가지 감정을 느낌으로써 비윤리적인 행동을 하지 않게 된다.
③ 2문단과 3문단에서 한국인은 수치심이 가장 큰 역할을 하지만 미국인의 경우 죄의식이 제일 크게 작용하며 이 차이의 원인으로 문화의 차이를 언급하고 있다.

03   정답 ①

정답 해설

NGO의 부작용과 한계는 주어진 글에 등장하지 않는다.

선택지 해설

② NGO는 현재 정부 이외의 기구로서 국가 주권의 범위를 벗어나 사회적 연대와 공공의 목적을 실현하기 위해 사람들이 자발적으로 만든 공식 조직으로 통용된다.
③ NGO는 국가의 복지 서비스 중 미미한 분야에서 다양하고 유연한 서비스를 제공하여 그 역할과 입지가 점점 넓어지고 있다.
④ NGO라는 개념은 1945년 UN이 창설되면서부터 국제적으로 공식 성립되었다.

04   정답 ②

정답 해설

4문단을 보면 조선 시대 군선들은 전투와 조운을 겸해야 했기 때문에 돛과 노를 모두 사용하는 범노선(帆櫓船)이었다고 서술되어 있다.

선택지 해설

① 2문단에 따르면, 병조선은 군용과 조운용으로 두루 쓸 수 있는 대형, 중형, 소형이 있었다.
③ 5문단에 따르면 맹선은 군용보다 조운용으로 더 많이 활용되었다.
④ 3문단에 따르면 맹선은 신숙주가 개발한 병조선을 바탕으로 개조한 배이다. 즉 신숙주가 개조한 것이 아니다.

05   정답 ③

정답 해설

주어진 글을 보면, 어떤 결과가 복잡하다고 해서 그 원인도 복잡하지 않을 수 있다는 것을 설명하고 있다. 즉 나비의 날갯짓이라는 단순한 원인이 폭풍이라는 복잡한 결과를 낼 수도 있다는 것이다. 그러나 이를 통해 원인이 복잡하다고 해서 결과도 복잡하다는 내용을 추론할 수는 없다. 이 글에서 설명하고 있는 카오스와 나비 효과란 어떠한 원인이 특정 결과를 낼 것이라고 예측할 수 없다는 것이다.

선택지 해설

① 카오스는 컴컴한 텅 빈 공간, 곧 혼돈을 뜻한다고 되어 있다. 그리고 세상은 혼돈(카오스)의 상태에 있고 인간은 이것이 어떤 법칙으로 움직이는지 알 수 없다고 되어 있다. 이를 통해 카오스란 원인 불명 또는 원인을 파악하기 어려운 현상을 의미한다고 추론할 수 있다.
② 주어진 글을 통해 어떤 조건이 어떤 방식으로 영향력을 행사할 것인지 짐작하기 어렵다고 추론할 수 있다.
④ 세상은 카오스의 상태로 있지만 일부 학자들은 이러한 혼돈 상태조차 일종의 패턴을 가지고 있다고 생각하고, 이렇게 예측하기 힘든 운동의 패턴을 설명하고자 하는 이론을 카오스 이론이라고 했다. 즉 이를 통해 카오스 이론이 불규칙적인 운동으로만 가득 찬 것 같은 세계도 일정한 법칙과 질서를 가지고 있을지도 모른다는 것을 전제로 하고 있음을 추론할 수 있다.

06   정답 ④

정답 해설

「훈민정음해례」에서는 '팔종성가족용'을 통해 받침으로 8개 글자면 족하다고 설명하고 있다. 하지만 「월인천강지곡」은 「석보상절」이나 「훈민정음해례」와 달리 받침 표기에 'ㅈ, ㅊ, ㅌ, ㅍ, ㅿ' 등이 나타난다고 하였다. 이로 보아 「훈민

「정음해례」보다 「월인천강지곡」에 나타난 받침의 수가 더 많았을 것이라 추론할 수 있다.

선택지 해설
① '깊'과 '깁'을 비교해 볼 때, 둘다 발음은 [깁]으로 나지만 다른 형태로 받침이 표기된다.
② 「월인천강지곡」과 「석보상절」은 같은 시기에 간행된 문헌이지만 다른 표기법으로 쓰였다.
③ 한글은 음소 문자로 창조되었지만 음절 문자식 표기로 인해 맞춤법 표기에 혼란이 생긴다.

THEME 2 주제, 주장(견해)

| 01 | ③ | 02 | ② | 03 | ④ | | | | |

01   정답 ③

정답 해설
이 글의 글쓴이는 대표적인 열녀인 「춘향전」의 춘향과 「사씨남정기」의 사씨 부인을 예로 들어 그들의 행동을 살펴보고, 그것이 도덕의 완성뿐만 아니라, 자아실현의 완성으로 이어지는 행동임을 말하고 있다.

02   정답 ②

정답 해설
주어진 글은 신경 세포의 시초는 원시 후생 동물의 표피를 구성하는 세포의 일부가 변한 것이라고 설명하고 있다. 따라서 가장 적절한 제목은 ②이다.

선택지 해설
① 신경 세포의 기능이 제목이 되기 위해서는 신경 세포가 뇌에서 어떤 역할을 하는지 설명되어야 한다.

03   정답 ④

정답 해설
주어진 글은 종교와 사회의 관계에 대해 설명하고 있다. 1문단에서는 종교적인 원칙과 사회적인 원칙의 관계를 종교인의 삶과 사회의 삶의 관계와 동일시하면 안 된다고 말하고 있다. 그리고 2문단에서는 종교가 원칙에 의지하기보다 원칙을 현실에 적용시킬 수 있어야 한다고 주장한다. 따라서 종교와 사회를 대하는 글쓴이의 관점으로 가장 적절한 것은 ④이다.

THEME 3 논지 전개 방식

| 01 | ① | 02 | ② | 03 | ③ | 04 | ① | 05 | ② |

01   정답 ①

정답 해설
(가)에서는 설명 대상을 정의하면서 본격적으로 설명하고 있다. 즉 설명 대상인 '유니버설' 디자인의 개념, 탄생 배경 등을 제시한 뒤 유니버설 디자인의 범위가 확대되었음을 말하고 있다. (나)에서는 이러한 유니버설 디자인의 특수한 속성을 다시 일반화하여 유니버설 디자인이 지닌 특성과 중요성을 강조하고 있다. 유니버설 디자인이 적용된 구체적인 사례를 제시하며 유니버설 디자인이 필수적인 것이 되고 있음을 강조하고 있다.

02   정답 ②

정답 해설
주어진 글에서는 페루 아마존 유역의 유실수 벌목으로 인한 목재 생산량 감소, 캐나다 브리티시 컬럼비아의 벌목으로 인한 연어잡이 수익 감소라는 구체적 사실을 근거로 삼림 파괴가 자연 생태계를 파괴하고 경제적 손실을 가져온다는 결론을 이끌어 내고 있다. 즉 귀납적 추론 과정에 따라 내용을 전개하였다. 이와 같은 귀납의 추론 방법이 사용된 것은 ②이다. ②는 습지는 가뭄과 홍수를 예방해 준다는 것과 습지는 수질 정화에 매우 중요한 역할을 한다는 구체적 사실을 바탕으로 인간은 자신의 삶을 위해 습지를 잘 보존해야 한다는 일반 원리를 이끌어 내고 있으므로 귀납 논증에 해당한다.

선택지 해설
① 지구상의 모든 생명체가 과도한 인공 빛에서 벗어나야 살 수 있다는 것과 인간이 지구상에서 살아가는 생명체라는 일반 법칙을 바탕으로 인간은 인공 빛을 줄여야 건강하게 살 수 있다는 구체적 사실을 이끌어 내고 있으므로, 연역의 추론 방법이 사용되었다.
③ 85데시벨(dB) 이상의 소리는 청력을 약화할 수 있다는 것과 이어폰으로 들을 수 있는 음악의 최대 소리 크기는 100데시벨이라는 일반 원리를 바탕으로 이어폰의 최대 소리 크기로 음악을 들으면 청력이 약화될 수 있다는 구체적 사실을 이끌어 내고 있으므로 연역 논증 밥법에 해당한다.
④ 생물은 외부 환경이 변해도 자신을 조절하여 몸 안의 상태를 일정하게 유지한다는 것과 사람은 생물이라는 일반 원리를 바탕으로 사람은 외부 환경이 변해도 자신을 조절하여 몸 안의 상태를 일정하게 유지한다는 구체적인 사실을 이끌어 내고 있는 연역 논증이 사용되었다.

03   정답 ③

정답 해설
묘사는 인상의 전달을 목적으로 어떤 대상의 모양, 빛깔, 감촉, 소리, 냄새 등을 언어로 그려 내는 방법을 말하는데, '구들은 고래를 켜고 구들장을 덮고 흙으로 방바닥을 만들어 불을 때는 난방 시설이다.'는 구들을 설명하는 것으로 서술 방식과 그 예의 연결이 바르지 않다.

선택지 해설
① 이해를 목적으로 어떤 대상이나 문제를 쉽게 풀이하거나 사실을 해명하는

설명의 서술 방식이 쓰였다.
② 설득을 목적으로 어떤 주장을 내세워 독자로 하여금 자기 의견을 믿고 따르도록 하는 논증의 서술 방식이 쓰였다.
④ 줄거리 전달을 목적으로 사건의 진행 과정이나 사물의 움직임과 변화를 시간의 흐름에 따라 구체적으로 풀어 이야기하는 서사의 서술 방식이 쓰였다.

04　　　　　　　　　　　　　　　　　　　　　정답 ①

정답 해설

훌륭한 리더가 탄생하는 법에 대한 '성격 및 자질이론, 행동이론, 상황이론, 복합이론'을 각각의 이론이 나온 시간 순서대로 제시하고 있다.

선택지 해설

② 각각의 이론에서 훌륭한 리더가 되기 위해 중요하게 여긴 점이 변화한 것이지 훌륭한 리더라는 개념 자체가 변화한 것은 아니다.
③ 제시된 이론들을 보면, 시간의 변화에 따라 훌륭한 리더가 갖춰야 하는 조건이 바뀌고 있음을 알 수 있다. 이를 훌륭한 리더를 바라보는 다양한 관점이라고 보기는 어렵다.

05　　　　　　　　　　　　　　　　　　　　　정답 ②

정답 해설

필자는 사실을 기반으로 하면서 작가의 상상력으로 재창조된 이야기인 팩션(faction)을 구체적인 작품을 통해 그 특징을 설명하고 있다.

THEME 4　논리적 순서

| 01 | ③ | 02 | ① | 03 | ② | 04 | ① | | |

01　　　　　　　　　　　　　　　　　　　　　정답 ③

정답 해설

ㄷ은 주어진 문단에서 논의하고 있는 내용의 전체 전제에 해당한다. 따라서 문단의 맨 처음에 오는 것이 자연스럽다. ㄹ에서는 현대인들이 일회적 관람을 통해 영화를 평가하는 경우가 많음을 말하고 있다. 따라서 ㄹ 앞에는 현대인들이 왜 일회적 관람을 통해 영화를 평가하는지에 대한 이유를 제시하는 문장이 놓여야 한다. ㄱ에서는 바쁜 현대 사회의 관객들이 영화를 스트레스 해소나 오락의 수단으로 인식한다고 하였는데, 이는 현대인들이 영화를 반복적으로 보기보다는 일회적 관람을 한다는 것의 이유가 되므로, ㄱ은 ㄹ 앞에 놓일 수 있다. 또 ㄴ에서는 상업 영화의 속성을 갖는 할리우드 내러티브 양식이, 관객이 이해하기 쉽고 납득하기 쉬운 내러티브 구조를 취하는 현상을 말하고 있는데 그러한 현상이 나타나는 이유에 해당하는 것이 ㄹ이다. 따라서 ㄹ은 ㄴ 앞에 놓여야 한다.

02　　　　　　　　　　　　　　　　　　　　　정답 ①

정답 해설

(가)에서는 미세플라스틱의 개념과 분포, 현황 등을 제시하고 있다. 따라서 (가) 뒤에는 미세플라스틱을 1차 미세플라스틱과 2차 미세플라스틱으로 나누어 그것의 개념과 형성 과정을 좀 더 세분화하여 설명하고 있는 (나)와 (다)가 순서대로 이어지는 것이 옳다. (마)와 (라)는 미세플라스틱이 끼치는 피해를 제시하고 있는데, 내용상 둘 중 어느 문단이 먼저 와도 상관이 없다. 하지만 (라)에서 이미 어떤 것이 포함되고 그 위에 더함의 뜻을 나타내는 보조사 '도'를 사용하여 인간도 미세플라스틱에 의해 피해를 볼 수 있음을 언급하고 있으므로 (라)는 (마) 뒤에 와야 한다. 따라서 (가) 뒤에는 (나) - (다) - (마) - (라)의 순서로 문단이 이어져야 한다.

03　　　　　　　　　　　　　　　　　　　　　정답 ②

정답 해설

(마)에서는 '탈춤은 무정부적이고 파괴적인 것처럼 보일지 모른다.'는 화제를 제시하고 있으며, 그 예로 (다)에서는 탈춤에서 '양반들을 모멸하는 장면의 예시로 제시하였다.
(나)는 (다)를 통해 '무정부주의'와 다르지 않다고 언급하였으며, (라)는 (나)와 역접 관계로 (나) 뒤에 와야 한다.
그 이유를 (가)에서는 '왜냐하면~ 때문이다'로 밝히고 있으므로 마지막에 와야 한다.

04　　　　　　　　　　　　　　　　　　　　　정답 ①

정답 해설

글의 도입부인 (다)는 설명한 대상을 소개하고 있다. 설명 순서를 "도식, 동화, 조절, ~등"을 통해 조직화의 개념을 소개할 것이다. 그러므로 (다) 문단 다음에는 (마)가 이어지는 것이 자연스럽고, 그 다음에 (가)가 나오는 것이 적절하다. (마)의 '도식'의 한계로 (가)와 (라)에 '동화', '조절'에 대한 내용이 전개되고, 글의 마지막으로 (나) 문단 '조직화'는 앞서 언급한 과정을 거쳐 통합되는 단계이므로 마지막에 위치해야 한다.

THEME 5　반론, 비판/오류

| 01 | ② | 02 | ① | 03 | ③ | 04 | ④ | 05 | ③ |

01　　　　　　　　　　　　　　　　　　　　　정답 ②

정답 해설

<보기> 부분은 주장인 앞문장과, 근거인 뒷문장은 표현은 다르지만 판단 값은 같다. 주장과 근거, 그 근거를 다시 주장으로 뒷받침하는 간접적 순환 논증의 오류를 범한다.
② '좋은 친구'라는 표현의 판단값은 '그가 우리에게 직접 그렇게 말했으니까'라는 판단값과 동일하다. 즉, 一 앞의 문장으로 뒤의 문장을, 뒤의 문장으로 앞의 문장을 증명하는 순환 논증의 오류를 범했다.

선택지 해설

① '장수의 비결'은 심리, 유전, 환경적 요인 등 복합적일 것이다. 그런 가운데 한 가지만 가지고 어떤 결론을 내리는 것은 잘못된 인과의 오류이다.
③ 어떤 주장이 거짓이라는 것을 밝힐 수 없어 참이라고 하는 오류는 무지에의 오류이다.

④ '두 번이나 회의에 지각했다'는 것을 근거로 '어떤 약속도 해서는 안 된다'는 주장을 편다. 통계적 귀납 추론으로 자료가 불충분한 성급한 일반화의 오류이다.

02   정답 ①

정답 해설

① 정황적 논증의 오류, 피장파장의 오류를 범하고 있다. 두 사람 간의 논쟁에서 상대방이 그가 처한 정황 또는 상황으로 미루어 보아 자기의 생각을 받아들일 수밖에 없다고 주장하거나, 상대방도 자기와 마찬가지 상황이므로 자기의 입장이 정당화된다고 주장하는 오류이다. 특히 후자를 피장파장의 오류라고 한다. 둘 다 상대방의 잘못을 근거로 자신의 잘못을 정당화하고 있다.

선택지 해설

② 발생학적 오류를 범하고 있다. 어떤 사람, 생각, 제도, 관행 등의 기원이 어떤 특성을 지니고 있기 때문에 그것들도 그러한 특성을 지닐 것이라고 추론하는 오류이다.
③ 성급한 일반화의 오류를 범하고 있다. 대표할 수 있는 사례들을 들어 일반화하는 경우는 일종의 귀납 논법으로, 우리가 지식을 축적하는 데 도움을 줄 수 있다.
④ 인과적 오류(원인 오판의 오류, 거짓 원인의 오류)를 범하고 있다. 어떤 두 사건이 동시에 발생할 때 그 중 한 사건이 다른 사건의 원인이라고 잘못 추론하거나, 한 사건이 다른 사건보다 단지 먼저 발생한 것을 가지고 전자가 곧 후자의 원인이라고 잘못 추론하는 오류를 말한다.

03   정답 ③

정답 해설

글에서 범하고 있는 오류는 원천 봉쇄의 오류로 반론이 나올 여지를 막아버리는 오류이다. 이와 유사한 오류로 ③번과 같이 '말'을 하지 못하게 함으로 문제를 원천 봉쇄하고 있으므로 이 글과 유사한 오류를 범하고 있다.

선택지 해설

① '모든 사람들'(남들) 이 '이 물건'을 갖고 싶어 하는 것으로 '이 물건'을 '귀한 것'이라고 판단하는 것은 군중 심리를 자극하여 논리를 받아들이게 하는 '대중에 호소 오류'를 말한다.
② 상대방의 의도인 '소주병을 숨겨 야구장에 온 행위'를 지나치게 확대 해석하여, '난동을 부린다'하는 경우는 의도하지 않은 행위의 결과를 의도가 있었다고 판단할 때 생기는 오류이며, '의도 확대의 오류'를 범하고 있다.
④ '그 영화에 출연하는 배우들'은 '최고의 인기'를 끌고 있으므로 '그 영화'도 사람들에게 많은 인기를 얻을 것이라고 판단하는 것은 부분의 성질로부터 그것이 전체 성질을 잘못 추리하는 '결합(합성)의 오류'이다.

04   정답 ④

정답 해설

㉠에 대한 반론이 아니고 '반론의 근거'라고 했다. 그렇다면 먼저 ㉠의 근거(전제)를 살펴봐야 한다. 그것과 반대되는 근거가 ㉠의 반론의 근거가 되기 때문이다. ㉠주장의 근거(전제)는 바로 앞 문장에 제시되어 있다. 그것은 '이러한 반시장적 행위들은 시장의 논리만으로 통제되기 어렵다.'는 문장이다. 그 뒤에 '따라서' 다음에 ㉠이 결론으로 왔다. 그렇다면 '반시장적 행위들은 시장의 논리만으로 통제되기 어렵다'는 근거를 반대하면 ㉠에 대한 반론의 근거가 된다. 그것은 '반시장적 행위들도 시장의 논리로 통제될 수 있다'가 된다. 이와 관련이 깊은 것은 ④이다.

선택지 해설

①, ③은 ㉠을 옹호하는 사상이므로 논거로 타당하지 않다.
② '시장 속에 내재해 있는 것'이 아니라는 점에서 반론의 근거로 보기 어렵다.

05   정답 ③

정답 해설

㉠의 내용을 정리하면 '인간에게 반사회성이 없으면 인간의 재능은 계발될 수 없다'이다. 이러한 주장에 반론을 제기할 때 자연스럽게 나올 수 있는 반응은 '사회성은 인간의 재능을 계발할 수 없다는 말인가'이다. 다시 말하면 '사회성만으로도 인간의 재능은 계발될 수 있다'는 것이다.

선택지 해설

①, ②는 본문의 내용과 관련이 없다. ④에서 '반사회성만으로는 인간의 능력이 계발될 수 없다'는 것은 사회성과 반사회성이 모두 인간의 재능을 계발할 수 있다는 내용을 내포하고 있다. 이는 제시문의 내용과 일치하는 것이기 때문에 반론이 되지 않는다.

THEME 6 문맥적 의미

01	02	03	04
③	④	②	④

01   정답 ③

정답 해설

사진은 회화보다 더욱 사실적이어서 단순한 모사인 미니어처 초상화는 종말을 맞이했다고 나왔다. 즉 ㉠에 담겨 있는 생각으로 ③이 가장 적절하다.

02   정답 ④

정답 해설

상품미는 상품을 많이 팔기 위해서 아름답게 꾸미는 것을 말한다. 이와 같은 상품미의 성격을 나타내기 위해서는 보기 좋은 겉모습을 강조한 ④가 가장 적절하다.

선택지 해설

① '초록은 동색이다'는 '풀색과 녹색은 같다'는 뜻으로, 처지가 같은 사람들끼리 한패가 되는 경우를 이르는 말이다.
② '꽃은 목화가 제일이다'는 목화는 꽃으로 별로 아름답지 못하지만 그 쓰이는 데가 많아 살림에는 매우 요긴하다는 뜻이다. 즉 겉치레보다는 실속이 중요하다는 말이다.
③ '말 타면 경마 잡히고 싶다'는 한 가지를 이루면 다음에는 더 큰 욕심을 갖게 된다는 뜻으로 사람의 욕심이란 한이 없다는 뜻이다.

03 정답 ②

정답 해설

㉠은 소크라테스 자신의 말을 주장한다는 의미의 단어가 들어와야 하므로 '자기의 뜻을 힘주어 말함'을 의미하는 '역설'이 들어와야 한다. ㉡은 시민들을 적재적소에 두어야 한다는 의미의 단어와 들어와야 하므로 '사람이나 물자 따위를 일정한 자리에 나누어 둠'을 의미하는 '배치'가 들어와야 한다. ㉢은 타락한 아테네 체제의 해결 방법으로 여성 인력을 생각하였으므로 '어떤 문제를 해결하기 위한 실마리를 잡음'을 의미하는 '착안'이 들어와야 한다.

선택지 해설

㉠ '부각'은 '어떤 사물을 특징지어 두드러지게 한다'는 의미이므로 ㉠에 들어가기에 어울리지 않다.
㉡ '배열'은 '일정한 차례나 간격에 따라 벌여 놓는다'는 의미이므로 ㉡에 들어가기에 어울리지 않다.
㉢ '착상'은 '어떤 일이나 창작의 실마리가 되는 생각이나 구상 따위를 잡는다'는 의미이므로 ㉢에 들어가기에 어울리지 않다.

04 정답 ④

정답 해설

환유는 ㉠의 '인접성'으로 인해 ㉡의 '의미 전이'가 일어난다. 즉 '인접성'이 원인이고 '의미 전이'가 결과이다. 이들의 관계와 가장 유사한 것은 ④의 '구름'과 '소나기'이다.

선택지 해설

① '학교'와 '학원'은 유사 관계이다.
② '영화'와 '배우'는 '영화' 안에 '배우'가 특정 요소로 포함되는 경우이다.
③ '효녀'와 '심청'은 '심청'이 '효녀'에 포함되었다고 볼 수도 있고, '심청'이 '효녀'의 대표로 역할을 하고 있다고 볼 수도 있다.

PART 6 쓰기, 말하기

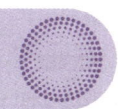

THEME 1 쓰기

| 01 | ② | 02 | ③ | 03 | ④ | 04 | ② |

01 정답 ②

정답 해설

제시된 글은 공유 자원의 경우 개인의 선택이 겉으로 보기에는 이익인 것 같지만 결과적으로는 공유 자원의 고갈을 가져와 전체의 손실을 야기한다는 공유지의 비극을 설명하고 있는 글이다. ㉡에는 초원의 풀이 스스로 보충하는 능력 상실로 황무지가 되고 만 이유가 제시되어야 하므로 초원의 면적은 제한되어 있으나 양의 수는 계속 늘어났다는 내용의 문장이 들어가야 한다.

02 정답 ③

정답 해설

'낙후된 사내 환경에 대한 임직원들의 관심 촉구'는 사내 옥외 쉼터 조성이라는 주제와 관련이 없는 내용이므로 이를 해결 방안으로 제시하는 것은 적절하지 않다. 또한 사내 옥외 쉼터 조성에 관한 문제점으로 'Ⅱ-2-가'에서 '사내 휴게 공간에 대한 임직원들의 무관심'을 제시하였으므로 이 문제를 해결하기 위한 방안으로 'Ⅱ-3-가'에서 '임직원들의 관심 제고를 위한 캠페인 실시'를 제시하는 것은 적절하다.

선택지 해설

① 임직원들의 운동 시간과 운동량 부족 및 사내 공간에 대한 발상 전환에 관한 내용은 사내 옥외 쉼터 조성과 관련 없는 내용이므로 주제와 관련된 내용으로 수정해야 한다.
② 자연 친화적인 공간 활용에 대한 계획 수립은 휴게 공간 조성의 어려움이 아니라 그 어려움을 해결할 방안에 해당하므로 'Ⅱ-3-나'와 위치를 바꾸는 것이 적절하다.
④ 결론은 주제와 관련된 내용이어야 하기 때문에 '정서적·환경적 가치가 높은 사내 옥외 쉼터의 조성 제안'으로 바꾸는 것이 적절하다.

03 정답 ④

정답 해설

지진을 그 형태와 발생 원인을 기준으로 나누어 차이점을 설명하고 있다.

선택지 해설

① 지진 발생 시 문제점과 구체적인 원인, 해결 방안에 대한 설명이 없다.
② 지진파의 종류에 대해 언급하고 있지 않다.
③ 지진을 형태별로 나누어 설명하고 있지만, 공통점을 설명하고 있지는 않다.

04 정답 ②

정답 해설

'파급'은 어떤 일의 영향이 다른 데로 미침을 의미한다. 여기에서는 '파동이 매질 속을 퍼져 가는 일'을 의미하는 '전파'를 사용하는 것이 더 타당하다.

THEME 2 말하기

01	①	02	③	03	②	04	②	05	②
06	④	07	①	08	②	09	②	10	①

01 정답 ①

정답 해설

기자는 기부자가 기부 소감을 본인의 의도나 의사에 맞게 충분히 말할 수 있도록 해 주는 역할을 수행하면서 협력적 듣기를 하고 있을 뿐, 기부자의 발언 수준과 표현 방식을 정정하고 있지 않다.

선택지 해설

② '더욱더 값진 재산', '멋지십니다' 등의 말을 통해 기부자가 존중받고 있다는 느낌을 가질 수 있도록 표현하고 있다.
③ 기자는 20억씩 기부하는 사람들은 다른 세계 사람들 얘기라고 하며 기부자가 본인의 기부 소감을 자신의 의도나 의사에 맞게 말할 수 있도록 해 주고 있다.
④ 기자는 기부자에게 질문을 던짐으로써 기부자가 말하고 싶었던 내용을 충분히 말할 수 있도록 환경을 조성해 주고 있다.

02 정답 ③

정답 해설

영호가 혜영으로 하여금 자신이 한 말을 되돌아볼 수 있게 해 주는 말은 하지 않았다. 혜영의 말에서도 혜영이 자신의 말을 되돌아보고 있음을 나타내는 말을 찾을 수 없다.

선택지 해설

① 영호는 혜영에게 무슨 일이 있었는지 얘기해 보라고 하며 혜영이가 말을 계속 이어가도록 격려하고 있다.
② 영호는 혜영이가 한 말의 의미를 재구성하여 대화에 반영하고 있다.
④ 영호는 혜영의 말을 그대로 재진술하여 요약하고 있는데, 이는 영호가 혜영의 말에 집중을 해야 가능하다. 또한 영호는 비언어적 표현(몸짓)을 통해서도 혜영의 말에 집중하고 있음을 보여 주고 있다.

03 정답 ②

정답 해설

B는 제대로 듣지 못한 책임을 자신의 부주의 탓으로 돌려 자신의 부담을 최대화하고 있다. 즉 공손성의 원리 중 관용의 격률을 지키고 있다.

선택지 해설

① 상대방이 말을 작게 해서 자신이 잘 듣지 못했다는 것을 전제하고 상대방에게 책임을 떠넘겨 부담을 주고 있는 것은 A이다.
③ 동의의 격률
④ 요령의 격률

04 정답 ②

정답 해설

주어진 조건 모두를 충족하는 논제는 ②이다.

선택지 해설

① 다른 조건은 다 충족되지만 정책 논제여야 한다는 ㄹ의 조건을 충족하지 못한다. ①은 어떤 사실이 참이냐 거짓이냐를 다루는 사실 논제이다.
③ 다른 조건은 다 충족되지만 의문문의 형식으로 기술되어 ㄱ의 조건을 충족하지 못한다.
④ 찬성 편에 유리하게 작용하는 정서적 표현이 사용되었으므로 ㄷ의 조건을 충족하지 못한다.

05 정답 ②

정답 해설

대화(2)에서 ㄴ은 진실된 정보만을 제공하도록 노력하라는 질의 격률을 위배되는 대답을 하고 있다.

선택지 해설

① 대화(1)은 대화의 목적에 필요한 만큼의 정보를 제공하라는 양의 격률을 잘 지키고 있다.
③ 대화(3)은 대화의 목적, 주제와 관련된 말을 하라는 관련성의 격률을 잘 지키고 있다.
④ 대화(4)는 모호하거나 중의적인 표현을 피하고 간결하고 조리 있게 말하라는 태도의 격률을 잘 지키고 있다.

06 정답 ④

정답 해설

제시된 부분은 토론자가 입론을 하는 단계로 토론 논제에 대한 자신의 입장을 밝히고, 필수 쟁점에 대해 문제의 심각성, 방안의 적절성, 효과와 이익 등을 이야기하고 있다.

선택지 해설

① 우리나라의 드론 산업이 더디게 발전하는 것은 시급히 해결해야 하는 문제라고 하였다.
② 우리나라 드론 산업이 더디게 발전하는 것은 다른 나라에 비해 규제가 심하기 때문이므로 드론에 대한 규제 완화는 문제를 해결하는 데 적절한 방안이 될 수 있다.
③ 드론에 대한 규제를 완화하면 드론 사업을 발전시킬 수 있고, 순찰용 드론을 활용하면 우리나라의 치안이 훨씬 더 좋아질 것임을 언급하고 있다.

07 정답 ①

정답 해설
환자의 병이 빨리 낫기를 바라는 내용의 표현이므로 '요령의 격률'에 따른 것으로 볼 수 있다.

선택지 해설
- 공손성의 원리: 상대방에게 공손하지 않은 표현은 최소화하고 공손한 표현은 극대화하는 것
  ① 요령의 격률: 상대방에게 부담이 되는 표현은 최소화하고 이익을 극대화하는 표현을 최대화하라.
  ② 관용의 격률: 화자 자신에게 이익을 주는 표현은 최소화하고 부담을 주는 표현을 최대화하라.
  ③ 칭찬(찬동)의 격률: 다른 사람에 대한 비방은 최소화하고 칭찬을 극대화하라.
  ④ 겸양의 격률: 자신에 대한 칭찬은 최소화하고 비방을 극대화하라.
  ⑤ 동의의 격률: 자신의 의견과 다른 사람의 의견 사이의 다른 점은 최소화하고 일치점을 극대화하라.
 * 극대화(최대화), 최소화하라는 표현은 실제 상황에서 극한값을 나타내는 것이 아니라 대화의 상황에 따라 적정한 수준을 파악하여 이를 준수해야 함을 의미한다.

08 정답 ②

정답 해설
'태도의 격률'에 위배된다. 비유적인 표현은 대화 내용을 모호하게 만들 수 있으므로 간결하고 조리 있게 말하는 것이 좋다.

선택지 해설
- 협력의 원리: 대화 참여자가 대화의 목적에 성공적으로 도달하기 위해 지켜야 하는 것
  - 양의 격률: 대화의 목적에 필요한 만큼의 정보를 제공하라.
  - 질의 격률: 타당한 근거를 들어 진실을 말하라.
  - 관련성의 격률: 대화의 목적이나 주제와 관련된 것을 말하라.
  - 태도의 격률: 모호하거나 중의적인 표현을 피하고, 간결하고 조리 있게 말하되 언어 예절을 지켜 말하라.

09 정답 ②

정답 해설
김명수는 질문을 하는 상대방이 원하는 정보의 양을 넘어서 대답하고 있다. '전학 온 이유'와 관련된 직접적 정보만을 제공하는 것이 바람직하다.

10 정답 ①

정답 해설
토론의 논제의 유형에는 사실 논제, 정책 논제, 가치 논제가 있다. 참과 거짓으로 양립 가능한 사실에 해당하는 논제는 사실 논제이다. 정책 논제는 문제의 해결에 대한 구체적인 행위를 포함하는 논제이며, 가치 논제는 무엇이 옳고 그른지에 대한 가치 판단이다.

PART 7 어휘

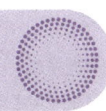

THEME 1 한자성어/한자어

01	②	02	③	03	③	04	①	05	③
06	③	07	①	08	②	09	④	10	③
11	④	12	④	13	①	14	②	15	④
16	①	17	①	18	④				

01 정답 ②

정답 해설
고유어 '값'은 여러 가지 뜻을 지닌 다의어이다. '사고 파는 물건에 일정하게 매겨진 액수.'의 '가격(價格)', '어떤 사물의 중요성이나 의의.'의 '가치(價値)', '노력이나 희생에 따른 대가.'의 '대가(代價)'와 각각 대응한다.

선택지 해설
① 몫 : 여럿으로 나누어 가지는 각 부분을 의미한다.
③ 셈 : 주고받을 돈이나 물건 따위를 서로 따져 밝히는 일. 또는 그 돈이나 물건을 뜻한다.
④ 푼 : 돈을 세는 단위. 스스로 적은 액수라고 여길 때 쓴다.

02 정답 ③

정답 해설
'뜬소문'은 '이 사람 저 사람 입에 오르내리며 근거 없이 떠도는 소문'을 말한다. 이와 유의 관계에 있어 바꾸어 쓸 수 있는 단어는 '터무니없는 헛소문'을 뜻하는 '낭설(浪說)'이다.

선택지 해설
① 혹설(或說): 어떤 사람의 말이나 학설을 뜻한다.
② 이설(異說): 통용되는 것과는 다른 주장이나 의견을 말한다.
④ 항설(巷說): 여러 사람의 입에서 입으로 옮겨지는 말을 의미한다.

03 정답 ③

정답 해설
'匿名(숨을 익, 이름 명)'은 '이름을 숨김. 또는 숨긴 이름이나 그 대신 쓰는 이름.'을 뜻하는 한자어로 그 독음은 '익명'이다.

선택지 해설
① '懶惰(게으를 나, 게으를 타)'의 독음은 '나타'이고, '나태'의 한자어는 '懶怠(게으를 나, 게으를 태)'이다.
② '運用(돌 운, 쓸 용)'의 독음은 '운용'이고, '유용'의 한자어는 '流用(흐를 유, 쓸 용)'이다.
④ '苦楚(쓸 고, 모형 초)'의 독음은 '고초'이고, '고배'의 한자어는 '苦杯(쓸 고, 잔 배)'이다.

04 정답 ①

정답 해설

㉠에는 '서로 다른 일이나 사물을 구별하여 가름.'을 뜻하는 '分別(나눌 분, 다를 별)'이, ㉡에는 '일정한 기준에 따라 전체를 몇 개로 갈라 나눔.'을 뜻하는 '區分(구역 구, 나눌 분)'이, ㉢에는 '서로 나뉘어 떨어짐. 또는 그렇게 되게 함.'을 뜻하는 '分離(나눌 분, 떠날 리)'가 들어가야 한다.

05 정답 ③

정답 해설

'高氣壓(높을 고, 기운 기, 누를 압)'은 '대기 중에서 높이가 같은 주위보다 기압이 높은 영역.'을 뜻하는 한자어이다.

선택지 해설

① '어떤 분야의 종전 최고치나 최저치를 깨뜨림.'을 뜻하는 경신은 '更新(고칠 경, 새로울 신)'으로 써야 한다.
② '지구의 기온이 높아지는 현상.'을 뜻하는 '온난화'는 '溫暖化(따뜻할 온, 따뜻할 난, 될 화)'로 써야 한다.
④ '기온, 비, 눈, 바람 따위의 대기(大氣) 상태.'를 뜻하는 '기후'는 '氣候(기운 기, 기후 후)'로 써야 한다.

06 정답 ③

정답 해설

오랜 유배 생활을 하면서 윤선도가 느꼈을 현실 세계는 자신의 이익을 위해 끊임없이 다투는 부정적 공간이었다. 이러한 작가의 삶을 바탕으로 할 때 현실의 삶은 부귀공명(富貴功名)을, 자연에서의 삶은 안빈낙도(安貧樂道), 물아일체(物我一體)를 추구하며 사는 삶을 의미한다는 것을 알 수 있으며, 작가는 후자의 삶을 더 즐거운 삶이라고 여겼음을 파악할 수 있다.

선택지 해설

① 안빈낙도(安貧樂道): 가난한 생활을 하면서도 편안한 마음으로 도를 즐겨 지키는 삶을 의미한다.
② 물아일체(物我一體): 외물(外物)과 자아, 객관과 주관, 또는 물질계와 정신계가 어울려 하나가 된다는 뜻이다.
④ 우국충정(憂國衷情): 나랏일을 근심하고 염려하는 참된 마음을 말한다.

07 정답 ②

정답 해설

화자는 임을 기다리며 등불을 밝혀 놓았지만 찾아오지 않는 임으로 인해 슬퍼하고 있다. 이러한 화자의 상황과 가장 가까운 한자 성어는 아내가 남편 없이 혼자 지냄을 이르는 말인 '독수공방(獨守空房)'이다.

선택지 해설

① 인생무상(人生無常): 인생이 덧없음을 의미한다.
③ 길흉화복(吉凶禍福): 길흉과 화복을 아울러 이르는 말이다.
④ 단사표음(簞食瓢飮): 대나무로 만든 밥그릇에 담은 밥과 표주박에 든 물이라는 뜻으로, 청빈하고 소박한 생활을 이르는 말이다.

08 정답 ②

정답 해설

동병상련(同病相憐)은 귀뚜라미 울음소리가 화자의 옅은 잠을 깨워서 얄밉지만 독수공방하는 화자 자신의 외로운 심정을 아는 존재는 귀뚜라미뿐이라고 하면서 동병상련(同病相憐)의 정을 드러내고 있다. 동병상련(同病相憐) 같은 병을 앓고 있는 사람끼리 서로 불쌍히 여긴다는 뜻으로, 고난을 겪는 사람끼리 서로 불쌍히 여겨 동정하고 도움을 뜻한다.

선택지 해설

① 附和雷同(부화뇌동) 제 주견이 없이 남이 하는 대로 그저 무턱대고 따라함을 의미한다.
③ 결초보은(結草報恩): 죽어서도 은혜를 잊지 않고 갚음을 뜻한다.
④ 전전긍긍(戰戰兢兢): 몹시 두려워 조심함을 의미한다.

09 정답 ④

정답 해설

연군지정(戀君之情)은 임금을 그리워하는 마음으로 시조의 내용과 상관이 없다.
<보기>는 가을 달밤에 강에서 작은 배 하나를 띄어 놓고, 꼭 무엇인가를 잡겠다는 생각이 없이 한가하고 여유로운 삶을 한 폭의 동양화처럼 선명하게 제시한, 대표적인 '강호한정가(江湖閑情歌)'이다.

선택지 해설

① 물심일여(物心一如)는 마음과 형체가 구분됨이 없이 하나로 일치한 상태를 말한다.
② 자연귀의(自然歸依)는 속세를 벗어나 자연으로 돌아가거나 돌아와 몸을 의지함을 뜻한다.
③ 물아일체(物我一體)는 외물(外物)과 자아, 객관과 주관, 또는 물질계와 정신계가 어울려 하나가 됨을 의미한다.

10 정답 ③

정답 해설

온고지신(溫故知新)은 '옛것을 익히고 그것을 미루어서 새것을 안다'는 뜻으로 필자는 한복을 현대의 일부 세대가 입는 것을 신선한 문화로 여기며 긍정적으로 생각하고 있다.

선택지 해설

① 권토중래(捲土重來)는 땅을 말아 일으킬 것 같은 기세로 다시 온다는 뜻으로 한 번 실패하였으나 힘을 회복하여 다시 쳐들어옴을 이르는 말이다.
② 과유불급(過猶不及)은 정도를 지나침은 미치지 못함과 같다는 뜻으로, 중용(中庸)이 중요함을 이르는 말이다.
④ 환부작신(患部作新)은 썩은 것을 싱싱한 것으로 바꾼다는 의미이다.

11 정답 ④

정답 해설

자포자기(自暴自棄)는 절망에 빠져 자신을 스스로 포기하고 돌아보지 아니함을 뜻한다.

진짜와 가짜를 가리고자 관가에 송사까지 하였으나 진짜 옹고집이 도리어 벌을 받게 되는 '자포자기' 상황이다.

(선택지 해설)
① 자중지란(自中之亂)는 같은 편끼리 하는 싸움을 뜻한다.
② 과유불급(過猶不及)은 정도를 지나침은 미치지 못함과 같다는 뜻으로, 중용(中庸)이 중요함을 이르는 말이다.
③ 절치부심(切齒腐心)은 몹시 분하여 이를 갈며 속을 썩인다는 뜻이다.

12   정답 ④

(정답 해설)
ⓒ '비판적 접근'의 입장은 ⊙ '행정적 접근'에 의해 연구하는 자들은 정치가, 행정가, 기업인 등 매스 미디어를 활용할 수 있는 위치에 있는 사람들을 위해 그들이 알고자 하는 바를 과학적 방법으로 연구하여 학문으로 세상 사람에게 아첨함을 의미한다. 이와 어울리는 한자성어는 곡학아세(曲學阿世)로 바른 길에서 벗어난 학문으로 세상 사람에게 아첨한다는 의미로 쓰인다.

(선택지 해설)
① 아전인수(我田引水)는 자기 논에 물 대기라는 뜻으로, 자기에게만 이롭게 되도록 생각하거나 행동함을 이르는 말이다.
② 연목구어(緣木求魚)는 나무에 올라가서 물고기를 구한다는 뜻으로, 도저히 불가능한 일을 굳이 하려 함을 비유적으로 이르는 말이다.
③ 주마간산(走馬看山)은 말을 타고 달리며 산천을 구경한다는 뜻으로, 자세히 살피지 아니하고 대충대충 보고 지나감을 이르는 말이다.

13   정답 ①

(정답 해설)
미궁은 사건, 문제 따위가 얽혀서 쉽게 해결하지 못하게 된 상태를 이르는 말로 오리무중(五里霧中)과 의미가 통한다.

(선택지 해설)
② 자가당착(自家撞着)은 같은 사람의 말이나 행동이 앞뒤로 서로 맞지 아니하고 모순됨을 뜻한다.
③ 자중지란(自中之亂)은 같은 편끼리 하는 싸움을 의미한다.
④ 아전인수(我田引水)는 자기 논에 물 대기라는 뜻으로, 자기에게만 이롭게 되도록 생각하거나 행동함을 이르는 말이다.

14   정답 ②

(정답 해설)
화옹방조제가 건설되면서 바다가 땅으로 변한 것을 이르는 말로 상전벽해(桑田碧海)가 적절하다.
상전벽해(桑田碧海)는 뽕나무밭이 변하여 푸른 바다가 된다는 뜻으로, 세상일의 변천이 심함을 비유적으로 이르는 말이다.

(선택지 해설)
① 사필귀정(事必歸正)은 모든 일은 반드시 바른길로 돌아감을 뜻한다.
③ 새옹지마(塞翁之馬)는 인생의 길흉화복은 변화가 많아서 예측하기가 어렵

다는 말이다.
④ 연목구어(緣木求魚)는 나무에 올라가서 물고기를 구한다는 뜻으로, 도저히 불가능한 일을 굳이 하려 함을 비유적으로 이르는 말이다.

15   정답 ④

(정답 해설)
得隴望蜀(득롱망촉)은 농땅을 얻고 또 촉나라를 탐낸다는 뜻으로 인간의 욕심이 무한정함을 의미하는 말이다.

(선택지 해설)
① 傍若無人(방약무인)은 곁에 사람이 없는 것 같다는 뜻. 거리낌 없이 함부로 행동함을 의미한다.
② 眼下無人(안하무인)은 방자하고 교만하여 사람을 모두 얕잡아 보는 것을 뜻한다.
③ 天方地軸(천방지축)은 함부로 날뛰는 모양을 이르는 말이다.

16   정답 ①

(정답 해설)
일망무제(一望無際)는 한눈에 바라볼 수 없을 정도로 아득하게 멀고 넓어서 끝이 없음을 뜻한다.

(선택지 해설)
② 상전벽해(桑田碧海)는 뽕나무밭이 변하여 푸른 바다가 된다는 뜻으로, 세상일의 변천이 심함을 비유적으로 이르는 말이다.
③ 파죽지세(破竹之勢)는 대를 쪼개는 기세라는 뜻으로, 적을 거침없이 물리치고 쳐들어가는 기세를 이르는 말이다.
④ 일거양득(一擧兩得)은 한 가지 일을 하여 두 가지 이익을 얻는다는 의미이다.

17   정답 ①

(정답 해설)
'습수요(拾穗謠)'는 '이삭 줍는 아이들의 노래'라는 뜻으로 7언 절구의 한시이다. 이삭까지도 남기지 않고 관가의 창고에 바쳐야 하기 때문에 종일 이삭을 주위도 광주리가 차지 않는다는 내용으로, 관리들의 가렴주구(苛斂誅求)를 비판하는 노래이다. 이러한 주제와 관계 깊은 한자 성어는 '가혹한 정치는 호랑이보다 무섭다'는 뜻으로 '혹독한 정치의 폐단 큼을 이르는 말'이라는 뜻의 '가정맹어호(苛政猛於虎)'이다.

(선택지 해설)
② 조변석개(朝變夕改)는 '아침저녁으로 뜯어고친다'는 뜻으로, 계획이나 결정 따위를 일관성이 없이 자주 고침을 이르는 말이다. 따라서 세금을 가혹하게 거두어들이고, 무리하게 재물을 빼앗는 탐관오리들의 '가렴주구'와 관계 없는 말이다.
③ 좌정관천(坐井觀天)은 '우물 속에 앉아서 하늘을 본다'는 뜻으로, 사람의 견문이 매우 좁음을 이르는 말이다.
④ 토사구팽(兎死拘烹)은 '토끼가 죽으면 토끼를 잡던 사냥개도 필요없게 되어 주인에게 삶아 먹히게 된다'는 뜻으로, 필요할 때는 쓰고 필요 없을 때는

야박하게 버리는 경우를 이르는 말이다.

18 정답 ④

정답 해설

서대주가 다람쥐의 양식을 도적했다는 것이 사리에 맞지 않는다는 문맥이므로, '말이 조금도 사리에 맞지 아니함.'을 의미하는 말인 '어불성설(語不成說)'이 ㉠에 들어가기에 적절하다.

선택지 해설

① '간담상조(肝膽相照)'는 '서로 속마음을 털어놓고 친하게 사귐.'을 이르는 말이다.
② '견마지로(犬馬之勞)'는 '개나 말 정도의 하찮은 힘.'이라는 뜻으로, 윗사람에게 충성을 다하는 자신의 노력을 낮추어 이르는 말이다.
③ '곡학아세(曲學阿世)'는 '바른 길에서 벗어난 학문으로 세상 사람에게 아첨함.'을 이르는 말이다.

THEME 2 고유어/관용표현/속담

| 01 | ① | 02 | ④ | 03 | ④ | 04 | ① | 05 | ④ |
| 06 | ① | 07 | ② | 08 | ④ | 09 | ③ | 10 | ③ |

01 정답 ①

정답 해설

'손에 익다'는 일이 손에 익숙해짐을 나타내는 관용구이다.

선택지 해설

② '손(이) 잠기다'라는 관용구의 뜻풀이다.
③ '손(이) 여물다'라는 관용구의 뜻풀이다.
④ '손에 잡히다'라는 관용구의 뜻풀이다.

02 정답 ④

정답 해설

'오금'은 무릎의 구부러지는 오목한 안쪽 부분으로, '오금을 펴다'라는 관용구는 '마음을 놓고 여유 있게 지내다.'를 뜻한다.

선택지 해설

① '모골'은 털과 뼈를 아울러 이르는 말, '송연'은 두려워 몸을 옹송그릴 정도로 오싹 소름이 끼치는 듯한 모습을 나타낸다. '모골이 송연하다'는 '끔찍스러워서 몸이 으쓱하고 털끝이 쭈뼛해지다.'의 뜻을 지닌 관용구이다.
② '사회적으로 많은 사람에게 영향을 미치다.' 또는 '사회적 문제를 만들거나 소란을 일으키다.'를 가리키는 관용구이다.
③ '매우 위급한 경우를 벗어나다.'의 뜻을 가진 관용구이다.

03 정답 ④

정답 해설

'사공이 많으면 배가 산으로 간다'는 여러 사람이 자기주장만 내세우는 것을 제 주장대로 배를 몰려고 하는 사공에, 일이 제대로 되기 어려운 것을 배가 물로 못 가고 산으로 가는 것에 비유하여 표현한 속담이다.

선택지 해설

① 물에서 사는 물고기를 산에서 구한다는 뜻으로 도저히 불가능한 일을 하려고 애쓰는 어리석음을 비유적으로 이르는 말이다.
② 아무리 큰 잘못을 저지른 사람도 그것을 변명하고 이유를 붙일 수 있다는 말이다.
③ 서당에서 삼 년 동안 살면서 매일 글 읽는 소리를 듣다 보면 개조차도 글 읽는 소리를 내게 된다는 뜻으로, 어떤 분야에 대하여 지식과 경험이 전혀 없는 사람이라도 그 부문에 오래 있으면 얼마간의 지식과 경험을 갖게 된다는 것을 비유적으로 이르는 말이다.

04 정답 ①

정답 해설

처자식 생각이 났지만 사나흘 동안은 품삯을 받는 대로 먹어 없앨 정도로 식욕을 해결하는 일에 매달렸으므로 이와 어울리는 속담은 먹고살기 위하여, 해서는 안 될 짓까지 하지 않을 수 없음을 이르는 말인 '목구멍이 포도청'이다.

선택지 해설

② 배에 기름살이 끼어 불룩하게 나왔다는 뜻으로, 없이 지내던 사람이 생활이 넉넉해져서 호기를 부리고 떵떵거림을 비유적으로 이르는 말이다.
③ 무슨 일이든지 늘 하던 사람이 더 잘한다는 말이다.
④ 하늘은 스스로 노력하는 사람을 성공하게 만든다는 뜻으로, 어떤 일을 이루기 위해서는 자신의 노력이 중요함을 이르는 말이다.

05 정답 ④

정답 해설

상대방이 오라는 곳으로 물어물어 찾아갔는데 그곳은 후미진 대폿집이었다고 하는 것으로 보아 밑줄 친 '귀꿈맞게도'가 '전혀 어울리지 아니하고 촌스럽다.'의 뜻을 가진 단어임을 추론할 수 있다.

선택지 해설

① '순박하고 인정이 두텁다.'는 '숫지다'라는 고유어의 뜻풀이다.
② '음식이 풍족하여 먹음직하다.'는 '소담하다'라는 고유어의 뜻풀이다.
③ '틈이 생기거나 틀리는 일이 없다.'는 '드팀없다'라는 고유어의 뜻풀이다.

06 정답 ①

정답 해설

'나'는 오한이 일고 이가 딱딱 마주 닿을 정도로 몸 상태가 좋지 않다. 그런 상황에서 집에 있는 아내에게 내객이 없을 것이라 생각하며 걸음을 재우치고 있으므로 '재우치다'가 '빨리 몰아치거나 재촉하다.'의 뜻을 가진 단어임을 추론할 수 있다.

선택지 해설
② '맞서서 옳고 그름을 따지다.'의 뜻을 가진 고유어는 '가래다'이다.
③ '얌전히 있지 못하고 철없이 촐랑거리다.'의 뜻을 가진 고유어는 '나부대다'이다.
④ '정도가 너무 지나쳐서 진저리가 날 만큼 싫증이 나다.'의 뜻을 가진 고유어는 '약비나다'이다.

07 정답 ②

정답 해설
ⓒ '하비고'의 기본형은 '하비다'이다. '하비다'는 '손톱이나 날카로운 물건 따위로 조금 긁어 파다.'를 뜻하는 고유어이다. '비비다'는 '두 물체를 맞대어 문지르다.'를 뜻하는 단어이다.

선택지 해설
① ㉠: '어울리다'의 준말이다.
③ ㉢: '멈칫하다'의 방언(강원)이다.
④ ㉣: '사람이 억세고 사납다.'라는 뜻의 고유어이다.

08 정답 ④

정답 해설
'접'은 채소나 과일 따위를 묶어 세는 단위로 한 접은 채소나 과일 백 개를 이른다. '축'은 오징어를 세는 단위로 한 축은 오징어 스무 마리를, '쾌'는 북어를 세는 단위로 한 쾌는 북어 스무 마리를 이른다. 따라서 한 접과 한 축, 한 쾌를 모두 더하면 140이 된다.

09 정답 ③

정답 해설
<보기>는 과정보다 결과 창출을 중시여기는 속담이 알맞으므로 ③ '모로 가도 서울만 가면 된다.: 수단과 방법을 가리지 않고 목적만 이루면 된다.'가 적절하다.

선택지 해설
① 길을 두고 뫼로 갈까: 편리한 방법이 있는데도 불편한 방법을 택함을 두고 하는 말.
② 하룻망아지 서울 다녀오듯: 철없는 것이 좋은 것을 보고 좋아하나 부질없다는 뜻.
④ 망건을 십 년 뜨면 문리(文理)가 난다: 한 가지 일에 오랜 기간 열중하면 깨달음이 생긴다.

10 정답 ③

정답 해설
③는 '물이 아니면 건너지 말라'는 상징적 서술을 앞세움으로써 '인정이 아니면 사귀지 말라'는 주제를 효과적으로 드러내는 구조로 되어 있다.

선택지 해설
①는 '아무도 안 듣는 데서라도 말조심해야 한다'는 말이다. ②은 '제 것은 소중히 여기면서 남의 것은 대수롭지 않게 여기는 이기적인 사람'을 비꼬는 말이며, ④는 '일이 뜻대로 되지 않고 엇나감을 비유적으로 이르는 말'이다. 이들은 앞 절이 뒷 절의 주제를 강화하는 것이 아니라, 앞 절과 뒷 절이 합해져서 하나의 의미(주제)를 형성하는 것이므로 ㉠과는 그 구조가 다르다.

THEME 3 단어들의 의미 관계

01	02	03	04	05
②	④	②	④	③
06	07	08	09	10
④	②	③	④	④

01 정답 ②

정답 해설
동음이의 관계는 서로 다른 두 개 이상의 단어가 우연히 소리만 같은 경우를 말한다. 둘 이상의 단어에서 의미가 서로 짝을 이루어 대립하는 경우는 반의 관계이다.

선택지 해설
① 상하 관계를 형성하는 단어들은 하의어일수록 개별적이고 한정적인 의미를 지닌다.

02 정답 ④

정답 해설
'다리'의 의미는 둘 사이의 관계를 이어 주는 사람이나 사물을 비유적으로 이르는 말로 사용되었다.

선택지 해설
① 지위의 등급을 의미한다.
② 물을 건널 수 있도록 만든 시설물을 의미한다.
③ 중간에 거쳐야 할 단계나 과정을 의미한다.

03 정답 ②

정답 해설
개념적 영역을 상호 배타적인 두 구역으로 양분하는 대립어는 상보 대립어이다. 상보 대립어는 중간이 존재할 수 없는 대립어로, '살다'와 '죽다'는 중간이 존재할 수 없다.

선택지 해설
① '동물'과 '새'는 상하 관계이다.
③ '동쪽'과 '서쪽'은 방향성에 주안점이 있는 방향 대립어이다.
④ '쉽다'와 '어렵다'는 정도나 등급을 나타내는 대립어로 중간이 존재할 수 있는 정도 대립어이다.

04 정답 ④

정답 해설
제시된 단어들은 모두 글자의 소리가 서로 같으나 뜻이 다른 동음이의어이다.

[보기]와 ④의 '아래'는 '신분, 연령, 지위, 정도 따위에서 어떠한 것보다 낮은 쪽.'이라는 뜻으로 사용되었다.

> 선택지 해설

① 글 따위에서, 뒤에 오는 내용을 의미한다.
② 조건, 영향 따위가 미치는 범위를 뜻한다.
③ 어떤 기준보다 낮은 위치를 이르는 말이다.

05 정답 ③

> 정답 해설

'부치다'는 두 가지 이상의 뜻을 가진 다의어이다. 제시된 문장에서 '부쳐'는 '모자라거나 미치지 못하다.'의 뜻으로 쓰였다. 이와 같은 뜻으로 쓰인 것은 ③이다.

> 선택지 해설

① 어떤 문제를 다른 곳이나 다른 기회로 넘기어 맡기다.
② 프라이팬 따위에 기름을 바르고 빈대떡, 저냐, 전병(煎餠) 따위의 음식을 익혀서 만들다.
④ 논밭을 이용하여 농사를 짓다.

06 정답 ④

> 정답 해설

'위명(偉名)'은 위대한 이름, '실명(實名)'은 실제의 이름을 뜻하는 말로, 이름을 나타낸다는 것 외에 특별한 의미 관계가 있지 않다. 나머지 ①, ②, ③은 모두 반의 관계의 단어들이다.

> 선택지 해설

① '강림(降臨)'은 '신이 하늘에서 인간 세상으로 내려옴.'을, '승천(昇天)'은 '하늘에 오름.'을 뜻하는 단어이다.
② '고의(故意)'는 '일부러 하는 생각이나 태도.'를, '과실(過失)'은 '부주의나 태만 따위에서 비롯된 잘못이나 허물.'을 뜻하는 단어이다.
③ '낙성(落成)'은 '건축물이 완공됨. 또는 건축물을 완공함.'을 뜻하는 단어이고, '착공(着工)'은 '공사를 시작함.'을 뜻하는 단어이다.

07 정답 ②

> 정답 해설

[동음이의어와 다의어의 파악]
'파도가 높게 쳤다'의 '높게'는 '아래로부터 위까지의 길이가 길다'라는 중심적 의미로 사용되고 있고, '천장은 굉장히 높다.'의 '높다' 역시 중심적 의미로 사용되고 있다. 따라서 <보기>의 다의어의 의미 확장에 해당하는 것으로 볼 수 없으며, ㉠~㉢의 경우에도 해당하지 않는다.

> 선택지 해설

① '햇살이 눈부시게 밝다.'의 '밝다'는 시각적으로 확인할 수 있는 구체성을 가지고 있으나, '사리에 밝다.'의 '밝다'는 '현명하다', '분별력이 있다' 등의 의미를 가지고 있으므로, 추상적인 것으로 확장된 ㉡에 해당한다.
③ '정류장까지는 매우 멀다.'의 '멀다'는 공간적 거리를 나타내는 말이고, '동

이 트려면 아직도 멀었다.'의 '멀었다'는 시간과 관련된 말이므로 ㉢에 해당한다.
④ '머리를 숙여 공손히 인사했다'의 '머리'는 사람이나 동물의 목 위의 부분을 가리키는 말이고, '기차의 머리'에서 '머리'는 사물의 앞이나 위를 비유적으로 이르는 말이다. 두 예문에서의 '머리'는 생물에 쓰이던 말이 무생물에도 쓰이는 경우이므로 ㉠에 해당한다.

08 정답 ③

> 정답 해설

[동음이의어와 다의어 파악]
'고무신 코'에서의 '코'는 '버선이나 신 따위의 앞 끝이 비죽이 내민 부분'으로서 신체 부분인 '코'와 다의 관계에 있다. 그리고 '들창코'도 '코'의 범주에 들어가므로 상하관계이다.

> 선택지 해설

① '거울의 귀'는 '모가 난 물건의 모서리'라는 주변적 의미로 쓰였다. 따라서 동물의 청각 기관인 '귀'와 다의 관계에 있다. 그러나 '당나귀'는 '말'과의 짐승으로써 청각 기관인 '귀'와 상하 관계에 있는 말이 아니다.
② '눈'은 모두 '동물의 시각 기관'을 뜻하는 중심적 의미로 쓰인 예이다. 따라서 다의 관계가 아니다. '짝눈'은 '눈'의 하위 개념이므로 상하 관계에 있다.
④ '머리가 덥수룩해서'의 '머리'는 '머리털'로서 앞 문장의 '머리'와 다의 관계에 있다. 그러나 '곱슬머리'는 '머리카락'을 가리키므로 상하관계가 아니다.

09 정답 ④

> 정답 해설

반의 관계를 이루는 단어들은 서로 모든 면에서 반대일 것 같지만, 사실 그들 사이에 공통된 의미 자질이 있으면서, 단지 한 가지의 의미 자질만 달라야 한다. 둘 이상의 자질이 다르게 되면 반의어가 되지 못한다.
④ '가다'와 '오다'는 이동 방향이라는 의미 차원에서 상대적 관계를 가지므로, ㉣에서 말한 '상대적 관계를 형성하고 있으면서 의미상 대칭을 이루고 있는' 방향 반의어에 해당한다고 볼 수 있다.

> 선택지 해설

① ㉠의 '처녀'와 '총각'은 '성별'의 의미 요소가 다르지만, '손녀'와 '할아버지'는 '성별'과 '연령(세대)'의 의미 요소가 다르다. 둘 이상의 의미 요소가 다르므로 반의어라고 보기 어렵다.
② '선배가 아닌 사람'에는 '동기생'도 있고 '후배'도 있으므로, '선배'와 '후배'를 상보 반의어로 이해하는 것은 적절하지 않다.
③ ㉢에서 '길다'와 '짧다'는 그 사이에 중간 등급이 있는 반의 관계라고 하였으므로, '길지 않다'를 '짧다'와 같은 의미로 보는 것은 적절하지 않다.

―― 더 알아보기 ――
상보(모순) 반의어, 등급(정도) 반의어, 방향(대칭) 반의어는 다음과 같은 특성을 갖는다.
- 상보 반의어: 반의 관계에 있는 개념적 영역을 상호 배타적인 두 구역으로 철저히 양분하는 단어 쌍
  - 반의 관계에 있는 단어 쌍을 동시에 긍정하거나 부정하게 되면 모순이 일어남.
    | *갑은 남자이기도 하고 여자이기도 하다.
    　*갑은 남자도 여자도 아니다.
  - 정도를 나타내는 말의 수식이 불가능하고, 비교 표현으로 쓰일 수 없음.
    | *갑은 매우 (남자/여자)이다.
    　*갑은 을보다 더 (남자/여자)이다.
- 등급 반의어: 정도나 등급에 있어서 대립되는 단어 쌍
  - 반의 관계에 있는 두 단어를 동시에 부정해도 모순되지 않음. 그것은 길지도 않고 짧지도 않다.
  - 정도 부사의 수식을 받을 수 있고, 비교 표현이 가능함.
    | 그것은 (조금/매우) 길다.
    　그것은 이것보다 더 길다.
  - 평가의 기준이 상대적임.
- 방향 반의어: 맞선 방향을 전제로 하여 관계나 이동의 측면에서 대립을 이루는 단어 쌍
  - 공간적 관계의 대립(위-아래, 앞-뒤, 오른쪽-왼쪽), 인간관계의 대립(부모-자식, 남편-아내), 이동의 측면에서의 대립(가다-오다, 사다-팔다) 등으로 세분화됨.

10　　　　　　　　　　　　　　　　　　　　정답 ④

정답 해설

④ '보다'는 '어떤 관계의 사람을 얻거나 맞다'의 의미이므로, '가족의 일원으로 받아들이다'의 의미인 '맞다'가 유의어로 적절하다. '장만하다'는 '필요한 것을 사거나 만들거나 하여 갖추다'라는 의미를 지니므로 유의어로 부적절하다.

선택지 해설

① '보다'는 사물이나 현상을 주의하여 살펴보다는 의미로 '대상의 내용이나 상태를 알기 위하여 살피다'의 관찰하다의 유의어로 적절하다.
② '눈으로 대상을 즐기거나 감상하다'의 의미로 '흥미나 관심을 가지고 보다'인 '구경하다'와 유의어이다.
③ '어떤 결과나 관계를 맺기에 이르다.'의 의미로 '하던 일을 끝내다.'의 '맺다'가 유의어로 적절하다.

윤주국어 단원별 핵심 400제

ISBN 979-11-93234-68-6

발행일	2023년 11월 17일 초판 1쇄
저 자	이윤주
발행인	이용중
발행처	(주)배움출판사
주 소	서울시 영등포구 영등포로 400 신성빌딩 2층(신길동)
주문 및 배본처	Tel. 02) 813-5334	Fax. 02) 814-5334

본서는 저작권법 보호대상으로 무단복제(복사, 스캔), 배포, 2차 저작물 작성에 의한 저작권 침해를 금합니다. 또한 저작권법 제136조에 따라 5년 이하의 징역 또는 5천만 원 이하의 벌금에 처하거나 이를 병과할 수 있으며, 저작권법 제125조에 따라 1억 원 이상의 손해배상책임이 발생할 수 있습니다.

• 저작권 침해 제보 • 이메일 : baeoom1@hanmail.net / 전화 : 02) 813-5334

정가 25,000원